教育部哲学社会科学系列发展报告
MOE Serial Reports on Developments in Humanities and Social Sciences

世界贸易组织发展报告 2016

World Trade Organization Development Report 2016

屠新泉　主编

高等教育出版社·北京

图书在版编目（CIP）数据

世界贸易组织发展报告. 2016 / 屠新泉主编. --北京：高等教育出版社，2020.5
ISBN 978-7-04-051948-8

Ⅰ.①世… Ⅱ.①屠… Ⅲ.①世界贸易组织-研究报告-2016 Ⅳ.①F743.1

中国版本图书馆 CIP 数据核字（2019）第 085457 号

策划编辑	崔　灿	责任编辑	崔　灿	封面设计	杨立新	版式设计	童　丹
插图绘制	黄云燕	责任校对	王　雨	责任印制	田　甜		

出版发行	高等教育出版社	网　　址	http://www.hep.edu.cn
社　　址	北京市西城区德外大街4号		http://www.hep.com.cn
邮政编码	100120	网上订购	http://www.hepmall.com.cn
印　　刷	三河市吉祥印务有限公司		http://www.hepmall.com
开　　本	787 mm×960 mm 1/16		http://www.hepmall.cn
印　　张	22		
字　　数	400 千字	版　　次	2020 年 5 月第 1 版
购书热线	010-58581118	印　　次	2020 年 5 月第 1 次印刷
咨询电话	400-810-0598	定　　价	71.00 元

本书如有缺页、倒页、脱页等质量问题，请到所购图书销售部门联系调换
版权所有　侵权必究
物　料　号　51948-00

内 容 提 要

世界贸易组织(World Trade Organization,WTO)是三大国际经济组织之一,是中国参与全球经济治理的重要平台。本报告共分三篇,第一篇为总论,内容主要为全球经济贸易发展回顾与展望和2015—2016年世界贸易组织的发展;第二篇为WTO主要议题分论,详细分析了2015—2016年货物贸易协议、贸易救济措施、服务贸易、与贸易有关的投资措施、与贸易有关的知识产权、争端解决机制、贸易政策审议机制、区域贸易协定等WTO主要议题的发展与演变;第三篇为中国入世十五周年专题,主要内容包括中国严格履行入世承诺、中国经济贸易发展取得的成就与问题、中国与主要经济体的双边经贸关系、中国不断融入全球经济贸易体系。

Abstract

The World Trade Organization (WTO) is one of the three major international economic organizations, and is also an important platform for China's participation in global economic governance. The report is divided into three parts. Part one "General Report" mainly includes the review and prospect of development of world economy and trade, and development of the WTO from 2015 to 2016. Part two "Main Topics of the WTO" analyzes the development and evolution of WTO main issues, which includes trade in goods, trade remedy measures, trade in services, trade-related investment measures, trade-related intellectual property rights, dispute settlement mechanism, trade policy review mechanism, regional trade agreements. Part three is the special report for the 15th anniversary of China's accession to the WTO, which includes the implementation status quo of China's accession to the WTO, achievements and problems in China's economic and trade development, trade development between China and major economies, and China's integration into the global economic and trade system.

序　　言

根据乌拉圭回合谈判达成的《马拉喀什建立世界贸易组织协定》，1995 年 1 月 1 日世界贸易组织（WTO）正式成立，距今已 20 余年。WTO 的成立是经济全球化深入发展的重要标志。在"透明度、非歧视、贸易自由化和公平竞争"等原则的指导下，WTO 通过组织贸易谈判、审议贸易政策、解决贸易争端等加强了国际间经济贸易政策的协调，极大地促进了世界经济贸易发展。

贸易谈判是 WTO 功能的重要组成部分，WTO 各成员通过多边谈判形成具有强制力和约束性的一揽子协议，构成了当前国际贸易规则的基石。2001 年多哈回合谈判正式启动，在农业、非农产品市场准入、服务、知识产权、规则、争端解决、贸易与环境问题以及贸易与发展问题 8 个谈判领域展开谈判。遗憾的是，由于议题领域广泛且敏感、决策机制缺乏效率、世界经济环境发生重大变化等原因，多哈回合谈判多次陷入僵局。

WTO 成立以来，其争端解决机制为解决全球贸易争端做出了巨大贡献。从 1995 年至 2016 年，WTO 成员共向争端解决机构提起 520 起磋商请求，申诉方和应诉方涉及近 70 个成员，案件涉及反倾销、反补贴、农业、政府购买、进出口等方面。[1]

早在 1989 年贸易政策审议机制就已经开始运行，但在 WTO 成立后才成为正式常设制度，此后极大地提高了成员贸易政策透明度。如今由于 WTO 成员数量增多，贸易政策审议机构每年要审议 20 个以上成员的贸易政策。这种由 WTO 秘书处执行的定期审议和评估，既充分尊重了各成员独立自主的经济治理能力，也促进了所有成员更好地遵守多边贸易体制规则、纪律和承诺。

2013 年巴厘部长级会议上，WTO 成员达成《巴厘一揽子协定》，涵盖贸易便利化、农业议题和最不发达国家发展议题等内容。虽然这距多哈回合谈判成功依然遥遥无期，但不可否认的是，当前 WTO 依然是全球经济治理体系中制度最

---

[1] WTO.World Trade Organization Annual Report 2017[R].Geneva,2017：106.

完备、运作最规范、影响最广泛的体制。

2001年12月11日,中国正式成为WTO第143个成员,这是WTO成立以来的一个历史性事件,也是中国改革开放的重要里程碑。通过加入WTO,中国充分释放了人口红利,加速了与世界经济融合的进程,经济社会发展取得了巨大成就。2016年是中国入世15周年,中国经济总量已经跃居世界第二位,成为世界制造业第一大国,货物出口额位居世界第一、进口额位居世界第二。随着开放红利的逐步减弱,国内各界对WTO的关注度逐渐降低。但在中国经济转型升级的关键时期,必须充分发挥市场经济的基础性调节作用,以融入经济全球化利用世界市场为目标的对外经济体制改革,以推进市场经济为目标的国内经济转型升级,最终目的都是实现以往经济发展模式中无法获得的潜在利益,为国民经济持续高速增长提供制度性基础。只有通过多边贸易体制,中国才能更好地融入经济全球化进程;通过WTO的开放平台,中国可以更好地与更多的国家和地区开展国际合作,充分利用全球资源和市场。

在未来,中国应将WTO作为参与全球经济治理的主要平台,切实发挥负责任大国作用,并推动WTO朝着公平合理的方向发展。国内研究应重新聚焦WTO,进一步做好相关理论研究和对策性研究,重视基础性研究工作,尤其是关注WTO的发展和演变方向,研究中国如何深入参与WTO的各项活动,分析中国参与WTO的战略策略,剖析中国如何利用WTO这一平台参与全球经济治理。这些研究要与中国的实际紧密结合,与改革开放中的热点问题结合,还应该重视基础性的研究工作。多年来,学术界对WTO的基础性研究及中国加入WTO后的对策性研究取得了可喜的成果。第一部以WTO为主题的专业性年度发展报告《世界贸易组织发展报告2012》的出版和发行产生了重要的影响。《世界贸易组织发展报告2016》沿用了以往报告的特点和研究的基本内容,希望对推动WTO的学术研究,普及WTO知识,培养对外经济贸易人才,促进中国经济进一步与国际接轨,促进改革开放及经济建设产生积极作用。

前　　言

世界贸易组织(WTO)是根据乌拉圭回合谈判达成的《马拉喀什建立世界贸易组织协定》于1995年1月1日成立的,以乌拉圭回合谈判达成的一整套协定和协议作为国际法律规则,对各成员之间在经济贸易关系方面权利和义务进行监督、管理的正式国际经济贸易组织。它取代了1948年1月1日临时实施的《关税及贸易总协定》(General Agreement on Tariffs and Trade,GATT)。WTO是世界上唯一的专门从事制定和管理国际贸易规则的国际机构,是多边贸易体制的法律基础和组织基础,是各成员讨论和解决相互间贸易议题的场所。WTO的核心是世界贸易伙伴谈判、签署并经其立法机构批准的一系列协定、协议,它规定了各成员对协定、协议的义务,以决定各成员如何制定和实施各自的贸易法律规章和制度,目的是利于商品和服务生产者、出口者以及进口者的管理,并允许成员努力实现其社会和环境目标。WTO的建立标志着一个完整的、更具活力和永久性的多边贸易体制诞生了,它在监督、协调、管理世界经济秩序和多边贸易法律关系方面起到了十分重要的作用。

自1995年1月1日正式成立至今,WTO走过了20余个春秋。WTO在削减全球贸易壁垒,促进国际贸易发展方面取得了巨大的成就。但是,WTO正面临发展的挑战,多哈回合谈判发起以来出现的困境提醒人们,世界需要一个更加包容、均衡和持久的、能造福于全体人类的、和平与发展的全球化环境。作为经济全球化的重要载体,WTO需要加大自身改革力度,才能更好地实现其设立时的目标与宗旨。

为持续跟踪研究WTO的发展演变情况,了解主要成员对WTO的态度和政策调整,为中国更好地参与全球经济治理提出应对之策,在教育部哲学社会科学研究发展报告项目的支持下,教育部人文社科重点研究基地——对外经济贸易大学中国世界贸易组织研究院组织撰写年度世界贸易组织发展报告。在撰写过程中,课题组力求做到"国际视野、中国立场、和谐发展",强调理论联系实际,不断改进科研之风,形成相对稳定的研究团队,建立动态专题数据库,发布高水平咨询性专家建议。本报告的突出特点是：以满足国家重大战略需要和解决重大现实问题为导向；以数据库建设为支撑，做到定量与定性结合；强化应用性、研究性，避免年鉴化和学理化。

本报告在体系结构设计上基本按照主报告、分报告框架展开，每年包括1~2个专题研究。《世界贸易组织发展报告2016》共分三篇，分别是：总论、WTO主要议题分论、中国入世十五周年专题。

《世界贸易组织发展报告2016》课题组由对外经济贸易大学中国世界贸易组织研究院院长屠新泉教授领衔，李杨负责统稿，各篇参与人如下：第一篇为周念利、孙娜、朱泓光、李玉昊；第二篇为杨荣珍、杜映昕、吕越、周念利、孙娜、贾瑞哲、刘小溪、唐婷、张宇、赵晓宇、王晓旭；第三篇为屠新泉、李杨、刘斌、吕越、戴臻、闫蕾、李捷、史宇飞、甄妮、刘颖、刘翠翠、顾聪、莫伟达、高嫒。英文目录翻译者为黄艳希博士。

在撰写过程中，本报告得到教育部社会科学司，商务部世界贸易组织司、政策研究室、贸易救济调查局、条约法律司和国际贸易经济合作研究院等有关部门领导和专家的指导和大力支持，在此表示感谢。课题组每位成员都本着认真负责的态度，力争精益求精，然能力所限难免有谬误之处，还请各位读者批评指正。

对外经济贸易大学中国世界贸易组织研究院院长
屠新泉

目　　录

第一篇　总　　论

第一章　全球经济贸易发展回顾与展望 ... 3
第一节　2015—2016 年全球经济发展回顾与展望 ... 3
第二节　2015—2016 年全球贸易发展回顾与展望 ... 11
第三节　2015—2016 年全球外商直接投资发展回顾与展望 ... 18

第二章　2015—2016 年世界贸易组织的发展 ... 27
第一节　2015—2016 年世界贸易组织工作概述 ... 27
第二节　2015—2016 年世界贸易组织发展状况 ... 34
第三节　2015—2016 年世界贸易组织的贸易谈判 ... 37

第二篇　WTO 主要议题分论

第三章　货物贸易协议 ... 45
第一节　《农业协议》谈判进展与实施情况 ... 45
第二节　《实施卫生与植物卫生措施协议》实施情况 ... 52
第三节　《技术性贸易壁垒协议》实施情况 ... 56
第四节　《装运前检验协议》实施情况 ... 62
第五节　《原产地规则协议》实施情况 ... 68
第六节　《进口许可协议》实施情况与谈判进展 ... 73
第七节　《海关估价协议》实施情况 ... 78

第四章　贸易救济措施 ... 82
第一节　反倾销 ... 82
第二节　反补贴 ... 86
第三节　保障措施 ... 92

第五章　服务贸易、投资措施与知识产权 …… 96
  第一节　服务贸易 …… 96
  第二节　投资措施 …… 103
  第三节　知识产权 …… 108

第六章　争端解决 …… 115
  第一节　2015—2016年争端解决机构的主要活动 …… 115
  第二节　2015—2016年争端解决进展 …… 119
  第三节　上诉机构 …… 137

第七章　贸易政策审议 …… 141
  第一节　2015—2016年贸易政策审议 …… 141
  第二节　2015—2016年主要成员贸易政策审议情况 …… 144

第八章　区域贸易协定 …… 157
  第一节　区域贸易协定执行情况 …… 157
  第二节　区域贸易协定的发展趋势 …… 166

第三篇　中国入世十五周年专题

第九章　中国严格履行入世承诺 …… 173
  第一节　中国开放型经济体制取得的成就与问题 …… 173
  第二节　中国积极推动WTO发展 …… 192
  第三节　中国坚定维护WTO多边贸易体制 …… 201

第十章　中国经济贸易发展取得的成就与问题 …… 208
  第一节　中国经济贸易发展对世界经济贸易的影响 …… 208
  第二节　中国主要行业发展成就 …… 214
  第三节　入世以来中国的对外贸易摩擦 …… 223
  第四节　中国市场经济地位问题 …… 234

第十一章　中国与主要经济体的双边经贸关系 …… 240
  第一节　中国与美国的双边经贸关系 …… 240
  第二节　中国与欧盟的双边经贸关系 …… 256
  第三节　中国与印度的双边经贸关系 …… 273

第十二章　中国不断融入全球经济贸易体系 …… 290
  第一节　《信息技术协定》扩围与中国 …… 290

第二节　中国加入 WTO《政府采购协定》谈判 …………………… 302
第三节　中国自由贸易区发展与未来模式展望 …………………… 311
第四节　"一带一路"倡议与中国外贸结构转型升级 …………… 320

索引 ……………………………………………………………… 331
后记 ……………………………………………………………… 332

CONTENTS

Part One General Report

Chapter One Review and Prospect of development of the World Economy and Trade 3
  Section One Review and Prospect of Development of the World Economy (2015—2016) ... 3
  Section Two Review and Prospect of Development of the Global Trade (2015—2016) ... 11
  Section Three Review and Prospect of Development of the Global FDI (2015—2016) ... 18
Chapter Two Development of the WTO (2015—2016) 27
  Section One Overview of the Main Work of the WTO (2015—2016) 27
  Section Two Development of the WTO (2015—2016) 34
  Section Three Trade Negotiations of the WTO (2015—2016) 37

Part Two Main Topics of the WTO

Chapter Three Agreements on Trade in Goods 45
  Section One The Negotiation Progress and Implementation of *the Agreement on Agriculture* 45
  Section Two The Implementation of *the Agreement on the Application of Sanitary and Phytosanitary Measures* 52
  Section Three The Implementation of *the Agreement on the Technical Barriers to Trade* ... 56
  Section Four The Implementation of *the Agreement on Pre-shipment Inspection* 62
  Section Five The Implementation of *the Agreement on Rules of Origin* 68
  Section Six The Negotiation Progress and Implementation of *the Agreement on Import Licensing Procedures* 73
  Section Seven The Implementation of *the Agreement on Customs Valuation* 78
Chapter Four Trade Remedy Measures 82
  Section One Anti-dumping Measures 82

Section Two	Subsidy and Countervailing Measures ... 86
Section Three	Safeguard Measures ... 92

Chapter Five Trade in Services, Investment Measures and Intellectual Property Rights ... 96

Section One	Trade in Services ... 96
Section Two	Investment Measures ... 103
Section Three	Intellectual Property Rights ... 108

Chapter Six Dispute Settlement ... 115

Section One	Main Activities of the Dispute Settlement Body(2015—2016) ... 115
Section Two	Development of the Dispute Settlement Body(2015—2016) ... 119
Section Three	The Appellate Body ... 137

Chapter Seven Trade Policy Review ... 141

Section One	General Conditions of Trade Policy Review(2015—2016) ... 141
Section Two	Trade Policy Review of Representative Members(2015—2016) ... 144

Chapter Eight Regional Trade Agreements ... 157

Section One	Implementation of Regional Trade Agreements ... 157
Section Two	Trends in Regional Trade Agreements ... 166

Part Three Special Report—the 15th Anniversary of China's Accession to the WTO

Chapter Nine China's Strict Implementation of WTO Commitments ... 173

Section One	Achievements and Problems in China's Open Economic System ... 173
Section Two	China Actively Promotes the WTO Development ... 192
Section Three	China Firmly Upholds the WTO Multilateral Trade System ... 201

Chapter Ten Achievements and Problems in China's Economic and Trade Development ... 208

Section One	The Impact of China's Economic and Trade Development on World Economy and Trade ... 208
Section Two	Achievements in China's Major Industry Development ... 214
Section Three	China's Trade Friction since the WTO Accession ... 223
Section Four	China's Market Economy Status ... 234

Chapter Eleven Trade Development between China and Major Economies ... 240

Section One   Trade Development between China and the United States 240

Section Two   Trade Development between China and the EU 256

Section Three   Trade Development between China and India 273

Chapter Twelve   China's Integration into the Global Economic and Trade System 290

Section One   Expansion of *the Information Technology Agreement* with China 290

Section Two   China's Participation in the Negoiation of *the Government Procurement Agreement* 302

Section Three   Development and Future Model Prospects of China's Free Trade Zone ... 311

Section Four   The "One Belt One Road" Initiative and Transformation and Upgrading of China's Foreign Trade Structure 320

Index 331

Afterword 332

第一篇 总 论

第一章 全球经济贸易发展回顾与展望

第一节 2015—2016年全球经济发展回顾与展望

一、2015—2016年全球经济发展回顾

2015—2016年全球经济整体低迷,表现出后金融危机时期的经济疲软,增长动力不足。下面将从经济增速放缓、通货膨胀率持续下降、不确定性加剧、全球金融市场动荡四个方面进行说明。

(一)经济增速放缓

2015年,由于受到有效需求普遍不足、大宗商品价格下滑、全球贸易持续低迷、金融市场频繁震荡等不利因素叠加影响,世界经济增速低于预期。根据国际货币基金组织(International Monetary Fund,IMF)的预测,2015年全球国内生产总值(GDP)增长率是3.1%,较2014年下降0.3个百分点。[1] 其中,发达国家经济增长率为2.0%,高出2014年0.2个百分点;新兴市场和发展中国家经济增长率为4.0%,比2014年下降0.6个百分点。[2] 2015年全球经济增速的下降主要是受发展中国家经济增速下滑的拖累,发达国家经济表现则好于预期。

2015年,美国、日本、欧元区国家等发达经济体的GDP增长率有一定程度的上升,体现出比较温和的复苏迹象,但基础并不牢固。受全球贸易不振等因素影响,美国第四季度经济环比增长率只有0.7%,增速较第三季度回落1.3个百分点。[3] 欧元区全年GDP实现了1.6%的增长,较2014年提高0.7个百分点。日本经济仍然萎靡不振。据IMF估计,日本全年经济增长率仅0.6%,第四季度甚至出现进一步的萎缩。[4]

总体上,新兴经济体的经济增长率连续5年下滑。新兴经济体GDP总体规

---

[1] 商务部驻马拉维使馆经商处.2015—2016年世界经济形势分析和展望[EB/OL]. http://www.sohu.com/a/ 71436170_263709. 2017-03-26.
[2] 张宇燕,姚枝仲.2015—2016年世界经济形势分析与展望[N].光明日报.2016-01-20(6).
[3] 美国2015年四季度GDP数据0.7% 增速大幅放缓[EB/OL].http://stock.qq.com/a/20160129/063503. 2018-09-30.
[4] 张远鹏.从GDP数据变化看全球经济走势[EB/OL]. http://www.qunzh.com/qkzx/gwqk/jczx/2016/201602/ 201604/t20160405_19237.html. 2017-03-26.

模在全球已经占到了一半以上,所以其经济增长率的下滑使得全世界经济增长率比2014年下降了0.3个百分点。① 部分新兴经济体出现资本外流加速、外汇储备下降、货币持续贬值、汇率市场动荡等现象。中国和印度仍然保持了较高的增长速度,但已有所减缓。印度是全球主要经济体中增长速度最快的,2015年GDP增长7.57%,为5年来最高水平。受大宗商品价格下降和国内国际政局动荡等因素的影响,巴西和俄罗斯经济均出现严重衰退,GDP年度增长下降幅度均超过3.0%。中东地区经济保持增长,但油价下跌和地缘政治局势的紧张对部分经济体产生冲击。受大宗商品价格下跌等因素影响,撒哈拉以南非洲国家经济增速明显下滑,其中尼日利亚经济增长率仅为2.65%,与2014年相比大幅下滑3.66个百分点。②

进入2016年,世界经济延续了较弱的复苏格局,全球经济呈现企稳迹象,金融市场信心有所回升,大宗商品价格出现了一定程度的反弹。但是,市场需求依然十分低迷,资金大量流向虚拟经济,实体经济依然脆弱,宏观经济政策空间依然有限,世界经济低增长高风险局面没有根本改观。

发达经济体复苏势头放缓。美国经济开局不利,2016年第一季度GDP环比仅增长0.5%③,增速创2014年第二季度以来新低,企业投资、出口、制造业采购经理人指数等指标表现不佳。但是,美国经济仍好于其他发达经济体,可见,发达经济体整体经济增长势头仍不强劲。欧元区国家政府负债率开始下降,主权债务危机风险减小,部分经济指标出现回暖迹象。但市场销售额增长缓慢,消费者信心依旧低迷,还有一直存在的通缩风险,复苏的可持续性仍然存在变数。同时,难民潮、英国脱欧公投、反建制派政治势力抬头等问题增加了欧洲经济的不确定性。日本经济增长依然乏力,主要经济指标表现疲弱,前景不容乐观。

新兴经济体总体复苏乏力,但是发展的外部环境有所改善,资本外流减少,汇率总体趋于稳定。巴西、俄罗斯等国工业产值萎缩,经济增长前景不容乐观。

(二)通货膨胀率持续下降

2015年,中国、俄罗斯、印度、巴西四国平均居民消费价格指数(CPI)为4.3%,七国集团(G7)为0.2%,欧盟27国为-0.2%,二十国集团(G20)为2.4%,新兴经济体为5.6%。2016年,中国、俄罗斯、印度、巴西四国平均CPI为

---

① 世界经济增长乏力 外部环境更趋复杂[EB/OL]. http://www.stats.gove.cn/tjsj/sjjd/201603/t20160307_1327685.html. 2018-09-30.

② 张远鹏.从GDP数据变化看全球经济走势[EB/OL]. http://www.qunzh.com/qkzx/gwqk/jczx/2016/201602/201604/t20160405_19237.html. 2017-03-26.

③ GDP年增长率(指标)[EB/OL]. http://finance.sina.com.cn/worldmac/indicatorNY.GDP.MKTP.KD.ZG.shtml. 2018-09-30.

3.8%，G7 为 1.7%，欧盟 27 国为 1.4%，G20 为 3.0%，新兴经济体为 5.1%。① 由此可以看出，全球主要经济体通货膨胀率普遍有下降趋势。一些发达经济体如美国、欧元区国家、日本，CPI 增长率几乎接近于零，呈现通货紧缩趋势。很多新兴经济体，包括中国，CPI 也在下降。上述形势表明全球总需求不足，同时也表明全球经济增长乏力。当然，有个别经济体不属于总需求不足，属于滞胀，比如巴西、俄罗斯，这两个国家的特点是高通货膨胀伴随着 GDP 负增长。

（三）不确定性加剧

自从 2008 年金融危机以来，全球经济虽然有缓慢复苏，但西方主要国家的社会矛盾集中爆发加剧了两极分化的趋势。这些社会矛盾和分化趋势深刻地影响着全球政治经济的走向，给全球经济的发展带来了很多不确定性。

特朗普当选为美国总统无疑是 2016 年最大的"黑天鹅"事件，他通过抨击美国建制内党派所谓的"政治正确性"，并使用"让美国再次伟大"和"美国优先"两大煽动性竞选口号当选新一任总统。同时，美国国内掀起的大规模反对特朗普的浪潮，体现了美国社会矛盾的激化和社会撕裂。这不仅不利于美国经济，更对全球经济前景带来了极大的不确定性。特朗普一上台就宣布退出《跨太平洋伙伴关系协定》（TPP），使经济全球化遭到挫折；他签署了"禁穆令"，限制穆斯林进入美国，这给全球范围内的资本和人才自由流动造成了阻碍。

英国的脱欧公投也是全球政治经济的一件大事。2016 年 6 月 23 日，英国公投决定退出欧盟，出乎市场和大部分人的预期。国际金融市场出现动荡，国际机构纷纷下调英国经济增长预期。IMF 调低英国经济增长预期，预计其 2016 年和 2017 年增长率分别为 1.8% 和 1.1%，均低于 2015 年预计的 2.2% 的增长水平。② 英国脱欧表现出了英国和欧盟之间的矛盾，也表现出欧洲内部国家之间政治经济的分化。英国脱欧不仅使欧洲统一市场、欧洲一体化的进程出现倒退，更有可能出现连锁反应，引起欧盟内部其他国家的脱欧。同时，英国脱欧也产生了外溢效应，损害了全球经济复苏的信心，令世界经济增添新的不确定性。

2016 年，中国经济实现了 6.7% 的增长，但依然饱受产能过剩、经济结构升级、贸易额下滑等问题的困扰。朝鲜与韩国因为核试验问题关系紧张，韩国总统因丑闻下台更为世界政治局势增添了极大的不确定性。中东局势依然动荡，俄罗斯与西方剑拔弩张，欧洲极右翼政治势力抬头，巴西总统因丑闻下台也让世界政治局势震荡，这些都不利于世界经济复苏。

---

① 2015—2016 年全球主要经济体增长及通胀前景报告[EB/OL].http://money.163.com/15/0305/12/AJUM7MOV00253IOM.html.2018-09-30.

② 梁艳芬.2016—2017 年世界经济贸易形势及相关问题[J].对外经贸实务，2016(12)：4-8.

（四）全球金融市场动荡

2015—2016年,全球金融市场经历大幅震荡。一些国家的股票指数出现暴跌,一些国家的汇市动荡,汇率大幅度波动,给全球经济和贸易带来极大的不确定性。

全球主要经济体货币政策分化。2015年有25个国家实施了58次降息或施行宽松货币政策,另有10个发展中经济体加息,合计加息了22次。① 美国2015年12月开始加息,一改之前的量化宽松政策,向紧缩方向走去。欧洲中央银行自2016年3月10日起全面下调三大利率,继续扩大量化宽松政策的规模与投资范围。2016年前两个月日本和印度尼西亚采取了进一步货币宽松政策,丹麦、秘鲁、南非和墨西哥则实施了加息政策。日本央行又于2016年9月召开货币政策会议,宣布不改变量化宽松的政策并继续维持较低的利率。上述货币政策的差别会导致资本在不同经济体之间显著流动,引起金融市场的动荡。中国在2016年经历了大规模的资本外流,因此不得不动用大量外汇储备阻止进一步资本外逃。总体来看,发展中经济体货币投放量增加,全球流动性总体宽松,但各国实体经济并没有得到实惠。

全球金融市场联系日益紧密。经济全球化同时伴随着金融全球化,各个经济体的金融市场之间联动性不断增强。主要经济体国内金融环境的变化对全球金融市场影响明显。中国对国际金融市场的影响力也在加大。2015年8月中国爆发"股灾",影响波及全球股市,美国道琼斯股票指数、欧洲各国股票指数、香港恒生指数、新加坡海峡指数等"集体跳水",这是中国经济国际影响力增大的一个表现。

其他主要货币对美元贬值明显。2015年,38个国家和地区本币兑美元贬值幅度超过6%。其中,哈萨克斯坦、阿根廷、乌克兰、巴西和马拉维贬值幅度超过30%;阿塞拜疆、纳米比亚、哥伦比亚、俄罗斯、摩尔多瓦、土耳其和巴拉圭贬值超过20%。② 美元的坚挺虽使美国对外出口变得更加困难,但是吸引了全球资本向美国移动。新兴经济体和实行量化宽松的经济体出现资本外逃的现象,而美国因此获得的投资增多,这在一定程度上有利于美国经济的复苏。

世界股票指数动荡加剧。2015年世界股票指数改变了之前稳步上升的势头,波动幅度加大,全年跌幅超过4.2%。2015年下半年股市震荡进一步加剧,5

---

① 2016年世界经济展望:复苏将依然疲弱乏力[EB/OL]. http://news.ifeng.com/a/20160307/47725721_0.shtml.2017-03-27.

② 国家统计局.世界经济增长乏力 外部环境更趋复杂——2015年世界经济回顾及2016年展望[EB/OL]. http://www.stats.gov.cn/tjsj/sjjd/201603/t20160307_1327685.html.2017-03-27.

月末到9月下旬最大跌幅达到15.5%。中国股票指数在2015年上半年狂飙突进式地上涨,上证指数在6月升至5178.19的高点,但到7月就大跌到2850.71点,跌幅超过40%。股票指数波动在全球范围内传递,2016年美国道琼斯工业指数在短短两个月内最大跌幅达到11%,2016年1月1日至2月26日累计下跌了4.5%。[1]

发展中国家资本净流入持续减少。受美联储持续加息和美元相对其他国家货币升值因素的影响,截至2015年第二季度,发展中国家资本净流入持续5个季度减少,2015年下半年为净流出。2015年第三季度,国际投资者从发展中国家股市和债市撤资520亿美元,创历史纪录。[2] 对一些金融市场相对脆弱的国家和地区来说,资本净流出会引起金融市场动荡和汇率大幅度波动。

全球债务水平升高。低经济增长促使各国各地区纷纷采取扩张性的货币政策和财政政策,表现为近几年全球债务水平急剧升高。根据世界银行的统计,现在是世界历史上债务总额最高的时期,全球债务总量大约有25万亿美元。2016年,美国的国家主权债务占到GDP的110%左右,日本的债务占到了GDP的240%以上。欧盟国家债务占GDP比重平均达到95%,希腊、意大利等欧洲国家已经出现了主权债务危机,引起国内经济形势的动荡以及欧盟内部的分化和危机。截至2015年年底,中国债务占GDP的比重达到249%,债务风险正不断累积。[3]

二、全球经济发展展望

展望2017年及以后的全球经济发展状况,很多权威机构给出了不同的预测结果。接下来将从全球经济增长乏力、国际贸易持续低迷、宏观政策空间缩窄和全球经济不确定性加大四个方面对全球经济发展进行展望。

(一)全球经济增长乏力,复苏前景不容乐观

国际金融危机爆发至2017年已有8年,全球经济复苏依然缓慢,经济复苏的基础依然薄弱,国际市场需求疲软、信心不振的局面没有明显改善。2016年,全球经济陷入低需求、低增长、低就业、低通胀的循环,短期内难以摆脱这一困境。

---

[1] 国家统计局.世界经济增长乏力 外部环境更趋复杂——2015年世界经济回顾及2016年展望[EB/OL]. http://www.stats.gov.cn/tjsj/sjjd/201603/t20160307_1327685.html.2017-03-27.

[2] 国家统计局.世界经济增长乏力 外部环境更趋复杂——2015年世界经济回顾及2016年展望[EB/OL]. http://www.stats.gov.cn/tjsj/sjjd/201603/t20160307_1327685.html.2017-03-27.

[3] 经济每月谈:第三季度经济形势分析(全文)[EB/OL]. http://www.chinadevelopment.com.cn/zk/yw/2016/11/1104461.shtml.2017-03-27.

经济增长维持稳定。世界经济仍处于危机后的深度调整阶段,增长预期不断下调。发达经济体增长持续低迷,私人投资增长放缓,消费需求疲弱,缺乏强劲复苏动力。新兴经济体增长缓中趋稳,但分化态势加剧,部分经济体经济结构单一、财政赤字偏高等结构性问题未得到根本改善。随着部分新兴经济体竞争优势逐渐减弱,国际资本纷纷离开,投资资金转向发达经济体。根据2016年10月IMF的预测,2017年新兴市场和发展中国家的GDP增长6年来首次加速,达到4.2%,略高于7月预测的4.1%。2017年新兴经济体GDP增长率预计增至4.6%。然而,预期在不同国家和地区间明显不同。① 2016年7月IMF对美国GDP增长率的预测从2.2%下调至1.6%,这主要是上半年疲软的商业投资和去库存导致的结果。随着油价下跌和美元走强,2017年,美国的经济增长可能会上升至2.2%。英国脱欧给经济带来不确定性,资本纷纷撤离,2016年IMF对英国GDP增长率的预期下调至1.8%,2017年预期降至1.1%,而2015年英国的GDP增长率为2.2%。② 2016年日本经济全年处于低迷状态,下半年为刺激经济增长,日本推出了新的政策框架,包括经济刺激方案,但其经济发展不如预期,整体表现疲软。

同时,也有很多机构预测未来经济前景乐观。高盛于2017年1月在北京发布的2017年全球经济展望报告显示,2016年全球实际经济增速估计为3.0%,2017年全球经济增速有望升至3.5%,2018年将进一步提升。具体来看,2017年美国经济增长将"适度加速",俄罗斯、巴西等新兴经济体增长状况将大为改善,而欧洲、日本和中国的经济增长则"较为稳定"。报告指出,美国总统特朗普将推出财政刺激政策,其对美国经济短期促进作用有望从2017年年中开始显现。③

在2017年的《全球经济前景》(Global Economic Prospects)报告中,世界银行预测2017年全球实际GDP增长速度将回升至2.7%,高于2016年2.3%的预测值。发达经济体2017年的GDP增长速度预计将小幅加快至1.8%,而2016年为1.6%。与此同时,新兴经济体和发展中经济体2017年的GDP增长率预计将达4.2%,相比之下2016年为3.4%。④

---

① 王如君.新兴市场经济体表现亮眼 全球增长将小幅加快[EB/OL].http://finance.china.com.cn/news/gjjj/20161006/3928815.shtml.2018-09-30.
② 冯昊.IMF世界经济展望:中国今年经济增速6.6%明年6.2%[EB/OL].http://sc.leju.com/news/2016-10-05/06306189097192289262954.shtml.2017-03-28.
③ 高盛.2017年全球经济将增长3.5%[EB/OL].http://www.xinhuanet.com/2017-01/20/c1120354988.htm.2018-09-30.
④ World Bank Group. Global Economic Prospects: Weak Investment in Uncertain Times[EB/OL]. https://openknowledge.worldbank.org/handle/10986/25823.2018-09-30.

全球就业形势不乐观。据国际劳工组织（ILO）报告显示，2015年全球失业人数为1.97亿，比2007年增加了2700万。虽然欧美等发达经济体就业形势有所改善，但新兴经济体经济增速放缓以及大宗商品价格下滑对全球就业市场打击明显，迫使更多人不得不接受更低报酬的工作，就业对全球消除贫困事业的作用有所削弱。同时，由于"就业质量"不高，全球就业人口中约有15亿人处于不稳定的就业状态，这一数字约占全球就业人口的46%。ILO预计全球范围内失业人数在未来两年将进一步增加，2017年将超过2亿。[①]

传统增长模式动力减弱，新的经济增长点尚不凸显，新旧模式转化面临较大挑战，经济驱动力出现"青黄不接"局面。尤其是新兴经济体受大宗商品价格下滑和世界市场低迷影响，经济结构问题更加凸显，向高收入国家行列迈进的过程更加艰难。全球经济结构性调整任务更加艰巨。发达经济体虚拟经济过度发展、社会福利负担居高不下等问题难以解决，经济转型成本高，且受到来自经济体内反对派的压力。部分新兴经济体和发展中经济体产业结构单一、财政金融状况脆弱、抗风险能力差，因此，其实现转型升级既需要自身大力推进结构性改革，还有赖于外部环境的改善。2017年，上一轮科技革命带来的增长动能逐渐衰减，新一轮科技创新尚未形成有效驱动力，世界经济仍然无法摆脱金融危机的深层影响。

（二）国际贸易持续低迷，拖累经济复苏

2008年金融危机之前的十多年，国际贸易一直以全球产出增长率两倍的速度扩张。自2011年以来，全球范围内的产业转移放缓、投资和贸易不振、汇率震荡扭曲贸易成本等因素导致全球贸易增速大幅放缓，连续数年低于全球经济增速。尤其值得关注的是，全球范围内贸易保护主义盛行，其形式既包括直接限制贸易措施，也包括货币竞争性贬值和区域贸易集团对非成员的隐形歧视和其他非关税贸易壁垒，这些都进一步对全球的贸易复苏形成阻碍。

经济合作与发展组织（Organization for Economic Co-operation and Development, OECD）分析认为，在过去50年里，只有5年全球贸易增长低于全球经济增速，且随后都发生了经济衰退，由此推断，当前世界经济贸易环境不容乐观。国际贸易的下降首先冲击到出口经济，造成出口企业破产，工人失业等社会经济问题，恶化经济形势。如此形成恶性循环，进一步拖累经济复苏。

（三）宏观政策空间缩窄，金融风险有所提升

国际金融危机期间，各国扩张性的财政政策为应对危机发挥了积极作用，但

---

① 2016年世界经济贸易形势情况分析[EB/OL]. http://www.askci.com/news/finance/20160520/14473118462.shtml.2017-03-28.

也使各国积累了大量债务。随后世界经济持续低增长,又使各国无力推进财政整固。近年来一些经济体债务率不断攀升,"削赤减债"任务十分艰巨。据IMF统计,2015年发达经济体政府负债率(政府债务总额占GDP的比重)高达104.8%,较2007年提高33.4个百分点;新兴经济体和发展中经济体负债率为45.1%,较2007年提高7.8个百分点。① 当前,全球经济增长低偏、劳动生产率止步不前,迫切需要加大政策支持以促进经济增长,但财政政策空间已大幅缩窄。目前主要经济体货币政策仍偏宽松,美联储对进一步加息态度谨慎,未来加息时机和力度存在较大不确定性;欧洲中央银行和日本中央银行都实行负利率政策,且量化宽松规模还在不断加大,政策环境史无前例的宽松。尽管发达经济体的宽松政策对稳定金融市场信心起到了积极作用,一定程度上也有助于新兴经济体的结构调整,但在实体经济缺乏热点的情况下,大量资金涌入股市、房地产市场、商品市场,推高金融资产价格,使金融风险提高。同时,宽松货币政策导致货币竞相贬值,不仅加剧国际贸易困难,也可能在债务过高的经济体诱发偿债危机,进而加大国际金融市场的动荡。

(四) 全球经济不确定性加大,前景难料

2016年,世界政治形势发生诸多变化,其中有代表性的是特朗普当选美国总统和英国脱欧。这些政治事件对全球经济产生影响,给经济复苏蒙上一层阴影。

特朗普精明的商人特性和重建制造业的政策部署,促使美国的保护主义重新抬头。特朗普上台后美国新一届政府在经贸领域遏制新兴市场的发展,单方挑起与中国、墨西哥和加拿大重新谈判贸易协定。特朗普刚刚上台就宣布美国退出TPP,一改美国全球经济规则制定者和领导者的形象,给国际经济形势带来极大的不稳定性。在"美国优先"的执政理念下,特朗普很可能利用美国现有的超级大国"特权",促使资本回流美国,重塑美国在国际上的政治经济格局。在特朗普上台的这段时间里,我们又看到特朗普并非是一个任意妄为的政客,他的很多政策和言论显然是经过仔细考量的。因此,特朗普将会给全球经济带来哪些变化还未可知。

欧洲面临着两极化的巨大挑战,工人失业和民众生活水平下降,难民流入又带来其他社会问题。因此,欧洲各国反建制派受到民众前所未有的支持,如意大利的五星运动党、法国的国民阵线、德国的选择党、英国的独立党、西班牙的我们能党、奥地利的自由党等。反建制派政党的兴起使这些国家的执政党面临巨大

---

① 商务部综合司.世界经济贸易形势[EB/OL]. http://zhs.mofcom.gov.cn/article/Nocategory/201605/20160501314773.shtml.2017-04-02.

挑战,其影响程度远超2007年次贷危机。这不仅严重影响各国经济发展,更波及欧盟体系、欧元货币和欧洲统一大市场。2017年起英国与欧盟开启了为期两年的脱欧谈判。这场谈判不仅决定今后英国与欧盟之间的关系,谈判的过程和结果也直接影响欧洲各国执政党和反建制派的力量对比,增加欧洲不稳定因素,主要体现在:英国脱欧可能会带来连锁效应,引发欧元区国家效仿,从而使欧元区体系崩溃,难以为继,到时将成为世界经济的一场灾难。

第二节 2015—2016年全球贸易发展回顾与展望

一、2015—2016年全球贸易发展回顾

过去几年,全球贸易负增长造成了全球市场恐慌,拖累了全球经济复苏。接下来本节将从全球贸易增速放缓、全球贸易结构发生变化、地区之间贸易差异巨大、国际贸易规则加速调整和发展中经济体在全球贸易中的表现五个方面对全球贸易进行回顾。

(一)全球贸易增速放缓

2008年国际金融危机以来,全球贸易增长经历了先增速、后放缓的趋势。2015—2016年全球贸易甚至出现了负增长,从世界经济驱动因素转变成拖累因素。据WTO统计,2015年世界贸易总量增长2.8%,这是世界贸易总量增长率连续第四年低于3%,并且连续第四年低于世界经济增速,其中货物贸易量和服务贸易量均出现了负增长,货物贸易减少多于服务贸易;而贸易额出现了负增长,从2014年的19万亿美元大幅下降至16.5万亿美元,降幅达到13%。① 发达经济体出口量增长2.6%,进口量增长4.5%,其中欧洲成为2015年全球贸易的火车头,拉动全球进口量增长1.5个百分点。发展中经济体出口量增长3.3%,进口量增长0.2%,其中亚洲出口量增长3.1%,进口量增长1.8%。②

有几个因素造成全球贸易的低迷,比如中国经济增速放缓,一些大型新兴经济体衰退,石油和其他初级商品的价格下滑,以及在不同货币政策驱动下的国际金融市场波动加大。受到页岩气供应和能源需求放缓的影响,燃料是大宗商品中价格下降幅度最大的。此外,食品、金属和农业原材料价格也出现不同程度下

---

① WTO发布《世界贸易统计数据》[EB/OL]. http://www.chinadaily.com.cn/hqzx/2016-08/04/content_26345541.htm.2017-04-02.

② 2016年世界经济贸易形势情况分析[EB/OL]. http://www.askci.com/news/finance/20160526/14473118462.shtml.2018-09-30.

降。发达经济体有更快的经济增长和进口需求上升,部分抵消了其他方面的需求疲软,总体上看贸易增长和产出增长与以前相比几乎没有变化。

2016 年全球贸易额进一步萎缩,前两个月全球 71 个经济体(出口总值占全球贸易总值 90%)出口总值同比下降 9.5%(按照美元计价),比 2015 年同期降幅进一步扩大 0.5 个百分点。发达经济体和新兴经济体的出口额均出现不同程度下降,其中美国、日本和欧盟出口额分别下降 7.4%、7.1% 和 6.7%,巴西、俄罗斯、南非和印度出口额分别下降 4.7%、35%、19.6% 和 9.8%。进口方面,2016 年前两个月全球 71 个经济体进口总值同比下降 8.2%,比 2015 年同期回升 0.8 个百分点。① 在 2016 年的第一季度中国贸易增长进一步放缓,企业和消费者情绪指标表明其增长率将在一个较低但更可持续的水平上保持稳定。美国 2016 年第一季度的贸易增长也有所缓和,但一些欧元区国家贸易出现了加速增长。

(二)全球贸易结构发生变化

发展中经济体在全球贸易中所占的份额上升。根据 WTO 的统计,2005 年到 2015 年发展中经济体货物出口量占全球的比例从 33% 上升到 42%,发展中经济体之间的贸易量占全球的比例从 41% 上升到 52%。② 这体现了新兴经济体的崛起,以及贸易在新兴经济体的经济发展中所起到的重要作用。WTO 成立以来,广大发展中经济体以此为平台,结合自身的要素禀赋和竞争优势,发展外向型经济,以贸易带动经济增长。同时,新兴经济体的经济发展也带动了贸易量的增长,在国际贸易中的份额不断提升。

进出口增长的区域和产品结构发生了变化。2012—2013 年,中国和其他发展中经济体进口商品和服务的强劲需求对发达经济体进口需求疲弱,尤其是欧元区的进口需求疲软起到了缓冲作用。然而,在 2015 年,欧洲和北美进口的复苏缓解了发展中经济体,尤其是自然资源出口型发展中经济体的进口需求疲软。

地区之间对贸易增长的贡献发生变化。亚洲的贡献在 2008 年金融危机之后比其他任何地区在世界贸易复苏中的作用都要大。然而,该地区对全球进口需求的影响在 2015 年出现下降,中国和其他亚洲经济体对全球贸易的带动作用逐渐减少。亚洲对 2013 年世界商品进口量的增长率贡献了 1.6 个百分点,占世界进口增长的 73%。但在 2015 年,该地区对全球商品进口量增长率贡献了 0.6

---

① 商务部综合司.世界经济贸易形势[EB/OL].http://zhs.mofcom.gov.cn/article/Nocategory/201605/20160501314773.shtml.2017-04-02.
② WTO 发布《世界贸易统计数据》[EB/OL].http://www.chinadaily.com.cn/hqzx/2016-08/04/content_26345541.htm.2017-04-02.

个百分点。① 2015年第一季度，亚洲在世界进口增长中的份额与其他地区相比开始收缩，在第二季度与其他地区一样增长率为负。与亚洲相反，自金融危机以来，世界大部分地区的国际贸易增长拖累了全球进口增长。然而到了2015年，欧洲的贡献再次大幅度上升，为全球进口量增长贡献了1.5个百分点，或者说占全球贸易增长率的64%。欧盟2014年和2015年间贸易的逐步复苏，是欧洲贸易增速反弹的主要原因，欧洲主权债务危机的负面影响逐渐消退。北美洲在2015年对世界进口增长做出积极贡献，而南美洲、中美洲、非洲和独联体国家对世界进口增长的贡献为负。②

（三）地区之间贸易差异巨大

亚洲在全球贸易中表现优异。以美元计算贸易值，亚洲是2015年表现最好的地区，其次是欧洲和北美洲。亚洲商品出口总额达59610亿美元，其次是欧洲的59580亿美元和北美洲的23000亿美元。亚洲的出口总额在2015年与其他地区相比跌幅最小，下跌了7%，欧洲和北美洲则分别下跌了12%和8%。一方面，稍大一些的亚洲经济体，如马来西亚和菲律宾（制造产品的净出口国），出口总额分别下降15个百分点和6个百分点，印度尼西亚的出口总额下降了15%。另一方面，尽管2015年制成品价格下降，越南（工业品的净进口国）和孟加拉国（服装出口国）分别实现了出口总额8%和6%的增长。在出口总额方面，发展中的亚洲继续占发展中经济体的大部分份额（67%）。③

2015年非洲出口的美元价值大幅下降30%，减少额约占该地区出口总额的40%。撒哈拉以南非洲的石油出口国，如赤道几内亚和刚果（布），受到石油价格下跌60%的影响显著。在以美元计价的出口收入中，尼日利亚的出口总额下降了近50%。④ 非洲出口总额下降是由于北部非洲经济的缓慢增长和政治动荡等因素造成的。南非和摩洛哥的增长率与非洲其他经济体相比相对较好，是高于平均水平的，其出口总额也没有出现显著下降。

（四）国际贸易规则加速调整

金融危机后，各国为了摆脱经济低迷形势，加强了对国际市场的争夺与渗透，国际贸易规则趋于碎片化。中国等新兴经济体在全球贸易中的地位上升，对国际贸易规则制定的诉求加大，冲击了以美国为首的原有贸易体系。美国等发

---

① 世界经济贸易面临长期停滞的风险问题[EB/OL].http://www.piferat.com/article/detail/id/173.htm.2018-09-30.
② 马涛.国际贸易形势回顾与展望：面临减速风险[M]//张宇燕，孙杰.世界经济黄皮书：2017年世界经济形势分析与预测.中国社科文献出版社，2016.
③ WTO.World Trade Statistical Review 2016[R].WTO.2016：45-46.
④ WTO.World Trade Statistical Review 2016[R].WTO.2016：45.

达经济体为了重新获取全球贸易规则制定者的地位,发起了一系列大型区域贸易协定、协议谈判。以 WTO 等国际机构为标志的全球贸易一体化成果受到侵蚀,TPP、跨大西洋贸易和投资伙伴关系(TTIP)、区域全面经济伙伴关系(RCEP)等区域贸易协定将以 WTO 为代表的原有贸易规则逐步打破,新的国际贸易、投资、服务标准正在确立。

这一过程体现了发达经济体与新兴经济体之间的博弈与对抗,表现出漫长而反复的特征:一方面,发达经济体为实现自身经济利益最大化,意图通过改变原有国际规则,推进贸易、投资、金融等方面标准的全面升级,在国际市场获得更多利益;另一方面,各经济体之间的竞争更加激烈,各方利益协调难度加大。2016 年 9 月,包括总统奥朗德在内的多名法国高层官员表示将中止对欧盟授权,单方面退出美欧自由贸易协定谈判,德国副总理兼经济部长也公开表示 TTIP 谈判已在事实上失败。2017 年 1 月,美国总统特朗普一上任就宣布美国退出 TPP,给全球贸易体系的发展带来更大的变数。

(五)发展中经济体在全球贸易中的表现

2015 年,发展中经济体的商品出口总值下降了 14%,进口总值下降了 13%。拉丁美洲、中东和非洲继续受到燃料和其他商品价格下跌的负面影响。欧洲和亚洲的发展中经济体,2013 年和 2014 年出口虽然放缓,但仍保持正增长,而 2015 年则出现了负增长。不过总体上,2015 年发展中经济体占世界商品贸易的份额变化不大,其出口份额略微下降至 43%,进口份额仍保持在 41%。①

南南贸易(即发展中经济体之间的贸易)持续增长,在发展中经济体出口贸易中占比越来越高。2010 年以来,南南贸易比发展中经济体与发达经济体或发展中经济体与独联体国家的贸易增长都更为强劲。

近年来,政治局势、对商品出口的依赖以及全球大宗商品价格的变化导致 5 个发展中地区(非洲、发展中的亚洲、发展中的欧洲、拉丁美洲和加勒比海地区以及中东地区)的贸易发展不平衡。由于全球供应增加和全球需求下降,全球经济增长乏力,发展中地区的燃料出口大幅下降。2015 年依赖大宗商品出口的地区出口量呈两位数下降。

美国变成对拉美的石油出口国,中东和非洲受全球增加的石油供应和油价下跌的负面影响,贸易出现负增长。非洲出口的下降紧随油价的下跌,2014 年和 2015 年所有 8 个非洲石油和天然气出口国的出口都出现下降。作为一个集体,这 8 个非洲石油和天然气出口国在 2013—2015 年期间的出口下降了 52 个

---

① 2016 年世界经济贸易形势情况分析[EB/OL]. http://www.askci.com/news/finance/20160520/14473118462.shtml.2017-03-28.

百分点。燃料出口减少的一个原因是美国石油产量的增加。2012—2014年期间,由于国内生产量增加,美国从非洲的燃料进口量减少了59%。燃料进口的减少使非洲对北美的总出口价值下降了47%。2014年北美占非洲出口总额的比重仅为7%,而在2012年这一比例为11%。①

2015年发展中经济体参与世界商业服务贸易的比重继续上升,达到全球出口的32%,也就是15210亿美元。自2005以来,发展中经济体服务贸易份额增长主要是由发展中的亚洲贡献的。2015年发展中的亚洲占世界服务出口的22.4%。中国②、印度、韩国、中国香港和泰国是主要的贡献者。发展中的亚洲占世界商业服务进口份额的比重扩大更为迅速,2015年达到25.4%。这在很大程度上是由于中国日益增长的服务需求,特别是旅游服务需求。多年来发展中经济体服务需求不断扩张,2015年发展中经济体占全球服务进口的份额达到39.4%(18150亿美元)。与此相对,在一些发展中经济体,作为商品出口活动的港口集装箱运输在2015年大幅下降,中国香港下降了11%,新加坡几乎下降了9%。然而,由于中国的出口增长,发展中经济体的运输出口只下降了6%,而发达经济体下降了12%。发展中经济体旅游收入下降了1%,其他商业服务出口下降了3%。③

二、全球贸易展望

贸易与投资作为经济增长的重要引擎,在拉动全球经济增长方面发挥着重要作用。但是,近年来全球贸易和投资形势低迷,WTO预测2017年世界贸易将处于艰难增长阶段。世界经济复苏乏力、国际市场需求低迷、"黑天鹅"事件频发、贸易保护主义盛行、各经济体货币政策分化等因素将抑制2017年世界贸易增长。下面分别从贸易保护主义、全球贸易投资不确定性、多种贸易体制共存趋势、全球贸易前景四个方面展开。

(一)贸易保护主义抬头

自2008年国际金融危机以来,随着全球失业率的上升,世界各地普遍出现了反全球化的情绪。一些民众和政客认为,正是全球化带来的全球资本流动造成了当地工作岗位的流失。为了保持就业,维护社会稳定,主要发达经济体以及部分发展中经济体贸易保护主义措施日趋增多。根据相关统计,2008年至2016

---

① WTO.World Trade Statistical Review 2016[EB/OL].https://www.wto.org/english/res_e/statis_e/wts2016_e/wts16_toc_e.htm.2017-03-20.
② 如非特殊说明,本书中的"中国"数据,均不包括中国香港、澳门和台湾地区的数据。
③ WTO.World Trade Statistical Review 2016[EB/OL].https://www.wto.org/english/res_e/statis_e/wts2016_e/wts16_toc_e.htm.2017-03-20.

年5月,G20成员共采取了1583项贸易限制措施,目前为止只取消了约25%,仍有1196项在执行之中。WTO、OECD和联合国贸易和发展会议(UNCTAD)联合发布的《G20贸易投资措施报告》显示,2015年G20成员平均每月新采取的贸易限制措施达到2009年以来最高数量。①

《全球贸易预警》显示,美国从2008年到2016年对其他国家和地区采取了600多项贸易保护措施,仅2015年就采取了90项。② 近年来,由于美国国内经济不景气以及失业率居高不下,美国对中国和其他贸易伙伴均收紧了贸易政策。IMF提出警告:全球性保护主义倾向和经济复苏乏力导致全球贸易自2012年以来明显放缓,进一步放弃贸易自由化可能抑制国际商品贸易,进而拖累经济发展并延长全球经济放缓的时间。

美国新当选的总统特朗普刚一上台就宣布退出TPP,标志着美国贸易政策的重大调整,美国由全球化的推动者转而变成贸易保护的实践者。这给全球贸易的发展敲响了警钟,全球贸易环境正走向令人担忧的转折点。特朗普单方面实行贸易保护有可能会引发其他国家和地区的报复,使世界陷入贸易战,损害各经济体的利益。因此,贸易保护主义政策是否有用尚不可知,也拯救不了美国制造业。美国退出TPP,转而寻求双边谈判解决贸易安排问题,是全球贸易发展进程的一种倒退。说到底,在贸易谈判方式上的这种转变,意味着美国在全球范围内竞争力与话语权的弱化。

(二)全球贸易投资不确定性增强

欧盟一直被认为是"二战"以来世界上最先进、最有希望的区域组织。英国脱欧不仅出乎大多数人的意料,也给欧洲一体化的前景蒙上阴影。区域一体化被认为是全球化的前奏,区域一体化出现倒退意味着全球化遭遇危局。多项调查显示,自脱欧公投以来,英国企业的投资意愿急剧下降。欧元区国家也受到拖累,英国在欧元区的主要贸易伙伴之一——荷兰,经济信心恶化最严重,2016年8月荷兰景气指数下跌3.6;英国另一个主要投资目的地——德国,景气指数下跌1.1,意大利和西班牙的景气指数也大幅下跌。9月欧元区综合采购经理人指数(PMI)初值从8月的52.9下跌到52.6,服务部门PMI从8月的52.8下降到52.1,降至21个月来的新低。③

2017年英国将全面启动脱欧程序,届时对欧洲经济贸易的不利影响会更加

---

① 赵静.G20设定贸易合作议题 力破贸易投资壁垒[EB/OL].http://finance.sina.com.cn/roll/2016-07-01/doc-ifxtsatn7865525.shtml.2018-09-30.
② 张麒麟.报告显示,2015年全球采取贸易保护措施数量同比增长50%[EB/OL]http://news.enorth.com.cn/ system/2016/08/08/031099442.shtml.
③ 梁艳芬.2016—2017年世界经济贸易形势及相关问题[J].对外经贸实务,2016(12):4-8.

明显。首先,伦敦作为全球金融中心的地位下降,资本纷纷外流去寻找更安全的风险规避场所。其次,英国有一半的贸易额都来自其他欧洲国家,英国脱欧势必会使英国与这些国家的贸易关系恶化。英国脱欧从公投到完全脱欧可能是一个历时几年的过程,其带来的不确定性有待进一步观察。脱欧过程不排除意外发生,并可能对国际市场情绪与预期造成巨大影响,引发动荡。同时,欧洲难民潮带来的恐怖袭击事件频发,影响全球消费者和投资者信心,已经干扰国际贸易与金融市场正常运行,并给未来国际贸易带来负面影响。

美国货币政策存在很大的不确定性。2015年12月,美国进行了10年来的首次加息,但利率仍处于历史较低水平。低利率对实体经济尚不构成刺激,却令金融市场波动加大。2016年以来,美国通胀仍低于2%的设定目标,美联储加息的空间依然很大。市场上普遍存在强烈的美元加息预期,导致国际资本纷纷流向美国,一些国家和地区的货币出现贬值。这一方面有利于这些国家和地区的出口,另一方面对这些国家和地区的经济造成冲击,使其投资减少,不利于全球经济贸易的复苏与发展。

(三)多种贸易体制共存趋势更加明显

多哈回合以来,以WTO为核心的多边贸易体制陷入僵局,多边贸易谈判止步不前。在多边贸易谈判不能取得让各方满意进展的情况下,各成员纷纷转向诸边与双边贸易谈判。近几年,出现了具有代表性的超大型区域贸易协定,如TPP、TTIP以及《服务贸易协定》(TISA)。这些都是由美国主导发起的,一方面是为了抛开WTO,寻求更高的贸易规则标准;另一方面是为了排除中国等新兴经济体的影响,重新掌握规则制定的话语权。

同时,大量的双边贸易协定也如雨后春笋般涌现。比较具有代表性的有中韩自由贸易协定、美韩自由贸易协定、欧加自由贸易协定,这些双边贸易协定谈判更加容易,也能更好地体现各自的利益诉求。特朗普上任后将主要发展双边贸易协定,用更多的双边贸易协定取代多边贸易协定,通过双边谈判更好地争取条件,更好地实现"美国优先"。双边贸易协定的大量涌现也意味着贸易保护主义趋势的加强,因为协定内双方的优惠政策不适用于最惠国待遇原则。

目前,各种贸易协定、协议的涌现也表示"市场之争"已经转变为"规则之争"。现阶段,贸易谈判的焦点已经从WTO时期的争取市场开放变为发达经济体和发展中经济体的贸易规则之争,美国前任总统奥巴马在宣布美国加入TPP谈判时明确表示,不能让中国这样的国家掌握国际贸易规则的制定权。未来将会延续这一趋势,随着美国宣布退出TPP等区域型贸易协定,中国将会在国际贸易规则制定上发挥更大的影响力。

（四）全球贸易前景难料

根据 WTO 的报告，2016 年第一季度商品贸易数据显示，以美元计的世界贸易量价值稳定。美国 2 月的进口同比增长了 4%，为 2014 年 12 月以来的最大涨幅。虽然在出口方面，美国的发货量较 2015 年 2 月同比下降了 4 个百分点，但这是近 14 个月以来最小的降幅。与此同时，欧盟在 2 月的出口和进口同比增长。3 月，中国的出口激增 11 个百分点，日本的进口下降了 1%，但这是自 2015 年 1 月以来的最好结果，尽管进口为 9% 的负增长，但这一数字低于 2015 年 20% 的负增长。①

但是，WTO 预测，2017 年全球贸易可能难以回暖。WTO 将 2017 年全球贸易的增长从之前的 3.6% 下调至 1.8%~3.1%。② 这和 2016 年下半年不断出现的贸易保护主义措施和一系列"黑天鹅"事件有关。由此可见，2017 年的世界贸易形势很难预料。

第三节 2015—2016 年全球外商直接投资发展回顾与展望

一、2015—2016 年全球外商直接投资回顾

外商直接投资（FDI）是指投资人在境外经营企业并拥有持续利益的一种投资，其目的在于投资人可以对企业的经营管理具有发言权。2015—2016 年全球 FDI 出现了较明显的复苏趋势，但是投资地区和投资结构也表现出与以往不同的特点。接下来将从全球 FDI 表现反复、不同经济体表现分化、不同地区表现分化和全球 FDI 的行业结构变化显著方面对全球 FDI 做一回顾。

（一）全球 FDI 表现反复

与全球经济和全球贸易表现疲软形成鲜明对比的是，2015 年全球 FDI 出现了大幅度的提升：FDI 流入总量上升了 38%，达 1.76 万亿美元，这是 2008 年国际金融危机爆发以来的最高水平。跨境金额从 2014 年的 4320 亿美元猛增至 2015 年的 7210 亿美元，这是 2015 年全球 FDI 强劲反弹的主要动力。与此同时，已公布的绿地投资项目也达到 7660 亿美元的较高水平。③ 根据 OECD 的报告，2015

---

① WTO.World Trade Statistical Review 2016[EB/OL].https://www.wto.org/english/res_e/statis_e/wts2016_e/wts16_toc_e.htm.2017-03-20.

② WTO.2016 年全球贸易增速恐将放缓至金融危机以来最慢[EB/OL].http://wallstreetcn.com/articles/26508.2018-09-30.

③ 赵晓娜.联合国贸发组织报告：2016 全球外国直接投资将下降 10%—15%[EB/OL].http://www.xinhuanet.com/finance/2016-06/23/c_129084103.htm.2018-06-23.

年的资本投资增长了近 9%,而通过 FDI 创造的就业机会增长了 1%,达到 189 万。①

值得注意的是,2015 年全球 FDI 大幅增长的一个重要原因是大规模的公司内部重组。实际上,和公司内部重组相关的跨境并购交易会导致相关国家国际收支资本项下的巨额资金流动,但此类交易并没有对公司运营产生实质影响。如果在统计中剔除此类公司重组带来的"水分",2015 年全球 FDI 的增幅实际上只有 15%,但这依然是一个很大的涨幅。②

相对于 2015 年下半年,2016 年上半年全球 FDI 流入量下降了 5% 至 7930 亿美元,但仍高于 2013 年和 2014 年观察的水平。2016 年全球 FDI 的反复无常表现在第一季度 FDI 达到 5130 亿美元,而在第二季度却跌至 2790 亿美元。第二季度欧盟 FDI 的流入流出尤其脆弱,流入量下降到 340 亿美元,流出量下降到 150 亿美元。③ 在 2014 年第一季度至 2016 年第一季度,OECD 国家 FDI 一直呈上涨趋势,2016 年第一季度几乎达到了峰值,但随后下降到最低水平。相比于 2015 年下半年,2016 年上半年流入 OECD 国家的 FDI 增长了 14%,从 4990 亿美元增长到 5680 亿美元;受 2016 年第二季度欧盟国家广泛撤资的影响,OECD 国家 FDI 流出量下降了 16%,从 6140 亿美元减少到 5150 亿美元。④

(二) 不同经济体表现分化

与之前的 FDI 主要流向发展中经济体不同,发达经济体相对于发展中经济体重新取得优势。2015 年发达经济体作为一个整体的 FDI 流入量几乎增加了一倍,达到 9620 亿美元,占全球 FDI 的比重也从 2014 年的 41% 猛增到 2015 年的 55%。发达经济体的 FDI 流入量在经历连续 3 年的下降之后大幅反弹,达到 2007 年以来的最高水平,发达经济体之间跨境并购的迅猛增长是主要驱动因素。同时,绿地投资也保持较高水平。欧洲的 FDI 流入量增长迅猛,美国则在 2014 年的历史低位基础上翻了两番。美国是 FDI 项目数量排名最高的国家,2015 年共有 1517 个 FDI 项目选择美国为目的地。⑤ 相比之下,发展中经济体

---

① fDi Intelligence.The fDi REPORT 2016-Global Greenfield Investment Trends[EB/OL].http://wenku.baidu.com/ view/d2db231777323.2017-03-28.

② 赵晓娜.联合国贸发组织报告:2016 全球外国直接投资将下降 10%—15%[EB/OL].http://www.xinhuanet.com/finance/2016-06/23/c_129084103.htm.2018-06-23.

③ OECD. FDI in Figures[EB/OL].http://www.oecd.org/corporate/FDI-in-Figures-October-2016.pdf. 2018-09-30.

④ OECD. FDI in Figures[EB/OL].http://www.oecd.org/corporate/FDI-in-Figures-October-2016.pdf. 2018-09-30.

⑤ fDi Intelligence.The fDi REPORT 2016-Global Greenfield Investment Trends[EB/OL].http://wenku.baidu.com/ view/d2db231777323.2017-03-28.

FDI流入总量只增长了9%,达到7650亿美元。但在排名前十的全球FDI流入地中,发展中经济体依然占有了半数席位。①

美国是2016年全球FDI的亮点,在2016年全球FDI普遍低迷的背景下,美国第一季度FDI流入量上升到1000亿美元。② 2016年第二季度,受国内金融稳定和一些企业重组的利好影响,美国FDI的流入量增长依然强劲。

印度是2015年接受投资最多的国家,有630亿美元的FDI项目,项目数量增加了8%,达到697个,大公司如富士康和太阳爱迪生公司(SunEdison)已分别同意投资价值50亿美元和40亿美元的项目。③ 印度取代中国成为FDI首选流入地,而流入中国的资本投资下降23%,FDI项目数量下降16%。FDI流入印度尼西亚的资本投资增加了130%,至385亿美元,多为金属、化工、煤炭、石油和天然气等项目。FDI排名前三的国家,即印度、中国和印度尼西亚,几乎占了亚太地区FDI的一半(49%)。④

从全球FDI的来源看,发达经济体也依然占据主导地位。发达经济体的对外投资大幅度增长了33%,达到1.1万亿美元。尽管如此,其对外直接投资仍比2007年的峰值低40%。主要发达区域的表现有所不同:欧洲的对外投资增至5760亿美元,从而成为全球最大的FDI来源;北美的对外投资量与2014年基本持平。⑤

(三)不同地区表现分化

亚太地区仍然是2015年FDI的主要目的地,该地区吸引了全球资本投资的45%。共有3883个直接投资项目,估计将带来3205亿美元的投资。然而亚太地区对其他地区的FDI项目总数减少1%,至2802个,资本投资则增加了13%。⑥

西欧是2015年FDI的主要来源地。尽管项目数减少了9%,为5047个,该

---

① 世界投资报告:2016年全球FDI下降10%—15%[EB/OL]. http://m.21jingji.com/article/20160622/herald/38f18cf457e6a84739adb1d571cbefd8.html.2017-03-28.

② OECD. FDI in Figures [EB/OL]. http://www.oecd.org/corporate/FDI-in-Figures-October-2016.pdf.2018-09-30.

③ 中国商务部驻印度经商参处.印度超过中国成外资头号目的地[EB/OL]. http://www.mofcom.gov.cn/article/i/jyjl/j/201604/20160401308920.shtml.2017-03-30.

④ fDi Intelligence.The fDi REPORT 2016-Global Greenfield Investment Trends[EB/OL].http://wenku.baidu.com/ view/d2db231777323.2017-03-28.

⑤ 赵恬.《2016年世界投资报告》正式发布:全球外国直接投资强劲复苏[EB/OL]. http://www.ccpit.org/Contents/Channel_4114/2016/0624/661887/content_661887.htm.2017-03-30.

⑥ fDi Intelligence.The fDi REPORT 2016-Global Greenfield Investment Trends[EB/OL].http://wenku.baidu.com/ view/d2db231777323.2017-03-28.

地区依然有 2344 亿美元资本投资。总的来说,全球 42% 的 FDI 项目来自西欧。来自英国、德国和法国的公司占了该地区 FDI 项目的 50% 以上。俄罗斯、独联体国家以及欧洲中部、东部和东南部地区成为 FDI 在项目数量(6%)、资本投资(12%)和创造就业机会都增加的地区。①

北美的 FDI 流入量在 2015 年增长了近 10%,约有 688 亿美元的资金投入这一地区,但 FDI 项目数量下降 6%,至 1734 个。美国是 FDI 在北美的首选目的地,占北美 FDI 项目的 88% 和资本投资的 87%。2015 年加拿大获得 FDI 最多的省是安大略省,占了北美 FDI 项目的 6%。美国纽约州、得克萨斯州和佛罗里达州是 2015 年美国接受 FDI 投资最多的 3 个州。②

流入中东和非洲的 FDI 项目数量在 2015 年增长了 0.6%。阿联酋依然是这一地区 FDI 项目流入的首要目的地,24% 的 FDI 项目流入这里。非洲 FDI 流入量在 2015 年下降 7% 至 540 亿美元,但是在非洲的投资项目数上升了 6%。③ 北非 FDI 出现增长,但撒哈拉以南非洲地区(特别是西非和中非)FDI 大幅下降。南非长期以来一直是非洲接受 FDI 项目最多的国家。初级商品价格的暴跌使依赖自然资源出口的非洲国家在贸易、投资和国际收支等方面都面临严重冲击。2015 年中东和非洲地区对外投资 598 亿美元,比 2014 年增长了 54%。④

拉丁美洲和加勒比地区(不包括离岸金融中心)的 FDI 流入为 702 亿美元,项目数量下降了 13%。然而,该地区的 FDI 创造的就业机会增加了 4%,至 237277 个。这一地区 FDI 资本投资的三大目的地是墨西哥、巴西和智利,分别吸引了 243 亿美元、173 亿美元和 97 亿美元。2015 年巴西接受 FDI 资本投资水平仅下降 0.2%,然而其 FDI 项目的数量下降了 17%。由于整个地区接受 FDI 资本投资的下降,巴西的本土市场份额从 19% 增加到 25%。⑤

(四)全球 FDI 的行业结构变化显著

全球 FDI 的行业结构发生了显著变化:第一产业 FDI 大幅减少;制造业 FDI

---

① fDi Intelligence.The fDi REPORT 2016-Global Greenfield Investment Trends[EB/OL].http://wenku.baidu.com/ view/d2db231777323.2017-03-28.

② fDi Intelligence.The fDi REPORT 2016-Global Greenfield Investment Trends[EB/OL].http://wenku.baidu.com/ view/d2db231777323.2017-03-28.

③ 不同区域 FDI 走势迥异[EB/OL].http://finance.china.com.cn/roll/20160626/3783883.shtml. 2018-09-30;fDi Intelligence.The fDi REPORT 2016-Global Greenfield Investment Trends[EB/OL].http://wenku.baidu.com/ view/d2db231777323.2017-03-28.

④ fDi Intelligence.The fDi REPORT 2016-Global Greenfield Investment Trends[EB/OL].http://wenku.baidu.com/ view/d2db231777323.2017-03-28.

⑤ fDi Intelligence.The fDi REPORT 2016-Global Greenfield Investment Trends[EB/OL].http://wenku.baidu.com/ view/d2db231777323.2017-03-28.

则有所增长。受 2014 年中期以来初级商品价格大跌的影响,石油和采矿行业的跨国公司大幅削减资本开支,而盈利的减少则影响了其利润再投资的规模,因此第一产业的 FDI 大幅下降。与此同时,由于制药等行业一些大规模交易的出现,制造业占全球跨境并购总金额的比重提高到了 50% 以上。从全球 FDI 存量看,服务业占比继续保持在 60% 以上的水平。①

煤、石油和天然气获得了历史上最多的 FDI 的资本投资,2015 年达到了 1135 亿美元。可再生能源正重新崛起,获得的投资项目数量增加了 50%,达到 760 亿美元,占全球 2015 年资本投资的 10% 以上(11%)。FDI 项目数量排名前三的行业——软件信息技术(IT)服务、商业服务和金融服务约占全球所有 FDI 的 1/3(35%)。2015 年房地产业继续复苏,FDI 项目数增长了 6%,投资额增长了 17%,达到 966 亿美元。在 FDI 项目数量排名前五位的行业中,商业服务是唯一一个 FDI 项目数量增长的行业,2015 年有 1413 个项目;金融服务的 FDI 项目数量下降幅度最大,为 29%。2015 年,投资到软件 IT 服务和通信业的资本投资分别下降到 220 亿美元和 462 亿美元,投资项目数量也有所下降。②

二、全球直接投资展望

(一) 全球 FDI 有望出现反弹

UNCTAD 报告分析预计,2017 年全球经济增长速度将有所加快,从 2016 年 3.1% 的危机后的低谷水平上升到 3.4%。预计发达经济体特别是美国经济状况在财政刺激政策的推动下得到改善。美国工资有增长迹象,就业数据令人鼓舞,主要通胀指标整体加强,均导致全球市场对美联储 2017 年加息的预期增强。大宗商品特别是石油价格上涨,将提振资源出口地区的经济增长。预计新兴市场会推行较长期的经济调整和结构性改革,不少发展中经济体正在对抗通缩压力。在此情况下,新兴市场和发展中经济体的经济增长预计在 2017 年实现恢复性增长。在全球经济增长的支撑下,全球贸易增长预计将从 2016 年的 2.3% 上升到 2017 年的 3.8%。③

展望未来,在全球经济和全球贸易基本比较乐观的情况下,2017 年全球 FDI 有望出现反弹,预计增长 10% 左右。根据 UNCTAD 的预计,2017 年全球 FDI 会

---

① 我国对外直接投资逆势上扬 存量将上升至全球第六[EB/OL]. http://finance.sina.com.cn/roll/2016-06-22/doc-ifxtfmrp2510483.shtml.2018-09-30.
② fDi Intelligence.The fDi REPORT 2016-Global Greenfield Investment Trends[EB/OL]. http://wenku.baidu.com/view/d2db231777323.2017-03-28.
③ 孙楠. 展望 2017 年全球 FDI 反弹在即[EB/OL]. http://www.comnews.cn/focus/58999f41cd91896f6b968f12.html.2018-09-30.

出现恢复性增长,2018年全球FDI将超过1.8万亿美元。① 尤其是在2008年经济危机后表现优异的新兴经济体如印度、越南等,发展潜力巨大,对全球资本依然具有吸引力。

根据世界银行2017年全球经济展望报告,2017年随着制约出口大宗商品的新兴市场和发展中经济体增长障碍的消退,加之进口大宗商品的新兴市场和发展中经济体内需保持稳固,2017年全球经济增长预计将温和回升至2.7%。② 世界银行行长金墉表示,"在历经数年令人失望的全球增长低迷之后,我们看到经济前景即将出现好转而深受鼓舞。目前正是利用这一发展势头增加基础设施建设和人力资本投资的大好时机,这对于加快消除极端贫困所需要的可持续和包容性经济增长至关重要。"③

但是,世界银行同时也指出了2017年全球投资面临进一步下降的风险。原因有二:一是经济危机之前经济的高速增长产生的扭曲还没有消失;二是私人企业债务和国家债务风险较大,可能会对全球投资造成负面影响。

(二) 全球FDI不确定性增加

过去的几年,不确定性因素格外增多,诸多不确定因素对2017年FDI流动的增长造成重大影响。报告分析,在经历近10年前所未有的低利率之后,美国货币政策的"正常化"将会使全球资本流动发生重大变化,进而对全球特别是发展中经济体的汇率和金融体系产生影响。近年来,跨国公司债务大幅增加,资金成本的上升也可能会影响跨国公司的对外投资。全球经济政策,特别是发达经济体的经济政策,在短期内存在很大的不确定性,也可能会影响FDI。此外,政治领域的一些最新动向,如英国退出欧盟,美国新一届政府宣布将重新对《北美自由贸易协定》进行谈判、退出TPP,欧洲主要国家即将举行领导人换届选举等,都加剧了全球FDI流动的不确定性。而发达经济体跨国公司对外投资前景长期不明,可能会阻碍新兴以及发展中经济体FDI的增长。

除美国一年来连续加息,加息预期比较强烈,其他经济体的加息前景较不明确。全球经济增长仍然乏力,而全球负债水平正处于历史高位。市场似乎一致认为,若要同时支持增长及减债,便应实施财政刺激政策来推动通胀,并实行金融压抑,以维持实质利率为负数。经过多年紧缩,欧洲中央银行行长德拉吉要求

---

① UNCTAD.World Investment Report 2017:Investment and the Digital Economy[EB/OL].http://unctad.org/en/PublicationsLibrary/wir2017_en.pdf.2017-03-30.

② World Bank Group.Global Economic Prospects:Weak Investment in Uncertain Times[EB/OL].https://openknowledge.worldbank.org/handle/10986/25823.2017-03-31.

③ 世行:全球需警惕投资放缓[EB/OL].http://news.xhby.net/system/2017/01/12/030425108.shtml.2017-03-31.

推行更多扩张性预算政策。与此同时,日本决策当局公布财政刺激方案,日本央行着手增加孳息曲线的斜度(即扩大长期与短期政府债券孳息率之间的差别)。即使推行了此类政策,英国脱欧公投及其他地缘政治问题对增长造成的长远风险仍有待观察。

新兴市场存在风险,但亦存在机遇。中国经济增长逐渐由投资主导转向消费主导,将可能导致短期内强劲的经济增长动力在转型期间持续减弱。与此同时,拉丁美洲的衰退或可因为大宗商品价格温和复苏与财政状况整体改善而缓和。制裁令俄罗斯的石油市场崩溃,国内生产总值呈负增长;而巴西长期的政局动荡也对自身经济造成颇大打击。一些新兴经济体,例如马来西亚、菲律宾和印度尼西亚等中国以外的重要发展中经济体依然有投资潜力。在拉丁美洲地区,墨西哥、智利和秘鲁的未来经济形势向好而且具有投资吸引力。

(三) 全球 FDI 还有很大提升空间

尽管全球经济活动有所上升,根据 ILO 估计,全球就业增速在 2017 年继续放缓,预计仅增长 1.1%。[①] 为了充分利用全球经济环境有所改善这一机遇,各经济体须将制定促进境内外投资政策作为重点。就境外投资而言,近年来全球 FDI 流动在很大程度上主要由跨境并购推动,未能导致固定资产投资的同步增长。尽管已经宣布的绿地投资额不能准确地反映全球绿地投资的实际水平,但它表明跨国公司海外子公司的资本支出仍大大低于 2008 年的峰值。因此,努力促进绿地投资将能使东道国获益。

UNCTAD 的数据显示,2015 年共有 46 个经济体通过了近百项涉及外商投资的政策措施。在这些政策措施中,71 项涉及投资自由化及投资促进,13 项涉及对外资加强限制或监管,其余 12 项为中立性措施。投资自由化及投资促进措施占比达到 85%,高于 2010—2014 年的平均水平。[②] 预计未来几年投资自由化与便利化的措施会对全球 FDI 带来积极影响。

(四) 新的国际投资体制逐渐形成

2008 年经济危机以后,原有国际投资体制的一些问题暴露出来,UNCTAD 开始推动国际投资体制改革,其成果日益显著。UNCTAD 的投资政策架构和国际投资体制改革路线图正在不同层面影响着关键的改革进程,相应地,新一代投资协定正在产生。

---

① 孙楠.展望 2017 年全球 FDI 反弹在即[EB/OL]. http://www.comnews.cn/focus/58999f41cd91896f6b968f12.html.2018-09-30.

② UNCTAD.World Investment Report 2016:Investor Nationality-Policy Challenges[EB/OL]. http://unctad.org/en/PublicationsLibrary/wir2016_en.pdf.2017-03-30.

在国际投资体制改革的第一阶段,各国已就改革的必要性建立了共识,确定了改革的领域和方法,审查了各自的国际投资政策以及国际投资协定体系,制定了新的投资协定范本,并开始就签订新的国际投资协定进行谈判。约100个国家使用UNCTAD投资政策架构和改革路线图对其现有的国际投资协定进行审查,60个国家据此设计了相关协定的具体条款。①

UNCTAD引领的国际投资体制改革正在进入第二阶段。在这一阶段,各国家将继续签订新的高标准的投资协定,同时也将梳理、修订或重新谈判现有的数量庞大的国际投资协定,提高这些协定的质量和水平。在国际投资体制改革的第一阶段,改革努力主要体现在国家层面。进入第二阶段后,各方将更重视区域投资政策及规则的协调与整合,着手解决当前国际投资体制日益碎片化的倾向。新一代国际投资规则可能逐步形成。

投资促进和便利化是关系到2030年发展议程的一个重要问题。在国家层面吸引外资的政策体系中,多数措施涉及投资促进,却忽略了便利化。在国际投资协定中,具体的便利化措施非常少。因此,这是完善国际投资协定内容值得注意的一个问题。UNCTAD设计的"全球投资便利化行动指南"在这方面提供了具体的行动方案和政策选择,值得各国参考。

主要参考文献:

[1] 毕吉耀,李大伟.全球直接投资及我国利用外资形势[J].宏观经济管理,2015(2).

[2] 胡必亮,周晔馨,范莎.全球经济格局新变化与中国应对新策略[J].经济学动态,2015(3).

[3] 林建勇,洪俊杰.全球贸易发展的趋势与特点——兼论中国外贸发展新策略[J].现代管理科学,2016(10).

[4] 刘俊伶,王克,邹骥.全球贸易隐含碳变化及其影响分析[J].气候变化研究进展,2015,11(1).

[5] 马相东,王跃生.全球贸易新常态与中国外贸发展新策略[J].中共中央党校学报,2015(6).

[6] 钱志清,许娜.全球直接投资趋势及投资者"国籍"带来的政策挑战——解读联合国贸发组织《2016年世界投资报告》[J].国际经济合作,2016(7).

[7] 邵燕敏,杨晓光.全球及中国直接投资的近况和走势分析[J].科技促进

---

① UNCTAD.World Investment Report 2016:Investor Nationality-Policy Challenges[EB/OL].http://unctad.org/en/PublicationsLibrary/wir2016_en.pdf.2017-03-30.

发展,2016,12(5).

[8] 王蒙燕.浅析"一带一路"战略对全球经济的影响[J].品牌,2015(8下).

[9] 张坤.金融发展与全球经济再平衡[J].国际金融研究,2015(2).

第二章 2015—2016年世界贸易组织的发展

第一节 2015—2016年世界贸易组织工作概述

2015年WTO第十届部长级会议在肯尼亚首都内罗毕顺利召开,虽然各成员最为关心和担心的多哈回合谈判仍以成员"持有不同观点,仍将继续努力推动解决剩余问题"结尾,但达成了包含农业和最不发达经济体特殊待遇等领域在内的"内罗毕一揽子成果"(Nairobi Package)。此外,本届部长级会议还完成了WTO《信息技术协定》(ITA)的扩围谈判,削减了贸易额超过1.3万亿美元的201种信息技术产品的关税。① 塞舌尔和哈萨克斯坦于4月和11月正式加入WTO,成为WTO第161和第162个成员。

2016年WTO继续推动落实第九届和第十届部长级会议相关宣言和决定。特别是随着加拿大批准《贸易便利化协议》(TFA),其正式生效近在咫尺——仅再需要7个成员批准即可达到2/3成员通过的标准。2016年7月,利比里亚和阿富汗先后正式加入WTO,使WTO成员数量增至164个。

一、贸易谈判

2015年12月15—19日,WTO在肯尼亚首都内罗毕顺利召开第十届部长级会议,这是WTO首次在非洲地区召开部长级会议。会议通过了9项部长决定,合称"内罗毕一揽子成果",同时部长们承诺继续推动多哈回合未来的谈判。WTO总干事罗伯托·阿泽维多(Roberto Azevedo)对本次部长级会议评价颇高,形容其很好地承接了上一届部长级会议的精神和成果,为WTO成立20周年庆留下了值得纪念的成绩,并为WTO的未来指明了方向。

2016年10月,贸易谈判委员会同意2017年第十一届部长级会议在阿根廷首都布宜诺斯艾利斯举办,时间为2017年12月。阿根廷就此成为第一个举办WTO部长级会议的南美洲国家。

"内罗毕一揽子成果"中有关农产品的有4项,分别是对发展中成员特殊保障机制、出口竞争、基于食品安全的公共储备、棉花;有关最不发达成员的有2项,分别是原产地优惠待遇、服务和服务提供商的优惠待遇。

---

① WTO.World Trade Organization Annual Report 2016[R].Geneva,2016: 2.

（一）关于农产品的成果

农业领域历来是 WTO 谈判分歧最多、最困难的领域之一，第十届部长级会议能够达成关于农产品的 4 个部长级宣言实属不易。最初的谈判重点是国内支持（即补贴）、市场准入、出口竞争这三个重点问题，以及棉花问题和基于食品安全目的的公共储备问题①。由于成员对国内支持和市场准入问题的分歧无法弥合，无法实现总理事会提出的在 2015 年 7 月 31 日以前达成工作框架协议的要求，因此 WTO 农业委员会决定把最有希望达成合意的出口竞争（包括出口补贴和具有相同效果的出口措施）问题作为内罗毕（第十届）部长级会议可能实现的重要成果之一，同时纳入成果考虑的还有对发展中成员特殊保障机制和棉花问题。基于食品安全目的的公共储备问题（即政府基于公共储备目的以非市场价格购买粮食的行为不能被认为是贸易干扰行为，因此不能加以限制）在成员中也有较高的呼声，因此也被一并列入。经过 5 天 5 夜的密切谈判和磋商，4 个领域均有所收获，成为本届部长级会议的重要成果。

1. 发展中成员特殊保障机制

成果之一《关于发展中成员在农产品上特殊保障机制的决定》主要是指允许发展中成员在农产品进口激增或价格骤降时采取临时提高关税等措施的机制。根据该决定，WTO 成员将在农业委员会的组织下继续协商机制实施的相关细节。为发展中成员设立这一特殊保障机制原本是农业谈判中市场准入问题的一部分内容。对此问题成员间的意见分歧也比较大。一方面，以 G33② 为代表的主张市场开放更加弹性化的发展中成员认为，需要简单易行的特殊保障机制作为贸易救济工具应对价格脆弱性风险和农产品贸易不平衡问题；另一方面，其他成员认为现有保障措施机制已有类似条款，新增规定有可能混淆现有市场准入谈判的努力和既有的关税承诺。还有一些成员担心特殊保障机制会对现有贸易情形产生负面影响。内罗毕部长级会议上，部长们同意探讨在《农业协议》第 5 条下建立相似的农产品特殊保障机制，但就该机制与市场准入谈判之间的关

---

① 基于食品安全目的的公共储备问题并不属于多哈回合的农产品议题，但与多哈回合关于农产品的谈判并行开展。

② WTO 发展中成员基于农产品问题成立的 G33，也称作"特殊农产品朋友"（the Friends of Special Products in Agriculture），基本主张为发展中成员应承担有限的农产品市场开放义务和享受较大的弹性。截至 2017 年 3 月，G33 实际成员已有 47 个，包括安提瓜和巴布达、巴巴多斯、伯利兹、贝宁、玻利维亚、博茨瓦纳、中国、刚果（布）、科特迪瓦、古巴、多米尼克、多米尼加、厄瓜多尔、萨尔瓦多、格林纳达、危地马拉、圭亚那、海地、洪都拉斯、印度、印度尼西亚、牙买加、肯尼亚、韩国、马达加斯加、毛里求斯、蒙古、莫桑比克、尼加拉瓜、尼日利亚、巴基斯坦、巴拿马、菲律宾、圣基茨和尼维斯、圣卢西亚、圣文森特和格林纳丁斯、塞内加尔、斯里兰卡、苏里南、中国台北、坦桑尼亚、特立尼达和多巴哥、土耳其、乌干达、委内瑞拉、赞比亚、津巴布韦。

系仍存有分歧。

2. 出口竞争

出口竞争具体包括取消农产品出口补贴、出口担保的新规则，以及关于国际食品救助和国营贸易企业出口的决定等内容。其中，WTO成员首次承诺取消农产品的出口补贴，即成员不能寻求扭曲贸易的补贴措施，从而使农产品出口竞争更加公平。这是具有历史性意义的成果，WTO总干事罗伯托·阿泽维多称之为WTO成立20年以来农业方面取得的最重要的承诺。虽然与工业品相比，农产品出口补贴的取消晚了50年，但仍显弥足珍贵，发展中成员将受益匪浅。WTO成员将根据不同的时间进度取消自己的出口补贴，其中发达成员除少数产品外将立即取消这一补贴，发展中成员的过渡期则较长。WTO成员还就出口信贷的还款条件、出口信用担保和保险制度，以及最小化因食品援助带来的贸易扭曲等问题确定原则和纪律。

3. 基于食品安全的公共储备

基于食品安全目的的公共储备问题由来已久，一部分成员认为为保证食品安全，公共储备是必备措施；另一部分成员认为政府自定价的粮食采购会增加生产数量或降低价格，从而造成对农民收入和其他地区食品安全的不利影响。本届部长级会议虽然没有就这一分歧实现融合，但部长们承诺将继续尽最大努力寻求永久性的解决办法并加快协商速度，因此这也被认为是"内罗毕一揽子成果"的一部分。

4. 棉花

关于棉花的内容涉及市场准入、国内支持、出口竞争以及有关发展。发达成员和发展中成员达成一致意见，同意在相关的优惠贸易安排中就源自最不发达成员的棉花和棉花相关产品实行零关税、零配额进口。此外，WTO成员还同意取消棉花的出口补贴，其中发达成员应立即取消，发展中成员最迟不晚于2017年1月1日取消；国内支持措施方面，部长们承诺继续改革各自的棉花相关政策。

(二) 关于最不发达成员的成果

1. 原产地优惠待遇

在2013年巴厘部长级会议成果的基础上，部长们于本届部长级会议上就最不发达成员实行优惠原产地规则做出承诺，首次为最不发达成员出口建立更优惠的原产地规则指导原则，包括将"最不发达成员制造"的本地含量降低至25%等，WTO原产地规则委员会负责对各成员的相关规则进行透明度和年度核查，以确保最不发达成员能够实际受益。

2. 服务豁免

2015年WTO服务贸易委员会的主要工作就是最不发达成员的服务豁免问题。2011年WTO成员曾承诺对最不发达成员的服务和服务提供商给予更优惠的待遇,但2013年巴厘部长级会议以后均有成员申报这一项下的优惠协议,因此服务贸易委员会加大磋商和宣传力度,截至2015年年末,共计48个WTO成员提交了21份此类优惠安排的通告。① 此外,部长们还同意将现有服务豁免期(15年)延长4年至2030年12月31日。②

(三) 完成WTO《信息技术协定》(ITA)扩围谈判

2015年12月16日,内罗毕部长级会议完成了关于《信息技术协定》扩围谈判,决定增加对201种高技术产品的贸易自由化安排。这些产品主要包括新一代多组件集成电路、触摸屏、GPS导航设备、便携式交互式电子教育设备、视频游戏机和医疗设备(如磁共振成像产品和超声波扫描装置等),涉及年度贸易额达到1.3万亿美元,占全球货物贸易总额的近10%,被认为是1996年以来WTO谈判达成的最大关税削减成果。③

谈判主要在贸易总额占相关产品全球贸易额约90%的53个WTO成员之间展开,谈判结果遵守最惠国待遇原则,适用于全部WTO正式成员。此次扩围增加的201种零关税产品在2015年7月就已确定,之后的谈判内容主要是落实零关税的阶段和步骤问题,最终确定3年内分4个阶段逐步完成关税削减,即到2019年年底实现相关产品进口零关税。扩围谈判还涉及解决信息技术领域的非关税壁垒问题和未来是否继续进行扩围等。④

ITA扩围带来了更大范围信息技术产品价格的下降,有利于降低其作为中间投入品带来的生产成本,创造更多就业,提高生产力。

(四) 其他成果及进展

2015年,WTO贸易和发展委员会针对小型脆弱经济体(SVEs)组织了两次讨论,提醒成员们注意衡量WTO规则对SVEs的影响和产生的贸易约束,考虑SVEs融入全球价值链的机遇与挑战。内罗毕部长级会议上,部长们也授权委员会评估SVEs减少贸易成本的经验和挑战。

与贸易有关的知识产权理事会详细评估了地理标识的相关内容,但WTO成员未将其列入内罗毕部长级会议的优先议题。理事会还对发达成员公司向最不发达成员转移技术的激励机制进行了第13次年度评估。针对所谓《与贸易

---

① WTO.World Trade Organization Annual Report 2016[R].Geneva,2016:74.
② WTO.World Trade Organization Annual Report 2016[R].Geneva,2016:38.
③ WTO.World Trade Organization Annual Report 2016[R].Geneva,2016:47.
④ WTO.World Trade Organization Annual Report 2016[R].Geneva,2016:47.

有关的知识产权协定》(简称《TRIPs协定》)"非违反之诉"的问题,理事会建议继续暂停此类上诉,部长级会议随后予以采纳,并提议理事会继续详细地评估此类争端的范围和形式,并争取在下一届部长级会议上提出建议。

第九届部长级会议提出的电子商务工作方案在WTO服务贸易理事会、WTO货物贸易理事会、WTO与贸易有关的知识产权理事会、UNCTAD等机构的协同下继续展开,讨论的主要问题是如何将当前数字交换暂停关税的政策持久化等。在内罗毕部长级会议上,部长们决定继续讨论这项工作,并决定在2017年部长级会议召开之前继续暂停缴纳数字传输的关税。

2016年,WTO贸易谈判委员会还就电子商务问题举行了数次工作会议,特别强调WTO成员必须明确能够和必须在WTO框架下讨论的有关电子商务的问题和事项,并保持包容性和透明度。此外,WTO总理事会采纳了关于在关税减让表中使用2017版海关协调编码制度的提案。

二、执行与监督

(一) WTO各理事会和委员会工作

2015—2016年WTO各理事会和委员会继续落实WTO各协议并对执行情况进行监督。具体工作主要包括各成员内部通过TFA和《TRIPs协定修订案》的进度、落实第九届部长级会议相关决议以及继续推进多哈回合各项谈判议题、准备第十届部长级会议相关议题,WTO总理事会还听取了总干事关于全球贸易援助的回顾报告。

2015年,卫生与植物卫生措施委员会收到了来自WTO成员的1681份有关食品安全、动物或植物安全规章的通告,数量创历史新高,其中来自发展中成员的通告约占70%(1180份)。[①] 这些通告的发布一方面体现了WTO成员执行相关措施的透明度进一步提高,另一方面相关政策质询的工作量有所增加。

根据WTO相关规则,TFA和《TRIPs协定修订案》需要通过的成员数达到总成员数量的2/3才能正式生效。截至2016年4月,已有77个WTO成员通过了TFA。[②]

(二) 贸易监督

2015年,WTO贸易政策审议机构共对24个WTO成员开展贸易政策审议,审议总数量达到429次,涉及当时162个WTO成员中的151个。[③] 9个WTO成

---

① WTO.World Trade Organization Annual Report 2016[R].Geneva,2016:60.
② WTO.World Trade Organization Annual Report 2016[R].Geneva,2016:48.
③ WTO.World Trade Organization Annual Report 2016[R].Geneva,2016:88.

员采取贸易政策审议新日程方式,即在贸易政策审议会议召开前4个星期提交书面问题,被审议成员于会议召开前1星期提交书面答案,以期提高审议会议效率。2016年,包括中国、新加坡、韩国、俄罗斯等在内的24个WTO成员接受贸易政策审议,其中乌克兰和俄罗斯是加入WTO后第一次接受审议。

2015年,WTO秘书处针对全球贸易政策发展发布了4份报告,其中2份有关G20经济体贸易和投资措施的报告是分别与OECD和UNCTAD合作完成的,另2份有关WTO成员和观察员贸易措施的报告由贸易政策审议机构负责讨论。《国际贸易环境发展概览2015》是其中之一,该报告显示各成员为应对全球经济不确定性而使用的贸易限制措施仍持续增长。2015年WTO各成员新增178项贸易限制措施,与2014年度(168项)相比略有增加。受这些措施影响的进口额达到2283亿美元,约为全球贸易额的1.2%。在贸易相关措施中,贸易救济措施占43%,在297项贸易救济措施中反倾销措施有241项,约占81%。①

三、争端解决

2015年,WTO争端解决机构共收到13项磋商申请,其中超过半数来自发展中成员。WTO成立短短20年解决的案件突破500件,而其前身——《关税及贸易总协定》(GATT)生效47年内的争端仅为300件。截至2015年12月31日,共有26个在诉案件处于上诉机构、专家组或仲裁阶段。②

2015年全年争端解决机构共采纳了11份专家组报告。③ 这些报告内容涉及中国诉美国对中国产品的反补贴措施案(WT/DS437)、越南诉美国对冷冻暖水虾的反倾销措施案(WT/DS429),以及欧盟诉中国、日本诉中国高性能不锈钢无缝焊管反倾销措施案(WT/DS454、WT/DS460)等。④ 针对败诉方落实专家组和上诉机构建议的时效性问题,共有3例案件提请仲裁,分别是中国诉美国对中国产品的反补贴措施案、越南诉美国对冷冻暖水虾的反倾销措施案、秘鲁诉危地马拉对某些农产品进口的附加税案(WT/DS457)。

从成员上看,2015年的13项磋商申请中7项源自发展中成员,6项源自发达成员;被诉方中发展中成员占9项,发达成员占4项。其中俄罗斯作为申诉方对乌克兰(WT/DS493)和欧盟(WT/DS494)同时提出磋商请求,被普遍认为是对2014年度欧盟对俄罗斯提出3项磋商请求的正面回应。2016年的17项磋商申

---

① WTO.World Trade Organization Annual Report 2016[R].Geneva,2016:92.
② WTO.World Trade Organization Annual Report 2016[R].Geneva,2016:102.
③ WTO.World Trade Organization Annual Report 2016[R].Geneva,2016:102.
④ WTO.World Trade Organization Annual Report 2016[R].Geneva,2016:109-110.

请中有 7 项源自发达成员,10 项源自发展中成员,其中仅美国就提出 5 项,中国提出 4 项;被诉方中发达成员占 8 项,发展中成员 9 项,其中美国被诉 3 项,均来自中国。

WTO 上诉机构 7 位大法官中 2 位至 2015 年 12 月 10 日 4 年任期已满,分别是巴蒂亚(Ujal Singh Bhatia)和格雷厄姆(Thomas Graham)。经上诉机构主席内普莱(Harald Neple)与相关代表团协商,对 2 位专家续聘第二个 4 年任期。

四、发展援助与能力建设

(一)贸易与发展援助

2015 年 WTO 贸易和发展委员会的工作重点仍然是最不发达成员产品享受零关税、零配额市场准入待遇和发展中成员参与多边贸易体系等内容。除前文所述第十届部长级会议达成的 2 项关于最不发达成员的成果外,2015 年贸易与发展委员会收到欧盟和日本的普惠制计划,泰国和印度也提交和更新了针对最不发达成员的零关税、零配额产品目录。新签订的新加坡与海湾合作理事会自由贸易协定和毛里求斯与巴基斯坦特惠贸易协定中也有关于最不发达成员的授权条款。

2015 年 6 月 30 日—2015 年 7 月 2 日,WTO 举办了第五届全球贸易援助回顾会议,来自发展中成员的 20 位部长或副部长、超过 20 个机构和区域组织的负责人和 20 余位企业代表及其他专业人士共 1500 余人参加了会议。会议主题为"为包容性可持续增长降低贸易成本",以削减烦琐手续为目的 TFA 的尽快实施成为会议的重点议题。①

2015 年 9 月,联合国通过了一系列可持续发展目标,作为继"千禧年发展目标"之后,联合国"2030 年可持续发展议程"的一个重要组成部分,旨在未来 15 年内消除贫困和饥饿、保护环境不再恶化和创造繁荣、和平、公平、包容性的社会。可持续发展目标的一个核心内容就是发展中经济体融入全球和区域市场。贸易是实现可持续发展目标的重要工具,并首次写明要在 WTO 框架下促进建立一个全球性的、以规则为基础的、开放的、非歧视的和公平的多边贸易体系。第十届部长级会议达成的全面取消农产品出口补贴的决定就是落实该发展目标的重要体现。

(二)技术合作与培训

为帮助政府官员更好地理解 WTO 规则和多边贸易体制,WTO 培训与技术合作研究院(ITTC)2015 年共举办了 321 场技术培训活动,参加人数达到 14900

---

① WTO.World Trade Organization Annual Report 2016[R].Geneva,2016:126.

人,其中来自最不发达成员的参加者占52%,超过半数的培训活动是在 WTO 网络平台完成的。具体来看,321 场培训活动中有 21%服务于非洲地区,14%服务于亚太地区,11%服务于拉丁美洲地区,8%服务于中东欧和中亚地区,6%服务于阿拉伯和中东地区,另有 36%的活动为全球性的活动。为了增强针对性,36%的活动是在国别基础上开展的。①

为了提升培训效果,WTO 还为政府官员提供各种各样的实习项目。2015年共有 17 人完成了"任务实习项目"(Mission Internship Programme),14 人完成"荷兰培训生项目"(Netherlands Trainee Programme),9 人完成"地区协调员实习项目"(Regional Coordinator Internship Programme)和"加入实习生项目"(Accession Internship Programme),参加人员主要来自非洲和亚太地区。

此外,2015 年 WTO 新建了 9 个咨询中心,其中 7 个在非洲地区[乍得、莱索托、喀麦隆、刚果(布)、赤道几内亚、几内亚、乌干达],1 个在中东地区(黎巴嫩),1 个在中亚地区(吉尔吉斯斯坦),为当地政府、私人部门和学术团体提供贸易相关信息和资源。截至 2015 年年底,WTO 咨询中心总量达到 63 个。②

WTO 开展技术援助和培训的资金 2015 年度保持较好的增长。包括美国、挪威、荷兰、列支敦士登、韩国、日本、德国、法国、欧盟、爱沙尼亚、丹麦、奥地利、澳大利亚在内的 13 个 WTO 正式成员提供了约 910 万瑞士法郎,另有 680 万瑞士法郎来自 WTO 预算以及各类基金会。③

第二节 2015—2016 年世界贸易组织发展状况

一、2015 年 WTO 的运行与经费情况

2015 年 WTO 共有来自 80 个国家和地区的雇员 647 人,这些雇员总支出约为 1.93 亿瑞士法郎,低于年初总预算(1.97 亿瑞士法郎)。④ 具体支出可以分为 8 类,包括人员经费(包括人员工资、保险和福利等)1.27 亿瑞士法郎、临时雇员经费(包括短期任职、专家组和上诉机构成员经费等)1870 万瑞士法郎、一般服务费(包括通信费、邮递费、能源费、印刷费等)1477 万瑞士法郎、差旅费 680 万瑞士法郎、主办活动费 23.1 万瑞士法郎、资产购置费 237 万瑞士法郎、金融支出

---

① WTO.World Trade Organization Annual Report 2016[R].Geneva,2016:132-133.
② WTO.World Trade Organization Annual Report 2016[R].Geneva,2016:134.
③ WTO.World Trade Organization Annual Report 2016[R].Geneva,2016:135.
④ WTO.World Trade Organization Annual Report 2016[R].Geneva,2016:166.

费(包括银行利息税和建筑贷款偿还等)127万瑞士法郎、专项支出费(包括上诉机构运行基金和部长级会议运行基金)2107万瑞士法郎。2016年WTO预算总支出约为1.97亿瑞士法郎,其中秘书处支出预算为1.9亿瑞士法郎,上诉机构及其秘书处支出预算为749万瑞士法郎。①

WTO的运行经费主要来自各成员缴纳的费用,少量来自观察成员和出版物销售、会议室租赁收入等。2016年162个WTO正式成员按所占国际贸易份额向WTO缴纳费用共计1.955亿瑞士法郎,其中缴费最多的成员是美国(2197万瑞士法郎,占比11.240%),其后依次是中国(1793万瑞士法郎,占比9.170%)和德国(1481万瑞士法郎,占比7.573%),缴费最少的成员缴纳费用约合2.9万瑞士法郎,占比0.015%。②

二、WTO的新成员

2015年4月和7月,塞舌尔和哈萨克斯坦结束各自长达20年的加入谈判,先后成为WTO第161和第162个正式成员。2016年12月,第十届部长级会议还通过了利比里亚和阿富汗加入WTO的一揽子文件。2016年7月,两国国内相应程序完成后将使WTO成员数达到164个。至此,全体成员贸易额占全球贸易总额比例达到98%,其中最不发达成员占WTO总成员数比例超过1/5。③ 截至2015年12月,仍有19个经济体正在进行加入WTO的谈判。④

三、WTO的国际合作

2015—2016年,WTO继续通过举办公共论坛、举办开放日活动、设立研究奖项、开展经济研究和开放公共数据库、开展学术活动等多种方式,与非政府组织、学术机构、专家、媒体、商业团体和公众展开交流合作。

(一)举办公共论坛

2015年9月30日—10月2日,WTO"公共论坛2015"在其日内瓦总部举行,主题为"贸易有效"(Trade Works)。历时3天的公共论坛包含90场分论坛和新书发布活动,吸引了全球1300余人参加。围绕WTO为世界经济带来的强劲和稳定增长的20年,与会者重点讨论了多边贸易体制是如何促进增长、消除贫困,增加人们获取商品和药品的福利,以及如何进一步确保WTO能在未来继

---

① WTO.World Trade Organization Annual Report 2016[R].Geneva,2016:175.
② WTO.World Trade Organization Annual Report 2016[R].Geneva,2016:176.
③ WTO.World Trade Organization Annual Report 2016[R].Geneva,2016:24.
④ WTO.World Trade Organization Annual Report 2016[R].Geneva,2016:27.

续维持这一作用。

2016年9月27—29日,WTO"公共论坛2016"以"包容性贸易"(Inclusive Trade)为主题在日内瓦总部举行。围绕全球商业环境的变化和创新发展,WTO将目光聚集在贸易发展的包容性,即要容纳各类企业和人员发展的机会才能够实现持续性增长。论坛共有分论坛和新书发布会等各类活动100场,其中电子商务和中小企业占据了分论坛近一半的主题。

(二)举办开放日活动

2015年6月14日,WTO举办第五届开放日活动,主题为"谢谢日内瓦"(Merci Genèva),意在感谢日内瓦民众与WTO友好共处20年,超过3000名访问者参观了WTO总部,浏览了WTO的历史照片和视频资料,并与WTO员工共同进餐,活动内容丰富多彩。

(三)设立研究奖项

WTO 2009年开始设立"WTO青年经济学家论文奖",奖金为5000瑞士法郎,以鼓励WTO研究领域的高质量研究成果,并加强WTO与学术团体的联系。2015年,WTO将第七届论文奖颁发给了来自德国、美国、印度的3位青年学者克里斯托夫·波姆(Christoph Boehm)、艾伦·弗莱恩(Aaron Flaaen)和妮蒂亚·潘达拉-纳雅尔(Nitya Pandalai-Nayar)合作发表的论文。论文发现受日本2011年东北部地震的影响,美国一些严重依赖日本进口产品的企业产量下降剧烈。

(四)开展经济研究和开放公共数据库

2015年,WTO经济研究和统计司发布了多部学术研究成果。如7月与世界银行联合发布的《贸易对终结贫穷的作用》,评估了经济增长、减少贫困和贸易之间的复杂关系,讨论了贫困人民在享受贸易机会和贸易福利方面的阻碍;《WTO20年:挑战与成就》,回顾了WTO成立20年以来的成绩,以及全球贸易体系复杂分裂化带来的挑战;《世界贸易报告2015》,聚焦TFA的内容和潜在影响。2015年6月WTO经济研究和统计司与世界银行和IMF联合举办了第四届贸易研讨会,探讨正在进行的工作论坛和初步成果,主题涉及全球价值链、增长与价格变化、贸易与生产力,以及贸易的不确定性等。

2015年,WTO继续改进综合贸易信息门户系统(Integrated Trade Intelligence Portal,I-TIP),为查询贸易政策提供集成化服务,内容包括临行贸易措施(如反倾销措施)、技术性措施(如卫生与植物卫生措施、技术性贸易壁垒)、数量限制、进口许可以及装运前检验(PSI)措施等。该系统与世界银行合作时,WTO还在其中增加了有关成员服务贸易措施的承诺和统计;与UNCTAD合作完成2015全球关税目录,涵盖了包括反倾销措施在内的WTO成员关税数据。

2015年7月,WTO经济研究和统计司与国际贸易中心、UNCTAD、世界银行联合举办"贸易数据日"活动,重点关注非关税措施的预警和分析,以及商业服务贸易与市场准入信息的统计问题。此外,WTO经济研究和统计司与OECD联合开发的贸易增值数据库(Trade in Value Added,TiVA)进一步更新,涵盖了61个国家和地区、34个部门的数据。①

(五)开展学术活动

WTO教席计划(WTO Chairs Programme)发起于2010年,旨在增加发展中成员的学术机构和学生对多边贸易体制和WTO的理解,提供政策制定者和学术机构对话的平台,现有21个学术机构入选。2015年11月2—3日,WTO教席计划召开年会,汇总年度研究成果,并将2016年研究重点定为中小企业参与国际贸易体系的机遇与阻碍。

WTO另一项常规学术活动是学术支持项目(Academic Support Programme)。2015年,学术支持项目举办了12场活动,以支持尚未加入WTO教席计划的发展中成员和最不发达成员开展学术研究,活动形式包括举办WTO官员讲座和WTO法竞赛等。

第三节 2015—2016年世界贸易组织的贸易谈判

一、农业谈判

农业是WTO贸易谈判最困难的领域之一。2015—2016年WTO在农业领域进行了密集的谈判,在这个过程中WTO各成员均投入最大的努力。在2015年年底召开的第十届部长级会议上农业谈判实现的成果最多。2016年,WTO成员开始着手准备2017年的第十一届部长级会议,优先领域包括国内支持措施(农场补贴)以及棉花政策。各成员都认为第十一届部长级会议上农业领域仍需有成果,然而如果多哈回合其他日程没有进展,农业领域的谈判将越来越艰难。

传统的农业谈判问题仍在继续,各成员继续提交关于制止贸易扭曲补贴的提案。由农业生产和出口成员组成的凯恩斯集团就农场补贴提交了一份统计文件,推动减少国内支持和保护。最不发达成员特别期待与其利益紧密相关的棉花产品方面的谈判成果。多数成员仍然认为市场准入谈判特别是关税谈判,才是优先领域。2016年年底,WTO成员加紧了对具体包括热带农作物、关税削减、关税高峰、关税转换为从价税率、特殊农产品(发展中成员将被给予更多弹

---

① WTO.World Trade Organization Annual Report 2016[R].Geneva,2016:161.

性的产品)等领域的谈判和讨论。市场准入是目前农业谈判最具活力的部分。

二、非农产品市场准入谈判

非农产品市场准入谈判在 2015—2016 年进展有限。矛盾在于各成员一方面继续维持对推动多哈回合剩余议题的强烈意愿,另一方面却对如何推进多哈回合谈判存在较大分歧。

2015 年上半年,市场准入谈判小组试图打破非农产品市场准入的僵局,尤其是有关关税削减的"瑞士公式"。根据"瑞士公式"的非线性特征,初始关税水平越高,削减幅度越大。谈判在小组甚至双边成员间展开,各成员也讨论了一些替代公式,但提出书面建议的只有阿根廷。最终,除了达成一些最不发达成员可以不适用该公式外,成员之间的意见分歧仍无法弥合。

另外,非农产品市场准入谈判在事实上与农业谈判有紧密的关系。2015 年 9 月农业谈判中确定国内支持和市场准入无法作为第十届部长级会议的成果后,多数成员对非农产品市场准入谈判的热情和投入也急转直下,证明了农产品谈判和非农产品谈判之间紧密的关系。

内罗毕部长级会议上,部长们表达了对继续推动多哈回合中非农产品市场准入谈判的强烈决心,但困难仍然很大。针对非关税壁垒的问题,一些成员认为可以独立开启新的对话,但也有成员认为应在关税谈判有了确定的成果之后再开启新的对话,因此非农产品市场准入在这一方面并没有新的进展。

三、服务贸易领域谈判

2015—2016 年,服务贸易领域谈判围绕服务贸易透明度等问题展开,但最终在第十届部长级会议上达成的成果有限。WTO 成员认识到服务贸易相关谈判和成果在多哈回合各类成果中所占比例与其国际贸易中的重要地位极不匹配。同时,各成员也认为服务贸易领域谈判应仿照农产品谈判和非农产品谈判实现"标准化",但具体到如何标准化,各成员之间还有很多分歧。一些成员认为可以采取"要价—出价"的方式,每个成员把要价和出价列明,由此判断服务领域的谈判能够到达什么水平。另一些成员建议在现有服务承诺基础上增加新的承诺或扩大开放水平,包括快递服务、运输服务、物流服务、电信服务、计算机服务、分销服务、金融服务、建筑服务、能源服务等,以及服务提供商的暂时移动和专业人员的自然人移动等模式;以非洲、加勒比、太平洋地区成员集团为代表的发展中成员继续强调其基于发展阶段的劣势,在服务贸易的市场准入方面的限制应比发达成员少,但在服务模式方面应当更加自由化。虽然没有具体的分歧,但由于各成员的关注点非常分散,服务贸易领域谈判未能在后巴厘工作框架下实现新的突破。

国内规制工作组在技术方面做了很多基础性工作,包括涉及规制和政策的概念和术语的界定、区域贸易协定中有关自身规制协调的条款分析等。2015年,工作组专门就自身规制如何实现市场准入召开讨论会议,相关成员代表提出了根据后巴厘工作框架调整自身相关许可和认证规则,但也有成员表示各成员自身规制问题仍然不是谈判的最优先项内容。进入2015年下半年后,工作组推动谈判的重点转为各成员规制的透明度问题,并尝试能够使之成为"内罗毕一揽子成果"的一部分,但最终并未实现。

《服务贸易总协定》(GATS)规则工作组的工作重点是就GATS相关规则,包括紧急保障措施、政府采购和补贴等进行技术性讨论,但2015年工作推进程度有限。紧急保障措施方面,工作组仍集中在2013年10月就开始的区域贸易协定紧急保障措施条款方面,并无新的元素出现。

四、原产地规则谈判

2015—2016年,原产地规则谈判在2013年巴厘部长级会议的基础上进一步细化了如何确定来自最不发达成员的原产地规则,以保证最不发达成员可以享受到优惠贸易安排的措施。这些规则除了规定判断"最不发达国家制造"的标准,还包括来自其他地区的中间品如何计算在原产地规则里,以及鼓励可以享受这一优惠原产地规则的成员使用来自最不发达成员以外成员的中间品投入比例最高不超过75%。原产地规则的主要受惠地区为撒哈拉以南非洲地区。

WTO主要成员都有对最不发达成员的优惠贸易安排,但同时也会制定各自的原产地规则来确认哪些贸易可以享受这些优惠安排,这些规则多种多样,给最不发达成员带来一定困难。巴厘部长级会议就提出要确认原产地规则的统一要素,并呼吁WTO成员在制定相关规则时尽量围绕这些要素展开。内罗毕部长级会议上,成员继续落实巴厘部长级会议的这一想法,以解决最不发达成员面临的现实问题。原产地规则委员会将继续监督各成员落实的情况,并且WTO秘书处要就此向最不发达成员提交年度审查报告。

五、与贸易有关的知识产权谈判

有关地理标识的谈判工作在2015—2016年并没有太大进展,主要原因是各成员并没有把这一议题作为首要议题,此外各成员在这一议题上的分歧也比较大,如对地理标识的注册是否适用于所有成员,以及应覆盖什么产品的问题尚未达成一致。

与贸易有关的知识产权谈判主要有两个执行问题,第一个就是所谓"地理标识扩展"问题,成员的质疑并不在于是否应该给予葡萄酒和烈性酒产品更高的保护标准,而是在于扩展这样的高标准是否会促进相关产品贸易,或是否会造成不必要的法律负担和商业负担;第二个就是《TRIPs协定》与《生物多样性公约》(CBD)问题,即《TRIPs协定》是否以及如何促进践行 CBD 的宗旨。但这两个执行问题在 2015 年并未有密集的讨论和显著的进展。

2015 年 10 月,TRIPs 委员会对发达成员提交的关于向最不发达成员技术转让动因的报告进行第 13 次年度审议。WTO 秘书处组织了发达成员和发展中成员代表团进行第 8 次工作组会议讨论上述动因。会议期间,UNCTAD 的代表表明联合国技术银行正在开展解决最不发达国家科技和创新差距这一问题的计划。

《TRIPs 协定》非违反之诉的问题由来已久,即当协议或承诺未被违反,但仍存在利益的预期损失时,成员可以提起争端解决。《TRIPs 协定》对这样的诉讼的发起给出了一个 5 年的暂停期,但此后暂停期重复顺延。2015 年,成员就《TRIPs 协定》以及当前的 WTO 规则能否执行此类诉讼仍存分歧,特别是《TRIPs 协定》是否应该允许这样的争端存在等。因此第十届部长级会议继续维持了暂停期的规定。

六、贸易与发展谈判

2015—2016 年,WTO 贸易和发展委员会继续努力推动达成关于发展中成员特殊与差别待遇的相关提案,但各成员之间意见分歧仍较大,在部长级会议召开前仍未达成意见统一的文本,尽管如此,第十届部长级会议上还是在原产地规则和服务提供豁免方面达成了最不发达成员优惠待遇的成果。

特殊与差别待遇是指在 WTO 各协议中针对发展中成员列出的特殊待遇或适用的灵活性,比如更长的执行过渡期、更简单的义务等。作为多哈回合的一个重要部分,WTO 贸易和发展委员会一直在推动将此类条款变得更精确、更有效和更有操作性。2015 年 7 月,WTO 发展中成员组成的 G90 提交了针对 25 个条款的提案,并提出这些提案是建立在对 WTO 各协议有关特殊与差别待遇条款的仔细梳理基础上,包括幼稚产业保护、卫生和植物卫生措施、技术贸易壁垒以及与贸易有关的知识产权等。

针对这些提案,WTO 贸易和发展委员会举办了各种形式的讨论,并列出了其中 19 项优先事项,尝试推动达成成果。但是各成员立场仍有极大差异,主要的难点在于如何确定究竟哪些成员可以享受这些弹性待遇,尽管最后缩减至 9 个优先谈判事项,但仍未有收获。

七、贸易与环境谈判

2015年3月，WTO贸易和环境委员会就推动多哈议程中环境章节的谈判和讨论进展做了信息说明。2015年11月，WTO成员经协商一致认为，第十届部长级会议召开时没有充分的时间可以就多哈议程中的环境问题实现统一文本。

多哈议程中有关环境的主要问题有3个，即WTO现有规则与《多边环境协议》中列出的贸易义务之间的关系，《多边环境协议》与WTO相关委员进行日常信息交换的基本程序，以及对环境产品和服务进行关税与非关税方面的适当减免。2015年11月，WTO贸易和环境委员会举行了非正式会议，一些WTO成员认为应当在其他国际协议有所发展之时，特别是联合国的《2030可持续发展议程》和巴黎气候变化大会的背景下，就贸易与环境问题适时发出积极信号。但也有成员认为多哈回合中贸易与环境议题尽管有重要地位，但其他核心问题应当被优先解决，如农业、非农产品市场准入以及服务贸易等。

第十届部长级会议的部长宣言最终还提到了对贸易与环境的基本态度，即"我们认识到WTO可以为实现2030年可持续发展目标贡献力量，一直把这些内容列入WTO议程，并在每一次部长级会议上铭记于心"①。

八、贸易与技术转移

2015—2016年，WTO贸易与技术转移工作组继续向WTO成员收集有关贸易与技术转移的关系，以及如何促进技术向发展中成员转移的提案、倡议以及项目。主要包括3项内容：第一，厄瓜多尔与德国弗里德里希·艾伯特基金会联合举办工作会议，聚集来自国际贸易与可持续发展中心、发展中国家政府组织、UNCTAD、WTO以及学者对厄瓜多尔此前提交给TRIPs委员会有关技术转移与气候变化的提案进行了研讨，最终认为技术及其转移是应对气候变化的基本要素，应当确保此类技术快速及时地转移。第二，菲律宾向WTO成员汇报了近期政府鼓励促进技术转移的措施，包括专门立法促进国际合作和公共部门参与度。第三，中国台北向工作组汇报了其电子通关技术项目如何通过技术实现通关便利化、降低贸易成本。通过上述汇报，工作组促进了经验交流，特别是技术进步较快的成员可以帮助其他成员寻找解决方案。

---

① WTO.Nairobi Ministerial Declaration[EB/OL]. http://www.wto.org/english/thewto_e/minist_e/mc10_e/mindecision_e.htm.2018-09-30.

九、WTO 规则谈判

2015—2016 年，WTO 规则谈判委员会继续有关反倾销、补贴与反补贴措施以及区域贸易协定规则的讨论。第十届部长级会议上，WTO 区域贸易协定委员会提出了应该对区域贸易协定对多边贸易体制的系统性影响进行评估，同时部长们也同意继续推动区域贸易协定的临时透明度机制成为永久性机制。

WTO 成员对上述 WTO 规则的讨论仍然有很多分歧，一些认为反倾销措施、渔业补贴等相关规则可以进行突破性讨论，但另一些认为应该在多哈议程的主要议题有明确的成果和结论后才讨论这些 WTO 规则问题。在第十届部长级会议举办前夕，规则谈判委员会考虑推动渔业补贴相关规则进入"内罗毕一揽子成果"，但对政策是将只涉及透明度原则，还是将一些特定规则以及特殊与差别待遇一并列入等方面未达成一致。因此，最终相关规则未能在"内罗毕一揽子成果"中体现。

十、争端解决谅解

2015—2016 年，尽管在部长级会议上没有针对争端解决机制达成新成果，但 WTO 成员就要推动争端解决谅解更加清晰化和升级化的提议达成共识。各成员探讨的 12 个主要议题包括：第三方权利、专家组构成、案件发回（即上诉机构将案件退回专家组进一步审查）、双方商定的解决办法（包括双方共同要求暂停上诉程序）、严格保密信息、授权报复（即当双方对争端解决判决执行力度有异议时是否需要授权程序进行报复）、透明度和发展中成员特殊与差别待遇等。日渐增多的争端案例证明成员对多边贸易体制的信心，但也给争端解决机制的改革增加不少压力。

主要参考文献：

[1] WTO.Nairobi Ministerial Declaration[EB/OL].[2018-09-30].http://www.wto.org/english/thewto_e/minist_e/mc10_e/mindecision_e.htm.

[2] WTO.World Trade Organization Annual Report 2016[R].Geneva,2016.

[3] WTO.World Trade Organization Annual Report 2017[R].Geneva,2017.

第二篇　WTO 主要议题分论

第三章 货物贸易协议

第一节 《农业协议》谈判进展与实施情况

2015年,WTO农业委员会在上半年主要集中于完成工作方案,完善多哈回合谈判的农业部分,解决关键贸易壁垒问题上存在的分歧,回顾年度工作的执行情况,讨论巴厘部长级会议的内容。其中,国内支持仍是各成员主要关心和讨论的话题。2015年,WTO农业委员会共召开了3次正式会议、9次非正式会议;① 同时,WTO各成员共提交审议了148份通告,报告了2014年以前的《农业协议》执行情况。此外,2015年没发生有关《农业协议》的贸易争端。②

2016年,WTO农业委员会主要回顾了《农业协议》的执行情况,同时讨论了巴厘部长级会议以及内罗毕部长级会议的内容。2016年,WTO农业委员会共召开了4次正式会议,4次非正式会议。WTO各成员共提交了208份通告。2016年有关《农业协议》的贸易争端有3起。③

一、农业谈判会议进程

WTO农业委员会在2015年主要集中于回顾《农业协议》以及2013年巴厘部长级会议决定中相关承诺的执行情况。2015年WTO农业委员会共召开了3次正式会议、9次非正式会议。3次正式会议分别在2015年3月4日、6月4日和9月25日召开,会议回顾了2015年各成员对《农业协议》的执行情况:首先,根据《农业协议》第18.1条,各成员在2015年提交审议的通告,主要涉及国内支持、市场准入、出口补贴、出口竞争、出口禁止和限制,以及有关巴厘部长级决定的后续事务。其次,各成员在会议上提了277个相关问题,其中的68%有关国

---

① 根据WTO网站资料整理,https://docs.wto.org/dol2fe/Pages/FE_Browse/FE_B_004.aspx?StartDate=&EndDate=31%2f12%2f2015&SubjectId=6&SearchPage=FE_B_003&,2017-03-07。

② 根据WTO网站资料整理,https://docs.wto.org/dol2fe/Pages/FE_Search/FE_S_S003.aspx,2017-03-07。

③ 根据WTO网站资料整理,https://docs.wto.org/dol2fe/Pages/FE_Search/FE_S_S003.aspx,2017-03-07。

内支持,5%有关市场准入,5.5%有关出口补贴。① 再次,根据《农业协议》第18.6条的规定,10个成员提交了71组相关问题。其中,市场透明度是最主要的讨论话题。2016年,WTO农业委员会的工作内容与2015年相似。其间共召开4次会议,时间分别是2016年3月9日、6月7日、9月14日、11月9日。

2015年3月4日的会议上,各成员就发达成员和发展中成员国内支持的发展趋势发表了各自的看法,发展中成员希望委员会考虑各成员的不同情况,帮助改善各成员国内支持措施不均衡的现象。2015年6月4日的会议主要针对WTO秘书处及凯恩斯集团的农业出口地提交的报告,就出口竞争开展第二次年度回顾。各成员非常期待出口竞争取得的积极发展,尤其是在减少进口补贴花费方面。部分成员就2008年农业草案中涉及的出口竞争问题进行了发言,同时希望相关成员在第十届部长级会议召开之际力争在这一问题上取得一定的成果。WTO农业委员会也将继续就2013年巴厘部长级会议中有关出口竞争方面开展专项研讨会,以此来检验各成员在提高透明度及监管力度上取得的进展。2015年9月25日的会议回顾了主要贸易成员的农业贸易政策,就中国关于国内支持措施的通告、印度出口补贴和国内支持方案、各成员对《农业协议》的执行情况等问题进行了讨论。同时表示将会继续跟进2013年巴厘部长级会议上提出的出口竞争以及关税配额方面的问题。后续的工作会依托新一届部长级会议取得的成果来做决定。

2015年12月15—19日,WTO第十届部长级会议在肯尼亚内罗毕举行。在此次会议上,WTO成员首次承诺全面取消农产品出口补贴,并就出口融资支持、棉花、国际粮食援助等方面达成了新的多边纪律。

2016年3月9日的会议除了回顾各成员对《农业协议》的执行情况,还就《关于改革计划对最不发达成员和粮食净进口发展中成员可能产生消极影响的措施的决议》(简称《马拉喀什NFIDC决议》)和2015年内罗毕部长级会议决议取得的结果进行了讨论。会议上部分成员还就卡塔尔加入粮食净进口发展中国家名单的申请进行了讨论,最终会议主席统一各成员意见,决定在接下来的会议中做出决定。2016年6月7日的会议由2016年5月11日新选举的主席加斯·艾尔哈德(Garth Ehrhardt)主持。会议就《农业协议》、巴厘部长级会议以及内罗毕部长级会议提到的有关出口竞争的问题进行了进一步讨论。2016年9月14日的会议就各成员在关税配额、透明度及出口信贷等方面执行情况进行了回顾,同时对《巴厘一揽子协定》《马拉喀什NFIDC决议》以及"内罗毕一揽子成果"的执行情况进行了讨论。2016年11月9日的会议上,代表们首次对5个与农业

---

① WTO.Agriculture negotiations news archive[EB/OL]. https://www.wto.org/english/news_e/archive_e/agng_arc _e.htm.2017-03-08.

贸易相关的议题进行了讨论。这5个议题分别是：加拿大的乳制品贸易政策、欧盟的政府干预方案、欧盟提出的希腊的咖啡税率、印度的洋葱出口补贴、印度关于玉米的最小价格支持。

在相继进行的非正式会议上，成员就以下问题进行了讨论：① 如何解决各成员关于农业贸易谈判上的分歧；② 国内支持措施的改革趋势、出口竞争和市场准入承诺的执行情况；③ 近几届部长级会议决定中农业部分的相关问题。

二、主要成员《农业协议》通告

2015年WTO各成员共提交审议了148份通告，2016年WTO各成员共提交审议了208份通告。其中，欧盟、美国、中国和日本提交审议的通告详情见表3.1。

表3.1 WTO主要成员提交审议的《农业协议》通告

国家（地区）	通告文件	主要通告内容
欧盟	2015年： G/AG/EU/23—G/AG/EU/26 2016年： G/AG/EU/27—G/AG/EU/32	欧盟2012年和2013年的关税配额、2014年的出口补贴、2014年的特殊保障，以及2013年的国内支持、2014—2015年对欠发达成员或粮食净进口发展中成员（LDCs/NFIDCs）的食品和营养援助、2014—2015年的关税配额、2014年的出口补贴和特殊保障
美国	2015年： G/AG/N/USA/101—G/AG/N/USA/103 2016年： G/AG/N/USA/104—G/AG/N/USA/108	美国2014年的市场准入、2013年的关税配额、2012年的国内支持、2012—2014年的特殊保障、2013年对欠发达成员或粮食净进口发展中成员的食品和营养援助、2013年的出口补贴、2015年的关税配额、2013—2014年的特殊保障
中国	2015年： G/AG/CHN/28 2016年： G/AG/CHN/29—G/AG/CHN/30	中国2009—2010年的国内支持、2013—2014年的出口补贴、2013—2014年的关税配额
日本	2015年： G/AG/N/JPN/200—G/AG/N/JPN/208 2016年： G/AG/N/JPN/209—G/AG/N/JPN/214	日本2013年的关税配额、2014年的出口补贴、2014—2015年的特殊保障、2015—2016年特殊保障、2014年的关税配额、2015年的出口补贴

资料来源：根据WTO网站资料整理。

（一）欧盟

欧盟在 2015 年提交审议了 4 份《农业协议》通告（G/AG/EU/23—G/AG/EU/26），主要更新了欧盟有关出口补贴、国内支持、特殊保障，以及关税配额的数据。2013 年欧盟对 36 种农产品实施基于价格的特殊保障，对 10 种农产品实施基于数量的特殊保障。2013 年，欧盟的综合支持量（Aggregate Measure of Support, AMS）为 72.4 亿欧元，"绿箱"措施支出为 711.4 亿欧元，"蓝箱" 27.5 亿欧元，仍然以"绿箱"措施为主，非特定农产品的综合支持量为 7.94 亿欧元。另外，2013 年欧盟农产品中的活牛、蛋类、鸡肉、蔗糖、绵白糖、萝卜和马铃薯等的关税配额完成率达到或接近 100%，火鸡肉、橙子、葡萄汁等的关税配额完成率小于 10%。①

2016 年欧盟提交审议了 6 份《农业协议》通告（G/AG/EU/27—G/AG/EU/32），主要通告了对欠发达成员或粮食净进口发展中成员的食品和营养援助、特殊保障、出口补贴、关税配额的数据。2014 年欧盟为 31 个国家和地区提供了 3.35 亿欧元的经济援助，2015 年为 36 个国家和地区提供了 3.62 亿欧元的经济援助。2014 年欧盟对 8 种农产品实施基于价格的特殊保障，16 种农产品实施基于数量的特殊保障。2014 年欧盟对 64 种农产品实施配额管理，配额完成率相对较高，其中马铃薯、番茄、胡萝卜和玉米等的关税配额完成率接近 100%，橙汁和大麦等的关税配额完成率相对较低。②

（二）美国

美国在 2015 年提交审议了 3 份《农业协议》通告（G/AG/N/USA/101—G/AG/N/USA/103），主要更新了美国有关关税配额和特殊保障的数据。具体而言，美国 2014 年对 17 个关税税号实施配额管理。2013 年美国对 110 种农产品实施基于价格的特殊保障，并公布了从 2015 年 1 月 1 日到 2015 年 10 月 5 日期间美国对于黄油和奶油基于数量的特殊保障进口数量触发值为 9414976 公斤。③

美国在 2016 年提交审议了 5 份《农业协议》通告（G/AG/N/USA/104—G/AG/N/USA/108），主要更新了美国有关对欠发达成员或粮食净进口发展中成员的食品和营养援助、出口补贴、国内支持、市场准入和特殊保障的数据。2013 年美国对 53 个税号的产品实施基于价格的特殊保障，2014 年美国对 46 个税号的

---

① 来源于文件 G/AG/EU/23-G/AG/EU/26，http://agims.wto.org/Pages/SearchNotifCirculated.aspx? ReportId=1201&Reset=true&ReportType=12，2017-03-09。

② 来源于文件 G/AG/EU/27-G/AG/EU/32，http://agims.wto.org/Pages/SearchNotifCirculated.aspx? ReportId=1201&Reset=true&ReportType=12，2017-03-09。

③ 来源于文件 G/AG/N/USA/101-G/AG/N/USA/103，http://agims.wto.org/Pages/SearchNotifCirculated.aspx? ReportId=1201&Reset=true&ReportType=12，2017-03-09。

产品实施基于价格的特殊保障。2013年美国提供食品援助7.51亿美元,提供双边农业援助共3.34亿美元。①

(三) 中国

2015年,中国提交审议了1份《农业协议》通告,报告了2009—2010年中国国内支持(G/AG/CHN/28)。中国2009年的综合支持量为53734.6亿元人民币,"绿箱"措施支出为4774.6亿元人民币,对小麦和大米的市场价格支持分别为0.80亿元人民币和-68.77亿元人民币;中国2010年的综合支持量为62897.4亿元人民币,"绿箱"措施支出为5346.32亿元人民币,对小麦和大米的市场价格支持分别为14.33亿元人民币和0亿元人民币。②

2016年,中国提交审议了2份《农业协议》通告(G/AG/CHN/29—G/AG/CHN/30),报告了2013—2014年中国关税配额和出口补贴。依照《农业协议》第18.2条,中国在2013年和2014年对出口农产品不再实施出口补贴。2013年和2014年中国对小麦、玉米、大米、棉花、糖类、羊毛6类产品实施关税配额管理,其中羊毛、糖类、棉花的关税配额完成率均达到100%。③

(四) 日本

日本在2015年提交审议了9份《农业协议》通告(G/AG/N/JPN/200—G/AG/N/JPN/208),主要更新了日本有关关税配额、出口补贴和特殊保障的数据。2013年日本对18种农产品实施关税配额管理,配额完成率相对较高,其中大米、小麦、大麦及其加工产品等的关税配额完成率接近100%,脱脂奶粉和黄油等农产品的关税配额完成率相对较低;2014年日本对2种农产品实施基于数量的特殊保障,对8种农产品实施基于价格的特殊保障。④

日本在2016年提交审议了6份《农业协议》通告(G/AG/N/JPN/209—G/AG/N/JPN/214),主要更新了日本有关关税配额、出口补贴和特殊保障的数据。2015年日本对6种农产品实施基于数量的特殊保障,对12种农产品实施基于价格的特殊保障。2014年日本对19种农产品实施关税配额管理,其中食用油、一般乳制品、大米及其加工产品等的关税配额完成率接近100%,小麦和特定乳

---

① 来源于文件 G/AG/N/USA/104-G/AG/N/USA/108,http://agims.wto.org/Pages/SearchNotifCirculated.aspx? ReportId =1201&Reset=true&ReportType=12,2017-03-09.

② 来源于文件 G/AG/CHN/28, http://docsonline.wto.org/imrd/directdoc.asp? ddfdocuments/t/G/AG/NCHN28.Doc,2017-03-10.

③ 来源于文件 G/AG/CHN/29 -G/AG/CHN/30, http://agims.wto.org/Pages/SearchNotifCirculated.aspx? ReportId =1201&Reset=true&ReportType=12,2017-03-10.

④ 来源于文件 G/AG/N/JPN/200-G/AG/N/JPN/208,http://agims.wto.org/Pages/SearchNotifCirculated.aspx? ReportId =1201&Reset=true&ReportType=12,2017-03-10.

制品的关税配额完成率超过 100%。日本在 2015 年 4 月 1 日至 2016 年 3 月 31 日对出口农产品不再实施出口补贴。①

三、主要成员就《农业协议》执行情况的问答

在 2015—2016 年召开的 7 次正式会议中,WTO 各成员就其关心的农产品贸易问题进行问答。WTO 秘书处整理了问答记录并对外公布(G/AG/W/139、G/AG/W/143、G/AG/W/146、G/AG/W/148、G/AG/W/152、G/AG/W/156 和 G/AG/W/158)。在 7 次会议中,包括欧盟、美国、巴西、土耳其和中国在内的 30 余个成员参与了问答,主要内容整理如下。

(一)欧盟

在 2015 年的 3 次正式会议中,加拿大、美国、澳大利亚、秘鲁、南非等成员向欧盟提出了 11 个问题,并得到了一一解答。如,秘鲁、加拿大和美国在 2015 年 3 月 4 日的会议上就欧盟出口补贴问题进行提问。秘鲁就出口补贴透明度进行了提问,希望欧盟能够建立更为详细的家禽肉类补贴法律框架以及实施方案;澳大利亚希望欧盟通报其 2012—2013 年度糖出口总量;美国希望欧盟在提供出口总额数据的基础上,提供一些农副产品类大宗产品的详细出口总量数据。2015 年 9 月 25 日的会议上,南非对欧盟关税配额问题进行了提问。南非希望欧盟能够说明批次 080510 的橙子、2008 年的果脯及 2009 年的葡萄汁配额未满的原因,同时希望欧盟说明配额分配的管理程序是如何进行的。南非对这些配额是否给予了其他特殊国家存在疑问。

在 2016 年的 4 次正式会议中,新西兰、澳大利亚、印度、日本等成员向欧盟提出了 19 个主要关于出口补贴以及欧盟的农业政策的问题,并得到了一一解答。如,2016 年 3 月 9 日的会议上,澳大利亚希望欧盟详细介绍其在农村环境保护以及乡村文化遗产的保存方面实施的具体方案。在 6 月 7 日的会议上,日本希望欧盟提供出口补贴的详细名单以及补贴的预算。新西兰希望了解欧盟市场援助增加的标准以及在乳制品、猪肉、牛肉部分的融资金额占比。②

(二)美国

2015 年,印度、澳大利亚、欧盟和加拿大等成员对美国的《农业协议》执行情况等提出 15 个问题,并得到详细回答。这些问题主要关于国内支持和出口补贴。如,2015 年 3 月 4 日的会议上,印度指出美国在某些年份制定了乳制品的

---

① 来源于文件 G/AG/N/JPN/209—G/AG/N/JPN/214,http://agims.wto.org/Pages/SearchNotifCirculated.aspx? ReportId=1201&Reset=true&ReportType=12,2017-03-10.

② 根据 WTO 网站资料整理,https://agims-qna.wto.org/public/Pages/en/Search.aspx,2017-03-11.

市场价格支持而在其他年份则制定了黄油、脱脂奶粉和干酪的市场价格支持,印度希望美国说明此做法的原因。此外,印度还希望了解美国输送单位灌溉用水所消耗的电量以及农业、工业和生活用电的电价分别是多少。加拿大对于美国2012 年通告中"绿箱"政策的某些项目的终止表示了疑问。这些项目包括保险人的保险受益、资源保管与开发、贷款、公共资源准入以及野生栖息地保护等。对此类问题,欧盟也提出了异议,希望美国能够说明这种做法的原因以及政策措施上的改变。澳大利亚希望美国说明大麦、玉米、棉花、豌豆、亚麻、燕麦、大米、花生等农产品的贷款利率补贴是如何分配使用的,以及各类产品的综合支持量是如何决定的。同时澳大利亚希望美国提供报告中农业保险金额从原来的非特定农产品支持变为特定农产品支持的依据。

2016 年,印度、澳大利亚、欧盟和加拿大等成员对美国的《农业协议》执行情况共提出 25 个问题,并得到详细回答。如,印度就美国非特定农产品的综合支持量提问,希望美国说明不同支持计划的分配方式是否相同。加拿大希望美国详细说明 2013 年国内食品援助经费的支出情况。①

(三) 中国

2015 年中国共参与回答国内支持、关税配额和透明度等 53 个相关问题,提问成员包括美国、加拿大、欧盟和日本。② 美国主要针对市场价格支持、特定农产品的综合支持量、直接支出以及透明度等问题对中国进行了提问。美国希望中国能够公布棉花、小麦、玉米、大米 4 类农产品的关税配额数据,以提高其国内支持的透明度,同时美国还希望中国在市场价格支持、特定农产品支持以及不同项目的直接支出方面提供更多细节。日本则针对中国棉花、小麦、大米的市场价格支持的计算方法提出了疑问,希望中国能够做出详细的说明。欧盟希望中国对于 2010 年受支持的大米的合格产量为 0 做出解释说明,还希望中国提供更多关于区域援助方案的细节以及确定贫困地区的标准。

2016 年中国共参与回答国内农业政策、市场价格支持、关税配额和透明度等 38 个相关问题,提问成员包括美国、加拿大、欧盟、澳大利亚。③ 加拿大希望了解中国农业政策的更多细节,还希望中国解释 2013 年和 2014 年小麦的配额完成率下降的原因。澳大利亚希望了解中国提高关税配额完成率的措施。另外,美国还就中国市场价格支持以及透明度问题向中国提问,希望中国能够就报告中的数据提供更加详细的说明。

---

① 根据 WTO 网站资料整理,https://agims-qna.wto.org/public/Pages/en/Search.aspx,2017-03-11。
② 根据 WTO 网站资料整理,https://agims-qna.wto.org/public/Pages/en/Search.aspx,2017-03-11。
③ 根据 WTO 网站资料整理,https://agims-qna.wto.org/public/Pages/en/Search.aspx,2017-03-11。

（四）其他成员

日本、挪威等其他成员也就关税配额、出口补贴和透明度等问题进行了回答。如，欧盟表示日本某些农产品的关税配额未被充分利用，希望得到解释说明。挪威2013年的羊肉市场价格支持较以往发生了急剧的削减，欧盟希望挪威能够更详细地说明这一情况的原因以及影响因素是否包括挪威政策方针的转变。

四、涉及《农业协议》的贸易争端

2015年未出现有关《农业协议》的贸易争端，2016年有关《农业协议》的贸易争端有3例。2016年4月4日，巴西针对从印度尼西亚的牛肉进口措施磋商（DS506），认为印度尼西亚违反了《农业协议》第4.2条和第14条。① 2016年4月14日欧盟加入磋商，4月15日，新西兰、澳大利亚、中国台北和美国作为第三方依次加入该磋商。2016年4月4日，巴西还就印度尼西亚糖行业的补贴请求磋商（DS507），巴西认为印度尼西亚的做法违反了《农业协议》第3.2条、第3.3条、第6.3条、第8条、第9.1条和第10.1条。② 随后，欧盟和危地马拉分别于4月15日和4月18日相继加入磋商。2016年9月13日，美国就中国对农产品的国内支持保护措施请求磋商（DS511），表示中国对农产品的保护措施，尤其是对小麦、籼米、粳米和玉米这几类农产品的支持保护措施，违反了《农业协议》第3.2条、第6.3条和第7.2(b)条。③ 随后欧盟、澳大利亚、加拿大、泰国、菲律宾5个成员加入磋商。在2017年1月25日的会议上，争端解决机构确定了第三方专家组成员，包括澳大利亚、巴西、加拿大、欧盟、泰国、日本、印度等12个国家和地区。

第二节 《实施卫生与植物卫生措施协议》实施情况

一、WTO卫生与植物卫生措施委员会工作概述

WTO卫生与植物卫生措施委员会（简称SPS委员会）在2015—2016年举行

---

① WTO.Indonesia—Measures Concerning the Importation of Bovine Meat[EB/OL].https://www.wto.org/english/tratop_e/dispu_e/cases_e/ds506_e.htm.2017-03-12.

② WTO.Thailand—Subsidies concerning Sugar[EB/OL].https://www.wto.org/english/tratop_e/cases_e/ds507_e.htm.2017-03-12.

③ WTO.China—Domestic Support for Agricultural Producers[EB/OL].https://www.wto.org/english/tratop_e/dispu_e/cases_e/ds511_e.htm.2017-03-12.

了6次例行会议,时间分别是:2015年3月26—27日、7月15—16日、10月14—16日,2016年3月16—17日、6月30日—7月1日、10月27—28日。玛塞尔·埃斯波诺拉·拉米雷斯(Marcial Espínola Ramirez)为现任SPS委员会主席。

SPS委员会在两年中的每次例行会议上都对内分泌干扰物标准的定义进行了讨论。2014年6月的会议上,欧盟出版了一份"流程图",说明了化学物质干扰人类和野生动物内分泌系统的过程,却因没有科学证据的支撑而遭到其他成员的质疑。一直到2016年10月的会议,欧盟仍未提交令人信服的内分泌干扰物标准的定义,包括美国、中国、阿根廷在内的20余个WTO成员均对其提出的定义表示了担忧。

2014年10月,SPS委员会进行了一场关于食品安全和动植物健康风险分析的研讨会。作为此次会议的延续,SPS委员会举办了第一次风险沟通专题会议。《实施卫生与植物卫生措施协议》(简称《SPS协议》)要求贸易措施要基于风险评估或国际标准。专题会议审议了风险沟通框架,并为WTO成员提供了一个平台,让他们分享经验和风险沟通策略方面的最佳实践。SPS委员会旨在通过专题会议鼓励成员们就卫生与植物卫生问题深入讨论。

2015年10月,来自非洲、亚洲和加勒比及中东地区的19个成员参加了为期3周的高级卫生与植物卫生课程。参会者就实施《SPS协议》中的具体问题制定了行动方案。后续课程在2016年6月的会议上继续进行,成员们在这次会议上展示了行动成果。2016年度的课程则在10月17日至11月4日进行。

在2016年6月的会议上,成员们还听取了标准和贸易发展基金(STDF)所做的关于电子卫生与植物卫生许可证习班的最新报告。在这次研讨会上,成员们分享了自动化卫生与植物卫生认证系统的最新进展及其对贸易便利化产生的积极影响。

2016年10月,部分SPS委员会代表出席了农药最大残留限量(Maximum Residue Limits, MRL)研讨会。与会者就各出口地不同的农药MRL对贸易造成的影响展开了讨论,还探讨了监管者面对的资源约束,成员们提出了相关建议以加强信息共享和提高可得资源的协调性及使用效率。智利和欧盟在2016年10月的正式会议上提出了一些建议,旨在加强成员们在食品安全和动植物健康方面的信息共享,这些建议得到了SPS委员会的支持。

另外,SPS委员会同意在2017年3月22—23日、7月13—14日、11月2—3日召开3次正式会议。

二、《SPS协议》实施与监督情况

2015年,SPS委员会推进了对《SPS协议》运行和实施状况的第四次审议。这次审议始于2014年,主要议题是请WTO成员针对未来有改进空间的领域建言献策,但 SPS 委员会在采纳审查报告时陷入了僵局。一项与设立私人部门标准相关的提议一直是争论的焦点。WTO 成员在处理卫生与植物卫生问题时可参考的工具目录未能得到成员们的一致通过,包括澄清文件法律地位的免责声明。

在 2015 年 3 月的会议上,由于对私人部门食品安全和动植物健康标准的确定尚未达成共识,SPS 委员会考虑设定一个"冷静期"来反思如何走出困局。中国和新西兰提出了一个工作性定义:有关卫生与植物卫生的私人标准是一种或一系列书面要求或条件,它关系食品安全或是动植物的生命健康,并且可由不行使政府权力的非政府机构应用于商业交易。① 该定义获得了大多数成员的支持。但这样定义就意味着私人标准被纳入了《SPS 协议》,以美国为代表的发达成员对此表示反对。在 2016 年 6 月的会议上,成员们仍对此存在分歧。

在 2015 年的 3 次会议中,SPS 委员会均考虑了很多具体的贸易关注。有 21 个新贸易和之前提出的贸易关注一起被讨论。讨论的内容涉及禽流感、非洲猪瘟等疾病,植物害虫问题和有关审批流程等事项。新的贸易关注包括中国对牛肉的限制、墨西哥对芙蓉花的限制、欧盟和中国针对转基因生物的政策以及俄罗斯针对渔业加工产品的限制。尼日利亚宣布欲就墨西哥对芙蓉花的限制申请磋商程序。1995 年以来提出的 416 项贸易关注中,WTO 成员已经解决了 148 个,其中,部分解决的有 32 个②,部分解决意味着并非所有相关成员均接受这一解决方案或者方案只解决了关注中的一部分产品。一共约有 44% 的具体贸易关注在 SPS 委员会完全或部分解决。③

在 2016 年的正式会议上,WTO 成员审查了一些有关食品安全和动植物卫生的贸易关注,其中有 13 项新的贸易关注。如,纳米比亚对南非修订兽医卫生证书的关注、以色列对哥斯达黎加对杀虫剂和相关物质管制的关注、巴西对欧盟限制圣卡塔琳娜州猪肉出口的关注、欧盟对中国由于施马伦贝格病毒和高致病性禽流感而实施的进口限制的关注,以及俄罗斯对德国某些动物制品的进口限制。旧的贸易问题包括禽流感和非洲猪瘟等疾病、植物害虫问题、放射性核素、内分泌干扰物、新型食品、生物技术和物质相关的审批程序。④

三、《SPS 协议》相关的争端案件

2015—2016 年,涉及《SPS 协议》的争端共有 6 起,具体如下。

---

① WTO.Food Safety Body Agrees to E-working Group "Time out" on Definition of Private Standards[EB/OL].https://www.wto.org/english/news_e/news15_e/sps_26mar15_e.htm.2018-05-15.
② WTO.World Trade Organization Annual Report 2017[R].Geneva,2017:56.
③ WTO.World Trade Organization Annual Report 2017[R].Geneva,2017:56.
④ WTO.World Trade Organization Annual Report 2017[R].Geneva,2017:55-56.

（1）DS430：美国诉印度农产品的进口限制措施。2012年3月6日，美国将印度对自美国进口的部分农产品的限制措施诉至争端解决机构。2012年6月25日，争端解决机构就该案做出成立专家组的决定，中国、哥伦比亚、厄瓜多尔、欧盟、危地马拉、日本、越南、阿根廷、澳大利亚、巴西作为第三方参与该案专家组程序。2014年10月14日，专家组发布报告。2015年6月19日，争端解决机构通过了上诉机构的报告。2016年7月7日，因为印度未能在合理的期限内遵守争端解决机构的裁决和建议，美国要求争端解决机构授权其根据《争端解决谅解》第22.2条对印度暂停减让或其他义务。2016年7月18日，印度提出反对并根据《争端解决谅解》第22.6条将该事项提交仲裁。2017年4月6日，印度要求成立一个合规小组，并坚持认为，印度已经在合理的期限内遵守争端解决机构的裁决和建议，采取了与WTO义务相一致的措施。①

（2）DS447：阿根廷诉美国牛肉和肉制品的进口限制措施。2012年8月30日，阿根廷就美国关于动物、肉类和其他动物产品的进口措施提起磋商。2013年1月28日，争端解决机构决定成立专家组，中国、澳大利亚、巴西、欧盟、印度、韩国作为第三方参与该案专家组程序。2015年7月24日，WTO就阿根廷诉美国对自阿根廷进口的动物、肉类和其他动物产品的实施限制措施案发布专家组报告。2015年8月31日，争端解决机构通过了专家组的报告。②

（3）DS475：欧盟诉俄罗斯猪肉制品进口限制措施。2014年4月8日，欧盟提起磋商。2014年7月22日，争端解决机构决定成立专家组，澳大利亚、中国、印度、日本、韩国、挪威、中国台北、美国作为第三方参与该案专家组程序。随后，巴西和南非也作为第三方参与该案专家组程序。2016年8月19日，专家组报告发布。2016年9月23日，俄罗斯就专家组报告中的法律和法律解释的某些问题提起上诉。2017年2月23日，上诉机构发布报告。2017年6月2日，欧盟和俄罗斯通知争端解决机构，同意采纳争端解决机构的建议。③

---

① WTO.DS430：India—Measures Concerning the Importation of Certain Agricultural Products[EB/OL]. https:// www.wto.org/english/tratop_e/dispu_e/cases_e/ds430_e.htm.2018-05-15.

② WTO.DS447：United States—Measures Affecting the Importation of Animals, Meat and Other Animal Products from Argentina[EB/OL].https://www.wto.org/english/tratop_e/dispu_e/cases_e/ds447_e.htm.2018-05-15.

③ WTO.DS475：Russian Federation—Measures on the Importation of Live Pigs, Pork and Other Pig Products from the European Union[EB/OL].https://www.wto.org/english/tratop_e/dispu_e/cases_e/ds475_e.htm.2018-05-15.

（4）DS484：巴西诉印度尼西亚鸡肉和鸡肉制品的进口限制措施。2014年10月16日，巴西就印度尼西亚关于鸡肉和鸡肉制品的进口限制措施提起磋商。2015年12月3日，争端解决机构决定成立专家组，阿根廷、澳大利亚、加拿大、智利、中国、欧盟、印度、日本、韩国、新西兰、挪威、巴拉圭、阿曼、卡塔尔、俄罗斯、泰国、越南、中国台北作为第三方参与。2017年10月17日，专家组报告发布。在2017年11月22日的会议上，争端解决机构通过了专家组报告。2018年3月15日，印度尼西亚和巴西通报争端解决机构，同意采纳争端解决机构的建议，裁决的合理期限为8个月。①

（5）DS495：日本诉韩国对放射性核素的进口禁止、检测和认证要求。日本认为，韩国实施的上述措施违反了其在WTO《SPS协议》以及GATT中关于多边体制加强的规定。日本于2015年5月21日提起磋商，2015年12月28日专家组成立。2016年8月5日，专家组主席通知争端解决机构。磋商有望在各方协商一致后，于2017年6月发布最终报告。②

（6）DS506：巴西诉印度尼西亚牛肉进口限制措施。2016年4月4日，巴西就印度尼西亚进口牛肉限制措施提起WTO争端解决机制下的磋商请求。2016年4月14日，欧盟请求加入磋商。2016年4月15日，澳大利亚、新西兰、中国台北、美国请求加入磋商。随后，印度尼西亚通知争端解决机构（Dispute Settlement Body，DSB），接受了澳大利亚、欧盟、新西兰、中国台北、美国加入磋商的请求。③

第三节 《技术性贸易壁垒协议》实施情况

一、技术性贸易壁垒委员会工作概述

（一）技术性贸易壁垒委员会会议

2015—2016年，WTO技术性贸易壁垒委员会（简称TBT委员会）共举行了6次会议，时间分别是：2015年3月18—19日、6月15—18日、12月1日，2016年3月8—10日、6月14—16日、11月10—11日。会议讨论了如何运用产品的

---

① WTO.DS484: Indonesia—Measures Concerning the Importation of Chicken Meat and Chicken Products [EB/OL]. https://www.wto.org/english/tratop_e/dispu_e/cases_e/ds484_e.htm.2018-05-15.

② WTO.DS495: Korea—Import Bans, and Testing and Certification Requirements for Radio nuclides. [EB/OL]. https://www.wto.org/english/tratop_e/dispu_e/cases_e/ds495_e.htm.2018-05-15.

③ WTO.DS506: Indonesia—Measures Concerning the Importation of Bovine Meat [EB/OL]. https://www.wto.org/english/tratop_e/dispu_e/cases_e/ds506_e.htm.2018-05-15.

法规和标准,以避免不必要的贸易障碍。在这些会议中,TBT委员会着重讨论了环境与健康的可持续发展和信息安全等议题,讨论范围涵盖食物及酒类商标、节能产品标准、通信和信息技术产品等。乔斯·曼纽尔·坎波斯·阿巴德(Jose Manuel Campos Abad)为现任技术性贸易壁垒委员会主席。

WTO成员在2015年3月的会议上讨论了与智能卡芯片等有关的IT技术安全监管问题。中国银行业监督管理委员会(现为中国银行保险监督管理委员会)用于银行业的IT安全设备指南(如现金出纳机和智能卡芯片)被美国作为一个新的贸易关注提出。美方认为,该指南中提出的一些技术法规或评定程序可能超出了商业银行对信息和通信技术设备监管的合理范围。中方解释说,全球信息技术的飞速发展和金融业的快速创新给银行业带来了新挑战,各国政府有必要加强安全措施来保护公共利益,而中国的指南是符合国际惯例的,类似法规和程序强化了全球金融系统的稳定性。此次会议一共提出55项具体贸易关注,仅8项是新的。[1] 除了IT技术安全监管问题,成员们再次讨论了普通烟草制品包装法规、食品标签上的营养信息、化妆品和酒精饮料法规。

玩具安全、转基因食品、转基因作物是2015年6月召开的会议上的主要议题。此外,成员们还讨论了如何改善TBT委员会的工作,并结合11条新建议来制定2016—2018年的工作计划。

在2015年12月的会议上,WTO成员就工作计划和2015年11月非正式会议上的第4~6条建议达成一致。这些建议自2015年12月1日起正式执行,将会对商品贸易领域的标准和法规产生影响。TBT委员会为"三年期审议"制定了直至2018年的工作计划,其中包括对透明度、良好的管理行为、测试和认证程序,以及促进各国监管机构之间合作的建议。

2016年3月的会议共提出60个具体贸易关注,同时产生了与技术性贸易壁垒相关的第500项具体贸易关注。据WTO统计,1995年以来,仅有不到2%的贸易关注被提交到争端解决机构。[2] 从2015年开始,食品饮料相关规定成为会议议程中涉及最多的议题。在此次会议提出的11项新的贸易关注中就有7项涉及食品饮料相关规定。[3] 在此次会议中,各成员还就各自如何在区域贸易

---

[1] WTO. WTO Members Discuss IT Security Regulations in Banking [EB/OL]. https://www.wto.org/english/news_e/news15_e/tbt_17mar15_e.htm. 2017-03-21.

[2] WTO. DG Azevêdo Praises Work of Standards Committee on Reaching 500th Trade Concern [EB/OL]. https://www.wto.org/english/news_e/news16_e/tbt_11mar16_e.htm. 2018-05-15.

[3] WTO. DG Azevêdo Praises Work of Standards Committee on Reaching 500th Trade Concern [EB/OL]. https://www.wto.org/english/news_e/news16_e/tbt_11mar16_e.htm. 2018-05-15.

协定和自由贸易协定中履行降低贸易壁垒承诺的问题进行了讨论,并起草了2016—2018年的工作计划。

在2016年6月的会议上,成员们为改善节能产品贸易及减少二氧化碳排放制定了新标准,并且承认在提高能源效率方面需要加强全球合作。会议提出了56项贸易关注,其中10项新的贸易关注涵盖了与食品、药物和化妆品、玩具、电信和轮胎相关的问题。①

在2016年11月的会议上,信息技术产品成为核心议题。会议推出了一个新的在线预警系统(ePing)。该系统旨在为中小企业和其他利益相关者提供全球贸易中即将生效的最新监管要求。此次会议一共讨论了57项具体贸易关注,其中9项关于信息技术产品和电子产品相关措施,涉及电子垃圾回收、信息技术领域安全监管、手机4G/LTE技术的使用以及其他方面监管。②

2016年11月,WTO贸易与环境委员会还组织了一个技术援助研讨会,讨论了TBT透明度原则和与其相关的在线工具,如ePing、TBT信息管理系统(TBT IMS)和TBT通告提交系统(TBT NSS)的使用问题。29名来自TBT问讯处的工作人员参与了这场为期3天的研讨会,以提高他们TBT方面的知识和技能。这次研讨会为从业者与专家提供了分享经验的平台,也为从业者提高TBT透明度相关知识和技能提供了一次良好机会。

(二) 工作计划

WTO成员为TBT委员会制定了未来3年审查工作计划,这是委员会第7次进行3年期的审查工作。审查工作计划涉及良好监管实践、跨境监管合作、测试和认证方案、标准、透明度和能力建设。审查工作旨在通过帮助成员适应不断变化的贸易格局来强化《技术性贸易壁垒协议》(简称《TBT协议》)的实施。第7次审查工作参考了WTO成员提出的45项建议。这些建议拓宽了TBT委员会专题会议的讨论范围,有利于成员间监管合作的高效化。

在审查工作计划的指导下,TBT委员会将继续致力于建立一套自愿机制,制定出可优化监管效果的原则,并将就监管工作的评估结果进行讨论。讨论的目的是简化规章的制定、采纳和实施过程,以避免不必要的贸易壁垒。

(三)《TBT协议》生效20周年纪念大会

在2015年11月4日进行的《TBT协议》生效20周年纪念大会上,WTO总

---

① WTO. Standards Can Help to Ease Trade in Energy Efficient Products and Reduce CO2 Emissions[EB/OL]. https://www.wto.org/english/news_e/news16_e/tbt_14jun16_e.htm.2018-05-15.

② WTO. ICT Products at the Centre of Discussions at Standards and Regulations Committee[EB/OL]. https://www.wto.org/english/news_e/news16_e/tbt_10nov16_e.htm. 2018-05-15.

干事罗伯托·阿泽维多(Roberto Azevêdo)评价道,TBT 监管领域的工作经常无声无息且不为人知,但它是多边贸易体制的一大优势。在过去的 20 年里,《TBT 协议》已成为一个运作良好的动态机制,它所处理的有关日常商业和社会事务从玩具中的化学品到碳足迹标签,再到用于医疗设备和药品的试验程序。①

此次大会主题为"TBT 协议的 20 年:减少标准和规则中的贸易摩擦"。此次大会为众多利益相关者提供了一个反思《TBT 协议》实施及回顾 TBT 委员会工作的机会。在过去 20 年,TBT 委员会一直默默协助各成员解决日常商业和社会事务,加强了各方的合作监管。

二、《TBT 协议》实施与监督情况

自第一次 TBT 委员会会议开始,成员们就把 TBT 委员会当作一个讨论有关其他成员具体措施(技术法规、标准或合格评定程序)及其影响的论坛。会议讨论的内容又被称作具体贸易关注。TBT 委员会会议期间的非正式会谈为成员们创造了更多的讨论机会。各成员可以通过双边或多边渠道更为深入地审视贸易关注,进一步阐明各自的立场。2015 年,TBT 委员会共提到 86 项具体贸易关注,其中新提出的有 37 项,之前提出的有 49 项。② 2016 年共提到 82 项具体贸易关注,其中新提出的有 31 项,之前提出又再次讨论的有 51 项。③ 2015—2016 年提出的贸易关注涉及的产品范围非常广泛,包括轮胎、玩具、食品和饮料、信息技术产品、婴儿奶粉、电子电气设备、水泥、烟草、棕榈油和纯碱、洗涤剂和肥皂、家具等。

在 2015 年的第一次会议上,WTO 成员对 TBT 委员会 2014 年的工作进行了年度审议。2014 年可谓 1995 年以来 TBT 委员会最忙碌的一年,全年共收到 2239 项通报和 47 项新的具体贸易关注,其中,80% 的 TBT 通报来自发展中成员。自 2005 年以来,越来越多的发展中成员提交 TBT 通报已经成为一种趋势。④

在 2016 年 3 月的会议上,TBT 委员会完成了第 21 个年度报告。报告显示,2015 年的通报数量为 1989 项,相比 2014 年减少了 12%,然而,有越来越多的发展中成员提起 TBT 通报的趋势并没有改变。报告也显示,2015 年发展中成员的

---

① WTO.Governments, Business, Academics and Consumers Reflect on 20 Years of the TBT Agreement [EB/OL]. https://www.wto.org/english/news_e/news15_e/tbt_04nov15_e.htm. 2017-03-21.
② WTO.World Trade Organization Annual Report 2016[R].Geneva,2016:62.
③ WTO.World Trade Organization Annual Report 2017[R].Geneva,2017:59.
④ WTO.WTO Members Discuss IT Security Regulations in Banking[EB/OL]. https://www.wto.org/english/ news_e/news15_e/tbt_17mar15_e.htm. 2017-03-21.

通报量超过发达成员,最不发达成员的通报量也在增加。2015 年 WTO 一共进行了 37 项技术援助活动。① 2016 年全年的通报量为 2324 项,这是自 1995 以来的最高值。②

三、《TBT 协议》相关的争端案件

2015—2016 年,涉及《TBT 协议》的争端共有 7 起,具体如下。

(1) DS381:墨西哥诉美国涉及金枪鱼及制品进口和销售的措施。2008 年 10 月 24 日,墨西哥提起磋商。2011 年 9 月 15 日,专家组报告发布。2012 年 1 月 25 日,考虑到某些法律问题、专家组制定的法律解释和专家组未能按照 DSU 第 11 条的要求对此事进行客观评估,墨西哥决定上诉。2012 年 5 月 16 日,上诉机构发布调查报告。2013 年 11 月 14 日,墨西哥要求成立专家组。2014 年 1 月 27 日,专家组成立。2015 年 4 月 14 日,专家组报告发布。2015 年 6 月 5 日,美国通知争端解决机构就专家组报告的某些法律条款提起上诉。2015 年 6 月 10 日,墨西哥在同一争端中提出另一项上诉。2015 年 11 月 20 日,上诉机构报告向成员发布。在 2015 年 12 月 3 日的会议上,争端解决机构通过了 DSU 第 21.5 条中的上诉机构报告和专家组报告。在 2017 年 5 月 22 日的会议上,争端解决机构授权墨西哥暂停给予美国减让或其他义务。③

(2) DS384:加拿大诉美国原产地标签要求。2008 年 12 月 1 日,加拿大就美国原产地标签要求提起磋商。2011 年 11 月 18 日,专家组报告发布。2012 年 6 月 29 日,上诉机构报告发布。2012 年 9 月 13 日,加拿大要求根据 DSU 第 21.3 条(c)项通过约束力仲裁确定合理的期限。2012 年 12 月 4 日,第 21.3 条(c)项下的仲裁结果向成员发布。在 2013 年 5 月 24 日的争端解决机构会议上,美国通知争端解决机构,在 2013 年 5 月 23 日,美国农业部发布了一项最终规则,对已发现与《TBT 协议》第 2.1 条不一致的某些原产地标记标签要求作出了某些改变。但加拿大不认为美国这些改变具有实际意义。2013 年 8 月 19 日,加拿大要求成立专家组。2013 年 9 月 27 日,专家组成立。2014 年 10 月 20 日,专家组报告发布。2014 年 11 月 28 日,美国决定就专家组报告中涉及的某些法律问题和专家组制定的某些法律解释提起上诉。2014 年 12 月 12 日,加拿大在同一争端中提出另一项上诉。2015 年 6 月 4 日,加拿大要求争端解决机构根据 DSU 第

---

① WTO.DG Azevêdo Praises Work of Standards Committee on Reaching 500th Trade Concern [EB/OL]. https://www.wto.org/english/news_e/news16_e/tbt_11mar16_e.htm. 2017-03-21.

② WTO.World Trade Organization Annual Report 2017[R].Geneva,2017:59.

③ WTO.DS381:United States—Measures Concerning the Importation, Marketing and Sale of Tuna and Tuna Products[EB/OL].https://www.wto.org/english/tratop_e/dispu_e/cases_e/ds381_e.htm.2018-05-15.

22.2条的授权,暂停对美国的某些关税优惠和相关义务。2015年6月22日,美国反对加拿大提出的暂停对美国的某些关税优惠和相关义务。双方同意该事项根据DSU第22.6条提交仲裁。在2015年12月21日的会议上,争端解决机构授权加拿大暂停给予美国的关税优惠和相关义务。①

(3)DS386:墨西哥诉美国原产地标签要求。2008年12月17日,墨西哥就美国原产地标签要求提起磋商。2011年11月18日,专家组报告发布。2012年6月29日,上诉机构报告发布。2012年9月13日,墨西哥要求根据DSU第21.3条(c)项通过约束力仲裁确定合理的期限。2012年12月4日,仲裁结果发布。2013年5月23日,美国农业部发布了一项最终规则,对已发现与《TBT协议》第2.1条不一致的某些原产地标记标签要求做出了改变。2013年5月24日,在争端解决机构会议上,美国将这一情况通知争端解决机构,但是墨西哥不认为美国的这些改变具有实际效果。2013年8月19日,墨西哥要求成立专家组。2013年9月27日,专家组成立。2014年10月20日,专家组报告发布。2014年11月28日,美国决定就专家组报告中涉及的某些法律问题和专家组制定的某些法律解释提起上诉。2014年12月12日,墨西哥在同一争端中提出另一项上诉。2015年6月4日,墨西哥要求争端解决机构根据DSU第22.2条的授权,暂停对美国的某些关税优惠和相关义务。2015年6月22日,美国反对墨西哥暂停对美国的某些关税优惠和相关义务。双方同意该事项根据DSU第22.6条提交仲裁。在2015年12月21日的会议上,争端解决机构授权墨西哥暂停给予美国关税减让或其他义务。②

(4)DS434:乌克兰诉澳大利亚烟草制品包装的商标、地理标识和其他简易包装有关规定措施。2012年3月13日,乌克兰就关于烟草制品包装的商标、地理标识和其他简易包装要求的某些措施提起磋商。2012年9月28日,专家组成立。2015年5月28日,乌克兰要求专家组根据《关于争端解决规则与程序的谅解》(DSU)第12.12条暂停其程序。③

(5)DS484:巴西诉印度尼西亚鸡肉及鸡肉制品的进口限制措施。巴西于2014年10月16日就印度尼西亚针对鸡肉和鸡肉制品的进口限制措施提出磋

---

① WTO.DS384:United States—Certain Country of Origin Labelling(COOL)Requirements[EB/OL]. https://www.wto.org/english/tratop_e/dispu_e/cases_e/ds384_e.htm.2018-05-15.

② WTO.DS386: United States—Certain Country of Origin Labelling Requirements[EB/OL]. https://www.wto.org/english/tratop_e/dispu_e/cases_e/ds386_e.htm.2018-05-15.

③ WTO.DS434:Australia—Certain Measures Concerning Trademarks and Other Plain Packaging Requirements Applicable to Tobacco Products and Packaging[EB/OL]. https://www.wto.org/english/tratop_e/dispu_e/cases_e/ds434_e.htm.2018-05-15.

商请求。巴西认为这些限制措施违反了《TBT协议》《SPS协议》《农业协议》《进口许可协议》以及GATT中的国民待遇规则等的规定。2015年10月15日,巴西请求组建专家组。2015年12月3日,争端解决机构成立专家组。2016年8月31日,专家组主席向争端解决机构通报,表示最终报告将于2017年4月完成。①

(6) DS499:乌克兰诉俄罗斯影响铁路设备和零件进口措施。乌克兰认为,俄罗斯实施的某些针对铁路设备的进口措施违反了《TBT协议》以及GATT中的国民待遇原则和政府采购等的规定。乌克兰于2015年10月21日提出磋商请求。2016年11月10日,乌克兰请求建立专家组。2016年11月23日,争端解决机构推迟了专家组的建立。②

(7) DS506:巴西诉印度尼西亚牛肉进口限制措施。巴西认为,印度尼西亚的牛肉进口措施违反了《TBT协议》《SPS协议》《农业协议》《进口许可协议》以及GATT的国民待遇原则等的规定,并于2016年4月4日请求与印度尼西亚就牛肉进口措施展开磋商。③

第四节 《装运前检验协议》实施情况

2015—2016年期间WTO海关估价委员会召开会议。装运前检验讨论是会议上的一个常设项目,包括以下议题:① 各成员通告的现状和从国际检验机构联合委员会(IFIA)收到的装运前检验服务的报告;② 印度尼西亚对美国就装运前检验制度所提问题的答复。

一、海关估价委员会2015年第一次会议④

2015年5月21日,海关估价委员会召开了该年度第一次会议。在此次会议上,该委员会主席指出,装运前检验是海关估价委员会议程上的一个常设项目,包括以下两个议题的讨论:① 各成员通告的现状和从IFIA收到的装运前检验服务信息;② 印度尼西亚对美国就装运前检验制度所提问题的答复。

---

① WTO.DS484: Indonesia—Measures Concerning the Importation of Chicken Meat and Chicken Products [EB/OL]. https://www.wto.org/english/tratop_e/dispu_e/cases_e/ds484_e.htm. 2018-05-15.

② WTO.DS499: Russia—Measures affecting the importation of railway equipment and parts thereof[EB/OL]. https://www.wto.org/english/tratop_e/dispu_e/cases_e/ds499_e.htm .2018-05-15.

③ WTO.DS506: Indonesia—Measures Concerning the Importation of Bovine Meat [EB/OL]. https://www.wto.org/english/tratop_e/dispu_e/cases_e/ds506_e.htm. 2018-05-15.

④ WTO.Committee on Customs Valuation—Minutes of the Meeting of 21 May 2015 [EB/OL]. https://docs.wto.org/dol2fe/Pages/FE_Search/FE_S_S006.aspx? Query = (%20@ Symbol = %20g/val/m/ * %20) &Language = ENGLISH&Context = FomerScriptedSearch&languageUIChanged = true#.2018-09-30.

（一）各成员通告的现状和从 IFIA 收到的装运前检验服务信息

会议中，主席提请注意根据《装运前检验协议》第 5 条编制通告，包含在文件 G/PSI/N/1/Rev.2 中。此次会议前收到一些装运前检验通告，将在秋季会议上进行讨论。

对于定期从 IFIA 收到关于使用装运前检验服务的地区的报告，秘书处发布在文件 G/PSI/W/63/Rev.17 中。海关估价委员会提醒各成员关注上述两份文件。

中国代表在会议中指出，越来越多以前使用装运前检验的地区现在出现不再使用装运前检验，并需要在海关估价等相关领域承担全部责任。在世界海关组织成立会议上，刚果（金）也表示了其在此方面面临的挑战，提请海关估价委员会关注事态的发展。这个问题存在非常明显的政策性，且与《贸易便利化协议》的实施有很大关系。未来，海关估价委员会将积极了解那些不采取装运前检验的地区遇到的困难，并视情况决定是否向其提供帮助。如果有可以进一步解决该议题的建议，海关估价委员会将继续听取，并与即将上任的主席进行协商。

（二）印度尼西亚对美国就装运前检验制度所提问题的答复

美国已在文件 G/PSI/W/167、G/PSI/W/180 和 G/PSI/W/237 中向印度尼西亚提出问题，印度尼西亚则在文件 G/VAL/W/256、G/VAL/W/257 和 G/VAL/W/257/Corr.1 中对这些问题做出回复。

美国代表称，他们已经审议了印度尼西亚的答复。虽然他们对印度尼西亚的答复表示满意，但仍心存顾虑。尽管印度尼西亚已向进口许可委员会通报了一些规定，但美国希望看到具体通告并就此与印度尼西亚进行实质性讨论。

美国认为，虽然印度尼西亚在文件 G/VAL/W/257 中的回复中指出，技术验证程序包括进口单证审核、公司法律文件、进口许可证件、运输文件、技术文件、进口货物的技术信息（如数量、类型方面的技术信息、HS 编码[①]的正确性、目的港和原产地的信息），但是类似的回复也曾出现在文件 G/VAL/W/256 中，至少在某种程度上，与《装运前检验协议》第 1.3 条装运前检验程序定义存在重叠。美国要求印度尼西亚进一步解释为何他们认为这些程序不是装运前检验的做法，并再次要求印度尼西亚将这些程序告知海关估价委员会，以便各成员可以审核这些措施。

此外，印度尼西亚表示这些程序已为进口商和出口商提供更方便的进出口服务。印度尼西亚指出，根据其海关法的规定，印度尼西亚海关当局还未进行装

---

① 《商品名称及编码协调制度》，简称 HS。

运前检验。美国已经审查了印度尼西亚发布的通告和一些文件,发现这些通告只包括关于海关价值和海关估价进口关税的法令。美国要求印度尼西亚进一步通知有关装运前检验的具体法令。

美国还要求印度尼西亚进一步澄清装运前检验是否更广泛地应用于其他印度尼西亚政府部门。对于有关印度尼西亚在文件 G/VAL/W/256 中对美国在文件 G/VAL/W/167 中所提问题的回复,美国预测还会有更多的问题。

美国认为,印度尼西亚已修改了其 2006 年的第 17 号海关法,并要求印度尼西亚通知各成员审查该法律。

印度尼西亚代表感谢美国代表团对该问题存有兴趣,并要求美国以书面形式提交问题,以便立即将问题转达至其高层决策者。

海关估价委员会注意到了该声明,并同意在下次会议上讨论这个问题。

二、海关估价委员会 2015 年第二次会议①

2015 年 10 月 7 日,海关估价委员会召开该年度第二次会议。海关估价委员会主席指出,装运前检验是海关估价委员会议程上的一个常设项目,包括以下两个议题:① 各成员通告的现状;② 印度尼西亚对美国就装运前检验制度所提问题的答复。

(一) 各成员通告的现状

会议上,海关估价委员会主席提请各成员注意根据《装运前检验协议》第 5 条编制通告,并关注文件 G/PSI/N/1/Rev.2/Add2。

(二) 印度尼西亚对美国就装运前检验制度所提问题的答复

美国已在文件 G/PSI/W/167、G/PSI/W/180 和 G/PSI/W/237 中向印度尼西亚提出问题,印度尼西亚则在文件 G/VAL/W/256、G/VAL/W/257 和 G/VAL/W/257/Corr.1 中做出回复。另外,美国还在已发布的文件 G/VAL/W/258 中提出问题,但因提交时间过晚未在会议中讨论。

美国感谢印度尼西亚的回复,并表示,不知道印度尼西亚在讨论后要求提交书面答复。美国现在已经提出问题并期待收到回复。

印度尼西亚感谢美国对于这一问题的持续关注,表示将认真对待并积极回应这些问题。印度尼西亚在 2015 年 3 月的文件 G/VAL/W/256 和 G/VAL/W/257 中强调,印度尼西亚海关当局并没有实施装运前检验。装运前检验是用来

---

① WTO. Committee on Customs Valuation—Minutes of the Meeting of 7 October 2015[EB/OL]. https://docs.wto.org/dol2fe/Pages/FE_Search/FE_S_S006.aspx? Query = (% 20@ Symbol = % 20g/val/m/ * % 20) &Language = ENGLISH&Context = FomerScriptedSearch&languageUIChanged = true#.2018-09-30.

克服相关的健康、安全、环境问题和进行消费者保护的进口许可政策工具。装运前检验是海关估价中进口货物的技术验证程序,而且已被通知进口许可委员会。海关估价委员会注意到了印度尼西亚的陈述,并同意在下次会议上回复这个问题。

三、海关估价委员会2016年第一次会议①

2016年4月25日,海关估价委员会召开该年度第一次会议。该委员会副主席指出,装运前检验是海关估价委员会议程的常设项目,包括以下3个议题:① 各成员通告的现状;② 美国和印度尼西亚各自的问题和回复;③ 装运前检验项目的信息。

(一)各成员通告的现状

海关估价委员会副主席提请各成员根据《装运前检验协议》第5条编制通告,并关注文件G/PSI/N/1/Rev.2、G/PSI/N/1/Rev.2/Add.1 和 G/PSI/N/1/Rev.2/Add.2。

自从2015年成员注意到附录2中关于斯里兰卡的通告后,情况并没有改变。一旦收到新的通告,将会发布一个更新装运前检验信息的文件。

海关估价委员会提醒各成员关注上述提及的文件。

(二)美国和印度尼西亚各自的问题和回复

委员会副主席指出,在上一次会议中,委员会已经同意回应美国和印度尼西亚各自的问题和回复。

印度尼西亚感谢美国对于这一问题的持续关注。对于美国在文件G/VAL/W/278中提出的问题,印度尼西亚正在准备书面回复。在该届政府下,印度尼西亚制订了11项关于放松监管的计划,包括装运前检验要求和管理计划,这些计划的实施将进一步放松监管。

美国感谢印度尼西亚的声明,其代表团期待收到印度尼西亚的通告和书面答复。海关估价委员会注意到了印度尼西亚做的声明,并同意在下次会议上回复这个问题。

(三)装运前检验项目的信息

委员会副主席提请成员注意在文件G/VAL/W/63/Rev.18 和文件G/VAL/W/63/Rev.18/corr.1中包含的从IFIA收到的适用装运前检验的最新信息。

---

① WTO. Committee on Customs Valuation—Minutes of the Meeting of 25 April 2016 [EB/OL]. https://docs.wto.org/dol2fe/Pages/FE_Search/FE_S_S006.aspx? Query = (%20@Symbol = %20g/val/m/*%20)&Language = ENGLISH&Context = FomerScriptedSearch&languageUIChanged = true#.2018-09-30.

（四）世界海关组织的工作报告

世界海关组织（World Customs Organization，WCO）代表伊恩·克里默（Ian Cremer）报告了由世界海关组织进行的一项在非洲中西部地区使用装运前检验或目的地检验情况的调查。在分类和控制估值的背景下，该地区私人企业积极支持海关工作，且大部分合同仍在执行中。该地区终止合同的势头强劲，这对于《贸易便利化协议》第10.5条是一个好的迹象。在过去的几年里，加纳和尼日利亚成功地终止了合同，其他国家和地区也照此做法积极计划。

世界海关组织认为成员计划提出此倡议至关重要，并与管理部门积极合作以鼓励各成员做出详细规划，同时，确保海关控制的交接有效完成以及实施符合估值协议的估值控制。

2013年，世界海关组织和非洲西部及中部地区的总董事会签订了"尼亚美宣言"。在实践方面，他们纳入的诊断方法仅涉及两个方面，即成员对当前弱点的评估和成员需要建设基础设施的情况。

海关估价委员会主席感谢克里默做出报告并鼓励海关估价委员会继续做出有价值的工作。

四、海关估价委员会2016年第二次会议[①]

2016年10月31日，海关估价委员会召开了该年度的第二次会议。海关估价委员会主席指出，装运前检验是海关估价委员会议程上的一个常设项目，包括以下3个议题：① 各成员通告的现状；② 美国和印度尼西亚各自的问题和回复；③ 装运前检验项目的信息。

（一）各成员通告的现状

海关估价委员会主席提请各成员注意根据《装运前检验协议》第5条编制通告，并关注文件 G/PSI/N/1/Rev.2、G/PSI/N/1/Rev.2/Add.1、G/PSI/N/1/Rev.2/Add.2 和 G/PSI/N/1/Rev.2/Add.3。在文件 G/PSI/N/1/Rev.2/Add.3 中有海关估价委员会上次会议收到的装运前检验通告的最新信息。

（二）美国和印度尼西亚各自的问题和回复

委员会主席指出，在上一次会议中，委员会已经同意回应美国和印度尼西亚各自的问题和回复。

美国感谢印度尼西亚对其早期问题的回答，并期待能够在随后的会议上审

[①] WTO.Committee on Customs Valuation—Minutes of the Meeting of 31 October 2016 [EB/OL]. https://docs.wto.org/dol2fe/Pages/FE_Search/FE_S_S006.aspx? Query = (%20@ Symbol = %20g/val/m/ * %20)&Language = ENGLISH&Context = FomerScriptedSearch&languageUIChanged = true#.2018-09-30.

查印度尼西亚对其后续问题的反应。

印度尼西亚感谢美国对于这一问题的持续关注。对于美国在文件 G/VAL/W/278 中提出的问题,印度尼西亚正在准备书面回复。

海关估价委员会注意到了印度尼西亚做出的声明,并同意在下次会议上回复这个问题。

(三)装运前检验项目的信息

海关估价委员会主席提请各成员注意文件 G/VAL/W/63/Rev.19,文件包括从 IFIA 收到的适用装运前检验的最新信息。

五、《装运前检验协议》相关的争端案件

2015—2016 年,涉及《装运前检验协议》的争端共有 3 起,具体如下。

(1) DS477:新西兰诉印度尼西亚农产品进口限制措施。2014 年 5 月 8 日,新西兰向印度尼西亚就园艺产品、动物及动物产品进口的某些措施请求磋商。新西兰声称相关措施不符合《装运前检验协议》第 2.1 条和第 2.15 条的规定。2014 年 5 月 20 日,美国请求加入磋商。2014 年 5 月 22 日,泰国请求加入磋商。2014 年 5 月 23 日,欧盟和中国台北请求加入磋商。2014 年 5 月 26 日,澳大利亚请求加入磋商。随后,印度尼西亚通知争端解决机构接受澳大利亚、加拿大、欧盟、中国台北、泰国作为第三方加入磋商的请求。2015 年 3 月 18 日,新西兰请求成立专家组。在 2015 年 4 月 22 日的会议上,WTO 争端解决机构决定推迟成立专家组。在 2015 年 5 月 20 日的会议上,争端解决机构根据争端解决机制第 9.1 条组织专家组同时解决案件 DS477 和 DS478。澳大利亚、巴西、加拿大、中国、欧盟、印度、日本、挪威、巴拉圭、新加坡、中国台北、阿根廷、韩国保留作为第三方的权利。2015 年 9 月 28 日,新西兰和美国要求成立专家组。2015 年 10 月 8 日,专家组成立。2016 年 12 月 22 日,专家组向成员发布最后报告。[①]

(2) DS478:美国诉印度尼西亚农产品进口限制措施。2014 年 5 月 8 日,美国向印度尼西亚就园艺产品、动物及动物产品进口的某些措施请求磋商。美国声称相关措施不符合《装运前检验协议》第 2.1 条和第 2.15 条的规定。新西兰、泰国、加拿大、欧盟、中国台北、澳大利亚请求加入磋商程序。印度尼西亚通知争端解决机构接受澳大利亚、加拿大、欧盟、中国台北、泰国作为第三方加入磋商的请求。2015 年 3 月 18 日,美国请求成立专家组。在 2015 年 4 月 22 日的会议上,争端解决机构决定推迟成立专家组。在 2015 年 5 月 20 日的会议上,争端解

---

① WTO.DS477:Indonesia—Importation of Horticultural Products, Animals and Animal Products [EB/OL]. https://www.wto.org/english/tratop_e/dispu_e/cases_e/ds477_e.htm.2018-05-16.

决机构根据争端解决机制第 9.1 条建立专家组,同时解决案件 DS477 和 DS478。澳大利亚、巴西、加拿大、中国、欧盟、印度、日本、挪威、巴拉圭、新加坡、中国台北、阿根廷、韩国保留作为第三方的权利。2015 年 9 月 28 日,新西兰和美国要求成立专家组。2015 年 10 月 8 日,专家组成立。2016 年 12 月 22 日,专家组报告发布。①

（3）DS484：巴西诉印度尼西亚鸡肉和鸡肉制品的进口限制措施。2014 年 10 月 16 日,巴西要求印度尼西亚就施加从印度尼西亚进口的鸡肉和鸡肉产品采取的相关措施请求磋商。巴西声称相关措施不符合《装运前检验协议》第 2.1 条和第 2.15 条的规定。2014 年 10 月 31 日,澳大利亚、新西兰、中国台北、美国请求加入磋商。2014 年 11 月 3 日,欧盟请求加入磋商程序。随后,印度尼西亚通知争端解决机构接受磋商请求。2015 年 12 月 3 日,争端解决机构就该案做出成立专家组的决定,阿根廷、澳大利亚、加拿大、智利、中国、欧盟、印度、日本、韩国、新西兰、挪威、阿曼、巴拉圭、卡塔尔、俄罗斯、泰国、中国台北、越南和美国作为第三方参与该案专家组程序。2016 年 1 月 22 日,巴西要求成立专家组。2016 年 3 月 3 日,专家组成立。2017 年 1 月 17 日,专家组报告发布。②

第五节 《原产地规则协议》实施情况

根据《原产地规则协议》的规定,原产地规则委员会每年需要至少召开一次正式会议,对前一年《原产地规则协议》各部分的实施和运行情况进行审查并就原产地规则的协调工作与各成员代表展开磋商。

2015 年,原产地规则委员会分别于 4 月 30 日和 10 月 15 日召开正式会议,主要内容是督促并审查各成员对 2013 年 12 月巴厘部长级会议上通过的有关对最不发达成员适用的优惠原产地规则的决议的执行以及讨论非优惠原产地规则的国际协调问题。

2016 年,原产地规则委员会分别于 4 月 22 日和 9 月 22 日召开正式会议,主要内容分别是审核各成员执行 2015 年内罗毕部长级会议上通过的关于最不发达成员原产地规则决定进展,确定委员会关于非优惠原产地规则未来工作的领域,及各成员可以集中努力的 3 个方面。

---

① WTO.DS478：Indonesia—Importation of Horticultural Products, Animals and Animal Products[EB/OL]. https://www.wto.org/english/tratop_e/dispu_e/cases_e/ds478_e.htm.2018-05-16.

② WTO.DS484：Indonesia—Measures Concerning the Importation of Chicken Meat and Chicken Products[EB/OL]. https://www.wto.org/english/tratop_e/dispu_e/cases_e/ds484_e.htm.2018-05-16.

此外,原产地规则委员会在 2015—2016 年举行了若干次非正式会议,这些会议就上述问题与部分成员展开了一系列双边磋商。

原产地规则是确定产品的产地来源所需的标准。原产地规则在执行和适用进口关税和贸易政策工具如反倾销和反补贴税、原产地标记和保障措施中非常重要。在原产地规则方面,各成员的做法存在很大差异,因为 WTO《原产地规则协议》的宗旨是协调各成员之间的原产地规则,并确保这些规则本身不会成为贸易障碍。

一、原产地规则委员会 2015 年第一次会议

2015 年 4 月 30 日,原产地规则委员会召开该年度第一次正式会议。此次会议督促各成员执行 2013 年 12 月巴厘部长级会议上通过的有关对最不发达成员适用的优惠原产地规则的决议,并要求成员每年审查优惠原产地规则的发展情况,以适用最不发达成员的进口。另外,各成员同意在此会议上发起"教育练习",以更好地了解非优惠原产地规则对国际贸易的影响。

一些最不发达成员认为,优惠原产地规则协议的实施应在巴厘部长级会议后优先进行。加拿大称其原产地规则体系与巴厘决策指引基本一致。美国指出,立法恢复对最不发达成员的普惠制正在等待美国国会通过。中国强调免税福利计划的变动,此变动在 2015 第一季度使从最不发达成员的进口增加 27%。[①]

最不发达成员集团提交了一份"元素讨论"的论文,旨在引导成员就如何实施 2013 的决议进行交流,并最终落实有利于最不发达成员产品市场进入的方式。论文提出了 6 个具体问题,并提出优先考虑成员原产地规则计划的实施。

孟加拉国代表最不发达成员集团发言,并表示不存在一个最优的原产地规则。有证据表明,在一定条件下,考虑到当前全球价值链情势和商业发展事实,原产地规则的改革可以对最不发达成员产生积极的效果。对于孟加拉国代表集团的发言,欧盟在其文档"最不发达成员优惠原产地规则讨论要素"做出回应。[②]

4 月 30 日会议的另一个重要主题是将原产地规则转换协调草案按照 HS 编码的最新版本修订。2014 年 10 月的原产地规则委员会会议上已审核了第 1 章

---

① WTO.LDCs Urge Movement on Implementing Bali Decision on Preferential Rules of Origin[EB/OL]. https://www.wto.org/english/news_e/news15_e/roi_01may15_e.htm.2017-03-01.

② WTO.Committee on Rules of Origin—EU's Responses to Questions Put Forward by the Delegation of Bangladesh on behalf of the LDC Group[EB/OL].https://www.wto.org/english/tratop_e/roi_e/roi_e.htm, in document G/RO/W/154.2017-03-01.

至第 40 章的文本,并已经开始进行对第 41 章文本的检查以验证该转换文本的准确性。原产地规则委员会主席进一步告知各成员,WTO 秘书处已准备修订文件 JOB/RO/5/Rev.1 来反映已收到的代表团如厄瓜多尔、美国和挪威的意见。为了实现转换文本的准确性,原产地规则委员会将持续接收各成员的意见。委员会主席要求成员在 2015 年 9 月前提交各自的意见,以保证在 10 月的委员会会议上呈现一个完整的文件。

原产地规则委员会还听取了 WTO 秘书处关于成员实施的非优惠原产地规则的介绍,以及 WTO 在协调非优惠原产地规则工作方案方面的情况。此外,WTO 秘书处做了正在进行的关于非优惠原产地规则工作的介绍,同时一些成员提出了自己目前的做法和立法情况。

一些成员认为,非优惠原产地规则是一个非常有意义的贸易政策工具,但由于缺乏协调,这一规则在一定程度上反而阻碍了国际贸易。原产地规则委员会主席提出,下届原产地规则委员会会议将继续进行"教育练习",并建议成员扩大和深化对现有规则的分析,更多听取来自私人部门代表的意见。

二、原产地规则委员会 2015 年第二次会议

2015 年 10 月 15 日,原产地规则委员会召开了 2015 年度第二次正式工作会议。在 2015 年第一次会议成果的基础上,原产地规则委员会进一步关注了巴厘部长级会议最不发达成员优惠原产地规则决议的落实和执行情况。

原产地规则委员会向总理事会报告了对最不发达成员的优惠原产地规则。在会议上成员审查了泰国(G/RO/N/130/Corr.1)和中国(G/RO/N/132)对最不发达成员应用的新优惠原产地规则。成员还考查了日本最近修改的适用最不发达成员优惠原产地规则(G/RO/N/131)。原产地规则委员会主席提醒所有成员,如对适用于最不发达成员的原产地规则有任何更新或修订,应根据既定程序通知其他成员。他还提醒成员所有优惠原产地规则各个方面通知都具有重要性。结束审议时,主席请所有成员按照会议通过的决定提供的指导方针制定或建立各自的原产地规则。①

在非优惠原产地规则的协调工作方面,原产地规则委员会在 10 月 30 日的会议上做出了两项举措。第一项举措是对现有非优惠原产地规则的"教育练习"和经验分享,以帮助成员了解现有非优惠原产地规则及其对国际贸易的影

---

① WTO.Committee on Rules of Origin—Draft Report of the Committee on Rules of Origin to the General Council on preferential rules of origin for least-developed countries[EB/OL]. https://www.wto.org/english/tratop_e/roi_e/roi_e.htm, in document G/RO/W/156.2017-03-01.

响。第二项举措是推进协调原产地规则的技术工作。在 4 月的原产地规则委员会会议上,一些代表团曾要求额外的时间来审查包含转换结果的文件 JOB/RO/5/Rev.1。主席通知成员,秘书处已发布经过更正的文件 JOB/RO/5/Rev.1/Corr.1,并且提醒成员注意两个文件的转换。此外,主席还建议秘书处准备一份基于最新 HS 编码的包括所有特定产品规则的原产地规则转换协调草案(G/RO/W/111/Rev.7)。由于转换工作繁杂,代表团可以在任何时候递交附加的意见或反馈。①

在这次会议上,原产地规则委员会还通报了各成员履行通知义务的情况。就《原产地规则协议》第三部分的工作,委员会注意到在第 5 段中有一些新的通知。截至 2015 年 10 月 15 日,有 44 个成员实施了某种类型的非优惠原产地规则,有 51 个成员没有基于非优惠目标实施原产地规则,有 38 个成员的非优惠原产地规则信息仍然缺失。②

此外,原产地规则委员会还收到了许多关于优惠原产地规则的通知,这些通知中的绝大多数都是由各成员提交给 WTO 区域贸易协议委员会和 UNCTAD 之后转交给原产地规则委员会传阅的。结果表明所有的 WTO 成员目前都在执行至少一套优惠原产地规则,这反映了 WTO 成员对区域贸易协议的广泛参与。③

三、原产地规则委员会 2016 年第一次会议

2016 年 4 月 22 日,原产地规则委员会召开该年度的第一次正式会议,各方讨论了内罗毕部长级会议上关于最不发达成员优惠原产地规则的准备和执行情况。

2015 年内罗毕举行的第十届部长级会议通过了一项以 2013 年巴厘部长级会议通过的一项原产地规则决议为基础的新的优惠原产地规则决议,即最不发达成员向发达成员和发展中成员出口货物时应以最优惠的贸易安排。该决议对具体问题提供了更详细的说明,如确定一个产品是否"在最不发达成员"的方法。该规定还呼吁施惠方考虑简化有关原产地的文件和程序要求以及其他措施,进一步简化海关手续。该决议是确保最不发达成员优惠贸易安排具有简单

---

① WTO.Committee on Rules of Origin—Minutes of the Meeting of 15 October 2015[EB/OL]. https://www.wto.org/english/tratop_e/roi_e/roi_e.htm. in document G/RO/M/65.2017-03-01.

② WTO.Committee on Rules of Origin—Minutes of the Meeting of 15 October 2015[EB/OL]. https://www.wto.org/english/tratop_e/roi_e/roi_e.htm, in document G/RO/M/65.2017-03-01.

③ WTO.Committee on Rules of Origin—Twenty First Annual Review of the Implementation and Operation of the Agreement on Rules of Origin-Note by the Secretariat[EB/OL]. https://www.wto.org/english/tratop_e/roi_e/roi_e.htm, in document G/RO/W/157.2017-03-01.

透明的原产地规则的重要一步。内罗毕决议的主要受益者将是撒哈拉以南非洲国家,这些国家占最不发达成员集团的多数。

原产地规则委员会主席克里斯汀·韦格纳(Christian Wegener)提醒代表团注意,所有成员均需承担向委员会的通知义务。因此各成员需要开始准备提交其执行决议的通知。发达成员应在2016年12月31日前提交通知。提供优惠方案的发展中成员应在执行内罗毕决议前通知原产地规则委员会。韦格纳主席敦促成员尽早开始准备工作,以确保他们的通知能及时提交。

贝宁代表最不发达成员集团发言并提出几个讨论问题,包括向原产地规则委员会进行书面提交的问题。贝宁还指出要掌握优惠原产地规则的通知现状和优惠的成员遵守承诺的情况。贝宁代表还注意到一些成员没有按照义务规范向WTO提供其贸易和关税数据或提供的数据不完整。

根据内罗毕部长级会议的决定,瑞士、美国、中国、加拿大、欧盟、日本和智利都概述了目前正在进行或已经完成的工作。如欧盟完成了通知普遍优惠制(Generalized System of Preferences,GSP)计划所有原产地法规并定期提交相关进口数据的义务。①

四、原产地规则委员会2016年第二次会议

2016年9月22日,原产地规则委员会召开该年度第二次正式会议。会议的主要议题是确定委员会未来关于非优惠原产地规则工作的领域并指出成员可以集中努力的三个方面。

原产地规则委员会主席表示成员应确定哪些领域的工作是有效的,并且委员会可以缩小讨论范围专注于特定议题,如标签、认证和反倾销。他还指出成员更详细地提出自己的非优惠原产地要求也是有益的。

非优惠原产地规则是指在没有任何贸易优惠的情况下适用的原产地规则,即贸易是在最惠国待遇的基础上进行的。虽然并非所有成员都适用于非优惠原产地规则相关的具体立法,但一些贸易政策措施,如配额、反倾销或"制造"的标签可以应用非优惠原产地规则。

会议上的许多成员对在非正式的"教育练习"范围内对现有的非优惠原产地规则进行讨论表示欢迎。瑞士围绕以下问题的规则和指导方针提出新的讨论问题:全球价值链和中小企业的需求如何体现非优惠原产地规则;如何降低合规成本;从当前区域贸易协定的实践中可以得出什么教训;如何制定数字经济兼容

---

① WTO.Chair Urges Members to Identify Areas for Future Work on Non-preferential Rules of Origin[EB/OL].https://www.wto.org/english/news_e/news16_e/roi_22sep16_e.htm.2017-03-02.

的非优惠原产地规则。①

原产地规则委员会还对收到的各成员有关优惠和非优惠原产地规则的通知进行通报。截至2016年9月22日,有47个WTO成员采用非优惠原产地规则,有19个WTO成员适用最不发达成员的优惠原产地规则。②

会议上,贝宁代表最不发达成员集团推荐了一份优惠原产地规则通知模板。内罗毕决定由授权委员会提供通知模板,这将提高通知透明度并且有助于理解适用于最不发达成员进口的原产地规则。内罗毕决定还授权委员会审核来自秘书处的计算优先使用率的方式的可行性。主席最后指出,大多数成员认为秘书处提出的方式是有用的,但是关于数据如何被呈现和使用仍存在诸多问题。③

第六节 《进口许可协议》实施情况与谈判进展

一、《进口许可协议》实施情况

2015年4月21日和10月20日,以及2016年4月14日和11月3日,WTO进口许可委员会分别举办了《进口许可协议》第41至第44期会议,会议对成员《进口许可协议》下通告责任承诺履行情况以及进口许可证被用于限制进口情况表示了担忧,并审议了成员根据《进口许可协议》提交的通告。从2015年10月21日至2016年10月20日,只有35个成员提交了对协议第7.3条中要求填写的调查问卷的答复。④ 但值得欣慰的是,成员们正在努力为低履行通知义务水平寻找解决方案。进口许可委员会主席对于更多的成员参与提高履行透明度和简化通知程序的努力感到欣慰。

根据《进口许可协议》的规定,各成员有权对其他成员在国际贸易中的进口许可程序要求提出质疑,这是增进国际贸易中进口行政程序透明性的重要途径。会上多个成员重申其对印度的大理石、大理石制品和硼酸进口制度,巴西的硝化

---

① WTO.Committee on Rules of Origin—Draft Report(2016) of the Committee on Rules of Origin to the Council for Trade in Goods-Revision[EB/OL]. https://www.wto.org/english/tratop_e/roi_e/roi_e.htm, in document G/RO/W/166/Rev.2.2017-03-02.

② WTO.Committee on Rules of Origin—Minutes of the Meeting of 22 September 2016[EB/OL]. https://www.wto.org/english/tratop_e/roi_e/roi_e.htm, in document G/RO/M/67.2017-03-02.

③ WTO.Committee on Rules of Origin—Submission of Benin on Behalf of Least Developed Countries-Decision on Template for the Notification of Preferential Rules of Developed Countries-Revision[EB/OL]. https://www.wto.org/english/tratop_e/roi_e/roi_e.htm, in document G/RO/W/160/Rev.2.2017-03-02.

④ WTO.Report (2016) of the Committee on Import Licensing to the Council for Trade in Goods [R]. Genera,2016.

纤维进口许可的要求,印度尼西亚的手机、掌上电脑和平板电脑进口法规的关注。此外,在2015—2016年期间成员对其他成员的具体进口许可措施提出一系列新质疑,进口许可委员会对此进行了审议。

(一) 安哥拉的非自动许可制度引质疑

在2015年4月21日的进口许可委员会正式会议上,欧盟代表对安哥拉根据第23/1/2015号执行令2215生效的程序提出质疑。

安哥拉第23/1/2015号执行令2215规定了国内供应占国民消费量60%的食品/非食品产品的进口和分销及销售。该法令为2015年的杂货产品(烹饪油、玉米粉、小麦粉、盐、米和糖)、饮料(水、软饮料、啤酒、果汁和花蜜)、鸡蛋和蔬菜(土豆、洋葱和大蒜)建立水果和蔬菜的季节性配额。此外,该法令对配额管理制定了详细要求;禁止在配额之外进口上述产品,禁止进口预先包装的上述产品。该法令还对海上的某些港口制定了产品进入限制,并对进口进行了严格的质量控制,严格限制向消费者销售进口产品。

欧盟代表非常关注这项法令可能对安哥拉贸易产生的影响,并希望安哥拉澄清其新设立的进口许可程序,这一程序为进口某些产品建立了进口配额。并且欧盟代表认为,该法令似乎为某些产品的配额外进口设立了一个非自动许可制度,欧盟代表希望安哥拉对这些问题进行澄清。

(二) 土耳其的监督许可证制度引质疑

在2015年4月21日的会议上,欧盟代表对土耳其的许可证监管制度提出质疑。欧盟认为,在授予许可证资格方面,监督公报中没有足够的信息说明申请者提交申请的程序。在申请处理期间,申请者从土耳其经济部获取的信息似乎不符合《进口许可协议》第3.3条的要求。该条规定,WTO成员采用非自动进口许可证需要发布足够的信息,应使其他成员和贸易商知道授予或分配许可证的程序。因此欧盟要求土耳其澄清为什么这项措施不在其年度通知中,并要求土耳其指明受制于这种制度的所有产品的监督许可证制度的法律依据,以及如果土耳其适用的监视制度在保障调查之前可以被视为"简单监视",会带来哪些问题等。

欧盟代表同时表示了对旧商品和翻新商品的进口授权的关注,希望土耳其告知其他成员的贸易商可以在何处找到关于该授权申请的信息,以及是否采取了类似的措施来满足国内车辆的生产。

(三) 墨西哥某些钢铁产品的自动许可程序引质疑

在2015年4月21日的会议上,美国代表对墨西哥某些钢铁产品的自动许可程序提出质疑。墨西哥在2014年通知进口许可委员会其进口的某些钢铁产品需要进口许可证。通知的程序似乎属于《进口许可协议》第1条中的进口许可定义。这项要求的目的是改进统计监测,以降低墨西哥对货物的关税错误分类和对钢铁货物来源的不适当索赔。

然而,美国出口商报告说,因为受到钢铁运输延误和需要追加额外费用的影响,钢铁货物到达墨西哥时,许可证未获批准。就此美国代表要求墨西哥解释其钢铁进口许可证制度是否符合《进口许可协议》规定的自动许可程序,以及其钢材进口许可证制度要求的进口许可预期持续多长时间。对于这一问题,加拿大鼓励墨西哥继续推动其许可证程序自动化进程。

面对美国代表的质疑,墨西哥代表回应说,墨西哥正在处理美国提出的问题,并将继续与美国合作。

(四)印度尼西亚进口轮胎和印度进口苹果的程序引起争议

2015年10月20日,在进口许可委员会该年度第二次会议上,欧盟代表对印度尼西亚在进口轮胎方面的要求表示关切并提出质疑。欧盟代表要求印度尼西亚方面说明实施新的进口轮胎措施的原因,并要求印度尼西亚解释新的进口轮胎体系是如何工作的,以及新的进口轮胎措施生效的日期和法律文本。美国对此事也同样表示关注。

针对质疑,印度尼西亚做出了回应,表示将对这些问题进行进一步的说明,并声明其采取的进口政策旨在确保产品遵守安全标准,并且这些标准是建立在非歧视性基础上的,同时适用于进口轮胎和本地制造的轮胎。

在会议上,欧盟和美国也对印度最近的政策表示了关注。在印度最近的政策中仅允许苹果产品从孟买的那瓦西瓦(Nhava Sheva)港口进入,这限制了苹果产品的进口。欧盟代表表示对这一政策非常关注,并指出WTO成员应该遵守WTO的承诺,防止贸易扭曲。对于这一政策,欧盟代表对通过其他港口进入印度后进口的苹果产品会对印度产生的影响产生了疑问,并要求印度提供关于实施该措施更多的理由。美国代表对这一问题同样发表了看法,认为该措施对贸易产生了影响,并且印度在新政策实施之前就缺少反馈。新西兰、智利和澳大利亚也对这一问题表示了关注。

针对质疑,印度代表做出了回应,印度方面认为该措施不符合《进口许可协议》中进口许可证相关措施的规定,因此这一政策问题不适合在进口许可委员会下讨论。此外,印度还提到争端解决案件DS366的裁决报告,指出该案专家组已经不认为指定进口港违反进口许可规定。然而,澳大利亚指出,该措施可被视为一种行政程序,这样就属于进口许可委员会工作的范围,印度的声明只有在没有进口苹果所需文件要求的情况下才有效。

(五)欧盟对钢铁进口的监管措施引质疑

在2016年11月3日举行的进口许可委员会会议上,一些新兴经济体代表对某些钢铁产品进入欧盟时经历的监测程序表示关注。欧盟代表表示,这种进口许可证制度下的监测程序旨在收集有关贸易商进口意向的信息。

俄罗斯代表在进口许可委员会 2016 年的第二次会议上要求欧盟澄清其在 4 月 28 日实施的对某些钢铁进口的监测程序。俄罗斯代表认为,这些程序对进口钢铁交货时间产生了重大影响,其结果对欧盟内部供应商有利。利益相关者认为该措施是欧盟对内部钢铁产品采取的新的保护。

中国代表对这一问题同样表示了关注,认为欧盟所采取的这一措施会造成不必要的贸易负担。此外巴西代表也表示了对这种潜在限制性贸易措施对双边贸易影响的关注。

针对各成员的质疑,欧盟代表进行了回应,认为该措施不破坏也不妨碍正常贸易的进行,并且指出,无论产品的价格如何,数量多少,对某些钢铁产品发放许可证程序是完全自动的,并且不会针对具有特定来源的产品。此外,欧盟代表还补充说,许可证有效期为 4 个月,且可以提前办理以防止货物延迟交货问题的发生。

(六)乌克兰关于印刷品的法律草案引争议

在 2016 年 11 月 3 日举行的进口许可委员会会议上,俄罗斯代表要求乌克兰澄清一项法律草案。该法案是关于限制某些印刷品的发行,例如限制会损害乌克兰国家荣誉和利益的书籍和杂志的发行。针对这一草案,俄罗斯代表呼吁乌克兰遵守 WTO 的有关规定。

针对俄罗斯代表提出的质疑,乌克兰代表做出回应,认为该法律草案只是规定了对某些特殊内容的印刷品的限制,并且该法律草案尚未通过,拟议修正案也还在审议中。乌克兰代表进一步表示,如果该法案通过的话,将对进口的印刷品和国内的印刷品同时实施该措施。并且乌克兰代表认为,进口许可委员会并不是讨论这一问题的相关论坛。

二、《进口许可协议》谈判进展

《进口许可协议》对各成员进口许可措施的使用做了强制规定:各成员必须为贸易商提供充足的信息,使他们充分了解进口许可证获得的标准是怎样的;各成员进口许可程序的变化要及时向进口许可委员会通告。

关于自动进口许可程序,《进口许可协议》为各成员制定了相应的标准,避免对贸易产生限制效应。关于非自动进口许可程序,《进口许可协议》要求各成员在实施进口许可程序过程中给贸易商带来的行政负担必须降低到最低水平。同时,它也对各成员进口许可程序的实施设置了最长 60 天的考察期。

WTO《进口许可协议》规定,进口许可的行政程序应该是简单、中立、公平和透明的,进口许可程序不应该阻碍国际贸易,同时要求成员提供以下四个方面信息:进口许可的内部法律法规、最新的进口许可程序、关于进口许可管理体制的信息,以及每年填写一次《进口许可协议》年度调查问卷。

2015—2016年,为了提高《进口许可协议》的透明度,进口许可委员会主席就如何解决发展中成员在遵守《进口许可协议》中有关通知方面要求的能力问题同各成员进行了多次磋商。在这方面,主席鼓励感兴趣的成员提出书面建议,以推进这一进程,并鼓励发展中成员和最不发达成员提出技术援助申请,以保证顺利履行通知承诺。此外,主席还提出在WTO总部举办一个讲习班,向成员进行相关信息的宣传,以促进成员更好地履行义务,这一想法得到了大部分成员的认同。

三、涉及《进口许可协议》的贸易争端

2015年和2016年WTO监测报告显示,作为主要贸易限制措施之一的进口许可程序已经被很多成员采用。2012—2016年,共有12起争端解决磋商请求涉及《进口许可协议》,详情见表3.2。

表3.2 2012—2016年涉及《进口许可协议》的争端解决磋商请求

争端编号	争端名称	申诉方	被诉方	磋商时间	进展
DS438	货物进口限制措施	欧盟	阿根廷	2012年5月25日	报告通过并建议实施与报告相一致的措施
DS444	货物进口限制措施	美国	阿根廷	2012年8月21日	报告通过并建议实施与报告相一致的措施
DS445	货物进口限制措施	日本	阿根廷	2012年8月21日	报告通过并建议实施与报告相一致的措施
DS446	货物进口限制措施	墨西哥	阿根廷	2012年8月24日	协商
DS455	园艺产品、牲畜以及畜禽产品进口措施	美国	印度尼西亚	2013年1月10日	已成立专家组
DS465	园艺产品、牲畜以及畜禽产品进口措施	美国	印度尼西亚	2013年8月30日	协商
DS466	园艺产品、牲畜以及畜禽产品进口措施	新西兰	印度尼西亚	2013年8月30日	协商

续表

争端编号	争端名称	申诉方	被诉方	磋商时间	进展
DS477	农产品进口限制措施	新西兰	印度尼西亚	2014年5月8日	向上诉机构报告
DS478	农产品进口限制措施	美国	印度尼西亚	2014年5月8日	向上诉机构报告
DS484	鸡肉和鸡肉制品的进口限制措施	巴西	印度尼西亚	2014年1月16日	已成立专家组
DS506	牛肉进口限制措施	巴西	印度尼西亚	2016年4月4日	协商
DS513	对自土耳其进口的热轧钢实施反倾销措施	土耳其	摩洛哥	2016年10月3日	已成立专家组

资料来源：WTO. Chronological List of Disputes Cases [EB/OL]. https://www.wto.org/english/tratop_e/dispu_e/dispu_agreements_index_e.htm?id=A11#selected_agreement, 2017-03-04.

第七节 《海关估价协议》实施情况

一、《海关估价协议》会议活动

2015年4月29日和10月7日，以及2016年4月25日和10月31日，WTO海关估价委员会分别举办了《海关估价协议》第60~63期会议。根据《海关估价协议》第23条规定，海关估价委员会应每年审查协议的执行和运作情况，同时要考虑协议的目标，海关估价委员会的年度审查应根据其目标和具体义务，涵盖《海关估价协议》的实施和运作。在2016年10月31日的会议上，海关估价委员会对《海关估价协议》的执行和运作进行了第22次年度审查。

在2016年10月31日的会议上，海关估价委员会继续检查各成员的立法情况。在这方面，同意继续审查巴林、伯利兹、佛得角、哥伦比亚、厄瓜多尔、冈比亚、几内亚、洪都拉斯、黑山、尼泊尔、尼加拉瓜、尼日利亚、俄罗斯、卢旺达、斯里兰卡、乌克兰等成员的立法。此外，原产地规则委员会结束了对马里、摩尔多瓦、南非等成员立法的审查。

二、《海关估价协议》执行情况

截至2016年10月31日，没有发展中成员根据《海关估价协议》第20.1条的规定延迟适用该协议，也没有成员根据《海关估价协议》附件3第1段的规定延长延迟期。基于此,各 WTO 成员将于 2016 年 12 月 31 日开始全面执行《海关估价协议》。

截至 2015 年年底,有 96 个 WTO 成员向海关估价委员会通报了关于海关估价的立法,有 64 个 WTO 成员对清单问题进行了答复,清单问题是一份有助于检查立法情况的问卷。然而,WTO 成员通告履行情况并不是很好,有 37 个成员尚未发出通告,71 个成员没有提供清单答复。①

截至 2016 年年底,仍有 96 个成员已通知其关于海关估价的立法,其中有 16 个通知表示它们根据在东京回合海关评估协议谈判中通过的立法在《海关估价协议》下仍然有效。此外,有 65 个成员对问题清单提供了答复,但仍有 35 个成员尚未对这两个通知做出回复。②

关于技术援助方面,海关估价委员会注意到,海关估价领域的技术援助现已被纳入 WTO 的技术援助方案,目前正在实施 2016—2017 两年期的技术援助计划。关于海关估价的培训被列入了 WTO 以英语为母语的非洲地区、以法语为母语的非洲地区、亚洲、拉丁美洲和加勒比等地区的贸易政策课程。

三、涉及《海关估价协议》的贸易争端

2015 年和 2016 年 WTO 监测报告显示,《海关估价协议》在成员争端解决中使用的频率仍较低。从 WTO 成立到 2016 年年底,各成员提起的贸易争端案件中共有 17 起涉及《海关估价协议》,详情见表 3.3。

表 3.3　1995—2016 年涉及《海关估价协议》的争端解决磋商请求

争端编号	争端名称	申诉方	被诉方	磋商时间	进展
DS9	谷物进口关税	加拿大	欧盟	1995 年 6 月 30 日	成立专家组
DS13	谷物进口关税	美国	欧盟	1995 年 7 月 19 日	终止
DS17	稻米进口关税	泰国	欧盟	1995 年 10 月 5 日	协商
DS56	影响鞋类,纺织品,服装和其他物品进口的措施	美国	阿根廷	1996 年 10 月 4 日	通告执行情况
DS134	对稻米某些进口关税的限制	印度	欧盟	1998 年 5 月 27 日	协商

---

① WTO.World Trade Organization Annual Report 2016[R].Geneva,2016:67
② WTO.World Trade Organization Annual Report 2016[R].Geneva,2016:67

续表

争端编号	争端名称	申诉方	被诉方	磋商时间	进展
DS183	进口许可证和最低进口价格措施	欧盟	巴西	1999年10月14日	协商
DS197	最低进口价格措施	美国	巴西	2000年5月30日	协商
DS198	最低进口价格措施	美国	罗马尼亚	2000年5月30日	报告通过并建议实施与报告相一致的措施
DS210	对大米设定关税措施的管理	美国	比利时	2000年10月12日	终止
DS241	来自巴西的家禽最终反倾销税	巴西	阿根廷	2001年11月7日	报告通过并建议实施与报告相一致的措施
DS298	海关估价和其他用途的某些定价措施	危地马拉	墨西哥	2003年7月22日	终止
DS348	关于从巴拿马进口某些货物的海关措施	巴拿马	哥伦比亚	2006年7月20日	终止
DS366	入境口岸的指示性价格和限制	巴拿马	哥伦比亚	2007年7月12日	通告执行情况
DS370	来自欧共体的某些产品的海关估价	欧共体	泰国	2008年1月25日	协商
DS371	菲律宾香烟的海关和财政措施	菲律宾	泰国	2008年2月7日	执行裁决
DS457	对某些农产品进口的附加税	危地马拉	秘鲁	2013年4月12日	报告通过并建议实施与报告相一致的措施
DS485	对农产品和制造产品的关税措施	欧盟	俄罗斯	2014年10月31日	报告通过并建议实施与报告相一致的措施

资料来源：WTO. Chronological List of Disputes Cases［EB/OL］. https://www.wto.org/english/tratop_e/dispu_e/dispu_agreements_index_e.htm？id＝A27#selected_agreement.2017－03－04.

主要参考文献:

[1] WTO.WTO Annual Report 2016[R].Genewa,2016.

[2] 齐俊妍.《技术性贸易壁垒协议》及其实际执行状况分析[J].世界贸易组织动态与研究,2002(2).

[3] 隋军.TBT新近案例关键争议点分析:趋势与启示[J].国际经贸探索,2013,29(10).

第四章 贸易救济措施

第一节 反 倾 销

一、《反倾销协议》实施情况

WTO 反倾销实施委员会于 2015 年 10 月 28 日和 2016 年 10 月 27 日分别发布了 2015 年(2014 年 10 月 9 日至 2015 年 10 月 28 日)和 2016 年(2015 年 10 月 29 日至 2016 年 10 月 27 日)年度报告,分别涵盖了委员会在 2015 年和 2016 年召开的春季和秋季会议情况以及 WTO 成员有关反倾销法律法规的新通报、半年度报告和临时报告、采取的临时和最终反倾销措施情况等。

(一)反倾销法规及反倾销措施通报情况

反倾销实施委员会主席在春季和秋季会议上呼吁未通报反倾销措施的 WTO 成员尽快提交有关反倾销法律法规及措施情况的最新通报。截至 2015 年 10 月 28 日,有 78 个成员①通报了反倾销法律法规情况,35 个成员通报了其尚无反倾销法律法规,20 个成员未进行任何反倾销法律法规通报。② 截至 2016 年 10 月 27 日,有 79 个成员通报了反倾销法律法规情况,37 个成员通报了其尚无反倾销法律法规,20 个成员未进行任何反倾销法律法规通报。③

从半年度报告的情况看,截至 2015 年 10 月 28 日,有 34 个成员通报了在 2014 年 7 月 1 日至 2014 年 12 月 31 日期间采取的反倾销措施情况,21 个成员通报了在此期间无反倾销措施情况;有 33 个成员通报了在 2015 年 1 月 1 日至 6 月 30 日期间采取的反倾销措施情况,15 个成员通报了在此期间无反倾销措施情况。④ 截至 2016 年 10 月 27 日,有 46 个成员通报了在 2015 年 7 月 1 日至 2015 年 12 月 31 日期间采取的反倾销措施情况,12 个成员通报了在此期间无反

---

① 欧盟算为一个成员。
② WTO.Report(2015) of the Committee on Anti-dumping Practices [EB/OL]. https://www.wto.org/english/tratop_e/adp_e/adp_e.htm.2017-03-21.
③ WTO.Report(2016) of the Committee on Anti-dumping Practices [EB/OL]. https://www.wto.org/english/tratop_e/adp_e/adp_e.htm.2017-03-21.
④ WTO.Report(2015) of the Committee on Anti-dumping Practices [EB/OL]. https://www.wto.org/english/tratop_e/adp_e/adp_e.htm.2017-03-21.

倾销措施情况;有 45 个成员通报了在 2016 年 1 月 1 日至 6 月 30 日期间采取的反倾销措施情况,12 个成员通报了在此期间无反倾销措施情况。①

(二)反倾销措施实施情况及反倾销贸易争端情况

从反倾销具体实施情况来看,2014 年,共有 27 个成员发起 236 起反倾销调查,最终共实施反倾销措施 157 起;2015 年共有 35 个成员发起 229 起反倾销调查,最终共实施反倾销措施 181 起;2016 年共有 32 个成员发起 300 起反倾销调查,最终共实施反倾销措施 163 起。②

在 2015 年和 2016 年分别有 5 起和 4 起贸易争端案件援引《反倾销协议》提起磋商请求,详见表 4.1。

表 4.1 2015—2016 年反倾销贸易争端情况

争端编号	起诉时间	起诉方	被诉方	涉案产品	争端主题
DS491	2015 年 3 月 13 日	印度尼西亚	美国	特定铜版纸	反倾销反补贴措施
DS493	2015 年 5 月 7 日	俄罗斯	乌克兰	硝酸铵	反倾销措施
DS494	2015 年 5 月 7 日	俄罗斯	欧盟	—	特定反倾销措施和成本调整方法
DS498	2015 年 9 月 24 日	中国台北	印度	USB 闪存盘	反倾销税
DS500	2015 年 11 月 9 日	巴基斯坦	南非	硅酸盐水泥	临时反倾销税
DS504	2016 年 3 月 15 日	日本	韩国	气动阀门	反倾销税
DS513	2016 年 10 月 3 日	土耳其	摩洛哥	热轧钢	反倾销措施
DS515	2016 年 12 月 12 日	中国	美国	—	有关价格比较方法的措施
DS516	2016 年 12 月 12 日	中国	欧盟	—	有关价格比较方法的措施

资料来源:WTO.Disputes by Agreement[EB/OL].https://www.wto.org/english/tratop_e/dispu_e/dispu_agreements_index_e.htm? id=A6.2017-03-21.

---

① WTO.Report(2016) of the Committee on Anti-dumping Practices [EB/OL]. https://www.wto.org/english/tratop_e/adp_e/adp_e.htm.2017-03-21.
② WTO. Anti-dumping Initiations:By Reporting Member 01/01/1995-31/12/2017[EB/OL]. https://www.wto.org/english/tratop_e/adp_e/AD_InitiationsByRepMem.pdf. 2018-05-14;WTO. Anti-dumping Measures:By Reporting Member 01/01/1995-31/12/2017[EB/OL]. https://www.wto.org/english/tratop_e/adp_e/AD_MeasuresByRepMem.pdf. 2018-05-14.

二、反倾销实施委员会会议讨论议题

在 2016 年,钢铁行业问题主导了 WTO 成员关于反倾销问题的讨论。在 4 月的会议中,多个成员认为,钢铁行业产能过剩引发的钢铁贸易扭曲激发了对钢铁产品反倾销和反补贴的措施的上升。在 10 月的会议中,日本再次对钢铁产品反倾销措施数量的激增表示关切,并指出,在 2015 年有 41 起针对钢铁进口的新的反倾销调查,而在 2012 年和 2013 年都只有 23 起。①

此外,在 2015 年的春季和秋季会议上,WTO 成员提出的其他议题包括:欧盟就土耳其对法国、罗马尼亚、斯洛伐克发起的热轧钢反倾销调查发表了声明;俄罗斯就同一反倾销调查发表声明;日本就中国对日本未漂白纸袋的反倾销调查提出质疑。中国就《中华人民共和国加入议定书》第 15 条 d 款的到期发表声明。美国在澳大利亚、加拿大、欧盟、新西兰、中国台北的支持下,就会议纪要中列入会后提交的对成员提问的回应作了发言。日本就中国对日本晶粒取向钢和亚克力的调查以及印度尼西亚对日本冷轧钢板的调查提出了质疑。土耳其就中国对土耳其腈纶的调查提出了质疑。在秋季会议上,反倾销实施委员会主席通知成员将由秘书处对新的反倾销调查案件管理软件进行示范,并简要介绍了一款新的反倾销培训程序,这款培训程序正处于开发的最后阶段。

在 2016 年的春季和秋季会议上,WTO 成员提出的其他议题包括:在春季会议上,中国就《中华人民共和国加入议定书》第 15 条 a 款的到期发表了声明;中国就欧盟的贸易防御措施的现代化和加速进行了发言;美国赞扬哈萨克斯坦在遵守立法通知要求上做出的努力;土耳其就摩洛哥对土耳其冰箱发起的反倾销调查以及就泰国对其大范围热轧非合金钢卷产品的调查发表了声明。在秋季会议上,中国再次就《中华人民共和国加入议定书》第 15 条 a 款的到期发表声明;墨西哥就组织各规则委员会、附属机构和规则技术小组谈判小组发表了声明;菲律宾就澳大利亚对菲律宾罐装菠萝延长反倾销措施的决定以及就印度尼西亚对菲律宾卡文迪什香蕉延长反倾销措施发表了声明;巴西在智利支持下高度赞扬秘书处在 i-trade 和 MADRE 项目上的工作,认为这将有助于所有在人力资源方面受限的 WTO 成员的发展;俄罗斯提及土耳其对俄罗斯平板热轧钢铁产品进行反倾销调查的申请。

2015 年春季同期举行的工作组会议上,《反倾销协议》执行工作组同意在秋季会议上试行新的工作方式。这一工作方式以围绕特定主题的讨论为基础,由

---

① WTO.Steel Concerns Continue to Dominate Discussions on Anti-dumping at WTO [EB/OL]. https://www.wto.org/english/news_e/news16_e/anti_01nov16_e.htm. 2017-03-21.

一位评论人(discussant)协助主席促进对话,会后秘书处按照现行方法传阅非正式提交的报告和一般性总结报告。工作组同时就秋季工作组会议的讨论主题和评论人人选达成了一致。在秋季会议上,工作组讨论了《反倾销协议》第 13 条下的行政机关、仲裁和司法审查等主题。贾斯汀·布朗(Justin Brown)作为评论人,在 7 月向成员传阅关于可能涉及问题的详细提纲。工作组同时同意与主席就以下问题进行磋商:该方法是否有益,如何改进;成员是否希望在 2016 年的会议中采用这一方式;以及如果采用,主题是什么,由谁担任评论人。在 2016 年的春季会议上,工作组讨论了损害数据的搜集和编制,由罗德里戈·奥罗斯科·加尔韦斯(Rodrigo Orozco Gálvez)担任评论人;在 2016 年秋季会议上,工作组讨论了反倾销调查中机密信息的处理问题,由昆廷·贝尔德(Quentin Baird)担任评论人。主席鼓励所有代表积极参与到这一非正式和非归因性的讨论中,以便继续相互学习各自在这一领域的实践。

三、《反倾销协议》谈判进展

在 2015 年 6 月 25 日规则谈判组会议中,日本代表"反倾销谈判之友"(FANs)(包括智利、哥伦比亚、哥斯达黎加、中国香港、以色列、日本、韩国、挪威、新加坡、瑞士、中国台北、泰国)对该组织提交的提案(TN/RL/W/257 号文件)进行了陈述。这一提案关注于 2011 年反倾销文本草案中"未做界定的"(unbracketed)元素(elements)。日本代表认为,这些与透明度和正当程序(due process)有关的元素可以形成后巴厘工作框架中反倾销部分的"核心成果"(core deliverables)。日本代表强调日方并不希望 WTO 成员对提案逐条进行讨论,而是通过提出这一议案尽可能清晰地传达 FANs 对这一问题的看法。有 17 名代表随后进行了发言。巴西、印度、阿根廷、土耳其、美国代表认为,在多哈回合谈判核心问题的结果变得清晰之前,他们无法决定哪些反倾销的元素可以成为工作计划的一部分。一些代表(加拿大、美国、阿根廷、土耳其)认为,FANs 的议案有些操之过急或尚未根据现在多哈回合谈判关键问题的可预见结果进行重新校准(recalibrate)。印度代表认为,议案中的一些元素可能会对发展中成员和最不发达成员增加烦琐的要求。澳大利亚代表认为该议案似乎是基于 2011 年主席文本草案中相同的议案,而那些议案未得到一致的支持。其他代表的回应较为积极。俄罗斯代表认为规则是多哈谈判议程的重要部分,且对透明度和合法程序的讨论是一个很好的开始。新西兰代表认为 FANs 的议案有很多值得赞同的地方;墨西哥代表认为议案有很多优点。中国代表表示,虽然中国对议案中的一些方面存在担心,但议案中提出的透明度是一个重要的原则且是一个很好的讨论的起点,但仅仅是一个起点。

2015年7月15日,FANs接续这一议案,提交了TN/RL/W259号文件。这份提案指出,在当前的背景下,应提高反倾销措施的可预测性,以减轻调查当局的负担,防止对国际贸易造成无意的扭曲,并保护国际贸易参与者的合法利益。除透明度与合法程序之外,提案提出《反倾销协议》应在以下方面有更为清晰的规定:① 阐明确定出口商承担反倾销税时间长短的因素和条件,反倾销措施实施的时间不应超过消除倾销造成负面影响所必需的时间;② 对于直接或间接受到反倾销税影响的成员内和国际供应链中的各方,阐明其参与反倾销诉讼程序的机会;③ 就反倾销税的上限做出统一的规定;④ 对实施反倾销调查的最低条件制定统一的规定,考虑有些价格的差异和波动是贸易中的正常现象,且相对于成员内市场而言的少量进口对成员内产业没有显著的不利影响。

2015年7月16日,欧盟提交了TN/RL/W/260号文件。这一提案关注在规则领域提高透明度的问题,其中也包括在反倾销措施不断增加的背景下,提高反倾销政策与反倾销措施透明度的提议。

FANs和欧盟均考虑了WTO成员目标较低的因素,并各自对提交的提案进行重新校准。成员对这两个提案的反应不一。两个提案得到来自俄罗斯、中国、秘鲁、新西兰、越南、沙特阿拉伯、冰岛等成员不同程度的支持。但同时也受到来自土耳其、加拿大、美国、阿根廷、印度、菲律宾、澳大利亚、巴西等成员的批评,这些成员认为,其中一个或两个提案中的元素仍然不够现实或未针对整体多哈谈判的当前情况进行适当的调整。

2015年10月19日,俄罗斯提交了TN/RL/W/262号提案。该提案赞成FANs和欧盟提出的关于反倾销诉讼程序透明度的问题,认为对《反倾销协议》和《补贴与反补贴措施协议》相关条款的修订不仅可以提高透明度,而且可以确保反倾销诉讼对受调查方和调查当局的可预测性。该提案指出提高透明度和保证机密信息安全的目标有潜在冲突的地方,并集中关注反倾销和反补贴诉讼中向主管机关提交非机密摘要的问题。

2015年10月22日,日本提交了TN/RL/W/265号提案,对之前的TN/RL/W/257号提案关于透明度和合法程序的想法进行了进一步阐述。这一提案考虑了可行性问题,调整了需要讨论的元素的数量,并对每一元素为什么需要有清晰的规定的问题给出解释。日本希望促进WTO成员对此进行讨论,并为内罗毕部长级会议在反倾销领域取得具体成果寻找可达成一致的基础。

第二节 反 补 贴

反补贴措施指为抵销出口成员对其生产者或出口商的补贴带来的影响,进口成员通常采取提高关税等措施以保护自己的生产者。《补贴与反补贴措施协议》主要涉及补贴的定义与分类、反补贴措施的范围与实施、负责的机构与成员的差别待遇等。

一、《补贴与反补贴措施协议》实施情况

WTO 补贴与反补贴措施委员会于 2015 年 10 月 27 日和 2016 年 10 月 25 日分别发布了 2015 年(2014 年 10 月 9 日至 2015 年 10 月 27 日)和 2016 年(2015 年 10 月 27 日至 2016 年 10 月 25 日)年度报告,报告涵盖补贴与反补贴措施委员会 2015—2016 年春季和秋季召开的常规和特殊会议情况,以及 WTO 成员有关补贴与反补贴法规的新通报、反补贴的半年度报告、采取的临时和最终反补贴措施情况等。

(一)补贴措施的通报和审议情况

2015 年新的完整通报:依照《补贴与反补贴措施协议》第 25.1 条及 GATT1994 第 16 条规定,所有成员需要在 2015 年 6 月 30 日前提交新的完整补贴通报。① 截至 2015 年 10 月 27 日,21 个成员通报了补贴措施,6 个成员通报了无补贴情况。② 截至 2016 年 10 月 25 日,33 个成员通报了反补贴措施,15 个成员通报了无补贴情况。③

2013 年新的完整通报:依照《补贴与反补贴措施协议》第 25.1 条及 GATT1994 第 16 条规定,所有成员需要在 2013 年 6 月 30 日前提交新的完整补贴通报。截至 2015 年 10 月 27 日,43 个成员通报了补贴措施,24 个成员通报了无补贴情况。④ 截至 2016 年 10 月 25 日,43 个成员通报了反补贴措施,27 个成员通报了无补贴情况。⑤

2011 年新的完整通报:依照《补贴与反补贴措施协议》第 25.1 条及 GATT1994 第 16 条规定,所有成员需要在 2011 年 6 月 30 日前提交新的完整补贴通报。截至 2015 年 10 月 27 日,42 个成员通报了补贴措施,26 个成员通报了

---

① 委员会于 2005 年无限期延长先前(2001 年和 2003 年)的临时决定,即成员应在每两年提交新的完整通报,年度更新通报则不予强调。

② WTO.Report(2015) of the Committee on Subsidies and Countervailing Measures [EB/OL]. https://www.wto.org/english/tratop_e/scm_e/scm_e.htm. 2017-03-21.

③ WTO. Report(2016) of the Committee on Subsidies and Countervailing Measures [EB/OL]. https://www.wto.org/english/tratop_e/scm_e/scm_e.htm. 2017-03-21.

④ WTO.Report(2015) of the Committee on Subsidies and Countervailing Measures [EB/OL]. https://www.wto.org/english/tratop_e/scm_e/scm_e.htm. 2017-03-21.

⑤ WTO. Report(2016) of the Committee on Subsidies and Countervailing Measures [EB/OL]. https://www.wto.org/english/tratop_e/scm_e/scm_e.htm. 2017-03-21.

无补贴情况。① 截至2016年10月25日,42个成员通报了反补贴措施,28个成员通报了无补贴情况。②

在2015年4月28日的常规会议上,补贴与反补贴措施委员会决定,在2005年4月采用的对2005年新的完整通报(G/SCM/117)的审议流程同样适用于2015年新的完整通报。依照此决定,委员会在2015年秋季特殊会议上审议了阿尔巴尼亚、亚美尼亚和新加坡的2015年通报;在2016年4月26日的特殊会议上,委员会审议了加拿大、中国、哥斯达黎加、多米尼克、厄瓜多尔、萨尔瓦多、欧盟、中国香港、日本、韩国、莱索托、立陶宛、中国澳门、毛里求斯、墨西哥、黑山、新西兰、挪威、秘鲁、卡塔尔、圣文森特和格林纳丁斯、瑞士、泰国、中国台北、土耳其、乌克兰的2015年通报。此外,在2016年10月25日的特殊会议上,补贴与反补贴措施委员会审议了澳大利亚、伯利兹、智利、刚果(布)、多米尼加、欧盟、牙买加、墨西哥、阿联酋、美国的2015年通报。

在2016年的春季特殊会议上,补贴与反补贴措施委员会审议了中国、莱索托、卡塔尔、越南的2013年补贴通报,以及中国、莱索托2011年补贴通报。2016年的秋季特殊会议上,委员会审议了印度2013年补贴通报。2015年的春季特殊会议上,补贴与反补贴措施委员会审议了欧盟、印度、以色列、马来西亚、阿曼、土耳其的2013年补贴通报。2015年的秋季特殊会议上,委员会审议了阿尔巴尼亚、欧盟、土耳其和美国的2013年补贴通报。此外,在2015年和2016年的春季和秋季特殊会议上,委员会还审议了往年会议未审议完的2007年、2009年、2011年、2013年和2015年新的完整补贴通报。

此外,在2015年春季特殊会议上,补贴与反补贴措施委员会审议了安提瓜和巴布达、巴巴多斯、多米尼克、多米尼加、萨尔瓦多、格林纳达、危地马拉、毛里求斯、圣基茨和尼维斯、圣文森特和格林纳丁斯提交的2014年透明度通报。在2015年秋季常规会议上,哥斯达黎加、多米尼克、萨尔瓦多、圣文森特和格林纳丁斯、约旦提交了2015年透明度通报。

(二)反补贴法律法规通报和审议情况

依照《补贴与反补贴措施协议》第32.6条及补贴与反补贴措施委员会的决议,截至2015年10月27日,有106个成员向补贴与反补贴措施委员会通报了各自反补贴法律情况或在此方面与补贴与反补贴措施委员会进行了沟通,有28

---

① WTO.Report(2015) of the Committee on Subsidies and Countervailing Measures [EB/OL]. https://www.wto.org/english/tratop_e/scm_e/scm_e.htm. 2017-03-21.

② WTO. Report(2016) of the Committee on Subsidies and Countervailing Measures [EB/OL]. https://www.wto.org/english/tratop_e/scm_e/scm_e.htm. 2017-03-21.

个成员尚未依照协议第32.6条做出通报。① 截至2016年10月25日,有110个成员向补贴与反补贴措施委员会通报了各自反补贴法律情况或在此方面与补贴与反补贴措施委员会进行了沟通,有26个成员尚未依照协议第32.6条做出通报。②

在2015年春季和秋季常规会议上,补贴与反补贴措施委员会审议了亚美尼亚、澳大利亚、巴林、巴西、喀麦隆、卡塔尔、沙特阿拉伯、美国关于反补贴法规的通报;在2015年春季常规会议上,补贴与反补贴措施委员会继续之前对卡塔尔反补贴法规的审议。

在2016年春季和秋季常规会议上,补贴与反补贴措施委员会审议了澳大利亚、巴林、喀麦隆、加拿大、多米尼加、印度、哈萨克斯坦、科威特、吉尔吉斯斯坦、莱索托、阿曼、巴基斯坦、卡塔尔、俄罗斯、沙特阿拉伯、塞舌尔、阿联酋、美国、瓦努阿图关于反补贴法规的通报;在2016年秋季常规会议上,补贴与反补贴措施委员会继续之前对巴林、哥伦比亚、多米尼加、阿曼、巴基斯坦、沙特阿拉伯反补贴法规的审议。

(三)反补贴措施实施情况及补贴与反补贴争端情况

从反补贴具体实施情况来看,2014年共有11个成员发起了45起反补贴调查,是1995年以来发起反补贴调查最多的一年;2014年实施的反补贴措施共11起。2015年共有5个成员发起了31起反补贴调查,最终共实施反补贴措施15起。2016年共有10个成员发起了34起反补贴调查,最终共实施反补贴措施24起。③

2015年和2016年各有4起贸易争端案件援引《补贴与反补贴措施协议》提起磋商请求,详情见表4.2。

表4.2　2015—2016年补贴与反补贴贸易争端情况

争端编号	起诉时间	起诉方	被诉方	涉案产品	争端主题
DS489	2015年2月11日	美国	中国	—	有关示范基地和公共服务平台项目的措施

---

① WTO.Report(2015) of the Committee on Subsidies and Countervailing Measures [EB/OL]. https://www.wto.org/english/tratop_e/scm_e/scm_e.htm. 2017-03-21.
② WTO.Report(2016) of the Committee on Subsidies and Countervailing Measures [EB/OL]. https://www.wto.org/english/tratop_e/scm_e/scm_e.htm. 2017-03-21.
③ WTO. Countervailing Initiations: By Reporting Member 01/01/1995 - 31/12/2016 [EB/OL]. https://www.wto.org/english/tratop_e/scm_e/CV_InitiationsByRepMem.pdf. 2018-05-15; WTO. Countervailing Measures: By Reporting Member 01/01/1995 - 31/12/2016 [EB/OL]. https://www.wto.org/english/tratop_e/scm_e/CV_MeasuresByRepMem.pdf. 2018-05-15.

续表

争端编号	起诉时间	起诉方	被诉方	涉案产品	争端主题
DS491	2015年3月13日	印度尼西亚	美国	特定铜版纸	反倾销反补贴措施
DS494	2015年5月7日	俄罗斯	欧盟	—	特定反倾销措施和成本调整方法
DS497	2015年7月2日	日本	巴西	—	税费相关措施
DS505	2016年3月30日	加拿大	美国	超级压光纸	反补贴措施
DS507	2016年4月4日	巴西	泰国	糖	糖业补贴
DS510	2016年9月9日	印度	美国	可再生能源	关于可再生能源部门的某些措施
DS514	2016年11月11日	巴西	美国	冷轧和热轧钢板材	反补贴措施

资料来源：WTO.Disputes by Agreement［EB/OL］.https://www.wto.org/english/tratop_e/dispu_e/dispu_agreements_index_e.htm？id＝A20.2017－03－21.

二、补贴与反补贴委员会会议讨论议题

在2015年春季和秋季会议上，补贴与反补贴措施委员会讨论的议题包括：通报的及时性和完整性问题；《补贴与反补贴措施协议》附录7(B)中采用美元不变价的计算方法；美国依照《补贴与反补贴措施协议》第27.5条就纺织服装补贴问题对印度提出的请求；美国在2012年和2014年依照《补贴与反补贴措施协议》第25.8条对中国提出的请求；美国依照《补贴与反补贴措施协议》第25.8条就渔业补贴问题对中国提出的请求；美国依照《补贴与反补贴措施协议》第25.8条就可持续能源行业补贴计划中的本地含量要求对印度提出的请求；美国在2011年、2014年和2015年依照《补贴与反补贴措施协议》第25.10条对中国提出的请求；美国依照《补贴与反补贴措施协议》第25.10条对印度提出的请求；巴西对日本发展支线飞机的政府支持方面问题提出的请求。此外，在"其他事项"下，会议讨论的问题包括：巴西关于美国对巴西热轧钢和冷轧钢产品反补贴调查的请求；墨西哥关于美国对墨西哥糖类产品反倾销税最终决定的请求。

在2016年春季和秋季会议上，补贴与反补贴措施委员会讨论的议题包括：通报的及时性和完整性问题；《补贴与反补贴措施协议》附录7(B)中采用美元不变价的计算方法；美国依照《补贴与反补贴措施协议》第27.5条就纺织服装补贴问题对印度提出的请求；巴西依照《补贴与和反补贴措施协议》第25.8条对加

拿大提出的请求；美国在 2011 年、2014 年、2015 年和 2016 年依照《补贴与反补贴措施协议》第 25.10 条对中国提出的请求；巴西关于建立执行工作组的提案；美国对加拿大飞机制造业政府支持方面问题提出的请求；美国关于提高渔业补贴透明度的请求；欧盟、日本、墨西哥、美国关于 WTO 响应 G20 号召解决补贴和产能过剩问题的提案。此外，在"其他事项"下，会议讨论的问题包括：印度关于欧盟对印度球墨铸铁管反补贴措施的请求；巴西对日本发展支线飞机的政府支持方面问题提出的请求；巴西关于美国对巴西热轧钢和冷轧钢产品的反补贴调查的请求；欧盟依照《补贴与反补贴措施协议》第 25.8 条对中国提出的请求。

在 2016 年春季会议中，WTO 成员指出关于政府补贴计划（包括对钢铁制造商的补贴计划）的信息普遍缺乏，并对这一问题表示担忧。许多成员观察到遵守义务对特定补贴措施进行通报的比例很低且仍在下降，这对于《补贴与反补贴措施协议》的执行是一个重要的系统性问题。

三、《补贴与反补贴措施协议》谈判进展

在 2016 年 5 月 27 日，新西兰与哥伦比亚、冰岛、挪威、乌拉圭、巴基斯坦提交了关于渔业补贴的新文件。文件强调了联合国于 2015 年 9 月提出的新的可持续发展目标的第 14.6 条，即到 2020 年，禁止某些助长产能过剩和过度捕捞的渔业补贴，削除助长非法、不报告和无管制捕捞活动（IUU）的各种补贴，并避免出台新的这类补贴，同时承认适当给予发展中成员和最不发达成员有效的特殊与差别待遇应是 WTO 渔业补贴谈判中一个不可或缺的组成部分。该文件同时向 WTO 成员提出了 5 个问题，包括近年渔业补贴的发展、主要目标和成效、改革或维持渔业补贴的动力、改革的政治经济挑战以及 WTO 规则谈判如何前进。成员交换了对这一文件的初步回应，并为达成 WTO 第十一届部长级会议成果，提出各自对于规则谈判组首要工作的看法。渔业补贴和反倾销领域都有多位代表提到，仅有很少的代表提到了水平补贴（horizontal subsidies）问题。

在 2016 年 6 月 29 日的规则谈判组会议中，WTO 成员对新的渔业补贴国际规则表示强烈的兴趣，但仍然对前进的方向持不同意见。会议集中关注了上一次会议新西兰等 6 个成员提交的文件，有将近 30 个成员代表表达了关于如何推进渔业补贴问题讨论的看法。

在规则谈判组 2016 年 11 月 11 日的会议中，许多成员认为关于渔业补贴的成果是 2017 年 12 月在布宜诺斯艾利斯召开的第十一届部长级会议的"关键行动领域"。欧盟提出了关于取消渔业补贴的新提案。提案建议禁止与产能过剩及与 IUU 相关的补贴，强调了在第十一届部长级会议上就渔业补贴问题达成多边成果的需要，对发展中成员和最不发达成员实行特殊与差别待遇的需要，以及

成员对直接或间接支持海洋捕捞活动的所有类型补贴进行通报的重要性。多位代表对这一提案表示欢迎。成员也提出关于规则范围的一系列问题，包括与过度捕捞相关的补贴问题，以及特殊与差别待遇的范围。

在2016年12月9日的规则谈判组会议上，WTO成员就欧盟的提案以及关于渔业补贴的两份新提案进行了详细讨论。非洲、加勒比和太平洋成员集团的提案主要针对大规模商业或工业捕捞的补贴，以及对WTO成员海洋管辖权之外捕捞活动的补贴。提案建议禁止所有IUU补贴和所有对处于过度捕捞状态的鱼类资源有负面影响的捕鱼船或捕捞活动的补贴，同时包含允许渔业部门规模较小的发展中成员提高产能的一些灵活性。来自阿根廷、哥伦比亚、哥斯达黎加、巴拿马、秘鲁、乌拉圭的联合提案建议对发展中成员和最不发达成员的规则应采用和《贸易便利化协议》相似的灵活方式。提案建议对这些成员，特定规则的实行可适用于过渡期（通过谈判确定），在一些情况下对其给予技术援助和能力建设支持以帮助这些成员实施规则。3份提案都旨在实现可持续发展目标14.6条，在确保规则有效的同时为最不发达成员提供特殊和差别待遇，并促成2017年12月在布宜诺斯艾利斯举行的第十一届部级会议上就渔业补贴问题达成成果。

在2016年9月14日，美国与另外12个成员（阿根廷、澳大利亚、加拿大、智利、哥伦比亚、新西兰、挪威、巴布亚新几内亚、秘鲁、新加坡、瑞士、乌拉圭）联合宣布关于渔业补贴的新倡议，决定在WTO启动诸边谈判，禁止有害的渔业补贴。在2016年11月11日的规则谈判组会议中，许多成员表示愿意考虑诸边谈判方式，同时表明倾向达成多边谈判成果。WTO所有成员都认为在这一问题上的诸边谈判应作为多边谈判的补充。参与诸边谈判倡议的成员计划于2017年年初举行第一次实质性会议，在2016年12月9日的规则谈判组会议上，加拿大表示已有16个成员有兴趣参与此次会议。

第三节 保障措施

WTO成员可以采取保障措施保护自身特定产业不受到任何产品进口激增带来的严重损害或严重损害威胁。依据GATT1994第19条，保障措施是合法可行的，但保障措施不常被使用，有些成员倾向于通过"灰色区域措施"（即在GATT之外达成双边协议，说服出口方"自愿"对其出口进行限制或同意其他分享市场的方式）保护自己的产业。《保障措施协议》旨在重新界定和澄清实施保障措施的实体和程序条件，明确禁止了"灰色区域措施"的使用，并对所有的保障措施设定了时间限制（"日落条款"）。

一、《保障措施协议》实施情况

WTO 保障措施委员会分别于 2015 年 10 月 26 日和 2016 年 10 月 24 日发布了 2015 年度报告与 2016 年度报告,报告涵盖了委员会在 2015 年、2016 年召开的会议情况,以及 WTO 成员有关保障措施法规的新通报和所采取的保障措施情况。

(一)保障措施的通报和审议情况

截至 2015 年 10 月 25 日,有 111 个成员通报了保障措施法规情况或在此方面与保障措施委员会进行了沟通,有 23 个成员尚未进行任何保障措施法规的通报。①

在 2015 年度审议期间(2014 年 10 月 28 日至 2015 年 10 月 26 日),保障措施委员会召开了两次正式会议。在此期间,保障措施委员会审议了以下成员的保障措施法规(新制定或修订)通报:亚美尼亚、巴林、巴西、欧盟、马拉维、新西兰、卡塔尔、沙特阿拉伯、美国。保障措施委员会也收到并审议了保障措施相关行动的通报,包括发起保障措施调查、实施保障措施及未采取措施终止调查。

在 2016 年度审议期间(2015 年 10 月 27 日至 2016 年 10 月 24 日),保障措施委员会召开了两次正式会议和两次非正式会议。在此期间,保障措施委员会审议了以下成员的保障措施法规(新制定或修订)通报:巴林、多米尼加、哈萨克斯坦、吉尔吉斯斯坦、科威特、阿曼、巴基斯坦、卡塔尔、俄罗斯、沙特阿拉伯、塞舌尔、阿联酋、瓦努阿图。保障措施委员会也收到并审议了保障措施相关行动的通报。②

(二)保障措施实施情况及保障措施贸易争端情况

从保障措施的具体实施情况来看,2015 年共有 11 个成员发起了 17 起保障措施调查,共有 9 个成员实施保障措施 11 起。③ 2016 年共有 8 个成员发起了 11 起保障措施调查,共有 4 个成员实施保障措施 5 起。④ 在 2015 年和 2016 年,共有 3 起贸易争端援引《保障措施协议》提起磋商请求,详情见表 4.3。

---

① WTO.Report(2015)of the Committee on Safeguards to the Council for Trade in Goods[EB/OL]. https://www.wto.org/english/tratop_e/safeg_e/safeg_e.htm.2017-03-21.
② WTO. Report(2016) of the Committee on Safeguards to the Council for Trade in Goods [EB/OL]. https://www.wto.org/english/tratop_e/safeg_e/safeg_e.htm. 2017-03-21.
③ WTO.Safeguard Initiations by Reporting Member [EB/OL]. https://www.wto.org/english/tratop_e/safeg_e/ SG-InitiationsByRepMember.pdf. 2018-05-16.
④ WTO.Safeguard Measures by Reporting Member [EB/OL]. https://www.wto.org/english/tratop_e/safeg_e/SG-MeasuresByRepMember.pdf. 2018-05-16.

表 4.3　2015—2016 年保障措施贸易争端情况

争端编号	起诉时间	起诉方	被诉方	涉案产品	争端主题
DS490	2015 年 2 月 12 日	中国台北	印度尼西亚	特定钢铁产品	保障措施
DS496	2015 年 6 月 1 日	越南	印度尼西亚	特定钢铁产品	保障措施
DS518	2016 年 12 月 20 日	日本	印度	钢铁产品	对钢铁产品进口的特定措施

资料来源:WTO. Disputes by Agreement[EB/OL].https://www.wto.org/english/tratop_e/dispu_e/dispu_agreements_index_e.htm? id = A20.2017-03-21.

二、保障措施委员会会议讨论议题

在 2015 年春季会议上,保障措施委员会讨论了通报时间信息的问题,日本提议在年度报告的附录中对每一项发起保障措施调查的通报,增加关于通报提交时间的信息。2015 年春季会议讨论了俄罗斯持续未履行保障措施通报义务的问题。有成员指出,俄罗斯对多个产品发起了调查并实施了保障措施,这在俄罗斯于 2012 年 8 月加入 WTO 时已经生效,应当进行相关的通报。俄罗斯表示,俄罗斯完全遵照其 WTO 义务行动,且已在 WTO 多个会议中阐明其立场并已提供了相关事实。2015 年春季会议讨论的其他事项包括:土耳其对摩洛哥针对盘条和螺纹钢的调查提出质疑(土耳其表示虽然土耳其一开始依据《保障措施协议》第 9.1 条被排除在保障措施之外,但随后被从豁免名单中删除并重新被包括在保障措施范围内,摩洛哥回应表示由于实施保障措施后,土耳其的进口占比超过了 3%的界限,所以重新将土耳其加入豁免名单并不违反《保障措施协议》的规定);日本对印度尼西亚针对铜版纸和纸板的调查提出质疑(印度尼西亚表示调查仍在进行中,调查当局正在依照《保障措施协议》对所有相关的事实进行分析)。2015 年秋季会议讨论的其他事项包括:澳大利亚建议将成员依据《保障措施协议》第 12.1 条采取关键行动的通报日期在年度报告的附录 2 中指明,并建议主席召开非正式磋商会议讨论这一问题;美国提议将所有向保障措施委员会提交的通报都纳入会议的议程;美国提出对巴基斯坦议会通过的两项保障措施相关法案表示关注;欧盟提出关于埃及近期针对汽车电池的调查报告的质疑。

在 2016 年春季会议上,美国提出自 2009 年以来有 7 个成员没有按照《保障措施协议》第 9 条的脚注通报可豁免保障措施的发展中成员名单。美国询问这些成员没有按此方式进行通报的原因以及希望保障措施委员会讨论是否有对这些成员可提供的帮助。在 2016 年春季和秋季会议上,保障措施委员会讨论了巴西关于设立调查组的提议,专家认为可以对保障措施调查进行平行的技术讨论而不提及具体的调查。成员对此持不同的看法,委员会主席建议进行非正式磋商,进一步讨论这一问题。在两次会议中,保障措施委员会讨论了澳大利亚关于在年度报告的附录2中包含通报日期的提议,这一提议得到广泛的支持,但一名代表表示需要更多的时间考虑;会议也就美国提出的关于保障措施委员会会议议程中应自动包含哪些内容进行了讨论。2016年春季会议讨论的其他事项包括:欧盟对突尼斯的两项分别针对玻璃瓶和中密度纤维板的保障措施调查提出质疑;美国对哈萨克斯坦在2015年11月加入WTO后很快提交了其立法通报的行动表示赞扬。2016年秋季会议讨论的其他事项包括:乌克兰对土耳其针对乌克兰墙纸和类似墙面涂料的数量限制提出疑问;俄罗斯询问欧盟针对特定钢铁产品进口的监测是否意味着将要对此发起保障措施调查;中国台北指出哥伦比亚没有对哥伦比亚针对聚氯乙烯(PVC)的保障措施进行通报。

在2016年保障措施委员会会议上,越来越多的成员对保障措施,尤其是对钢铁行业保障措施的激增表示担忧。多个成员认为,保障措施仅可在特殊情况下使用,因为这些措施一般会对所有目标产品的出口商造成影响。

主要参考文献:

[1] WTO.Chair Cites Broad Support for Outcome on Fisheries Subsidies at 2017 Ministerial Conference [EB/OL].[2018-09-30].https://www.wto.org/english/news_e/news16_e/rule_17nov16_e.htm.

[2] WTO.FANs Push Transparency, Due Process, but Members Reluctant to Engage in Rules Negotiations[EB/OL].[2018-09-30].https://www.wto.org/english/news_e/ news15_e/rule_25jun15_e.htm.

[3] WTO. Members Continue to Voice Concerns about Rising Use of Safeguards,Particularly on Steel [EB/OL].[2018-09-30].https://www.wto.org/english/news_e/ news16_e/ safe_24oct16_e.htm.

[4] WTO. Report(2015) of the Committee on Safeguards to the Council for Trade in Goods[EB/OL].[2018-09-30].https://www.wto.org/english/tratop_e/safeg_e/safeg_e.htm.

[5] WTO.Report(2016) of the Committee on Anti-dumping Practices[EB/OL].[2018-09-30].https://www.wto.org/english/tratop_e/adp_e/adp_e.htm.

第五章 服务贸易、投资措施与知识产权

第一节 服务贸易

1986年9月,在发动乌拉圭回合多边贸易谈判的埃斯特拉角部长级会议上,首次将服务贸易纳入谈判,并最终达成了GATS。作为WTO一揽子协定中不可分割的组成部分,GATS是多边贸易体制达成的第一部管理服务贸易的国际多边规则和纪律,对于国际服务贸易的发展以及国际贸易规则体制的完善具有重要意义。

一、服务贸易谈判进程梳理

多哈回合自2001年开始至今,仍未结束,显示各成员对于服务贸易相关议题谈判的重视及分歧。GATS的核心价值是促使服务贸易达到更高程度的自由化。依据GATS第19.1条规定,成员应自《马拉喀什建立世界贸易组织协定》(简称《WTO协定》)生效日起5年内开始定期连续举行多回合谈判以实现更高水平的贸易自由化。谈判的方向应是减少或取消对服务贸易具有不利影响的措施,以提供有效的市场准入。该过程应以互利为基础,增进所有参与者的利益,并确保权利与义务的整体平衡。多哈回合启动以来,历届部长级会议有关服务贸易议题见表5.1。

表5.1 WTO第四届至第十届部长级会议服务贸易议题

会议	议题
2001年多哈第四届部长级会议	提出"应以促进全体贸易伙伴经济成长,尤其是发展中成员和最不发达成员的发展的立场来进行服务贸易谈判",并把服务贸易谈判纳入《多哈发展议程》(DDA)。服务贸易正式成为多哈回合的重要谈判议题。"要价—出价"作为谈判方式
2003年坎昆第五届部长级会议	缺乏政治推动力,议题范围广泛导致成员立场差距很大,从而使得"要价—出价"的谈判模式在该会议中遭受严重挫折
2005年香港第六届部长级会议	重申了谈判的目标与原则,要求各成员扩大服务贸易部门和模式的开放范围,并特别关注发展中成员的利益;以进一步改善市场开放承诺为目标,建立复边谈判运作模式;进一步发展透明度原则及非歧视原则的共同规范

续表

会议	议题
2009年日内瓦第七届部长级会议	实际上是一次务虚不务实的政治宣示会议,没有就WTO谈判议题达成任何实质性成果,服务贸易谈判也不例外
2011年日内瓦第八届部长级会议	通过了豁免决议,允许WTO成员对来自最不发达成员的服务和服务提供者给予优惠待遇,并在电子商务方面延续了以往的部长级会议决议,同意成员暂不对跨境电子交易征收关税
2013年巴厘第九届部长级会议	多哈回合第一份成果——《巴厘一揽子协定》,成员全数通过,并强调后巴厘工作框架中服务贸易的重要性
2015年内罗毕第十届部长级会议	"内罗毕一揽子成果"中最不发达成员议题,给予最不发达成员服务和服务提供者优惠待遇的实施以及最不发达成员服务贸易参与度,延长豁免期,欢迎服务贸易理事会快速批准包含GATS第16条以外的优惠待遇的通报,注意到需要增强最不发达成员(LDC)内部服务提供的能力建设

资料来源:根据商务部世界贸易组织司资料整理,http://sms.mofcom.gov.cn/article/dhtp/201509/20150901111281.shtml,2017-03-01。

2015年12月15—19日第十届部长级会议通过了《内罗毕一揽子协定》。在服务贸易议题方面,该协定着重强调了包括国内规制在内的透明度问题。一些成员呼吁应基于已经反映在以往主席文本中的关于国内规制透明度的建议进行谈判,例如公布监管措施细节的规则,建立响应服务供应商要求的机制,以及公布条例草案以便服务供应商进行评价。一些成员代表团强调将服务部分纳入《内罗毕一揽子协定》的重要性。这些成员还表示愿意探讨适当发展这些计划的组成部分。

还有一些发展中国家表示,他们还不准备在服务部门国内规制上承担新义务。他们还表示了对选择性关注服务谈判中的"透明度"将损害多哈回合发展进程的关切,包括努力提高自身有效进行商业服务贸易的能力。这些代表指出,发展是跨部门、跨领域的重要问题。

GATS是乌拉圭回合贸易谈判的结果,它确定了透明度标准,还建立了一个框架,明确了WTO成员在服务中的贸易义务,这些义务已在成员各自具体承诺的附表中进行了规定。GATS还要求成员进行连续几轮谈判,逐步提高其具体承诺中的自由化水平。此外,GATS委托各成员在目前未处理的4个规则制定领域(国内规制、紧急保障措施、政府采购、补贴)中进行谈判。自多哈回合以来,2000年启动的服务谈判的重点是扩大和深化服务业当前的贸易条件,同时尊重成员根据各自政策目标进行监管的权利,每个成员都可决定哪些部门在何种程度上承诺市场准入。

本节对多哈回合服务贸易谈判进程中历届部长级会议进行了梳理并总结如下：服务贸易谈判的内容是所有服务部门、服务提供模式以及当前的最惠国待遇例外情况等均以"要价—出价"谈判方式为主，以复边谈判方式为辅；目标是推进服务贸易自由化。会议提高了发展中成员参与服务贸易谈判的程度，对发展中成员及最不发达成员的利益给予了一定的关注和保护，并在部分议题取得积极进展。

二、2015年以来服务贸易谈判的进展

2015年以来，WTO有关服务贸易谈判的会议共召开了37次，其中2015年17次，2016年20次，详情见表5.2。

表5.2　2015年以来WTO有关服务贸易谈判会议

机构	日期
服务贸易理事会	2015年：2月5日，3月18日，6月3日，10月15日，11月2日 2016年：3月18日，10月7日，11月14日，11月25日 共9次，其中最不发达成员服务豁免高级别会议1次，正式会议1次，特别会议1次，其他正式会议6次
金融服务贸易委员会	2015年：3月17日，6月2日，10月14日 2016年：3月18日，6月5日，6月17日，10月5日，11月24日 共8次
特定承诺委员会	2015年：3月18日，6月2日，10月14日 2016年：3月17日，6月16日，10月5日 共6次
国内规制工作组（WPDR）	2015年：3月17日，6月3日，10月15日 2016年：3月17日，6月16日，10月6日，11月25日 共7次
GATS规则工作组	2015年：3月18日，6月2日，10月14日 2016年：3月17日，6月16日，10月5日 共6次
服务贸易和电子商务简介会	2016年11月24日 共1次

资料来源：根据WTO网站资料整理，https://docs.wto.org/dol2fe/Pages/FE_Browse/FE_B_004.aspx?StartDate=01%2f01%2f2015&EndDate=31%2f12%2f2016&SubjectId=70&SearchPage=FE_B_003&#, 2017-03-05。

(一) 市场准入谈判情况

在市场准入问题上，暂无实质性进展。市场准入开放服务贸易市场条件的谈判主要通过"要价—出价"程序进行。成员直接向对方发送请求，表明他们寻求服务和服务供应商的开放和出口，成员在其初步提议中具体说明他们愿意根据这些要求做出具有约束力的承诺的程度。《多哈部长宣言》确定了发出初次请求的时间表和提交初步报价的时间。吸取坎昆部长级会议失败的教训，此次会议为提交修订提议设定了新的目标日期。随后，在香港部长级会议上，为第二次修订提议再次确定了新的目标日期。然而，鉴于其他领域缺乏进展，多哈发展议程谈判暂停。随后谈判继续进行，目前没有制定新的时间表。大部分成员在农业补贴、农产品关税和工业品关税方面未取得进展的情况下推动市场准入议题的意愿不太强烈。长期以来，WTO成员无法在农业补贴、农产品关税和工业品关税的削减幅度、削减公式和削减方法上达成一致。尽管这些议题在内罗毕会议上有所提及，但是自2015年以来并没有实际上的进展。

(二) 国内规制谈判情况

国内规制工作组正在起草有关所有服务部门的技术标准、许可资质和资格要求的规则。在此期间，工作组继续依照GATS第6条的国内监管纪律进行讨论。现任主席是卡塔日娜·斯泰茨(Katarzyna Stecz)。

1. 2015年度谈判情况

自从2014年服务贸易理事会年度报告发布之后，国内规制工作组举办了两次正式会议，在此期间，国内规制工作组继续根据GATS文件的相关条款开展工作。有关区域贸易协定的专门讨论仍然在进行。此外，在之前国内规制工作组秘书处进行的背景说明技术标准服务讨论后，国际标准化组织(International Organization for Standardization, ISO)根据与其工作相关的服务标准发布了一个报告。在会议回顾阶段，有关区域贸易协定的国内规制部分的讨论仍在继续，此项讨论的目的是让成员分享各自区域贸易协定的国内规制部分的细节，并且整理在GATS文件下的各个政策条款的相同点和不同点。国内规制工作组同意在下次会议议程中加入此项讨论环节。

国内规制工作组还讨论了GATS相关协议下国内规制的正确做法。一些成员代表团建议会议应对那些可行的和现实的因素进行探讨，国内规制应成为后巴厘工作框架组成部分。大量的代表团在这项提议的讨论中发表了看法，其中有几位代表就后巴厘工作框架中的优先事项提供了实质性意见。也有代表团重申，在解决成员自身监管问题之前需要进行的其他领域的工作也要以文本形式进行讨论和规划。

2. 2016年度谈判情况

自从2015年服务贸易理事会年度报告发布之后,国内规制工作组召开了4次正式会议。2015年10月15日会议讨论的主要内容是在内罗毕举行的第十届部长级会议的结果可能包含透明度。一些代表团认为,这样的结果是可取的,可以建立在之前国内规制工作组主席的草案文本中的透明度内容之上;其他代表团认为,成员自身监管的透明度问题应包括在内罗毕会议的结果中。在2016年3月17日工作小组会议期间,各代表团一致同意,应根据GATS文件下工作小组的全部授权开展工作。各代表团表示愿意做好实质性准备。一些代表团表示达成一致的第一步就是对预期目标和结果的讨论。2016年6月16日会议上,在一大批成员建议的基础上,许多代表团参加了有关国内规制壁垒的议题讨论,还参加了会议目标以及一些包括有关国内规制元素的讨论。应各成员的要求,主席准备了一份非正式的总结,包括有关成员在会议上提到的国内规制的内容。2016年10月6日会议期间,国内规制工作组成员做出了两方面的讨论:一方面是一部分成员提供的"管理措施"的建议文本;另一方面是由印度提出的一个关于服务贸易便利化倡议的概念备忘录。

(三)GATS规则谈判情况

GATS规则工作组继续开展有关补贴、政府采购和保障措施的谈判工作。现任主席是唐纳德·麦克道格尔(Donald Mcdougall)。自2015年服务贸易理事会年度报告发布以来,GATS规则工作组举行了4次正式会议。GATS规则工作组的三项谈判任务:紧急保障措施谈判、政府采购谈判和补贴谈判被列入每一次会议的议程。此外,GATS规则工作组还举行了一次不限成员名额的非正式磋商,讨论欧盟关于政府采购未来工作的提案。由于谈判的总体背景,磋商取得的实质性进展仍然有限。

1. 紧急保障措施谈判(第10条)

2015年,GATS规则工作组继续就区域贸易协定中紧急保障条款进行专门讨论,如紧急保障措施倡议者小组("紧急保障措施之友")在其"区域和双边贸易协定中的紧急保障措施(ESM)通信"中的专门讨论。在实质内容上,没有新的要素被纳入讨论。工作组审查了根据GATS第5.7条全球多个区域贸易协定中关于服务贸易的保障类型和保障相关规定。2016年,紧急保障措施倡议者小组重申,他们仍然会依据GATS的规定在这一领域开展工作,并请各代表团就GATS规则工作组于2013年和2014年年底举行的关于双边和区域贸易协定中保障类型条款的专门讨论提出意见。他们还回顾了紧急情况规则的保障措施,主要包括一般例外、一般豁免、国际收支例外、反倾销、反补贴和关税重新谈判等内容,并建议恢复可用于服务保障调查的统计来源和指标的技术讨论。但是,没有成员代表团接受这些建议,各成员没有就这一问题进行任何实质性工作。

2. 政府采购谈判(第13条)

首先,成员通过了题为《服务贸易与政府采购承诺间的关系:从相关WTO协议和近期的区域贸易协定的视角》的工作文件。其次,关于今后在政府采购领域的工作,欧盟代表团建议分析如何对待其他成员所有或控制或成立的服务提供机构,并在政府采购程序方面,将其与成员内部服务提供机构进行比较,用以确定可从他方做法中汲取经验以及他方可能存在的歧视。除了成员间的这种信息交流,欧盟代表团建议进一步审查成员在政府采购方面,特别是在其区域贸易协定中的政府采购做法。该提案主要目的就是通过对成员在其他区域或双边贸易协定中的承诺对比,来确定是否在WTO框架下对其他成员存在歧视性待遇。在2016年以后的几次会议上,各代表团讨论了欧盟上述提案的目的以及澄清其轮廓的必要性。欧盟代表团通知成员,根据收到的意见,他们正在反思关于其提案的最佳方法,并将在以后的会议中进行更进一步的讨论。

3. 补贴谈判(第15条)

WTO秘书处根据贸易政策审查中所载的信息,发布了题为《服务部门补贴——WTO贸易政策审查中所载信息》的背景说明订正本。一些代表团对该说明作了评论指出,该说明需要进行更多的概念性工作,以更好地了解如何提供补贴及补贴后可能产生的贸易效应。但在整个2016年,这一议题也未有其他进展。关于这一领域的讨论已经陷入僵局很长时间,没有成员提出新的想法或办法。

三、2015年以来服务贸易政策的实施与监管

(一) 金融服务的审议

WTO金融服务贸易委员会就与金融服务贸易有关的事项进行讨论,并提出建议供服务贸易理事会审议。金融服务贸易委员会负责持续审查和监测GATS在金融服务部门的应用,并作为一个论坛用于讨论技术和审查金融服务贸易监管的发展。现任主席是顺子上野(Junko Ueno)。在金融服务方面,最新进展主要集中在有关税收透明度和信息交换的方面。金融服务贸易委员会在对全球金融监管改革的近期发展及其金融服务贸易影响的审查内容中纳入了税收透明度和信息交换全球论坛组织(简称论坛组织)的简报,论坛组织简报详细介绍了有关税收透明度和信息交换的内容。论坛组织对2000年之后OECD经济体和非OECD经济体所开展的税收透明度和信息交换工作已经形成了多边框架。全球

有多个成员的司法管辖区平等参与论坛组织,参与论坛组织的还有作为观察员的国际组织。论坛组织有3个机构:督导组,负责该论坛的指导工作;同行评审组,负责审查司法管辖区的法律和税收透明度、信息交换问题的监管框架以及执行的标准工作;信息自动交换组,开展有关金融账户涉税信息自动交换(AEOI)新标准的工作。金融服务委员会主席赞赏论坛组织在多个司法管辖区实施税务信息交换标准的重大进展,对于金融服务的监管具有重大意义。税收透明度已经发展了很长一段时间,越来越多的司法管辖区(目前超过100个)致力于税务信息的自动交换。这将改变国际逃税的算法,因为隐藏资金的难度和成本将大大增加。如果税收信息的交流具有全球影响力,那么发展中国家和地区(占全球论坛成员的一半以上)必须充分参与这项工作。避免税基侵蚀是政府平稳运行和经济全面发展的基础。其他会议还讨论了"金融包容性"问题,金融服务委员会提请秘书处对"金融包容性"问题以及GATS中的金融监管和审议问题进行了深入讨论和备注。巴塞尔银行监管委员会(Basel Committee on Banking Supervision,BCBS)、金融稳定委员会(Financial Stability Board,FSB)、国际保险监督官协会(International Association of Insurance Supervisors,IAIS)和国际证监会组织(International Organization of Securities Commissions,IOSCO)等组织也在金融服务委员会会议上陈述意见,对正在进行监管改革的金融服务部门做了介绍,并对金融服务贸易的潜在影响进行了讨论。

(二)具体承诺的审议

WTO具体承诺委员会完成了关于修正或改进具体承诺日程表的工作,服务贸易理事会通过了这些安排。具体承诺委员会结束了对GATS下具体承诺安排的准则的修订。具体承诺委员会现任主席是韩长天(Han Changtian),主要职责是监督和审查GATS相关承诺的实施情况、最惠国待遇例外以及修订安排的工作,旨在提高成员在履行服务承诺和GATS操作上的技术准确性与连贯性。主要针对以下两个问题进行审议。

1. 分类问题

具体承诺委员会之前的几次会议没有就任何具体的分类问题进行实质性讨论,但有些成员继续表示对这方面的进一步讨论存在兴趣,并就可能在这项栏目下进行的工作进行了咨询。协商的问题包括:具体承诺委员会是否可以审查基于临时性的核心产品分类(Central Product Classification,CPC)标准和基于CPC2.1版本的标准之间是否一致;是否值得再多关注一些悬而未决的问题,特别是涉及电子商务服务的分类,以及在现有的分类系统中较难识别的环保产品的相关服务。委员会秘书处表示,具体承诺委员会先前的讨论涵盖了云计算,但是没有达成任何共同认可的结果。以前的讨论集中在新技术是否必然创造新的服务,某些服务是否真正是新服务或者简单地通过新的交付方式来交付。对这些问题的解答可以解决一些与服务有关的纠纷。秘书处可提供有关的参考文件来满足成员的要求。具体承诺委员会主席指出,委员会对新服务的态度仍然存在分歧。他还指出,对一些具体的分类问题还可以进行讨论。因此,他促请各成员在这方面做出具体的工作。他建议具体承诺委员会记录这一次会议的情况并在下一次会议尽可能解决这些问题。

2. 协调问题

同分类问题,近几次会议也基本未实质性讨论协调问题。具体承诺委员会讨论了有关经济需求测试(Economic Needs Tests,ENTs)的问题。具体承诺委员会同意通过检查新加入成员的时间表来考察秘书处的更新记录。因此,秘书处发布了记录的第二份附录。在后续的讨论中,各成员认识到秘书处记录更新的附加部分加强了关于需要开展进一步工作的阐述。因为它已经表明,不仅经济需求测试的总数量增加,同时一些不明确、不具体的经济需求测试仍然是问题。上述建议由土耳其代表提出,但具体承诺委员会没有就土耳其代表的其他建议如何进行达成一致意见。具体承诺委员会主席指出,在进行磋商的过程中,各成员代表团重申了他们对经济需求测试进一步工作的支持。他敦促各成员在以后的会议上取得具体进展。此外,他还与成员就体现在议程注解中的其他进展问题进行了磋商。他指出了一些有关积极进展的反馈,如本地化要求等具体事项工作取得初步进展等。

第二节 投资措施

与贸易有关的投资措施是乌拉圭回合多边贸易谈判的新议题之一。乌拉圭回合谈判达成的《与贸易有关的投资措施协议》(简称《TRIMs 协议》)是迄今为止国际社会制定和实施的第一个与国际直接投资措施有关的多边协议,对于进一步推动国际投资与贸易的开展具有重要意义。有关投资措施的谈判既对东道主成员不利于贸易开展与扩大的各种投资措施予以限制与约束,以此促进国际直接投资与贸易的发展;又基于发展中成员和最不发达成员的经济发展的现实及需要,对他们的经济利益进行了一定的保护。

一、2015 年以来《TRIMs 协议》的谈判进展

在美国西雅图举行的 WTO 第三届部长级会议在新一轮谈判议程中列入了投资和贸易问题的议题,但由于各种原因,"新千年回合"的谈判宣告失败。在多哈回合谈判中,美国和欧盟提出了《TRIMs 协议》修正案,其中提出废除所有

投资措施。但发展中成员认为,美国和欧盟提出的与贸易有关的投资政策和投资措施对发达成员有利,因而坚持《TRIMs协议》不应被扩展,并强烈要求对发展中成员延长过渡期。因此,会议最终没有就《TRIMs协议》谈判达成任何实质性协议。由于坎昆会议未实现对多边投资框架的谈判模式达成一致的任务,使WTO多边投资框架的谈判未能启动。后续方案仅明确了有关投资措施的今后谈判的一些指导原则和基本内容,因而《TRIMs协议》的修订亦无法取得实质性突破。

与贸易有关的投资措施委员会2015年年度报告回顾了之前的一些谈判进程。根据《TRIMs协议》第5.1条,成员必须在《WTO协定》生效后90天内通知与协定不一致的任何与贸易有关的投资措施。根据WTO总理事会1995年4月的一项决定,有资格成为原始成员的政府,在1995年1月1日接受《WTO协定》之日起90天内,废除根据第5.1条通知的与贸易有关的投资措施。绝大部分成员均已提交通知,并承诺他们不再实施同《TRIMs协议》不符的与贸易有关的投资措施。第6.2条规定关于与贸易有关的投资措施信息的出版物的通知。博茨瓦纳、科特迪瓦、马来西亚、黑山、斯里兰卡等成员均已提交规定的通知。该报告还总结了本年度的6个问题,分别是:中国——银行部门购买技术的本地含量要求(日本、美国提请的议题);印度——太阳能发电项目的本地含量要求(欧盟提请的议题);印度尼西亚——4G LTE移动设备的本地内容要求(美国提请的议题);韩国——农业机械援助措施(日本提请的议题);俄罗斯——国有企业采购的本地含量要求(欧盟、美国提请的议题);土耳其——发电计划的本地含量要求(欧盟提请的议题)。并且还讨论了之前的一些问题,但均未取得实质性进展。

在2016年度,除对之前的各项问题继续进行讨论外,委员会还提出了3个新问题:阿根廷——关于阿根廷发展和加强自动化制度的法案(墨西哥提请的议题);中国——关于保险系统自动化的条款(美国提请的议题);俄罗斯——实施俄罗斯进口替代政策的措施(欧盟、美国提请的议题)。与贸易有关的投资措施委员会主席表示,将根据《内罗毕部长宣言》第29段进行磋商,并向成员征求改进与贸易有关的投资措施委员会运作方式的意见。

二、投资措施谈判进展以及焦点问题讨论

2015年以来,与贸易有关的投资措施委员会在成员支持下举办投资措施会议,处理相关争议。但其中的两个主要争端案件均未得到结论性处理,详情见表5.3。

表 5.3　2015 年以来《TRIMs 协议》相关争端情况表

争端编号	时间	争端标题
DS497	2015 年 7 月 2 日	巴西——关于税收和收费的某些措施(原告：日本)
DS510	2016 年 9 月 9 日	美国——与可再生能源部门有关的某些措施(原告：印度)

资料来源：WTO.Disputes by Agreement[EB/OL].https://www.wto.org/english/tratop_e/dispu_e/dispu_agreements_index_e.htm? id=A25.2017-03-10；WTO.Members Question Argentina's New Law Favouring Local Auto Parts[EB/OL].https://www.wto.org/english/news_e/news16_e/trim_17oct16_e.htm.2017-03-10.

(一) 巴西——关于税收和收费的某些措施

巴西的技术创新激励计划(INOVAR-Auto 计划)是一项降低国内汽车税的计划。巴西的 IPI(Imposto Sobre Productos Industrializados)税制是指巴西对进口工业产品征税。2011 年 9 月,巴西将适用于汽车的 IPI 税率提高。2012 年,巴西引入了 INOVAR-Auto 计划作为新的税收优惠计划并且再次提高了 IPI 税率。比较而言,由 INOVAR-Auto 认证公司生产或进口的汽车享受了较低的 IPI 税率。在 INOVAR-Auto 计划中,对于获得巴西相关部门正式批准的在巴西投资生产设施或工业项目计划的公司,以及在巴西市场开展汽车生产活动的巴西汽车制造公司,均可在一定条件下获得汽车认证。根据认证类型,公司必须满足一系列要求,包括某些国内生产要求、国内研发支出要求、国内工程支出要求和国内监管要求。此外,巴西还采用了一些附加标准,旨在进一步鼓励在制造汽车中使用本地生产的汽车零部件。

日本关注的是,巴西的 INOVAR-Auto 认证条件和接受使用 IPI 税收抵免条件严苛,再加上 IPI 税率的提高,使得巴西国内汽车和汽车零部件比同类进口产品更有优势,此举是对来自国外的汽车和汽车零部件的歧视。鉴于这些事实,日本认为巴西的 INOVAR-Auto 计划和 IPI 税制以及与二者相关的措施,都不符合巴西根据《TRIMs 协议》规定承担的义务。

(二) 美国——与可再生能源部门有关的某些措施

美国加利福尼亚州的自发电激励计划(SGIP)发起于 2001 年,该计划旨在奖励那些使用风力涡轮机、燃料电池、各种形式的热电联产来发电的客户。该计划原定在 2011 年年底结束。2009 年,加利福尼亚州公共事业修正法将该计划延长。

自发电激励计划将额外奖励提供给应用分布式发电和先进储能技术的"加利福尼亚州供应商"。"加利福尼亚州供应商"是指来自加利福尼亚州的任何符合条件的个人独资企业、合伙企业、合资企业、公司或其他商业实体。具体条件如下：① 企业所有者或决策者居住在加利福尼亚州,或受其管理和领导的企业营业地点位于加利福尼亚州。② 对接受自发电激励计划的企业在提供合格的分布式发电技术之前的 5 年内,必须受到两个条件的制约,一是位于加利福尼亚州且其建造或生产技术符合条件的分布式发电技术,二是在国家授权下在加利福尼亚州开展业务。③ 雇用加利福尼亚州居民在州内工作,但分销或销售管理部门除外。

鉴于上述情况,印度将要求美国提供有关这一计划的以下信息:① 是否有"加利福尼亚州供应商"批准的名单?如果有,必须提供该名单并指出哪个机构负责审批合格的"加利福尼亚州供应商"。② 是否有"合格分布式发电或先进储能技术"的标准?如果有,请提供并说明由什么机构进行合格的认定。上述情况是否意味着不同的设备或符合条件的分布式发电和储能技术组件应该由加利福尼亚州认可的供应商制造或组装?是否那些由加利福尼亚州物理系统供应的组件,仍然有资格获得这 20% 的额外奖励?如果是的话,在什么条件下将获得这些奖励?

美国在响应文件 G/TRIMS/W/129/Rev.1 中表示,"由加利福尼亚州公共事业委员会(CPUC)监督自发电激励计划"。就此,印度方面认为,美国需要澄清加利福尼亚州公共事业委员会的法律地位以及其组成和职能。美国被要求提供过去 3 个财年的预算支出的细节方案。此外,必须提供该激励信息提到的现金、支票、银行转账、信用卡客户对账单。

此外,还有有关加利福尼亚州的 LADWP 太阳能光伏激励计划、可再生能源成本回收激励支付计划(RECIP)、蒙大拿州对乙醇生产的税收激励(TIEP)、生物柴油混合和储存税收抵免、康涅狄格州住宅太阳能投资计划(CRISP)、明尼苏达州太阳能激励计划(MSIP)、马萨诸塞州清洁能源中心太阳能热水计划(CSH-WP)等事项均受到印度的质疑。现阶段该案件仍处于磋商之中,并且美国未对此做出回应。

因此,印度要求争端解决机构根据《争端解决规则与程序的谅解》第 7.1 条设立一个具有职权范围的小组。印度要求将这一提议列入定期争端解决机构会议的议程。

(三)2016 年 10 月 17 日与贸易有关的投资措施委员会会议

1. 对阿根廷的新法律有利于当地汽车零配件制造商的质疑

一些成员在与贸易有关的投资措施委员会的一次会议上提出,阿根廷的新法律为优先使用当地汽车的零配件的制造商提供税收优惠。他们强调,这种"本地含量要求"不符合其对《TRIMs 协议》的承诺。

墨西哥表示,阿根廷发布的新法律提供的税收优惠可能违反《TRIMs 协议》,而且阿根廷没有向 WTO 通报这一措施。欧盟表示,它在上周的市场准入委员会会议上提出了同样的问题。新法律与阿根廷对待进口产品不得低于对待本地产品的义务相矛盾。加拿大表示，汽车零配件行业对"本地含量要求"有广泛关注。日本、中国台北、韩国都表示将密切关注这一问题。

阿根廷代表指出，将把意见传达回布宜诺斯艾利斯。阿根廷代表强调，该法律旨在促进本国汽车零配件行业的发展，并且还没有正式实施该法律。阿根廷代表指出，阿根廷愿意与成员进行双边谈判。

2. 对中国有关本土技术的投资措施的担心

成员们再次对中国、印度尼西亚和俄罗斯的投资措施表示担心，他们认为这些国家赞成使用当地产品和本土技术。在对中国方面，美国重申对中国监管条例草案的关注，该草案要求保险公司采购"安全可控"的信息技术。美国表示，该草案"似乎意味着倾向于本土技术"。欧盟和其他成员也赞同美国的观点。澳大利亚敦促中国按照其国民待遇义务行事，并要求中国澄清其措施的目标和关键条件。加拿大表示，排除国外供应商只会危害网络安全。日本表示，该措施可能与WTO规则不一致。

中国代表回应指出，这个问题与与贸易有关的投资措施委员会无关，并指出这个问题已经在TBT委员会中提出过。

3. 对俄罗斯一项进口替代政策的关注

若干成员重申对俄罗斯执行一项以国内生产取代国外进口的进口替代政策表示关切。欧盟代表说，俄罗斯似乎正在扩大其产品本地含量要求，指出这个新措施将给俄罗斯的国内产品以价格优势。美国表示赞同这些关切，指出俄罗斯国有企业购买商品或服务的偏好违背了WTO的国民待遇要求。加拿大、日本也有类似的关切。

俄罗斯代表答复，所讨论的许多项目只是可能执行或可能不执行的提案，存在一定的不确定性。俄罗斯代表表示，成员们似乎过分强调俄罗斯进行关于进口替代政策的公开辩论，并指出这是对外部冲击的必要反应，并且俄罗斯将很快对这些问题进行书面答复。

4. 对印度尼西亚的投资措施的担心

一些成员在会上还重申以前提出的关于印度尼西亚对移动设备、电信、矿业、石油和天然气以及零售企业的本地含量要求的关注。欧盟、美国、加拿大、澳大利亚、日本、韩国、中国台北一致表示对这些措施的关注，指出其中许多关注已经在与贸易有关的投资措施委员会的议程上讨论多年仍无结果。印度尼西亚表示，其措施的总体目标是促进经济发展，其中一些措施与投资无关。

与贸易有关的投资措施委员会主席马琳·威利密茨（Marine Willemetz）通知各位成员，她打算继续就此问题举行磋商，以研究如何重振委员会的工作。

通过对上述内容的回顾可见,与贸易有关的投资措施争议较多,成员间意见较大,并且许多棘手的、分歧较大的问题被搁置,与贸易有关的投资措施委员会也没有太大的力量去推动讨论,成员间也没有广泛的共识去解决,因而有关投资措施的协议谈判没有得到实质性进展。

第三节 知 识 产 权

在2016年6月和11月的WTO与贸易有关的知识产权理事会会议上,理事会主席回顾说,根据《TRIPs协定》第71条的规定,理事会必须根据在实施过程中获得的经验来进一步审查该协定的文本内容,然而理事会在过去的几年里并没有很好地履行这项职能,他鼓励各成员代表团发挥更多作用,仔细考虑如何进一步优化实行这一授权审查机制。

一、知识产权部分焦点议题进展

(一)《TRIPs协定》与公共卫生

2001年由WTO成员共同商定的关于《TRIPs协定》和公共卫生问题的多哈宣言,很好地构成了与知识产权有关的公共卫生政策内容的大框架。多哈宣言强调,WTO的《TRIPs协定》应成为解决发展中成员和最不发达成员所面临的公共卫生问题方案中的重要组成部分。该宣言为成员确定了解决公共卫生问题的具体选择,也被称为具有灵活性的宣言。多哈宣言多次被纳入可持续发展目标。

2003年8月,与贸易有关的知识产权理事会制定规则,允许有需要的成员进口治疗艾滋病等传染疾病的廉价药物,即在不违反《TRIPs协定》的规则下,授权药品生产能力不足或无法生产的成员进口药品,其进口药品的范围以艾滋病、疟疾等重大传染病的治疗用药为主。2005年12月6日,WTO成员通过了修改《TRIPs协定》的决议。在2015—2016年期间,多米尼加、贝宁、伯利兹等成员相继接受《TRIPs协定修订案》。

2016年10月17日到21日,35位发展中成员和发达成员的官员在WTO总部参加了由WTO秘书处与世界知识产权组织(WIPO)及世界卫生组织(WHO)联合举办的专题研讨会。这次会议的主要议题是探讨涉及贸易、知识产权和公共卫生三者交叉领域的政策选择问题。此次会议使各成员政策制定者深入了解这3个领域的政策问题以及与WTO多边贸易协定的关系,从而进一步培养各成员政策制定者在该交叉领域分析政策选择的能力。①

(二)《TRIPs 协定》与地理标识注册

近两年,WTO 各成员之间关于以下两方面的分歧依然存在:其一是关于地理标识注册的法律效应以及这种法律效应适用于所有 WTO 成员还是只适用于选择参与其中的 WTO 成员;其二是关于地理标识注册是否只针对葡萄酒和烈酒。

葡萄酒和烈酒地理标识注册的目的是为了更好地对地理标识进行保护,地理标识注册是通过在产品上标识特定的地名(或者是与地名有关的其他标识)来对产品进行区分,它们各自的产地赋予了其特有的品质、声誉或者其他特征。威士忌、香槟和龙舌兰就是其中为人们所熟悉的例子。《TRIPs 协定》明确规定应推进有关建立注册制度的谈判,相关的工作自 1996 年以来也一直在进行之中。

在 2015—2016 年两年间,与贸易有关的知识产权理事会主席主持部分代表团召开了若干非正式对话。2016 年 6 月 8 日,联合提案小组最积极的成员和 TN/C/W/52 的支持者举行了非正式小组磋商。在 2016 年 7 月 11 日举行的与贸易有关的知识产权特别会议非正式(不限成员名额)会议上,理事会主席向成员报告了这些磋商。在进一步非正式接触后,理事会于 2016 年 12 月 5 日与同一组代表团举行了另一次非正式小组磋商。

在会议上,各代表团大体上重申了已知的既定立场。支持 TN/C/W/52 的代表团回顾,成员在《内罗毕部长宣言》中承诺推进关于与贸易有关的知识产权工作,并确认了他们的 W/52 联盟的继续相关性。他们重申了对 3 个与贸易有关的知识产权问题(地理名单注册、GI 延伸和 TRIPS/CBD 的实施问题)的重视。有些成员认为,这些问题应在与贸易有关的知识产权特别会议中同时讨论,并在谈判中发挥重要作用。许多代表团表示有兴趣在与贸易有关的知识产权特别会议上就这一问题在成员立法和国际立法方面交流经验和做法。虽然目前的大环境仍然被认为不利于在这方面的谈判,但一些代表团仍然表示,他们正考虑在 2017 年年初的讨论中采取新的方法和建议,以期在适当的情况下,恢复与贸易有关的知识产权特别会议的谈判。

支持联合提案的代表团重申了其关于设立志愿登记册的建议,并强调与贸易有关的知识产权特别会议必须仅限于葡萄酒和烈酒地理标志登记册的相关事务。有些代表认为,由于对事务范围的意见分歧,在这一领域无法取得现实的结

---

① WTO.TRIPs news[EB/OL]. https://www.wto.org/english/news_e/news16_e/trip_28oct16_e.htm. 2017-03-05.

果,因此他们不赞成利用与贸易有关的知识产权特别会议交流成员在这方面的经验。但是,该小组的其他一些代表团也表示愿意考虑新的想法和建议。

自从反映 WTO 各成员对条约草案态度的 2011"符合文本草案"发布之后,理事会主席一直努力寻找一种被各方普遍接受的方式来推进这项工作,但最终还是没有成功。进一步推进谈判的困难之处在于一些代表提到的有关《TRIPs 协定》实施存在的两方面问题,也就是延长地理标识保护期,以及《TRIPs 协定》与生物多样性保护条约二者之间关系的问题。

会议上与贸易有关的知识产权理事会主席请尚未对问题清单提供答复的代表团尽快进行答复,并表示已经提供答复的成员可以提供更新,因为在某种程度上对地理标志提供保护的方式已经发生了重大变化。

(三)烟草控制措施

多米尼加重申其对简易烟草制品包装的关注,这是由爱尔兰和英国的最新发展所引发的,这两个国家都已将其拟议的法律或条例通知 TBT 委员会。

2015 年 1 月 21 日,英国卫生部部长证实打算通过在同年 3 月底前实施的规则引入普通或标准化包装,并在 2016 年 5 月与欧洲烟草制品指令同时生效,欧盟对此两项行动表达了支持。2015 年 2 月 17 日,爱尔兰法案草案恢复了立法程序。

在 2015 年 2 月 24 日的知识产权委员会会议上,WTO 各成员继续就烟草控制措施进行了激烈的讨论,这也是自 2011 年以来与贸易有关的知识产权理事会第 8 次就这一问题进行讨论。多米尼加在尼加拉瓜、洪都拉斯、古巴、印度尼西亚、尼日利亚、津巴布韦的支持下,重申了关于标准化包装(使用标准颜色和字体而不是品牌标志,并且通常带有大量的健康警示语)的不满,认为此举侵犯商标和地理标志所有者的知识产权,阻碍营销和竞争,限制了贸易(超过了保护公众健康的需求),并且显示了此举在减少吸烟方面的不成功。他们认为,简易包装政策过于极端,可能使实现保护公共健康的目标适得其反,因为这项政策使得假冒产品更容易制造也更便宜,从而增加了人们吸烟的概率。他们敦促各成员在采取新措施之前等待 WTO 争端的结果。①

澳大利亚(涉及 5 起贸易争端)、乌拉圭、加拿大、挪威(声称正在开始自己的简易包装磋商)、新西兰均表示支持爱尔兰和英国的提议,并拒绝了等待争端结果的呼吁。针对澳大利亚的 5 项争端诉讼是分别由乌克兰、洪都拉斯、多米尼加、古巴、印度尼西亚提出的,审查争议的小组声称,至少到 2016 年下半年才能

---

① WTO.Poorest States Seek More Time on Medical Patents, and Members Discuss Women and Innovation[EB/OL].https://www.wto.org/english/news_e/news15_e/trip_24feb15_e.htm#plainpackaging.2017-03-06.

公布处理结论。

（四）最不发达成员的特殊需要

2011年WTO部长级会议希望与贸易有关的知识产权理事会能够充分考虑最不发达成员关于延长适用《TRIPs协定》缓冲期的请求。在缓冲期内最不发达成员可以不执行本协定，这也符合《TRIPs协定》第66.1条关于授权延长缓冲期的规定。在理事会2012年11月会议上，最不发达成员集团提出了关于延长政策缓冲期的请求。2013年3月，与贸易有关的知识产权理事会第一次对其进行了审议。在理事会主席的协调下，最不发达成员与某些发达成员就这一问题进行了一系列磋商。2013年5月，相关成员代表向理事会主席递交了关于开启集体磋商流程的请求。除与这些代表举行磋商之外，理事会主席在整个理事会内部也就这一议题举行了一系列非正式会议。最终，在2013年6月的会议上，理事会通过了关于延长最不发达成员第66.1条下缓冲期的决定。该决定对最不发达成员的缓冲期延长了8年（截至2021年6月1日），同时也有进一步延长缓冲期的可能。①

在2015年2月24日的理事会上，最不发达成员提议延长药品专利和临床数据的保护缓冲期。新的缓冲期限将免除其对药品专利和临床数据的保护和执行以获得市场批准，直到他们不在"最不发达成员"名单之上。由于2002年决定的缓冲期在2015年年底到期，因此最不发达成员在此次会议上提出上述建议。

最不发达成员（孟加拉国）代表介绍了他们的提案（文件IP/C/W/605）。该提案包含了最不发达成员的两个相互关联的最后期限：其一涉及2002年将最不发达成员药物专利期限延长至2016年1月1日的决定；其二是2013年的与贸易有关的知识产权理事会同意将其期限延长到2021年7月1日，以保护所有形式的知识产权，包括药物专利和临床数据，只要他们适用不歧视原则。这两个相关联的期限，前者已经到期。

新文件还要求最不发达成员免除适用两种特别的过渡性条款，即"邮箱"（mailbox，即使没有专利保护，也允许发明人提交专利申请）和"独家销售权利"（exclusive marketing rights）。最不发达成员目前受益于这些规定的单独豁免（法律"豁免"）。豁免由总理事会授予，而不是与贸易有关的知识产权理事会授予。

（五）非违反协定争端

非违反协定是WTO争端解决机制中比较有特色的一项规则。非违反之诉

---

① WTO.TRIPs News[EB/OL]. https://www.wto.org/english/news_e/news13_e/trip_11jun13_e.htm. 2017-03-06.

是指这样的一种情形:如果一成员实施了某项措施,并致使另一成员依照《WTO 协定》而合理预期的利益受到抵消或损害,即使该项措施并没有违反《WTO 协定》,利益受到抵消或损害的成员仍然有权依照 WTO 争端解决程序提起申诉,如果裁定非违反之诉成立,那么被诉方虽然没有义务撤销被诉的措施,但有义务与申诉方达成满意的调整或进行补偿。非违反协定争端已经适用于货物和服务,但在现行的规定下还不适用于知识产权。

2015年11月23日,与贸易有关的知识产权理事会通过了1项就"非违反之诉"应用于知识产权的部长级决定草案。现已达成一致的建议这样写道:"我们注意到与贸易有关的知识产权理事会根据2013年12月7日关于'与贸易有关的知识产权非违反之诉和情境之诉'的决议所做的工作,指示与贸易有关的知识产权理事会继续审查 GATT1994 第23.1条(b)和(c)款规定的诉讼类型的范围和形式并在2017年召开的下一届会议上提出建议。其间,成员同意不在《TRIPs 协定》下提出此等诉讼。"与贸易有关的知识产权理事会提议,将中止令延长到2017年第十一届部长级会议。在此期间,有关这些类型的争端对《TRIPs 协定》的适用性的讨论应继续。许多成员强调,应在内罗毕部长级会议后立即就这一问题的永久解决方案进行讨论,美国和瑞士同意在不损害其利益的情况下延长2年。①

在2015年12月在内罗毕举办的第十届部长级会议上,通过了对《TRIPs 协定》中非违反协定争端暂缓期延长至2017年的决定。

二、涉及《TRIPs 协定》的贸易争端

从 WTO 成立到2016年年底,各成员提起的贸易争端案件中共有34起涉及《TRIPs 协定》,其中2012—2016年共5起贸易争端案件②,如下所示。

1. DS434:澳大利亚——烟草制品包装的商标、地理标识和其他简易包装有关规定措施

申诉方:乌克兰

磋商时间:2012年3月13日

最新进展:2014年5月5日,总干事组成专家组。2014年10月10日,专家组表示按照时间表在2016年上半年发布其最终报告。2015年5月28日,乌克

---

① WTO.TRIPs News[EB/OL]. https://www.wto.org/english/news_e/news15_e/trip_ss_23nov15_e. htm.2017-03-06.

② WTO.Dispute Settlement[EB/OL]. https://www.wto.org/english/tratop_e/dispu_e/dispu_agreements_index_e.htm.2017-03-06.

兰要求专家组暂停工作程序。2015年5月29日澳大利亚致信专家组,表示同意乌克兰的暂停要求,并在信中表示,暂停将是为了找到一个一致的解决方案。2015年6月2日,专家组通报其同意乌克兰的暂停并推迟专家组工作请求的决定。

2. DS435:澳大利亚——烟草制品包装的商标、地理标识和其他简易包装有关规定措施

申诉方:洪都拉斯

磋商时间:2012年4月4日

最新进展:2014年5月5日,总干事组成专家组。2014年10月10日,专家组通知按照时间表在2016年上半年发布最终报告。2016年6月29日,专家组主席表示,由于案件的复杂性,专家组将在2016年年底发布最终报告。2016年12月1日,专家组主席表示,由于所涉及法律和事实问题的复杂性,专家组将在2017年5月之前发布最终报告。

3. DS441:澳大利亚——烟草制品包装的商标、地理标识和其他简易包装有关规定措施

申诉方:多米尼加

磋商时间:2012年7月18日

最新进展:2014年5月5日,总干事组成专家组。2014年10月10日,专家组通知按照时间表在2016年上半年发布最终报告。2016年6月29日,专家组主席表示,由于案件的复杂性,专家组将在2016年年底发布最终报告。2016年12月1日,专家组主席表示,由于所涉及法律和事实问题的复杂性,专家组在2017年5月前发布最终报告。

4. DS458:澳大利亚——烟草制品包装的商标、地理标识和其他简易包装有关规定措施

申诉方:古巴

磋商时间:2013年5月3日

最新进展:2014年5月5日,总干事组成专家组。2014年10月10日,该小组的主席通知争端解决机构,专家组按照时间表在2016年上半年发布最终报告。2016年6月29日,该小组的主席通知争端解决机构,由于案件的复杂性,专家组将在2016年年底发布最终报告。2016年12月1日,该小组的主席通知争端解决机构,由于所涉及法律和事实问题的复杂性,该专家组在2017年5月之前发布最终报告。

5. DS467:澳大利亚——烟草制品包装的商标、地理标识和其他简易包装有关规定措施

申诉方:印度尼西亚

磋商时间:2013年9月20日

最新进展:2014年5月5日,总干事组成专家组。2014年10月10日,专家组主席通知专家组按照时间表在2016年上半年发布最终报告。2016年6月29日,专家组主席表示,由于案件的复杂性,专家组将在2016年年底发布最终报告。2016年12月1日,专家组主席表示,由于所涉及法律和事实问题的复杂性,专家组在2017年5月之前发布最终报告。

2012—2016年涉及《TRIPs协定》的贸易争端案件详情见表5.4。

表5.4 2012—2016年涉及《TRIPs协定》的贸易争端解决磋商请求

争端编号	争端标题	申诉方	磋商时间
DS434	澳大利亚——烟草制品包装的商标、地理标识和其他简易包装有关规定措施	乌克兰	2012年3月13日
DS435	澳大利亚——烟草制品包装的商标、地理标识和其他简易包装有关规定措施	洪都拉斯	2012年4月4日
DS441	澳大利亚——烟草制品包装的商标、地理标识和其他简易包装有关规定措施	多米尼加	2012年7月18日
DS458	澳大利亚——烟草制品包装的商标、地理标识和其他简易包装有关规定措施	古巴	2013年5月3日
DS467	澳大利亚——烟草制品包装的商标、地理标识和其他简易包装有关规定措施	印度尼西亚	2013年9月20日

资料来源:WTO.Disputes by Agreement[EB/OL].https://www.wto.org/english/tratop_e/dispu_e/dispu_agreements_index_e.htm?id=A26#.2017-02-26.

主要参考文献:

[1] Joscelyn Magdeleine and Andreas Maurer.Measuing GATS Mode 4 Trade Flows[J].WTO Staff Working Papers,ERSD,2008-05.

[2] Martin Roy.Services Commitments in Preferential Trade Agreements:An Expand Dataset[J].WTO Staff Working Papers,ERSD,2011-18.

[3] Rudolf Adlung and Marta Soprana.SMEs in Services Trade—A GATS Perspective[J].Intereconomics,2013(1).

[4] 李琴.WTO服务贸易谈判的进程与展望[J].亚太经济.2009(6).

[5] 孙振宇主编.WTO多哈回合谈判中期回顾[M].北京:人民出版社,2005.

第六章 争端解决

第一节 2015—2016年争端解决机构的主要活动

2015—2016年WTO争端解决机构收到成员基于《关于争端解决规则与程序的谅解》(Understanding on Rules and Procedures Governing the Settlement of Disputes, DSU)提起的正式磋商请求共30起(2015年提起13起[1]，2016年提起17起[2])。随着请求涉及领域的拓宽，案件复杂性也不断加深。从案件相关情况来看，作为常年频繁参与争端解决的成员，美国和欧盟依旧保持着高参与率。值得注意的是，2015—2016年共有9起涉及中国的争端(见表6.1)，相比2013—2014年大幅增加。

表6.1　2015—2016年WTO成员提出的争端解决磋商请求

争端编号	争端标题	申诉方	磋商时间	涉及协议
DS489	中国——有关示范基地和公共服务平台项目的措施	美国	2015年2月11日	《补贴与反补贴措施协议》
DS490	印度尼西亚——对特定钢铁产品的保障措施	中国台北	2015年2月12日	GATT1994、《保障措施协议》
DS491	美国——对产自印度尼西亚的铜版纸的反倾销和反补贴措施	印度尼西亚	2015年3月13日	《补贴与反补贴措施协议》《反倾销协议》
DS492	欧盟——影响某些禽肉制品关税减让的措施	中国	2015年4月8日	GATT1994
DS493	乌克兰——对硝酸铵的反倾销措施	俄罗斯	2015年5月7日	GATT1994、《反倾销协议》

---

[1] WTO. World Trade Organization Annual Report 2016[R]. Geneva, 2016:103.
[2] WTO. Find disputes cases[EB/OL]. https://www.wto.org/english/tratop_e/dispu_e/find_dispu_cases_e.htm. 2018-05-14.

续表

争端编号	争端标题	申诉方	磋商时间	涉及协议
DS494	欧盟——对自俄罗斯进口产品实行反倾销措施的成本调整措施(第二次上诉)	俄罗斯	2015年5月7日	GATT1994、《补贴与反补贴措施协议》《反倾销协议》《WTO协定》
DS495	韩国——对放射性核素的进口禁止、检测和认证要求	日本	2015年5月21日	GATT1994、《SPS协议》
DS496	印度尼西亚——对特定钢铁产品的保障措施	越南	2015年6月1日	GATT1994、《保障措施协议》
DS497	巴西——与税收和税费相关的措施	日本	2015年7月2日	GATT1994、《TRIMs协议》《补贴与反补贴措施协议》
DS498	印度——对从台湾、澎湖、金门、马祖个别关税领域进口USB闪存驱动器征收反倾销税	中国台北	2015年9月24日	GATT1994、《反倾销协议》
DS499	俄罗斯——影响铁路设备和零部件进口措施	乌克兰	2015年10月21日	GATT1994、《TBT协议》
DS500	南非——对自巴基斯坦进口的波特兰水泥(硅酸盐水泥)征收临时反倾销税	巴基斯坦	2015年11月9日	《反倾销协议》、GATT1994
DS501	中国——与国产飞机相关的税收措施	美国	2015年12月8日	GATT1994
DS502	哥伦比亚——与烈酒进口相关的措施	欧盟	2016年1月13日	GATT1994
DS503	美国——与非移民签证相关的措施	印度	2016年3月3日	GATS
DS504	韩国——对自日本进口的气动阀门征收反倾销税	日本	2016年3月15日	GATT1994、《反倾销协议》
DS505	美国——对自加拿大进口的超级压光纸实施反补贴措施	加拿大	2016年3月30日	GATT1994、《补贴与反补贴措施协议》

续表

争端编号	争端标题	申诉方	磋商时间	涉及协议
DS506	印度尼西亚——牛肉进口限制措施	巴西	2016年4月4日	GATT1994、《进口许可协议》《农业协议》《TBT协议》《SPS协议》
DS507	泰国——糖业补贴	巴西	2016年4月4日	GATT1994、《农业协议》《补贴与反补贴措施协议》
DS508	中国——某些原材料出口税	美国	2016年7月13日	GATT1994
DS509	中国——某些原材料出口税及其他措施	欧盟	2016年7月19日	GATT1994、《入世议定书》
DS510	美国——与可再生能源部门有关的某些措施	印度	2016年9月9日	GATT1994、《TRIMs协议》《补贴与反补贴措施协议》《WTO协定》
DS511	中国——对农业种植户的国内支持	美国	2016年9月13日	GATT1994、《农业协议》
DS512	俄罗斯——与转运相关的措施	乌克兰	2016年9月14日	GATT1994
DS513	摩洛哥——对自土耳其进口的热轧钢实施反倾销措施	土耳其	2016年10月3日	GATT1994、《反倾销措施》《进口许可协议》
DS514	美国——对巴西冷轧和热轧钢板材实施反补贴措施	巴西	2016年11月11日	GATT1994、《补贴与反补贴措施协议》
DS515	美国——与价格比较方法相关的措施	中国	2016年12月12日	GATT1994、《反倾销协议》
DS516	欧盟——与价格比较方法相关的措施	中国	2016年12月12日	GATT1994、《反倾销协议》

续表

争端编号	争端标题	申诉方	磋商时间	涉及协议
DS517	中国——某些农产品的关税配额	美国	2016年12月15日	GATT1994、《入世议定书》
DS518	印度——与钢铁产品进口相关的措施	日本	2016年12月20日	GATT1994、《保障措施协议》

资料来源：WTO. Chronological List of Disputes Cases[EB/OL]. https://www.wto.org/english/tratop_e/dispu_e/dispu_status_e.htm. 2017-03-08.

在2015—2016年新提起的磋商请求中，涉及中国的案件共9起，其中申诉3起、被诉6起，详情见表6.2和表6.3。

表6.2　2015—2016年中国作为申诉方的涉案成员的争端数

成员	争端数	成员	争端数	成员	争端数
巴基斯坦	1	欧盟	2	印度尼西亚	1
巴西	3	日本	4	越南	1
俄罗斯	2	土耳其	1	中国	3
加拿大	1	乌克兰	2	中国台北	2
美国	5	印度	1	—	—

资料来源：WTO. Chronological List of Disputes Cases[EB/OL]. https://www.wto.org/english/tratop_e/dispu_e/dispu_status_e.htm. 2017-03-08.

表6.3　2015—2016年中国作为被诉方的涉案成员的争端数

成员	争端数	成员	争端数	成员	争端数
巴西	1	摩洛哥	1	乌克兰	1
俄罗斯	2	南非	1	印度	2
哥伦比亚	1	欧盟	3	印度尼西亚	3
韩国	2	泰国	1	中国	6
美国	6	—	—	—	—

资料来源：WTO. Chronological List of Disputes Cases[EB/OL]. https://www.wto.org/english/tratop_e/dispu_e/dispu_status_e.htm. 2017-03-08.

第二节　2015—2016年争端解决进展

总体来看,2015—2016年是WTO争端解决活动较为繁忙的时期,这也反映了广大成员对该机制的信任和认可。以下是2015—2016年争端解决机构审理争端的最新进展。争端顺序按照其编号大小,即提起的时间先后排列(合并处理争端除外)。

1. DS381:美国——涉及金枪鱼及制品进口和销售的措施

申诉方:墨西哥

被诉方:美国

2015年4月14日,专家组报告发布。

2015年6月5日,美国通知争端解决机构就执行专家组报告的某些法律条款提起上诉。2015年6月10日,墨西哥在同一争端解决案件中也提起上诉。

2015年8月3日,上诉机构通知争端解决机构预计将不晚于2015年11月20日发布上诉机构报告。这个时间与DSU第17.5条所规定的到期后60天内要求相一致。

2015年11月20日,上诉机构报告发布。

2015年12月3日,作为上诉机构报告的修订,争端解决机构通过了第21.5条项下的上诉机构报告和专家组报告。

2. DS384、DS386:美国——原产地标签要求

申诉方:加拿大、墨西哥

被诉方:美国

2015年3月2日,上诉机构通知争端解决机构预计将不晚于2015年5月18日发布专家组报告。

2015年5月18日,上诉机构报告发布。

3. DS397:欧盟——对中国紧固件的反倾销措施

申诉方:中国

被诉方:欧盟

2015年8月7日,专家组报告发布。

2015年9月9日,欧盟通知争端解决机构就执行专家组报告的某些法律条款和司法解释提起上诉。2015年9月14日,中国也在同一案件中提起上诉。

2015年11月6日,上诉机构通知争端解决机构预计将不晚于2016年1月18日发布上诉机构报告。这个时间与DSU第17.5条所规定的到期后60天内要求相一致。

2016 年 1 月 18 日,上诉机构报告发布。

2016 年 2 月 12 日,作为上诉机构报告的修订,争端解决机构通过了第 21.5 条项下的上诉机构报告和专家组报告。

4. DS414:中国——对自美国进口的取向电工钢的反补贴反倾销税

申诉方:美国

被诉方:中国

2015 年 7 月 31 日,专家组报告发布。

2015 年 8 月 31 日,争端解决机构通过专家组报告。同时,中国通知争端解决机构,对自美国进口的取向电工钢征收的反倾销反补贴税,已于 2015 年 4 月 10 日到期截止。

5. DS429:美国——对冷冻暖水虾的反倾销措施

申诉方:越南

被诉方:美国

2015 年 1 月 6 日,越南通知争端解决机构就专家组报告的某些法律条款和司法解释提起上诉。

2015 年 4 月 7 日,上诉机构报告发布。

2015 年 4 月 22 日,争端解决机构通过了上诉机构报告和专家组报告。

6. DS430:印度——农产品的进口限制措施

申诉方:美国

被诉方:印度

2015 年 1 月 26 日,印度就专家组报告的主要争议点提起上诉。2015 年 6 月 4 日,上诉机构报告发布。

2015 年 6 月 19 日,作为上诉机构报告的修订,争端解决机构通过了上诉机构报告和专家组报告。

7. DS437:美国——对中国产品的反补贴措施

申诉方:中国

被诉方:美国

2015 年 1 月 16 日,作为上诉机构报告的修订,争端解决机构通过了上诉机构报告和专家组报告。

8. DS438、DS444、DS445:阿根廷——货物进口限制措施

申诉方:欧盟、日本、美国

被诉方:阿根廷

2015 年 1 月 15 日,上诉机构报告(由 DS438、DS444、DS445 3 个争端的独立报告构成)发布。上诉在 112 天内完成。

2015年1月26日,作为上诉机构报告的修订,争端解决机构通过了上诉机构报告和专家组报告。

9. DS442:欧盟——对脂肪醇的反倾销措施

申诉方:印度尼西亚

被诉方:欧盟

2015年6月11日,专家组主席通知争端解决机构,由于缺少秘书处高级律师,专家组的启动推迟。专家组预计很快开始工作,并于2016年下半年发布最终报告。

2016年12月16日,专家组报告发布。

10. DS447:美国——对牛肉和肉制品的进口限制措施

申诉方:阿根廷

被诉方:美国

2015年7月24日,专家组报告发布。

2015年8月31日,争端解决机构通过了专家组报告。

11. DS453:阿根廷——影响货物和服务贸易的措施

申诉方:巴拿马

被诉方:阿根廷

2015年9月30日,专家组报告发布。

2015年10月27日,巴拿马通知争端解决机构就专家组报告的某些法律条款和司法解释提起上诉。2015年11月2日,阿根廷也在同一案件中提起上诉。

2015年12月22日,上诉机构主席通知争端解决机构,不会在90天内发布上诉机构报告,但不会晚于2016年4月19日。2016年4月7日,上诉机构主席通知争端解决机构,上诉机构报告将于2016年4月14日发布。

2016年4月14日,上诉机构报告发布。

2016年5月9日,作为上诉机构报告的修订,争端解决机构通过了上诉机构报告和专家组报告。

12. DS454:中国——高性能不锈钢无缝焊管反倾销措施

申诉方:日本

被诉方:中国

2015年2月13日,专家组报告发布。

2015年3月12日,中国和日本请求争端解决机构采取DSU第16.4条规定,决定草案延长至60天,至2015年5月20日。2015年3月23日,争端解决机构同意了该请求,决定不晚于2015年5月20日采用专家组报告,除非争端解决机构协商一致不通过报告或者中国或日本对专家组报告提起上诉。

2015年5月20日,日本通知争端解决机构其将就专家组报告的某些法律条款和司法解释提起上诉。2015年5月26日,中国也通知争端解决机构其将就专家组报告的某些法律条款和司法解释提起上诉。

2015年7月28日,上诉机构通知争端解决机构,上诉报告将于2015年10月14日和DS460的报告一同发布。这个时间与DSU第17.5条所规定的到期后60天内要求相一致。

2015年10月14日,上诉机构报告发布。

2015年10月28日,作为上诉机构报告的修订,争端解决机构通过了上诉机构报告和专家组报告。

13. DS456:印度——涉及太阳能电池和电池组件的措施

申诉方:美国

被诉方:印度

2015年3月24日,专家组主席通知争端解决机构,根据问题双方所要求修改后的时间表,其有望在2015年8月底发布最终报告。

2016年2月24日,专家组报告发布。2016年2月25日,专家组主席通知争端解决机构,专家组报告已于2015年8月28日向问题双方提交报告,最终报告将计划于2015年12月底发布。然而,由于在各方请求下,与争端相关的讨论仍在进行,因而最终的专家组报告发布时间推迟至2016年2月24日。

2016年10月14日,作为上诉机构报告的修订,争端解决机构通过了上诉机构报告和专家组报告。

14. DS457:秘鲁——对某些农产品进口的附加税

申诉方:危地马拉

被诉方:秘鲁

2015年3月25日,秘鲁通知争端解决机构其将就专家组报告的某些法律条款和司法解释提起上诉。2015年3月25日,危地马拉也通知争端解决机构其将就专家组报告的某些法律条款和司法解释提起上诉。

2015年7月20日,专家组报告(DS457)发布。上诉在117天内完成。

2015年7月31日,作为上诉机构报告的修订,争端解决机构通过了上诉机构报告和专家组报告。

15. DS460:中国——高性能不锈钢无缝焊管反倾销措施

申诉方:欧盟

被诉方:中国

2015年2月13日,专家组报告发布。

2015年3月12日,中国和欧盟请求争端解决机构采取DSU第16.4条规定,决定草案延长至 60 天,至 2015 年 5 月 20 日。2015 年 3 月 23 日,争端解决机构同意了该请求,决定不晚于 2015 年 5 月 20 日采用专家组报告,除非争端解决机构协商一致不通过报告或者中国或欧盟对专家组报告提起上诉。

2015 年 5 月 20 日,中国通知争端解决机构其将就专家组报告的某些法律条款和司法解释提起上诉。2015 年 5 月 26 日,欧盟也通知争端解决机构其将就专家组报告的某些法律条款和司法解释提起上诉。

2015 年 7 月 28 日,上诉机构通知争端解决机构,报告将于 2015 年 10 月 14 日和 DS454 的报告一同发布。这个时间与 DSU 第 17.5 条所规定的到期后 60 天内要求相一致。

2015 年 10 月 14 日,上诉机构报告发布。

2015 年 10 月 28 日,作为上诉机构报告的修订,争端解决机构通过了上诉机构报告和专家组报告。

16. DS461:哥伦比亚——纺织品、服装和鞋类进口的相关措施

申诉方:巴拿马

被诉方:哥伦比亚

2015 年 11 月 27 日,专家组报告发布。

2016 年 1 月 22 日,欧盟通知争端解决机构就专家组报告的某些法律条款和司法解释提起上诉。

2016 年 3 月 22 日,上诉机构通知争端解决机构,鉴于平行上诉的时间安排和有效的翻译服务,上诉机构报告预计将在口头听证后与问题双方及第三方进行交流之后发布。这个时间与 DSU 第 17.5 条所规定的到期后 60 天内要求相一致。2016 年 4 月 11 日,上诉机构主席通知争端解决机构其报告将不晚于 2016 年 6 月 7 日发布。

2016 年 6 月 7 日,上诉机构报告发布。

2016 年 6 月 22 日,作为上诉机构报告的修订,争端解决机构通过了上诉机构报告和专家组报告。

17. DS464:美国——对大型洗衣机反倾销反补贴措施

申诉方:韩国

被诉方:美国

2016 年 3 月 11 日,专家组报告发布。

2016 年 4 月 19 日,美国通知争端解决机构其将就专家组报告的某些法律条款和司法解释提起上诉。2016 年 4 月 25 日,韩国也在同一案件中提起上诉。

2016 年 6 月 17 日,上诉机构通知争端解决机构,鉴于平行上诉的时间安排、包含问题的数量和复杂性增加以及翻译服务的有效性,上诉机构报告预计在

口头听证后与问题双方及第三方进行交流之后发布。这个时间与 DSU 第 17.5 条所规定的到期后 60 天内要求相一致。2016 年 7 月 16 日,上诉机构主席通知争端解决机构其报告预计不晚于 2016 年 9 月 7 日发布。

2016 年 9 月 7 日,上诉机构报告发布。

2016 年 9 月 26 日,作为上诉机构报告的修订,争端解决机构通过了上诉机构报告和专家组报告。

18. DS468:乌克兰——客车保障措施

申诉方:日本

被诉方:乌克兰

2015 年 6 月 26 日,专家组报告发布。

2015 年 7 月 20 日,争端解决机构通过上诉机构报告。

19. DS471:美国——涉及中国的反倾销程序中的方法及应用

申诉方:中国

被诉方:美国

2015 年 2 月 23 日,由于秘书处高级律师的原因,专家组的启动推迟。鉴于涉及工作的数量多和复杂性,根据专家组时间安排,最终报告应不晚于 2016 年 6 月发布。

2016 年 10 月 19 日,专家组报告发布。

2016 年 11 月 18 日,中国通知争端解决机构其将就专家组报告的某些法律条款和司法解释提起上诉。

20. DS472:巴西——与税收和税费相关的措施

申诉方:欧盟

被诉方:巴西

2015 年 3 月 16 日,欧盟要求 WTO 指定专家组成员。2015 年 3 月 26 日,总干事确定了专家组。

2015 年 10 月 22 日,专家组主席通知争端解决机构指定的专家组成员与争端 DS497 的专家组相通,并且根据第 9.3 条争端 DS472 和 DS497 将遵循统一的程序。

21. DS473:欧盟——对生物柴油的反倾销措施

申诉方:阿根廷

被诉方:欧盟

2015 年 2 月 18 日,继一名专家组成员于 2015 年 2 月 15 日辞职后,WTO 任命了一位新的专家组成员。

2015 年 12 月 18 日,专家组主席通知争端解决机构,由于本争端的法律复杂性和争议的增加,专家组有望在 2016 年 2 月前发布最终报告。

2016 年 3 月 29 日,专家组报告发布。

2016 年 5 月 20 日,欧盟通知争端解决机构其将就专家组报告的某些法律条款和司法解释提起上诉。2016 年 5 月 25 日,阿根廷也在同一案件中提起上诉。

2016 年 7 月 19 日,上诉机构通知争端解决机构,鉴于平行上诉的时间安排、包含问题的数量和复杂性增加、翻译服务的有效性以及上诉机构秘书处人员不足,其报告预计在口头听证后与问题双方及第三方进行交流之后发布。这个时间与 DSU 第 17.5 条所规定的到期后 60 天内要求相一致。2016 年 8 月 9 日,上诉机构主席通知争端解决机构其报告预计不晚于 2016 年 10 月 6 日发布。

2016 年 10 月 6 日,上诉机构报告发布。

2016 年 10 月 26 日,作为上诉机构报告的修订,争端解决机构通过了上诉机构报告和专家组报告。

22. DS475:俄罗斯——猪肉制品进口限制措施

申诉方:欧盟

被诉方:俄罗斯

2015 年 4 月 22 日,专家组主席通知争端解决机构,鉴于与双方协商后的时间安排,预计最终报告于 2016 年 2 月前发布。2016 年 1 月 7 日,专家组主席通知争端解决机构,由于时间表的修订以及涉及争议的广泛性和复杂性,其报告将于 2016 年 4 月前发布。

2016 年 8 月 19 日,专家组报告发布。

2016 年 9 月 23 日,俄罗斯通知争端解决机构其将就专家组报告的某些法律条款和司法解释提起上诉。2016 年 9 月 28 日,欧盟也在同一案件中提起上诉。

2016 年 11 月 21 日,上诉机构通知争端解决机构,鉴于平行上诉的时间安排以及上诉机构秘书处人员不足,其报告预计在口头听证后与问题双方及第三方进行交流之后发布,这个时间与 DSU 第 17.5 条所规定的到期后 60 天内要求相一致。2016 年 12 月 16 日,上诉机构主席通知争端解决机构其报告预计不晚于 2017 年 2 月 23 日发布。

23. DS477、DS478:印度尼西亚——农产品进口限制措施

申诉方:新西兰、美国

被诉方:印度尼西亚

2015 年 3 月 18 日,新西兰请求成立专家组。2015 年 4 月 22 日,争端解决机构推迟成立专家组。

2015年5月20日,依据DSU第9.1条,争端解决机构成立专家组对争端DS477、DS478进行审理。澳大利亚、巴西、加拿大、中国、欧盟、印度、日本、挪威、巴拉圭、新加坡和中国台北以第三方的身份加入。随后,阿根廷、韩国和泰国也保留了其第三方权利。

2015年9月28日,新西兰和美国都要求成立专家组。2015年10月8日,专家组成立。

2016年12月22日,专家组报告发布。

24. DS479:俄罗斯——汽车反倾销措施

申诉方:欧盟

被诉方:俄罗斯

2015年6月11日,专家组主席通知争端解决机构,由于缺少秘书处高级律师,专家组的工作推迟,并预计于2016年年底发布最终报告。

2015年12月11日,继一名专家组成员于2015年12月1日辞职后,总干事任命了一位新的专家组成员。

25. DS480:欧盟——生物柴油反倾销措施

申诉方:印度尼西亚

被诉方:欧盟

2015年6月30日,印度尼西亚请求成立专家组。2015年7月20日,争端解决机构推迟成立专家组。

2015年8月31日,争端解决机构成立专家组。阿根廷、澳大利亚、加拿大、中国、印度、日本、挪威、俄罗斯、新加坡、土耳其和美国保留其作为第三方的权利。

2015年11月4日,专家组在各方同意的基础上成立。

26. DS482:加拿大——对中国台北碳钢管的反倾销措施

申诉方:中国台北

被诉方:加拿大

2015年1月22日,中国台北请求成立专家组,2015年1月23日,争端解决机构推迟成立专家组。

2015年3月10日,争端解决机构成立专家组。中国、欧盟、韩国、挪威、阿联酋和美国保留其作为第三方的权利。随后,巴西保留其作为第三方的权利。

2015年5月12日,专家组在各方同意的基础上成立。

2015年11月11日,专家组主席通知争端解决机构,由于缺少秘书处高级律师,专家组的启动推迟,在2016年年底之前不会发布最终报告。

2016年12月21日,专家组报告发布。

27. DS483:中国——对进口浆粕的反倾销措施

申诉方:加拿大

被诉方:中国

2015年2月12日,加拿大请求成立专家组。2015年2月23日,争端解决机构推迟成立专家组。

2015年3月10日,争端解决机构成立专家组。智利、欧盟、日本、韩国、挪威和美国保留了其作为第三方的权利。随后,巴西、新加坡和乌拉圭也保留了其作为第三方的权利。

2015年4月15日,加拿大要求成立专家组。2015年4月27日,专家组成立。

28. DS485:俄罗斯——对农产品和制成品的关税措施

申诉方:欧盟

被诉方:俄罗斯

2015年2月26日,欧盟请求成立专家组。2015年3月10日,争端解决机构推迟成立专家组。

2015年3月25日,争端解决机构成立专家组。巴西、加拿大、智利、中国、哥伦比亚、印度、日本、韩国、摩尔多瓦、挪威、乌克兰、美国保留了其作为第三方的权利。随后,澳大利亚和新加坡也保留了其作为第三方的权利。

2015年6月8日,欧盟要求总干事成立专家组。2015年6月18日,总干事成立专家组。

2015年12月15日,专家组主席通知争端解决机构有望于2016年4月中旬发布最终报告,这与各方磋商时间是一致的。

2016年8月12日,专家组报告发布。

2016年9月26日,争端解决机构通过了专家组报告。

29. DS486:欧盟——对PET的反补贴措施

申诉方:巴基斯坦

被诉方:欧盟

2015年2月12日,巴基斯坦请求成立专家组。2015年2月23日,争端解决机构推迟成立专家组。

2015年3月25日,争端解决机构成立专家组。中国和美国保留了其作为第三方的权利。2015年5月13日,专家组在各方同意的基础上成立。

2015年11月13日,专家组主席通知争端解决机构,由于缺少秘书处高级律师,专家组的启动推迟。并预计在2016年年底之前发布最终报告。2016年12月10日,专家组主席通知争端解决机构,由于专家组启动的推迟,最终报告会2017年1月前发布。

30. DS487:美国——大型民用飞机税收激励

申诉方:欧盟

被诉方:美国

2015年2月12日,欧盟请求成立专家组。

2015年2月23日,争端解决机构成立专家组。巴西、中国、印度、日本、韩国、俄罗斯保留其作为第三方的权利。随后,澳大利亚、加拿大也保留其作为第三方的权利。

2015年4月13日,欧盟要求成立专家组。2015年4月22日,专家组成立。2015年9月29日,专家组主席通知争端解决机构预计在12个月内发布最终报告。2016年9月23日,专家组主席通知争端解决机构最终报告将于2016年11月月底发布。

2016年11月28日,专家组报告发布。

2016年12月16日,美国通知争端解决机构就专家组报告的某些法律条款和司法解释提起上诉。

31. DS488:美国——石油专用管反倾销措施

申诉方:韩国

被诉方:美国

2015年1月8日,土耳其请求加入磋商。2015年1月14日,俄罗斯请求加入磋商。2015年1月15日,乌克兰请求加入磋商。

2015年2月23日,韩国请求成立专家组。2015年3月10日,争端解决机构推迟成立专家组。

2015年3月25日,争端解决机构成立专家组。加拿大、中国、欧盟、俄罗斯、土耳其保留其作为第三方的权利。随后,墨西哥也保留其作为第三方的权利。

2015年7月13日,各方同意专家组的成立。2016年1月16日,专家组主席通知争端解决机构,由于缺少秘书处高级律师,专家组的启动推迟。专家组预计于2016年年底之前发布最终报告。

2016年9月16日,由于专家组主席的辞职,各方同意选新主席。

2016年9月19日,专家组主席通知争端解决机构,由于争端的复杂性和争议的广泛性,同时需要指派新的专家组主席,因而其报告发布时间再次推迟。预计最终报告于2017年6月前发布。

32. DS489:中国——有关示范基地和公共服务平台项目的措施

申诉方:美国

被诉方:中国

2015年2月11日,美国就中国对作为示范基地及公共服务平台的特定行业某些企业提供出口补贴措施提起WTO争端解决机制项下的磋商请求。

2015年2月20日,欧盟请求加入磋商。2015年2月24日,巴西、日本请求加入磋商。随后,中国通知争端解决机构,其接受了巴西、欧盟、日本加入磋商的请求。

2015年4月9日,美国请求成立专家组。

2015年4月22日,争端解决机构成立专家组。澳大利亚、巴西、加拿大、欧盟、印度、日本、韩国、俄罗斯保留了其作为第三方的权利。随后,哥伦比亚、多米尼加、沙特阿拉伯、新加坡、中国台北也保留了其作为第三方的权利。

2015年4月14日,中国和美国通知争端解决机构,双方已达成谅解备忘。

33. DS490:印度尼西亚——对特定钢铁产品的保障措施

申诉方:中国台北

被诉方:印度尼西亚

2015年2月12日,中国台北就印度尼西亚对进口钢铁产品实施保障措施及由此引发的调查和裁定提起WTO争端解决机制项下的磋商请求。

2015年8月20日,中国台北请求成立专家组。2015年8月31日,争端解决机构推迟成立专家组。

2015年9月28日,争端解决机构成立专家组。澳大利亚、智利、中国、欧盟、印度、日本、韩国、俄罗斯、乌克兰、越南、美国保留了其作为第三方的权利。专家组将对DS490和DS496共同审理。

2015年12月1日,中国台北和越南请求成立专家组。2015年12月9日,专家组成立。

34. DS491:美国——对产自印度尼西亚的铜版纸的反倾销和反补贴措施

申诉方:印度尼西亚

被诉方:美国

2015年3月13日,印度尼西亚就美国对产自印度尼西亚的铜版纸实施的反倾销和反补贴措施及其调查程序提起WTO争端解决机制项下的磋商请求。

2015年7月9日,印度尼西亚请求成立专家组。2015年7月20日,推迟成立专家组。2015年8月20日,印度尼西亚重新提交请求成立专家组。2015年8月31日,争端解决机构推迟成立专家组。

2015年9月28日,争端解决机构成立专家组。加拿大、中国、欧盟、韩国、土耳其保留其作为第三方的权利。

2016年1月25日,印度尼西亚请求总干事成立专家组。2016年2月4日,

总干事成立专家组。

35. DS492:欧盟——影响某些禽肉制品关税减让的措施

申诉方:中国

被诉方:欧盟

2015年4月8日,中国就欧盟对某些禽肉制品关税减让的措施提起WTO争端解决机制项下的磋商请求。

2015年7月20日,争端解决机构成立专家组。巴西、俄罗斯、美国保留其作为第三方的权利。

2015年11月23日,中国请求成立专家组。2012年12月3日,专家组成立。2016年7月11日,专家组主席通知争端解决机构,由于争端涉及的法律问题复杂性,在与双方协商后,专家组报告预计于2016年12月上旬发布。

36. DS493:乌克兰——对硝酸铵的反倾销措施

申诉方:俄罗斯

被诉方:乌克兰

2015年5月7日,俄罗斯就乌克兰对自俄罗斯进口的硝酸铵实行反倾销措施提起WTO争端解决机制项下的磋商请求。

2016年2月29日,俄罗斯请求成立专家组。2016年3月23日,争端解决机构推迟成立专家组。

2016年4月22日,争端解决机构成立专家组。阿根廷、澳大利亚、巴西、加拿大、中国、哥伦比亚、欧盟、日本、哈萨克斯坦、墨西哥、挪威、卡塔尔、美国保留其作为第三方的权利。

37. DS494:欧盟——对自俄罗斯进口产品实行反倾销措施的成本调整措施(第二次上诉)

申诉方:俄罗斯

被诉方:欧盟

2015年5月7日,欧盟对自俄罗斯进口产品进行反倾销调查和回顾时采取成本法来计算倾销幅度。俄罗斯对此提起WTO争端解决机制项下的磋商请求。

2015年5月29日,乌克兰请求加入磋商。随后,欧盟通知争端解决机构,其接受了乌克兰加入磋商的请求。

2016年11月7日,俄罗斯请求成立专家组。2016年11月23日,推迟成立专家组。

2016年12月16日,争端解决机构成立专家组。阿根廷、澳大利亚、巴西、中国、印度、印度尼西亚、日本、韩国、墨西哥、挪威、乌克兰、美国、越南保留其作为第三方的权利。

38. DS495:韩国——对放射性核素的进口禁止、检测和认证要求

申诉方:日本

被诉方:韩国

2015年5月21日,日本就韩国以下3点措施和规定提起WTO争端解决机制项下的磋商请求:① 对某些食品的进口限制措施;② 对某些放射性核素存在额外测试和认证要求;③ 对《SPS协议》所规定透明度条款的多项遗漏措施。韩国的这些措施是在2011年3月日本福岛核电站事故发生后韩国采取的。

2015年6月11日,中国台北请求加入磋商。

2015年8月20日,日本请求成立专家组。2015年8月31日,争端解决机构推迟成立专家组。

2015年9月28日,争端解决机构成立专家组。中国、欧盟、危地马拉、印度、新西兰、挪威、俄罗斯、中国台北、美国保留其作为第三方的权利。

2016年1月27日,日本请求成立专家组。2016年2月8日,专家组成立。

2016年8月5日,专家组主席通知争端解决机构,与各方协商一致后,有望于2017年6月发布最终报告。

39. DS496:印度尼西亚——对特定钢铁产品的保障措施

申诉方:越南

被诉方:印度尼西亚

2015年6月1日,越南就印度尼西亚对进口钢铁产品实施保障措施及由此引发的调查和裁定提起WTO争端解决机制项下的磋商请求。

2015年6月10日,中国台北请求加入磋商。

2015年9月17日,越南请求成立专家组。2015年9月28日,争端解决机构推迟成立专家组。

2015年10月28日,争端解决机构成立专家组。中国台北保留了其作为第三方的权利。专家组将对DS490和DS496共同审理。

2015年12月1日,中国台北和越南请求成立专家组。2015年12月9日,专家组成立。

40. DS497:巴西——与税收和税费相关的措施

申诉方:日本

被诉方:巴西

2015年7月2日,日本就巴西对与汽车、电子科技行业及具有出口税费优势的出口商相关的税收和税费措施提起WTO争端解决机制项下的磋商请求。

2015年7月16日,欧盟请求加入磋商。

2015年9月17日,日本请求成立专家组。

2015年9月28日,争端解决机构成立专家组。阿根廷、澳大利亚、中国、欧盟、印度、韩国、俄罗斯、美国保留其作为第三方的权利。

2015年9月29日,在各方达成一致的前提下,专家组成立。

2015年10月22日,专家组主席通知争端解决机构,指定的专家组成员与争端DS472的专家组相通,并且根据第9.3条争端DS472和DS497将遵循统一的程序。

41. DS498:印度——对从台湾、澎湖、金门、马祖个别关税领域进口的USB闪存驱动器征收反倾销税

申诉方:中国台北

被诉方:印度

2015年9月24日,中国台北就印度对从台湾、澎湖、金门、马祖个别关税领域进口的USB闪存驱动器征收反倾销税措施提起WTO争端解决机制项下的磋商请求。

42. DS499:俄罗斯——影响铁路设备和零部件进口措施

申诉方:乌克兰

被诉方:俄罗斯

2015年10月21日,乌克兰就俄罗斯对铁路设备和零部件进口实施限制措施提起WTO争端解决机制项下的磋商请求。

2016年11月10日,乌克兰请求成立专家组。2016年11月23日,争端解决机构推迟成立专家组。

2016年12月16日,争端解决机构成立专家组。加拿大、中国、欧盟、印度、印度尼西亚、日本、新加坡、美国保留了其作为第三方的权利。

43. DS500:南非——对自巴基斯坦进口的波特兰水泥(硅酸盐水泥)征收临时反倾销税

申诉方:巴基斯坦

被诉方:南非

2015年11月9日,巴基斯坦就南非对自巴基斯坦进口的波特兰水泥(硅酸盐水泥)征收临时反倾销税措施提起WTO争端解决机制项下的磋商请求。

44. DS501:中国——与国产飞机相关的税收措施

申诉方:美国

被诉方:中国

2015年12月8日,美国就中国对国产飞机相关的税收措施提起WTO争端解决机制项下的磋商请求。

2015年12月18日,加拿大、欧盟请求加入磋商。2015年12月21日,日本请求加入磋商。随后,中国通知争端解决机构,接受了加拿大、欧盟、日本加入磋商的请求。

45. DS502:哥伦比亚——与烈酒进口相关的措施

申诉方:欧盟

被诉方:哥伦比亚

2016年1月13日,欧盟就哥伦比亚烈酒进口的相关措施提起WTO争端解决机制项下的磋商请求。这些措施影响了欧盟在HS22.08项下对哥伦比亚出口的烈酒商品。

2016年1月25日,美国请求加入磋商。2016年1月27日,加拿大请求加入磋商。随后,哥伦比亚通知争端解决机构,接受了美国和加拿大加入磋商的请求

2016年8月22日,欧盟请求成立专家组。2016年9月5日,争端解决机构推迟成立专家组。

2016年9月26日,争端解决机构成立专家组。巴西、加拿大、智利、中国、厄瓜多尔、萨尔瓦多、危地马拉、印度、哈萨克斯坦、韩国、墨西哥、巴拿马、俄罗斯、中国台北、美国保留了其作为第三方的权利。

46. DS503:美国——与非移民签证相关的措施

申诉方:印度

被诉方:美国

2016年3月3日,印度就美国以下两点规定和措施提起WTO争端解决机制项下的磋商请求:① 依其申述,美国提高了L-1和H-1B类型非移民签证申请费用;② 有关对H-1B签证数量的承诺。

2016年3月15日,萨尔瓦多请求加入磋商。

2016年3月18日,印度请求加入磋商。

47. DS504:韩国——对自日本进口的气动阀门征收反倾销税

申诉方:日本

被诉方:韩国

2016年3月15日,日本就韩国对自日本进口的气动阀门征收反倾销税措施提起WTO争端解决机制项下的磋商请求。

2016年6月9日,日本请求成立专家组。2016年6月22日,争端解决机构推迟成立专家组。

2016年7月4日,争端解决机构成立专家组。巴西、加拿大、中国、厄瓜多尔、萨尔瓦多、欧盟、挪威、新加坡、土耳其、越南保留了其作为第三方的权利。

2016年8月22日,日本要求成立专家组。2015年8月29日,专家组成立。

48. DS505:美国——对自加拿大进口的超级压光纸实施反补贴措施

申诉方:加拿大

被诉方:美国

2016年3月30日,加拿大就美国对自加拿大进口的超级压光纸实施反补贴措施提起WTO争端解决机制项下的磋商请求。

2016年6月9日,加拿大请求成立专家组。2016年6月22日,争端解决机构推迟成立专家组。

2016年7月21日,争端解决机构成立专家组。巴西、中国、欧盟、印度、日本、韩国、墨西哥、土耳其保留了其作为第三方的权利。2016年8月22日,加拿大要求成立专家组。2015年8月31日,专家组成立。

49. DS506:印度尼西亚——牛肉进口限制措施

申诉方:巴西

被诉方:印度尼西亚

2016年4月4日,巴西就印度尼西亚对自巴西进口的牛肉实施限制措施提起WTO争端解决机制项下的磋商请求。

2016年4月14日,欧盟请求加入磋商。2016年4月15日,澳大利亚、新西兰、中国台北、美国请求加入磋商。随后,印度尼西亚通知争端解决机构,接受了澳大利亚、欧盟、新西兰、中国台北、美国加入磋商的请求。

50. DS507:泰国——糖业补贴

申诉方:巴西

被诉方:泰国

2016年4月4日,巴西就泰国对糖实施补贴措施提起WTO争端解决机制项下的磋商请求。

2016年4月15日,欧盟请求加入磋商。2016年4月18日,危地马拉请求加入磋商。

51. DS508:中国——某些原材料出口税

申诉方:美国

被诉方:中国

2016年7月13日,美国就中国对锑、钴、铜、石墨、铅、氧化镁、滑石、钽、锡等原材料实施出口税措施提起WTO争端解决机制项下的磋商请求。

2016年7月25日,墨西哥和欧盟请求加入磋商。2016年7月26日,加拿大请求加入磋商。随后,中国通知争端解决机构,接受了墨西哥、加拿大和欧盟加入磋商的请求。

2016年10月13日,美国请求成立专家组。2016年10月26日,争端解决机构推迟成立专家组。

2016年11月8日,争端解决机构成立专家组。巴西、加拿大、欧盟、印度、印度尼西亚、日本、韩国、哈萨克斯坦、韩国、墨西哥、挪威、俄罗斯、新加坡、中国台北、越南保留了其作为第三方的权利。

52. DS509:中国——某些原材料出口税及其他措施

申诉方:欧盟

被诉方:中国

2016年7月19日,欧盟就中国对锑、铬、钴、铜、石墨、铟、铅、氧化镁、滑石、钽和锡等原材料实施出口税措施提起WTO争端解决机制项下的磋商请求。

2016年7月25日,墨西哥和欧盟请求加入磋商。2016年7月26日,加拿大请求加入磋商。2016年7月29日,墨西哥和美国请求加入磋商。随后,中国通知争端解决机构,接受了墨西哥、加拿大和欧盟加入磋商的请求。

2016年10月26日,欧盟请求成立专家组。2016年11月8日,争端解决机构推迟成立专家组。

2016年11月23日,争端解决机构成立专家组。巴西、加拿大、智利、哥伦比亚、欧盟、印度、印度尼西亚、日本、韩国、哈萨克斯坦、韩国、墨西哥、挪威、阿曼、俄罗斯、新加坡、中国台北和越南保留了其作为第三方的权利。

53. DS510:美国——与可再生能源部门有关的某些措施

申诉方:印度

被诉方:美国

2016年9月9日,印度就美国华盛顿州、加利福尼亚州、蒙大拿州、马萨诸塞州、康涅狄格州、密歇根州和明尼苏达州政府在能源产业制定的有关政策和补贴的若干措施提起WTO争端解决机制项下的磋商请求。

54. DS511:中国——对农业种植户的国内支持

申诉方:美国

被诉方:中国

2016年9月13日,美国就中国对大米、玉米和小麦种植户的国内支持政策提起WTO争端解决机制项下的磋商请求。

2016年9月29日,欧盟请求加入磋商。2016年9月30日,澳大利亚、加拿大和泰国请求加入磋商。2016年10月5日,菲律宾请求加入磋商。随后,中国通知争端解决机构,接受了澳大利亚、加拿大、欧盟、泰国加入磋商的请求。

2016年12月5日,美国请求成立专家组。2016年12月16日,争端解决机构推迟成立专家组。

55. DS512:俄罗斯——与转运相关的措施

申诉方:乌克兰

被诉方:俄罗斯

2016年9月14日,乌克兰就俄罗斯作为第三方转运国家对自乌克兰出口的限制措施,提起WTO争端解决机制项下的磋商请求。

2016年9月29日,欧盟请求加入磋商。

56. DS513:摩洛哥——对自土耳其进口的热轧钢实施反倾销措施

申诉方:土耳其

被诉方:摩洛哥

2016年10月3日,土耳其就摩洛哥对自土耳其进口的热轧钢实施反倾销措施提起WTO争端解决机制项下的磋商请求。

57. DS514:美国——对巴西冷轧和热轧钢板材实施反补贴措施

申诉方:巴西

被诉方:美国

2016年11月11日,巴西就美国对自巴西进口的冷轧和热轧钢板材实施反补贴措施提起WTO争端解决机制项下的磋商请求。

58. DS515:美国——与价格比较方法相关的措施

申诉方:中国

被诉方:美国

2016年12月12日,中国就美国对自中国进口的商品反倾销采用"替代国"计算方法提起WTO争端解决机制项下的磋商请求。

2016年12月20日,越南请求加入磋商。2016年12月22日,澳大利亚、加拿大、日本、俄罗斯请求加入磋商。

59. DS516:欧盟——与价格比较方法相关的措施

申诉方:中国

被诉方:欧盟

2016年12月12日,中国就欧盟对自中国进口的商品反倾销采用"替代国"计算方法提起WTO争端解决机制项下的磋商请求。

2016年12月20日,越南请求加入磋商。2016年12月22日,澳大利亚、加拿大、日本、俄罗斯、美国请求加入磋商。

60. DS517:中国——某些农产品的关税配额

申诉方:美国

被诉方:中国

2016年12月15日,美国就中国对大米、玉米和小麦的关税配额措施提起WTO争端解决机制项下的磋商请求。

2016年12月22日,澳大利亚和欧盟请求加入磋商。2016年12月29日,加拿大、泰国请求加入磋商。

61. DS518:印度——与钢铁产品进口相关的措施

申诉方:日本

被诉方:印度

2016年12月20日,日本就印度对铁产品进口措施提起WTO争端解决机制项下的磋商请求。

第三节 上 诉 机 构

一、上诉机构新成员

2015—2016年,上诉机构成员有两次调整。2015年11月25日,在WTO的争端解决机构举行的全体会议上,来自印度的巴蒂亚和来自美国的格雷厄姆被重新任命为上诉机构成员,任期4年。2016年11月23日,在争端解决机构全体会议上,来自中国的赵宏(Hong Zhao)和来自韩国的金贤庄(Hyun Chong Kim)被任命为上诉机构新成员,任期4年。他们分别接替了2016年5月31日卸任的张月娇(Yuejiao Zhang)和张胜和(Seung Wha Chang)。

截至2016年12月31日,WTO争端解决机构的7名上诉机构成员分别是:巴蒂亚(印度,任期2011—2019年)、格雷厄姆(美国,任期2011—2019年)、金贤庄(韩国,任期2016—2020年)、埃尔南德斯(Ricardo Ramírez-Hernández)(墨西哥,任期2009—2017年)、瑟凡辛(Shree Baboo Chekitan Servansing)(毛里求斯,任期2014—2018年);皮特·凡登鲍雪(Peter Van den Bossche)(比利时,任期2009—2017年);赵宏(中国,任期2016—2020年)。

二、上诉机构工作概况

2015—2016年上诉机构共收到16起对专家组报告提出的上诉申请,其中2015年8起,2016年8起。(见表6.4)

表 6.4　2015—2016 年 WTO 上诉争端情况

争端名称	上诉日期	上诉方	报告编号
美国——对冷冻暖水虾的反倾销措施	2015 年 1 月 6 日	越南	WT/DS429/5
印度——农产品的进口限制措施	2015 年 1 月 26 日	印度	WT/DS430/8
秘鲁——对某些农产品进口的附加税	2015 年 3 月 25 日	秘鲁	WT/DS457/7
秘鲁——对某些农产品进口的附加税	2015 年 3 月 25 日	危地马拉	WT/DS457/8
中国——高性能不锈钢无缝焊管反倾销措施	2015 年 5 月 20 日	日本	WT/DS454/7
中国——高性能不锈钢无缝焊管反倾销措施	2015 年 5 月 20 日	中国	WT/DS454/8
中国——高性能不锈钢无缝焊管反倾销措施	2015 年 5 月 20 日	中国	WT/DS460/7
中国——高性能不锈钢无缝焊管反倾销措施	2015 年 5 月 20 日	欧盟	WT/DS460/8
美国——涉及金枪鱼及制品进口和销售的措施	2015 年 6 月 5 日	美国	WT/DS381/24
美国——涉及金枪鱼及制品进口和销售的措施	2015 年 6 月 5 日	墨西哥	WT/DS381/25
欧盟——对中国紧固件的反倾销措施	2015 年 9 月 9 日	中国	WT/DS397/21
欧盟——对中国紧固件的反倾销措施	2015 年 9 月 9 日	中国	WT/DS397/22
阿根廷——影响货物和服务贸易的措施	2015 年 10 月 27 日	巴拿马	WT/DS453/7
阿根廷——影响货物和服务贸易的措施	2015 年 10 月 27 日	阿根廷	WT/DS453/8
哥伦比亚——纺织品、服装和鞋类进口的相关措施	2016 年 1 月 22 日	哥伦比亚	WT/DS461/6
美国——对大型洗衣机反倾销反补贴措施	2016 年 4 月 19 日	美国	WT/DS464/7
美国——对大型洗衣机反倾销反补贴措施	2016 年 4 月 19 日	韩国	WT/DS464/8
印度——涉及太阳能电池和电池组件的措施	2016 年 4 月 20 日	印度	WT/DS456/9
欧盟——对生物柴油的反倾销措施	2016 年 5 月 20 日	欧盟	WT/DS473/10
欧盟——对生物柴油的反倾销措施	2016 年 5 月 20 日	阿根廷	WT/DS473/11
俄罗斯——猪肉制品进口限制措施	2016 年 9 月 23 日	俄罗斯	WT/DS475/8
俄罗斯——猪肉制品进口限制措施	2016 年 9 月 23 日	欧盟	WT/DS475/9
欧盟——影响大型民用飞机贸易的措施	2016 年 10 月 18 日	欧盟	WT/DS316/29
欧盟——影响大型民用飞机贸易的措施	2016 年 10 月 18 日	美国	WT/DS316/30
美国——涉及中国的反倾销程序中的方法及应用	2016 年 11 月 18 日	中国	WT/DS471/8

续表

争端名称	上诉日期	上诉方	报告编号
美国——大型民用飞机税收激励	2016年12月16日	美国	WT/DS487/6
美国——大型民用飞机税收激励	2016年12月16日	欧盟	WT/DS487/7

资料来源：WTO. Chronological List of Disputes Cases [EB/OL]. https://www.wto.org/english/tratop_e/dispu_e/dispu_status_e.htm. 2017-03-10.

2015—2016年上诉机构经过审理对14起争端发布了上诉机构报告，其中，2015年8起，2016年6起。（见表6.5）

表6.5　2015—2016年WTO上诉机构报告发布情况

争端名称	上诉机构报告发布日期	报告编号
阿根廷——货物进口限制措施	2015年1月15日	WT/DS438/AB/R
阿根廷——货物进口限制措施	2015年1月15日	WT/DS444/AB/R
阿根廷——货物进口限制措施	2015年1月15日	WT/DS445/AB/R
美国——对冷冻暖水虾的反倾销措施	2015年4月7日	WT/DS429/AB/R
美国——原产地标签要求	2015年5月18日	WT/DS384/AB/RW
美国——原产地标签要求	2015年5月18日	WT/DS386/AB/RW
印度——农产品的进口限制措施	2015年6月4日	WT/DS430/AB/R
秘鲁——对某些农产品进口的附加税	2015年7月20日	WT/DS457/AB/R
中国——高性能不锈钢无缝焊管反倾销措施	2015年10月14日	WT/DS454/AB/R
中国——高性能不锈钢无缝焊管反倾销措施	2015年10月14日	WT/DS460/AB/R
美国——涉及金枪鱼及制品进口和销售的措施	2015年11月20日	WT/DS381/AB/RW
欧盟——对中国紧固件的反倾销措施	2016年1月18日	WT/DS397/AB/RW
阿根廷——影响货物和服务贸易的措施	2016年4月14日	WT/DS453/AB/R
哥伦比亚——纺织品、服装和鞋类进口的相关措施	2016年6月7日	WT/DS461/AB/R
美国——对大型洗衣机反倾销反补贴措施	2016年9月7日	WT/DS464/AB/R
印度——涉及太阳能电池和电池组件的措施	2016年9月16日	WT/DS456/AB/R
欧盟——对生物柴油的反倾销措施	2016年10月6日	WT/DS473/AB/R

资料来源：WTO. Chronological List of Disputes Cases [EB/OL]. https://www.wto.org/english/tratop_e/dispu_e/dispu_status_e.htm. 2017-03-10.

主要参考文献：

［1］ WTO.World Trade Organization Annual Report 2015［R］.Geneva,2015.

［2］ WTO.World Trade Organization Annual Report 2016［R］.Geneva,2016.

［3］ 龚柏华.WTO 二十周年:争端解决与中国［M］.上海:上海人民出版社 2016.

第七章 贸易政策审议

第一节 2015—2016 年贸易政策审议

2015 年,WTO 贸易政策审议机构对 24 个 WTO 正式成员执行了 20 次贸易政策审议,是审议成员数量最多的一年。其中多数成员为单独审议,纳米比亚、博茨瓦纳、斯威士兰、南非、莱索托 5 个成员以"南部非洲关税同盟"的整体参加了本轮贸易政策审议。2016 年,WTO 贸易政策审议机构共召开 23 次会议,对 23 个 WTO 成员进行贸易政策审议。截至 2016 年 12 月,WTO 贸易政策审议机构共召开 345 次审议会议,对 153 个成员进行了 452 次贸易政策审议。164 个正式成员中尚未接受审议的 11 个成员是阿富汗、古巴、哈萨克斯坦、老挝、利比里亚、黑山、萨摩亚、塞舌尔、塔吉克斯坦、瓦努阿图、也门。[①]

一、2015—2016 年参与贸易政策审议的成员情况

2015 年参加贸易政策审议的 WTO 成员包括巴巴多斯、文莱、日本、巴基斯坦、澳大利亚、印度、加拿大、智利、新西兰、欧盟、马达加斯加、多米尼加、圭亚那、约旦、泰国、海地、安哥拉、佛得角、摩尔多瓦、博茨瓦纳、莱索托、纳米比亚、南非、斯威士兰 24 个经济体,其中佛得角、摩尔多瓦是第一次参加贸易政策审议。

2016 年,参加贸易政策审议的 WTO 成员包括格鲁吉亚、摩洛哥、斐济、土耳其、马尔代夫、沙特阿拉伯、乌克兰、马拉维、洪都拉斯、阿尔巴尼亚、阿联酋、刚果(金)、赞比亚、中国、突尼斯、新加坡、萨尔瓦多、俄罗斯、韩国、塞拉利昂、斯里兰卡、危地马拉、所罗门群岛、美国。其中乌克兰、俄罗斯是第一次参加贸易政策审议,但塞拉利昂的审议因故推迟至 2017 年 2 月 14—16 日,因此 2016 年实际参加贸易政策审议的成员为 23 个。参加贸易政策审议的成员详情见表 7.1。

表 7.1 2015—2016 年参加贸易政策审议的 WTO 成员一览表

成员	审议日期
巴巴多斯	2015 年 1 月 27—29 日
文莱	2015 年 2 月 10—12 日

---

① WTO.Report of the Trade Policy Review Body for 2016[G].WT/TPR/387.2016-11-07.

续表

成员	审议日期
日本	2015 年 3 月 9—11 日
巴基斯坦	2015 年 3 月 24—26 日
澳大利亚	2015 年 4 月 21—23 日
印度	2015 年 6 月 2—4 日
加拿大	2015 年 6 月 15—17 日
智利	2015 年 6 月 23—25 日
新西兰	2015 年 6 月 29 日—7 月 1 日
欧盟	2015 年 7 月 6—8 日
马达加斯加	2015 年 7 月 14—16 日
多米尼加	2015 年 7 月 22—24 日
圭亚那	2015 年 9 月 15—17 日
安哥拉	2015 年 9 月 22—24 日
佛得角	2015 年 10 月 6—8 日
摩尔多瓦	2015 年 10 月 19—21 日
南部非洲关税同盟（纳米比亚、博茨瓦纳、斯威士兰、南非、莱索托）	2015 年 11 月 4—6 日
约旦	2015 年 11 月 17—19 日
泰国	2015 年 11 月 24—26 日
海地	2015 年 12 月 2—4 日
格鲁吉亚	2016 年 1 月 19—21 日
摩洛哥	2016 年 2 月 2—4 日
斐济	2016 年 2 月 23—25 日
土耳其	2016 年 3 月 15—17 日
马尔代夫	2016 年 3 月 21—23 日
沙特阿拉伯	2016 年 4 月 4—6 日
乌克兰	2016 年 4 月 19—21 日
马拉维	2016 年 4 月 27—29 日

续表

成员	审议日期
洪都拉斯	2016年5月2—4日
阿尔巴尼亚	2016年5月11—13日
阿联酋	2016年6月1—3日
赞比亚	2016年6月21—23日
突尼斯	2016年7月13—15日
中国	2016年7月20—22日
新加坡	2016年7月26—28日
萨尔瓦多	2016年9月14—16日
俄罗斯	2016年9月28—30日
韩国	2016年10月11—13日
刚果(金)	2016年10月25—27日
斯里兰卡	2016年11月1—3日
危地马拉	2016年11月16—18日
所罗门群岛	2016年12月13—15日
美国	2016年12月19—21日

资料来源：WTO.The Reviews[EB/OL].https://www.wto.org/english/tratop_e/tpr_e/tp_rep_e.htm#chronologically.2017-04-01.

截至2016年年底,美国接受贸易政策审议的次数最多,达到13次;日本和欧盟次之,均为12次;加拿大居第三位,为10次;中国香港、澳大利亚、韩国、泰国、新加坡居第四位,各为7次;中国、马来西亚、挪威、印度尼西亚、瑞士、巴西、印度居第五位,各为6次。①

二、2015—2016年贸易政策审议机构的活动情况

(一)更多成员采用新程序规则

2015年,有9个成员申请采用贸易政策审议新程序②,分别是文莱、日本、澳大利亚、加拿大、智利、新西兰、欧盟、多米尼加、圭亚那,即申请分别提前4个星期和1个星期提交书面问题和回答,审议会议首日每位成员的陈述时间不超过

---

① WTO.World Trade Organization Annual Report 2016[R].Geneva,2016:88.
② WTO.World Trade Organization Annual Report 2016[R].Geneva,2016:88.

7分钟,以及使用电子视听设备参加会议等。2014年,有4个成员申请使用该程序。

2016年使用新程序规则参加贸易政策审议的成员仅有3个①,分别是阿尔巴尼亚、新加坡、危地马拉。美国、韩国、中国等均没有采用。

(二) 为最不发达成员举办审议成果培训

对于最不发达成员而言,参加贸易政策审议成果培训能够帮助其加深对WTO规则的理解和更好地融入多边贸易体系。2015年,贸易政策审议机构应邀为缅甸、多米尼加、巴基斯坦、东加勒比国家组织(包括安提瓜和巴布达、多米尼克、格林纳达、圣基茨和尼维斯、圣卢西亚、圣文森特和格林纳丁斯等成员)组织了4场贸易政策审议成果研讨会。2016年,又有4个成员接受了贸易政策审议成果培训,分别是博茨瓦纳、萨尔瓦多、圭亚那、马达加斯加。

(三) 监测成员贸易及贸易相关措施

根据《WTO协定》附件3,贸易政策审议机构要求成员及时提供有关贸易政策变化的信息,信息整合后提交总干事,用于撰写年度国际贸易环境发展报告。

《国际贸易环境发展概览2015》回顾了2014年10月至2015年5月WTO成员有关贸易限制政策和便利化政策的信息,发现WTO成员整体上仍在抑制WTO出台新的贸易限制措施,但也不愿意取消既有措施,因此贸易限制措施总量仍有所增加。另外,成员采取贸易便利化政策的数量远超过贸易限制政策。

《国际贸易环境发展概览2016》回顾了2015年10月至2016年5月WTO成员贸易政策的变化和趋势,发现与2014—2015年度的监测相比,在2015—2016年度成员们普遍增加了贸易限制措施的实施,较2014—2015年度增加了11%。② 报告据此呼吁WTO成员要增强抵制保护主义的信心。

第二节 2015—2016年主要成员贸易政策审议情况

一、2015年欧盟参加贸易政策审议情况③

2015年7月6—8日,欧盟完成了第12轮贸易政策审议。由于欧盟的审议

---

① WTO.World Trade Organization Annual Report 2017[R]. Geneva,2017:92.
② WTO.Report of the Trade Policy Review Body for 2016[G].WT/TPR/387.2016-11-07.
③ 以下内容引自:WTO.Trade Policy Review Report by the Secretariat(The European Union 2015)[EB/OL].https://www.wto.org/english/tratop_e/tpr_e/tp417_e.htm.2017-03-30.

周期为 2 年,因此本次政策审议期为 2013—2014 年。WTO 秘书处分别于 2015 年 5 月 18 日和 2015 年 10 月 14 日公布了其对欧盟贸易政策的审议情况报告文件和其他成员就其贸易政策提出的相关问题和欧盟的解答文件。

(一) WTO 秘书处对欧盟贸易政策的审议情况

WTO 秘书处独立完成的欧盟贸易政策审议报告文件编号为 WT/TPR/S/317,主要包括欧盟经济环境总体情况、欧盟贸易与投资制度变化、影响贸易的措施和政策变化、行业贸易措施及政策变化 4 个部分。

1. 欧盟经济环境总体情况

在审议期内,欧盟经济增长仍较缓慢,2013 年几乎为零增长,2014 年增长率为 1.3%,失业率仍处于高位。在一定时期内,一些成员甚至出现通货紧缩。对此,欧洲中央银行和欧洲委员会推行货币宽松政策和欧洲投资计划,成立欧洲战略投资基金以促进欧盟成员实体经济发展。2013 年,欧盟内贸易额达到 28390 亿欧元,欧盟对外贸易额为 17380 亿欧元,对于大多数欧盟成员而言,欧盟内贸易占比都超过 50%。欧盟内贸易额占全球贸易总额的比重继续下滑,2013 年为 16.4%。最大的出口货物贸易伙伴是美国(16.6%),中国是其在亚洲地区的最大出口贸易伙伴(8.5%);最大的进口货物贸易伙伴依次为中国(16.6%)、俄罗斯(12.2%)和美国(11.7%)。

2. 欧盟贸易与投资制度变化

尽管在审议期内欧盟的主要政策重点是推动宏观经济发展,但在贸易和投资方面,欧盟仍较为积极地与贸易伙伴开展自由贸易谈判与合作,包括与美国和日本的谈判,以及已经结束的与加拿大的自由贸易谈判,与格鲁吉亚、摩尔多瓦签订的深层全面自由贸易协定等。其投资制度具有一定的国别差异,法国、德国、英国继续实施对外资的国家安全审查程序,意大利、葡萄牙也于 2014 年在战略性行业新增类似制度。根据 OECD 评估显示,卢森堡、葡萄牙、斯洛文尼亚、罗马尼亚、捷克是欧盟成员中投资制度最为开放的国家,而波兰、奥地利的限制措施高于 OECD 平均水平。

3. 影响贸易的措施和政策变化

在审议期内,欧盟的平均关税水平基本维持不变,为 6.5% 左右,超过 1/4 的税目产品关税税率为 0。截至 2014 年 11 月底,欧盟有效的反倾销措施有 108 起,反补贴措施有 14 起。为应对 2008 年金融危机,欧盟推出的国家援助计划继续实施,但援助计划的实际使用资金远远小于预期。欧盟委员会批准的援助资金为 38930 亿欧元,而 2009 年,实际使用资金最多时仅为 8358 亿欧元,截至 2014 年 10 月底,当年援助资金的申请额仅 310 亿欧元。2014 年,欧盟为加强各成员对政府采购的有效管理和约束,颁布了新的提高透明度和执行力的指令,同

时简化操作手续,并引入了包含环境友好性在内的"生命周期成本"等概念。

4. 行业贸易措施及政策变化

在农业方面,尽管欧盟内部正在启动关于共同农业政策的系列改革,包括向农产品生产者的直接支付、市场管理措施以及农村地区发展等,但由于改革刚刚起步,农业基金和农村地区发展基金的总额仍维持在每年500亿欧元,欧盟农产品的价格与世界农产品的价格之间仍没有联动关系。受国际金融危机影响,欧盟对金融服务的规制集中在三个方面,即制定全球银行规则、促进金融行业安全性增长、形成银行联盟加强欧元的世界市场地位。分销服务是欧盟服务业发展的热点,零售和批发服务贸易占GDP的11%,欧盟各成员是分销服务规制的主要制定者。视听服务以及其他创意产业贡献了欧盟GDP的2.6%,主要规制是《视听媒体服务指令》(Audiovisual Media Service Directive)。

(二)其他成员与欧盟就审议期内贸易政策的问答

WTO其他成员针对欧盟贸易政策审议报告以及欧盟在审议期内的贸易相关政策变化提出问题,并得到欧盟的一一回答,相关文件编号为WT/TPR/M/317/Add.1。

中国就欧盟在审议期内的贸易政策和相关制度提出问题,涉及欧盟国家援助计划的实施情况、共同农业政策改革进度、贸易救济措施、环境政策等。美国提出的问题主要涉及欧盟的立法变化、欧盟国家援助计划以及视听服务政策相关措施和承诺等。

二、2015年日本参加贸易政策审议情况①

2015年3月9—11日,日本完成了第12轮贸易政策审议。日本的审议周期为两年,本轮审议期为2013—2014年。WTO秘书处分别于2015年1月19日和6月17日公布了其对日本贸易政策的审议情况报告和其他成员就相关政策提出问题和日本答复的记录。

(一)WTO秘书处对日本贸易政策的审议情况

WTO秘书处对日本贸易政策审议的报告文件编号为WT/TPR/S/310,包括日本经济环境总体情况、日本贸易和投资制度变化、影响贸易的措施和政策变化、行业贸易措施及政策变化4个部分。

1. 日本经济环境总体情况

自2012年12月,为应对通货紧缩和经济增长乏力,日本推出重要的改革方

---

① 以下内容引自:WTO.Trade Policy Review Report by the Secretariat(Japan 2015)[EB/OL]. https://www.wto.org/english/tratop_e/tpr_e/tp410_e.htm.2017-04-09.

案,称为"三箭战略",即货币宽松(预期实现2%的温和通胀)、财政刺激(2013年1月约1000亿美元,12月新增530亿美元)和结构性改革(包括农业、能源和医疗等)。2013年日本经济增长率为1.5%,与2012年持平,但2014年日本经济增长率降至0.9%。2013年,日本年度贸易赤字达到同期最高水平(1180亿美元),主要由于用于替代核能源的化石能源进口激增。2014年,日本仍是世界第二大对外直接投资国,主要投资对象为东盟国家。

2. 日本贸易和投资制度变化

日本在本轮审核期内未增加执行新的区域贸易协定。在现有的13个区域贸易协定中,日本排除了一些敏感农产品和相关工业产品,如肉类、鱼类、奶制品、大米、皮革制品和鞋类等。日本完成了与澳大利亚和蒙古的自由贸易协定谈判,并正在展开与加拿大、哥伦比亚、中国、欧盟、韩国等贸易伙伴的双边贸易谈判,其目标是将区域贸易协定所占的贸易比重由2013年的19%提升至2018年的70%。

3. 影响贸易的措施和政策变化

在审议期内,日本的平均关税水平为5.8%,其中农产品为15.2%,非农产品为3.7%。日本是使用贸易救济措施最少的国家之一。在审议期内,未使用反补贴或保障措施,仅有1起在执行中的反倾销措施,2014年,新增1起反倾销调查。在审议期内,日本下调了其在WTO《政府采购协定》(GPA)项下货物和服务采购的门槛价,另外,日本还加强了数字环境下的版权保护制度。

4. 行业贸易措施及政策变化

日本对农业和渔业的国内支持措施较多,包括收入支持和市场价格支持等,2014年相关产品的关税水平为6.2%。金融服务行业对巨额信贷政策做出重要调整,包括提高了银行国际业务的最低资金要求等。电信服务、运输服务等行业政策在审议期内基本没有变化。

(二)其他成员与日本就审议期内贸易政策的问答

WTO其他成员与日本就相关审议内容的问答文件编号为WT/TPR/M/310/Add.1。美国就政府采购、知识产权保护、农业和渔业国内支持措施等提出32个问题。中国就日本国内的经济刺激政策、农业补贴政策、《贸易便利化协议》国内审批程序等内容提出了59个问题。

三、2015年印度参加贸易政策审议情况[①]

2015年6月2—4日,印度完成了第6轮贸易政策审议,由于印度的审议周

---

① 以下内容引自:WTO.Trade Policy Review Report by the Secretariat(India 2015)[EB/OL]. https://www.wto.org/english/tratop_e/tpr_e/tp413_e.htm.2017-04-07.

期为4年,本轮审议期为2011—2014年。WTO秘书处分别于2015年4月28日和7月31日公布了其对印度贸易政策的审议情况报告和其他成员与印度关于贸易政策措施变化的问答文件。

(一) WTO秘书处对印度贸易政策的审议情况

WTO秘书处对印度独立做出的贸易政策审议报告文件编号为WT/TPR/S/313,分为印度经济环境总体情况、印度贸易与投资制度变化、影响贸易的政策和措施变化、行业贸易政策及措施变化4个部分。

1. 印度经济环境总体情况

在审议期内,印度经济呈现加速增长,但均低于2010—2011年度的增长速度(10%)。2013—2014年度GDP增速为6.9%,人均GDP为1500美元,2014年9月通货膨胀率达到5.9%。印度央行的政策重点依然是控制通货膨胀率,并将从2015年2月起实施"通货膨胀率盯住"的中期计划。在审议期内,印度的经常账户赤字降至GDP的1.7%,贸易占GDP的比重为53%。其中,服务贸易为顺差,2013—2014年度约占GDP的3.9%。根据印度的对外贸易政策规划,至2020年印度对外贸易额要提升至占全球贸易总额的3.5%,并打造"印度制造""数字印度""印度技术"等综合贸易形象。

2. 印度贸易与投资制度变化

印度的关税制度仍然较为复杂,除按照标准税率缴纳关税外,进口商还需要支付附加税和特殊税。在关税细目中,有93.9%的项目实行从价税率,其余6.1%的项目为替代税率或特殊关税。2014—2015年度,印度的平均最惠国关税税率为13%,比2010—2011年度上涨了12%,非农产品平均关税税率为9.5%,农产品平均关税税率为36.4%,零关税产品数量占比从3.2%降至2.7%。为吸引外资,印度推行了包括提升外资控股比例(保险和铁路运输)等在内的投资自由化措施。

3. 影响贸易的政策和措施变化

印度是WTO使用贸易救济措施最频繁的成员之一,审议期内共对23个国家和地区提起了80起反倾销调查、1起反补贴调查和18起保障措施调查,并主要对反规避的认定和措施等反倾销制度进行了重大调整。在出口方面,印度仍然对特定产品实行出口限制和禁止措施。印度对部分行业实施直接或间接支持措施,包括中央政府向农业和相关产业(如化肥、石油等)提供直接补助,对农产品和能源产品实施价格限制,2012年起对药品实施价格限制措施等。印度仍未加入WTO《政府采购协定》,但一直作为其观察员。在审议期内,印度修订了版权法案,并发布了生物材料申请专利的指南,并于2012年3月据此指南授予了第一项,也是唯一一项强制性许可证(抗癌药品)。

4. 行业贸易政策及措施变化

提升农业生产效率是印度政府的重点任务。2011年,农业占印度GDP比重为18%。2013年,印度推出《国家食品安全法案》(National Food Security Act),计划由政府在补贴价格上为全国2/3的人民提供粮食,这意味着提供更多的政府补贴。在审议期内,印度制造业占GDP比重稍有下降(13%)。2011年,印度出台新的制造业政策;2014年,推出"印度制造",目标是将制造业占GDP比重提升至25%。服务业是印度经济增长的主要动力,在审议期内,金融服务、电信服务和运输服务行业出台了新的政策,包括允许设立银行全控股子公司、提高保险行业外资持股比例至49%,出台《国家通信政策2012》,以及允许外资参与铁路建设等。

(二)其他成员与印度就审议期内贸易政策的问答

有33个WTO成员对审议期内印度的贸易政策和措施提出问题,记录相关问答情况的文件编号为WT/TPR/M/313/Add.1。中国就投资便利化、出口信贷政策、专利审批政策、国内改革措施和步骤等提出问题,美国就出口信贷、电子商务、外资政策等方面提出问题,印度均给予一一回答。

四、2016年美国参加贸易政策审议情况[①]

2016年12月19—21日,美国完成了第13轮贸易政策审议,成为WTO审议次数最多的成员。WTO于2016年11月14日和2017年3月8日分别公布了WTO秘书处对美国贸易政策的审议情况报告和其他成员就相关问题与美国政府的问答记录文件。

(一)WTO秘书处对美国贸易政策的审议情况

WTO秘书处对美国贸易政策的审议情况报告的文件编号为WT/TPR/S/350,共包括美国经济环境总体情况、美国贸易和投资制度变化、影响贸易的政策和措施变化、行业贸易政策及措施变化4个部分。

1. 美国经济环境总体情况

在审议期内,美国经济呈现强劲增长,2014年和2015年GDP增长率分别达到2.4%和2.6%,尤其得益于私人消费领域的迅速增长,失业率也从2009年的10%降至5%。美国国内的主要问题集中在每况愈下的基础建设和不断增大的收入差距。美国财政政策和货币政策均适度温和,2015年年底启动"政策正常化程序",准备提高联邦准备金率和降低联邦外汇储备。作为全球第一大进口

[①] WTO.Trade Policy Review Report by the Secretariat (United States of America 2016) [EB/OL]. https://www.wto.org/english/tratop_e/tpr_e/tp450_e.htm.2017-03-27.

国和第二大出口国,美国2015年货物贸易赤字为7630亿美元,比2013年上涨8.7%,服务贸易顺差为2620亿美元。加拿大、欧盟、中国、墨西哥、日本是美国最主要的贸易伙伴。2015年美国吸引外资3484亿美元,居世界首位。

2. 美国贸易和投资制度变化

2016年美国贸易政策的目标是"促进增长、支持优质就业和加强中产阶级",因此美国审议期内在国际贸易谈判方面非常积极,包括率先通过WTO《贸易便利化协议》和促成WTO的《信息技术协议》扩围谈判,以及在区域层次努力完成TPP谈判和文本工作,积极参加环境产品协议谈判和服务贸易协定谈判。2015年6月,美国政府做出新一轮贸易促进授权,确定了13个贸易谈判事项,包括国有企业、贸易壁垒本地化、货币问题、政府治理、透明度、地方政策有效性以及贸易伙伴的法律规则等。在审议期内,美国的投资体制没有大的变化,主要是外国投资委员会实施的外资审查机制等。从2016年12月31日开始,美国正式使用国际贸易数据体系单一窗口,促进贸易通关便利化。

3. 影响贸易的政策和措施变化

在审议期内,关税、原产地规则、进口许可、海关估价和进口税费等制度并无变化。2016年1月实施的最惠国关税的平均税率为11%,农业、燃料、纺织品和鞋类产品仍实施非从价关税;约有37%的税目产品为零关税,另有7.8%的税目产品关税税率在2%及以下,农产品中约有22个税目产品的进口关税超过100%。

美国仍是使用反倾销措施较为频繁的成员之一。2014年1月至2016年6月,美国共发起反倾销调查85起。截至2016年6月30日,共有269项反倾销措施正在执行中,受到反倾销调查最多的贸易对象是中国、欧盟、印度、日本、韩国、中国台北,涉案产品主要是钢铁产品。同期,美国还发起60项反补贴措施调查,有69项反补贴措施在执行中。美国对出口控制制度继续实施改革,目标是建立一个统一的控制清单、单一授权机构和集成化的信息系统。2015年12月,美国就原油出口发布了一项有效限制令。在审议期内,美国继续实施有效的反垄断措施,2015财年共收缴罚款36亿美元。2015年,美国知识产权相关贸易顺差为852亿美元。2013年1月1日至2016年6月23日,美国共对31个贸易伙伴的产品发起144项337调查。

4. 行业贸易政策及措施变化

在审议期内,美国仍是全球农产品的主要出口国。2016年,美国农产品的平均关税为9.1%,非农产品为4%。美国2014年农业法案对国内农业支持措施做出系列改革,包括取消了对农民直接支付补贴的方式,并用价格损失补贴和农业风险补贴等替代。金融服务行业已经从金融危机中基本恢复,多数金融机构已经归还了政府为应对危机给企业的补贴资金。截至2016年第一季度,707个接受政府补贴资金的企业中仅剩16个尚未归还。2010年发起的华尔街改革活动继续为维持金融稳定性和消费者保护等制定新的规制。2015年美国在电信服务、计算机和信息服务业获得贸易顺差90亿美元。2015年2月,美国联邦通信委员会通过了开放互联网法令,对固定电话和移动电话业务服务重新编码,取消部分歧视性服务政策等。

在审议期内,美国的运输服务规制整体没有大的改变。航空运输服务业的行业整合仍在继续,美国国内地方航空公司在积极商讨合并事宜。美国大多机场为公有制。海运服务行业继续限制国内航空权,即美国国内两地之间的货物或乘客运输服务须在美国注册并拥有船只所有权,且100%的领导层和75%的船员为美国公民的公司提供。截至2016年8月,符合这一要求的千吨级以上船只数量为93个。

(二) 其他成员与美国就审议期内贸易政策的问答

美国的审议周期为两年,WTO其他成员非常关注美国的贸易政策审议。美国与其他成员就美国审议期内贸易政策问题的问答记录文件编号为WT/TPR/M/350/Add.1。欧盟就美国宏观经济政策走向、单一窗口、技术性贸易壁垒、国内农业和服务业相关政策变化等提出问题,中国提出的问题则涉及美国参加巨型区域贸易谈判的走向、国内中小企业支持措施、外商投资审查机制、贸易救济措施、国内电信和运输服务行业政策等。

五、2016年俄罗斯参加贸易政策审议情况①

俄罗斯于2012年8月成为WTO正式成员,其审议周期为4年。本轮贸易政策审议是俄罗斯首次参加的贸易政策审议,主要是审议俄罗斯国内对其入世承诺的落实情况。WTO秘书处分别于2016年8月24日和12月19日公布了其对俄罗斯贸易政策的审议情况报告和其他成员就相关问题与俄罗斯的问答记录。

(一) WTO秘书处对俄罗斯贸易政策的审议情况

WTO秘书处对俄罗斯的贸易政策审议报告认为,俄罗斯作为一个由中央计划经济体制转型为市场经济体制的转型经济体,2012年加入WTO与2015年加入欧亚经济联盟(Eurasian Economic Union,EAEU)是其对外开放和自由化的重要里程碑。尽管如此,俄罗斯国内的国有企业仍占经济的半壁江山,特别是在银

---

① WTO.Trade Policy Review Report by the Secretariat(Russian Federation 2016)[EB/OL]. https://www.wto.org/english/tratop_e/tpr_e/tp445_e.htm.2017-04-05.

行业、运输业和能源行业。由于市场不利因素和经济下滑,俄罗斯推迟了2014—2016年度国有企业的私有化计划。审议报告分为经济环境总体情况、俄罗斯贸易和投资制度情况、影响贸易的政策和措施、行业贸易政策及措施4个部分。

1. 俄罗斯经济环境总体情况

受2008年金融危机和克里米亚地区局势的不稳定因素影响,俄罗斯经济出现恶化,2015年经济增长速度下降3.7%。造成经济下滑的原因还包括石油价格下降导致俄罗斯石油出口乏力,以及西方社会对俄罗斯的经济制裁等。2014年,俄罗斯政府为应对经济发展困境出台系列政策,包括稳定银行业、财政刺激、汇率制度改为浮动汇率制度、实施进口替代计划等。根据IMF预计,2016年俄罗斯GDP下滑0.8%,2017年实现1.1%的增长。长期以来,得益于石油和天然气出口收益,俄罗斯贸易和经常账户保持顺差,但由于卢布的贬值,顺差占俄罗斯GDP比重由2012年的3.3%降至2013年的1.5%,2015年恢复至5%,2016年预计为4%。

2. 俄罗斯贸易和投资制度情况

由于俄罗斯加入欧亚经济联盟,其部分贸易政策转由欧亚经济委员会实施,包括进口关税、转口贸易、非关税措施、知识产权边境执法、经济特区的建立和管理、技术标准等,因此俄罗斯的贸易政策需要从国家和欧亚经济联盟两个层面进行审议。加入WTO后,俄罗斯又立即加入《信息技术协定》,成为WTO《政府采购协定》的观察员,并于2016年下半年加入WTO《政府采购协定》谈判。加入WTO以来,俄罗斯共参加了10个争端解决案件,其中4个作为申诉方,6个作为应诉方,并作为第三方参加了28个案件。欧亚经济委员会牵头建立了单一窗口制度,提供贸易便利化,俄罗斯国内于2016年4月22日通过了《贸易便利化协议》。

外商对于俄罗斯的投资环境最担心的是腐败、透明度、税收、法律制度等问题。俄罗斯为吸引外资,承诺最迟于2018年7月1日取消所有与WTO规则不一致的投资规定,特别是汽车行业。

3. 影响贸易的政策和措施

根据加入WTO的承诺,俄罗斯将于2020年完成国内的税率调整,届时俄罗斯的平均约束关税税率将为8.4%。2012年以来,俄罗斯的最惠国关税税率已经从11%降至8.3%。2016年,俄罗斯农产品的平均最惠国税率为14.6%,稍高于最终约束税率(13.6%),非农产品关税税率已降至6.5%,甚至已经低于最终约束税率(7.1%)。2015年1月1日起,按照欧亚经济联盟的外部关税税则,俄罗斯对14.8%的税目产品征收从量关税。

俄罗斯共与12个贸易伙伴签订了10个区域贸易协定。2014年,区域贸易协定覆盖的贸易量占俄罗斯总对外贸易的12.2%,欧亚经济联盟内部实现了零关税。截至2015年6月,欧亚经济联盟对103个发展中成员和48个最不发达成员适用普惠制税率,普惠制覆盖的税目产品占比24%,其中发展中成员适用的税率为最惠国关税的75%,最不发达成员实现零关税。

2012年开始,欧亚经济委员会负责执行贸易救济措施的相关程序。俄罗斯使用相关贸易救济措施较频繁,至2016年5月,共实施了2起保障措施、16起反倾销措施,对象国家包括中国、德国、印度、意大利、土耳其、乌克兰等。

4. 行业贸易政策及措施

俄罗斯农业政策的重要内容是进口替代。2014年8月开始,为应对西方国家的经济制裁,俄罗斯颁布了年度禁令,对农产品的出口进行限制,涉及产品包括水果、蔬菜、肉类、鱼类和奶制品。俄罗斯是世界第二大石油和天然气生产国、第四大电力生产国。为改变严重依赖能源的经济结构,俄罗斯计划到2020年将能源行业产值占GDP比重降至40%。

服务业占俄罗斯经济的比重很高,2015年超过62%。根据加入WTO承诺,俄罗斯取消了电信行业外资持股不超过49%、银行业外资资本比例不超过50%的限制,外资保险公司在俄罗斯加入WTO的9年后(2021年8月)可以建立分支机构。

尽管入世为俄罗斯锁定了开放和自由化的方向,但是中期来看,俄罗斯的经济发展仍在很大程度上取决于石油价格的变化以及与部分贸易伙伴的政治关系。

(二)其他成员与俄罗斯就审议期内贸易政策的问答

针对俄罗斯的首次贸易政策审议,WTO其他成员非常关注,相关问答文件编号为WT/TPR/M/345/Add.1。问题主要集中在俄罗斯国内的私有化改革、汽车行业政策变化、国内反腐政策、经济结构改革措施、外资外汇政策、互联网监管政策、能源及能源产品政策等方面。

六、2016年中国参加贸易政策审议情况[①]

2016年7月20—22日,中国完成了加入WTO短短15年内的第6次贸易政策审议,审议周期为两年。WTO秘书处分别于2016年6月15日和2016年10月28日公布了其对中国贸易政策的审议情况报告和其他成员就审议期间内贸

---

① WTO.Trade Policy Review Report by the Secretariat(China 2016)[EB/OL].https://www.wto.org/english/tratop_e/tpr_e/tp442_e.htm.2017-04-02.

易政策问题与中国的问答记录。

（一）WTO秘书处对中国贸易政策的审议情况

WTO秘书处对中国贸易政策审议情况报告的文件编号为WT/TPR/S/342，审议期为2014—2016年。报告重点关注了中国经济增长的"新常态"和"十三五"规划，分别对中国经济环境总体情况、中国贸易和投资制度变化、影响贸易的政策和措施变化、行业贸易政策及措施变化4方面进行报告。

1. 中国经济环境总体情况

在审议期内，中国经济增长变缓，年增长率为6.5%～7%，称为"新常态"。得益于扩大内需的政策效果，2015年，消费贡献了中国GDP增长率（6.9%）的4.6%。按照"十三五"规划，中国将继续在2016—2020年进行经济结构改革，特别是增加私人部门的经济参与度，以及加强解决某些产能过剩产业的"去产能"问题。在审议期内，中国经常项目继续保持较大顺差，2015年中国经常项目贸易顺差为3306亿美元，是当年GDP的3%，其主要来源是巨大的货物贸易顺差，2015年中国货物贸易顺差达到5670亿美元。进口贸易占GDP比重下降明显，这一比重在2011年曾达到21.1%，2014年为17.5%，而2015年为14.5%。在审议期内，中国实行积极的财政政策，2015年财政赤字占GDP比重为2.4%。为配合"新常态"发展，中国继续实施货币政策自由化改革。改革体现在放开银行贷款利率限制，以及逐步取消银行外汇存款利率上限等方面。中国继续实行有管理的浮动汇率制度，如果把观察期拉长到10年，截至2015年年底，人民币名义汇率升值幅度达到45.9%，实际汇率升值幅度达到56.2%。

中国是世界上最大的贸易国，但在审议期内进口和出口均有下降。2015年出口为2.28万亿美元，进口1.69万亿美元，而2014年分别为2.34万亿美元和1.96万亿美元。进口下滑的部分原因是能源价格下降，而出口货物的94%为工业制成品。2015年中国的主要出口目的地为美国、欧盟、中国香港、日本、韩国、东盟国家。对这些目的地的出口量合计占中国总出口量的70%。2015年服务贸易占中国出口总额的12.3%和进口总额的22.9%，其中旅游服务贸易进口占服务贸易总额的62.3%。

中国也是世界上吸引外资最多的国家之一。2014年FDI流入总量为1196亿美元，流入的主要行业是制造业、房地产、商业服务、批零服务等。外资主要来源地为中国香港，占73%。

2. 中国贸易和投资制度变化

在审议期内中国仍在进行加入WTO《政府采购协定》谈判，签署了《信息技术协定》及其扩围协议，2015年9月通过了《贸易便利化协议》。在审议期内，中国作为申诉方或被诉方共参与了3起WTO争端解决案件，其中2起为被诉方，1

起为申诉方,另外还在17起案件中作为第三方。截至2015年12月,中国共签署了15项区域自由化贸易协定。本次审议期内新签订的协定包括与澳大利亚和韩国的协定。此外,中国继续对最不发达成员实施普惠制税率,截至2015年12月,对33个最不发达成员的97%的税目产品实施零关税。

在审议期内,中国继续鼓励外资投向高技术产业、服务产业、新能源产业和节能环保产业,并鼓励外资投向中西部等内陆地区。2013年起,中国进行自由贸易试验区(上海)尝试,2015年增加3个自由贸易试验区(广东、福建和天津)。2014年,中国实现海关通关无纸化改革,并首先在自由贸易试验区试行。2015年10月,国务院出台关于两个负面清单的指导意见,一个用于市场准入,适用于国内外企业;另一个用于规范外资。上述自由贸易试验区均采用了负面清单。

3. 影响贸易的政策和措施变化

2015年,中国最惠国关税平均税率为9.5%,其中农产品为14.8%,非农产品为8.6%,与前一轮审议期相比无明显变化。截至2015年12月31日,中国有91项反倾销措施处于执行中,较2013年12月统计的113起有明显下降。其中目标产品来源地最多的是美国和日本,其次是欧盟和韩国,60%涉案产品为化工产品。另有4起反补贴措施在执行中,但在审议期内并未新增反补贴调查。2014年4月,中国合并商务部公平贸易局和产业损害调查局,成立商务部贸易救济调查局。

在竞争政策方面,2014年2月,中国实行新的并购政策,在市场份额相对较低时,允许采用简易程序来评估并购对集中度的影响;2015年8月,颁布关于知识产权保护与竞争政策相关措施,要求涉及知识产权的并购协议必须设定市场份额上限,且禁止知识产权标准滥用。

2014年,中国修改了政府采购相关法律,以及涉及竞争性和非竞争性招标措施,特别是要求货物、建筑设计和服务要进行国内采购。2014年,中国集中采购规模占总采购规模的86%,使用公开招标方式采购的项目占总采购项目数量的84.5%。

在审议期内,中国继续加强知识产权保护。2014年,在北京、上海和广州成立知识产权法院,全国范围内知识产权授权、确权类行政案件均由北京知识产权法院审理。

4. 行业贸易政策及措施变化

中国对农业的补贴主要通过4类补贴项目实施,即对农民直接补贴(包括种植水稻、小麦和玉米)、对农业投入的综合性补贴、优良育种推广补贴、购买农业机械农具补贴。其中尤以农业投入的综合性补贴规模最大,2014年为2620

亿元,占农业补贴总额的41%。2015年开始,中国在安徽、湖南、山东、四川和浙江5个省推广农业补贴改革,为提高补贴效率,将前3类补贴项目合并为1类。

在审议期内,中国推进电信行业自由化发展。2015年,允许外商投资电信公司经营电子商务业务,并且取消了电子商务领域外商持股比例限制。另外,视听服务和医疗服务领域也有政策变化,包括允许中国香港和中国澳门的电影分销公司建立全资子公司;允许外资建立持股比例较高的合资医疗机构等。

（二）其他成员就审议期内贸易政策问题与中国的问答

WTO于2016年10月28日公布了其他成员就关心的贸易政策问题与中国政府代表的问答记录,文件编号为WT/TPR/M/342/Add.1。日本、韩国、欧盟、美国、俄罗斯等成员向中国提出问题并得到一一解答。这些成员关注的主要焦点是中国的"新常态""去产能"政策以及"十三五"规划等。

主要参考文献:

[1] WTO.World Trade Organization Annual Report 2016[R].Geneva,2016.

[2] WTO.World Trade Organization Annual Report 2017[R].Geneva,2017.

第八章 区域贸易协定

第一节 区域贸易协定执行情况

区域贸易协定（RTA）是指两个或多个经济体间为了达到区域贸易自由化或贸易便利化的目标而签署的协定。在 WTO 框架下，区域贸易协定的"区域"是指一定的国家、单独关税区范围的"区域"，不仅是指属于同一或相邻地域；"协定"的内容不仅包括对货物贸易、投资、服务贸易、人员流动、知识产权保护、货币金融、政府采购、环境保护、标准化等领域的承诺贸易协定，也包含经济一体化层次的协定。当前的区域贸易协定也被称为"WTO+"（WTO Plus）型区域贸易协定。由此可以看出，区域贸易协定早已超越了传统的关税减让范围，甚至超过了现有多边贸易体制规范的范围。

非歧视原则是 WTO 的核心原则。WTO 成员承诺对所有的贸易伙伴一视同仁。这个规则的一个例外情况就是区域贸易协定。区域贸易协定本身就是歧视性的，因为只有缔约方享有更有利的市场准入条件。WTO 成员承认了那些旨在促进缔约方之间的贸易且不增加对第三方贸易壁垒的区域贸易协定的合法地位。

一、区域贸易协定通报情况

截至 2016 年 12 月 31 日，GATT/WTO 收到的各种类型的区域贸易协定通报共 659 个，其中包括 445 个已生效的区域贸易协定。根据 WTO 规定，区域贸易协定的货物部分和服务部分，以及加入现有的区域贸易协定应分别进行通报，因此通报数量的统计包含了这三种情况。如果将同一个区域贸易协定的多个通报只计为 1 个，这些通报涉及的已生效的区域贸易协定数量共 279 个。[①] 据 WTO 统计，1995 年以来，区域贸易协定的发展数量统计如图 8.1 和图 8.2 所示。

从地理分布来看，欧洲地区经济体参与区域贸易协定的数量最多（占所有已生效区域贸易协定的 20%），包括欧盟与东欧和地中海盆地附近国家的协定，以及欧洲自由贸易联盟（EFTA）通报的协定；其次为东亚地区经济体（17%）、南

---

① 根据 WTO 网站资料整理，http://rtais.wto.org/UI/charts.aspx，2018-05-10.

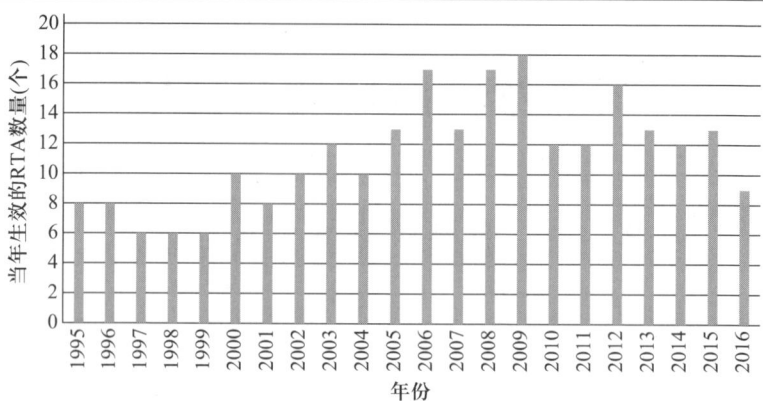

图 8.1　1995—2016 年每年生效的货物和服务区域贸易协定数量

资料来源：根据 WTO 网站资料绘制,http://rtais.wto.org/UI/charts.aspx,2018-05-10。

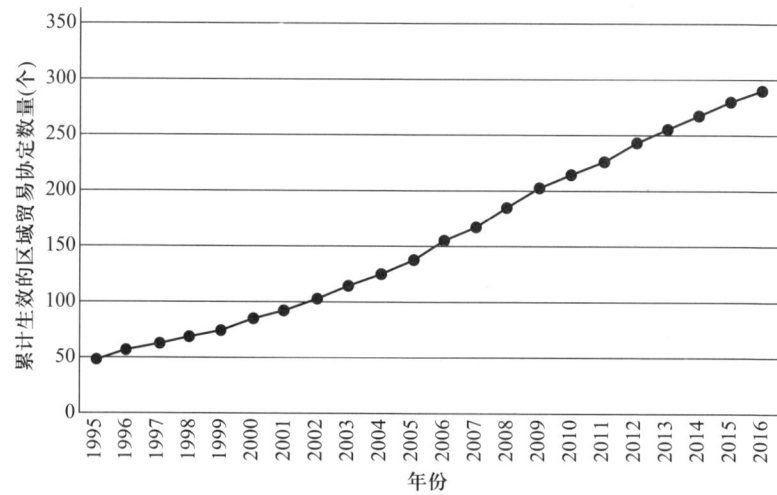

图 8.2　1995—2016 年累计生效的区域贸易协定数量

资料来源：根据 WTO 网站资料绘制,http://rtais.wto.org/UI/charts.aspx,2018-05-10。

美洲地区经济体(12%)和独联体国家(9%),如图 8.3 所示,这些地区同时也是区域贸易协定谈判最活跃的地区。①

---

① WTO.Recent Developments in Regional Trade Agreements[EB/OL]. https://www.wto.org/english/tratop_e/region_e/rtajuly-dec16_e.pdf. 2017-04-26.

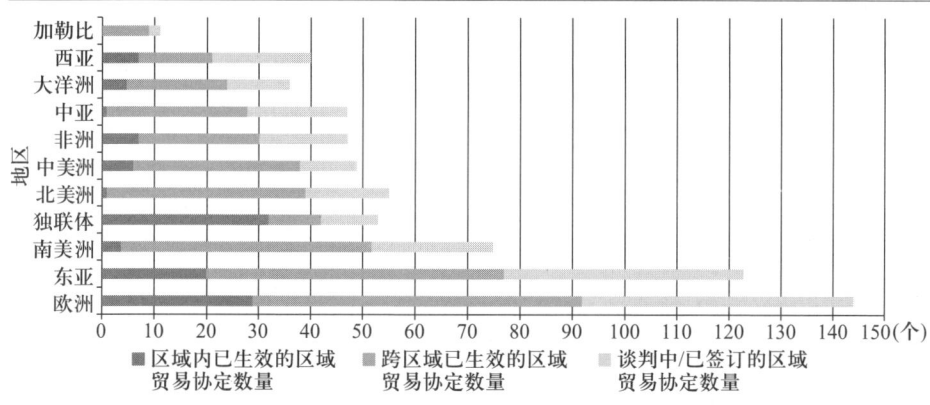

图8.3 已生效的区域贸易协定及谈判中的区域贸易协定(分地区)数量

资料来源：WTO.Recent Developments in Regional Trade Agreements[EB/OL]. https://www.wto.org/english/tratop_e/region_e/rtajuly-dec16_e.pdf.2017-04-26.

WTO成员被允许在3个规则所规定的条件下参与区域贸易协定。这些规则包括：① 关于货物贸易领域关税同盟、区域贸易协定的组建和运作的GATT 1994第24条；② 适用于服务贸易领域经济一体化的GATS第5条；③ 关于发展中成员之间货物贸易安排的授权条款(Enabling Clause)。

截至2016年12月31日，WTO成员根据GATT1994第24条的通报有250个，根据授权条款的通报有48个，根据GATS第5条通报的有147个，详情见表8.1。

表8.1 按照通报类型分类的已生效区域贸易协定通报统计量 单位：个

类别	加入协定	新区域贸易协定	合计
GATT1994第24条	12	238	250
授权条款	5	43	48
GATS第5条	6	141	147
合计	23	422	445

资料来源：根据WTO网站资料计算，http://rtais.wto.org/UI/publicPreDefRepByWTOLegalCover.aspx，2018-05-10。

按照区域贸易协定的类型划分，关税同盟相关通报共30个，约占通报总数的6.7%；经济一体化协定(EIA)相关通报有147个，约占33.0%；自由贸易协定(FTA)相关通报有246个，约占55.3%；部分贸易协定(PSA)相关通报有22个，约占4.9%。由此可见，区域贸易协定仍以自由贸易协定、经济一体化协定为主，辅之以少量的关税同盟和部分贸易协定。详情见表8.2。

表8.2 按照区域贸易协定类型分类的通报统计量　　　　单位：个

类别	授权条款	GATS 第 5 条	GATT1994 第 24 条	合计
关税同盟	8	0	10	18
关税同盟——加入	2	0	10	12
经济一体化协定	0	141	0	141
经济一体化协定——加入	0	6	0	6
自由贸易协定	15	0	228	243
自由贸易协定——加入	1	0	2	3
部分贸易协定	20	0	0	20
部分贸易协定——加入	2	0	0	2
合计	48	147	250	445

资料来源：根据 WTO 网站资料计算，http://rtais.wto.org/UI/PublicAllRTAList.aspx，2018-05-10。

从已通报并生效的区域贸易协定数量看，在 WTO 成员中，有 279 个已生效的区域贸易协定，其中同时覆盖货物和服务贸易的区域贸易协定有 140 个，有 1 个协定仅涉及服务贸易，其余 138 个仅涉及货物贸易。详情见表 8.3。

表8.3 按照 RTA 涵盖领域分类的区域贸易协定数量

项目	区域贸易协定数量（个）
货物领域（Goods）	138
服务领域（Services）	1
货物和服务领域（Goods&Services）	140
合计	279

资料来源：根据 WTO 网站资料计算，http://rtais.wto.org/UI/PublicAllRTAList.aspx，2018-05-10。

进入 21 世纪，区域贸易协定开始注重向服务贸易领域延伸，由表 8.3 可以清晰地看出，截至 2016 年年底，同时涵盖货物和服务领域的区域贸易协定数量超过了仅涉及货物贸易的区域贸易协定数量，占据了 50.2% 的比例。

WTO 成员通过区域贸易协定委员会（针对依据 GATT1994 第 24 条和 GATS 第 5 条的通报）或贸易和发展委员会（针对依据授权条款的通报）对区域贸易协定的通报进行考察。考察是基于 WTO 秘书处根据区域贸易协定缔约国提供的信息和数据进行的事实陈述以及 WTO 成员之间的提问与回应。在 2016 年下半年（7 月至 12 月），WTO 成员通过区域贸易协定委员会考察了

9个区域贸易协定通报,通过贸易和发展委员会考察了1个区域贸易协定通报,截至2016年12月31日,WTO成员考察的区域贸易协定通报总数达241个(对区域贸易协定的货物领域通报、服务领域通报以及加入区域贸易协定的通报进行累计)①。

二、2015—2016年新通报的区域贸易协定

根据WTO的区域贸易协定数据库资料,在2015—2016年,根据授权条款、GATT1994第24条和GATS第5条,新通报并且生效的区域贸易协定共有22个,详情见表8.4。

表8.4 2015—2016年新通报并且生效的区域贸易协定一览表

序号	区域贸易协定	领域	类型	通知日期	生效日期
1	欧洲自由贸易联盟—波斯尼亚和黑塞哥尼亚	货物	FTA	2015年1月6日	2015年1月1日
2	日本—澳大利亚	货物与服务	FTA和EIA	2015年1月12日	2015年1月15日
3	加拿大—韩国	货物与服务	FTA和EIA	2015年1月20日	2015年1月1日
4	加拿大—洪都拉斯	货物与服务	FTA和EIA	2015年2月5日	2014年10月1日
5	智利—越南	货物	FTA	2015年5月12日	2014年1月1日
6	海湾合作委员会(GCC)—新加坡	货物与服务	FTA和EIA	2015年6月30日	2013年9月1日
7	欧亚经济联盟—吉尔吉斯斯坦加入	货物与服务	CU和EIA	2015年9月1日	2015年8月12日
8	毛里求斯—巴基斯坦	货物	PSA	2015年10月2日	2007年11月30日
9	韩国—新西兰	货物与服务	FTA和EIA	2015年12月21日	2015年12月20日
10	南部非洲发展共同体(SADC)—塞舌尔加入	货物	FTA	2016年1月8日	2015年5月25日

---

① WTO.Recent Developments in Regional Trade Agreements[EB/OL]. https://www.wto.org/english/tratop_e/region_e/rtajuly-dec16_e.pdf. 2017-04-26.

续表

序号	区域贸易协定	领域	类型	通知日期	生效日期
11	澳大利亚—中国	货物与服务	FTA 和 EIA	2016年1月26日	2015年12月20日
12	阿加迪尔协定	货物	FTA	2016年2月22日	2007年3月27日
13	中国—韩国	货物与服务	FTA 和 EIA	2016年3月1日	2015年12月20日
14	韩国—越南	货物与服务	FTA 和 EIA	2016年3月2日	2015年12月20日
15	巴拿马—多米尼加	货物	PSA	2016年3月21日	1987年6月8日
16	日本—蒙古	货物与服务	FTA 和 EIA	2016年6月1日	2016年6月7日
17	墨西哥—巴拿马	货物与服务	FTA 和 EIA	2016年6月6日	2015年7月1日
18	南亚自由贸易协定（SAFTA,孟加拉国、不丹、印度、马尔代夫、尼泊尔、巴基斯坦、斯里兰卡）—阿富汗加入	货物	FTA	2016年7月29日	2011年8月7日
19	韩国—哥伦比亚	货物与服务	FTA 和 EIA	2016年10月5日	2016年7月15日
20	哥斯达黎加—哥伦比亚	货物与服务	FTA 和 EIA	2016年10月31日	2016年8月1日
21	太平洋联盟（智利、哥伦比亚、墨西哥、秘鲁）	货物与服务	FTA 和 EIA	2016年11月3日	2016年5月1日
22	土耳其—摩尔多瓦	货物	FTA	2016年12月13日	2016年11月1日

资料来源：根据 WTO 网站资料整理，http://rtais.wto.org/UI/PublicALLRTAList.aspx，2017-04-26。

注：表中 FTA 为自由贸易协定，EIA 为经济一体化协定，PSA 为部分贸易协定，CU 为关税同盟。

2016年6月，日本与蒙古向 WTO 提交了两国缔结经济伙伴关系协定的一份正式通报，这对于 WTO 成员而言是一个具有里程碑意义的事件。日本—蒙古经济伙伴关系协定于 2016年6月7日生效。在此之前，蒙古是唯一一个不属于任一区域贸易协定的 WTO 成员。日本与蒙古两国经济伙伴关系协定生效后，所有 WTO 成员都至少有一个已生效的区域贸易协定。

从表 8.4 亦可看出，在 2015 年向 WTO 通报的区域贸易协定中，大部分是发达经济体与发展中经济体之间签订的,而在 2016 年,仅少数通报是在发达经济体与发展中经济体之间的区域贸易协定,而有大多数通报的区域贸易协定是在发展中经济体之间签订的。虽然区域贸易协定仍然延续"南北型"的发展趋势,但从 2016 年通报的区域贸易协定看,区域贸易协定也呈现出"南南型"合作的势头。

三、2015—2016 年区域贸易协定委员会大事记

区域贸易协定委员会在 2015 年和 2016 年分别召开了 4 次正式会议,详情见表 8.5。

表 8.5　2015—2016 年区域贸易协定委员会召开的正式会议

序号	会议名称	时间	会议议程
1	区域贸易协定委员会第 76 次会议	2015 年 3 月 30 日	区域贸易协定委员会作关于未通报区域贸易协定现状及区域贸易协定透明度机制实施情况的报告;考察 3 个区域贸易协定:欧盟—哥伦比亚—秘鲁贸易协定(G&S)、新加坡—中国台北经济合作协定(G&S)、美国—巴林自由贸易协定(G&S);确定区域贸易协定委员会其他会议时间
2	区域贸易协定委员会第 77 次会议	2015 年 6 月 22 日	区域贸易协定委员会作关于未通报区域贸易协定现状及区域贸易协定透明度机制实施情况的报告;考察 2 个区域贸易协定:欧盟—摩尔多瓦深度全面自由贸易协定(G&S)、欧盟—格鲁吉亚深度全面自由贸易协定(G&S);选举下一届区域贸易协定委员会主席
3	区域贸易协定委员会第 78 次会议	2015 年 9 月 25 日	区域贸易协定委员会作关于未通报区域贸易协定现状及区域贸易协定透明度机制实施情况的报告;考察 4 个区域贸易协定:东盟—中国全面经济合作框架协定(S)、瑞士—中国自由贸易协定(G&S)、中国香港—智利自由贸易协定(G&S)、美国—哥伦比亚自由贸易协定(G&S)

续表

序号	会议名称	时间	会议议程
4	区域贸易协定委员会第79次会议	2015年11月16日	区域贸易协定委员会作关于未通报区域贸易协定现状及区域贸易协定透明度机制实施情况的报告;考察1个区域贸易协定:墨西哥—中美洲(哥斯达黎加、萨尔瓦多、危地马拉、洪都拉斯、尼加拉瓜)自由贸易协定(G&S);区域贸易协定委员会向总理事处提交2015年度报告;审议秘书处2015年与区域贸易协定相关的技术援助活动及2016年计划
5	区域贸易协定委员会第80次会议	2016年4月5—6日	区域贸易协定委员会作关于未通报区域贸易协定现状及区域贸易协定透明度机制实施情况的报告;考察5个区域贸易协定:加拿大—韩国自由贸易协定(G&S)、日本—澳大利亚经济伙伴协定(G&S)、欧洲自由贸易联盟—中美洲国家(哥斯达黎加、巴拿马)自由贸易协定(G&S)、欧洲自由贸易联盟—哥伦比亚自由贸易协定(G&S)、欧洲自由贸易联盟—波黑(非WTO成员)自由贸易协定(G);选举下一届区域贸易协定委员会主席;美国提交WT/REG/W/103号提案;对《内罗毕部长宣言》第28条进行讨论
6	区域贸易协定委员会第81次会议	2016年6月27日	关于拉丁美洲一体化协会(LAIA)国家所提交文件的讨论;区域贸易协定委员会作关于未通报区域贸易协定现状及区域贸易协定透明度机制实施情况的报告;考察3个区域贸易协定:韩国—澳大利亚自由贸易协定(G&S)、加拿大—洪都拉斯自由贸易协定(G&S)、俄罗斯—塞尔维亚(非WTO成员)自由贸易协定(G&S);主席就《内罗毕部长宣言》第28条的磋商结果进行汇报

续表

序号	会议名称	时间	会议议程
7	区域贸易协定委员会第82次会议	2016年9月27日	区域贸易协定委员会作关于未通报区域贸易协定现状及区域贸易协定透明度机制实施情况的报告;考察6个区域贸易协定:多米尼加—中美洲(哥斯达黎加、萨尔瓦多、危地马拉、洪都拉斯、尼加拉瓜)自由贸易协定(G&S)、多米尼加—中美洲—美国自由贸易协定(G&S)、美国—巴拿马自由贸易协定(G&S)、智利—越南自由贸易协定(G)、韩国—新西兰自由贸易协定(G&S)、欧盟—波黑(非WTO成员)稳定与联合协定(S);主席就《内罗毕部长宣言》第28条的磋商结果进行汇报
8	区域贸易协定委员会第83次会议	2016年11月7—8日	区域贸易协定委员会作关于未通报区域贸易协定现状及区域贸易协定透明度机制实施情况的报告;考察3个区域贸易协定:中国—冰岛自由贸易协定(G&S)、中国—澳大利亚(G&S)、印度—东盟服务贸易协定(S);美国就促进和提高和审查进程的提议进行陈述;区域贸易协定委员会向总理事会提交2015年度报告;主席就《内罗毕部长宣言》第28条的磋商结果进行汇报

资料来源:根据WTO资料库中区域贸易协定委员会会议纪要整理,https://www.wto.org/english/tratop_e/region_e/regcom_e.htm,2017-04-26。

注:G代表货物贸易领域,S代表服务贸易领域,G&S代表货物和服务贸易领域。

区域贸易协定委员会的会议议程主要包括委员会的工作情况汇报(包括未通报的区域贸易协定和区域贸易协定透明度机制的执行情况),以及对特定区域贸易协定的考察。除此之外,2016年的几次会议都包含了关于对《内罗毕部长宣言》第28条的讨论。《内罗毕部长宣言》第28条在2015年12月WTO第十届部长级会议上通过。部长们强调,必须确保区域贸易协定是对多边贸易体系的补充而非替代。宣言提出,区域贸易协定委员会应讨论区域贸易协定对多边贸易体系的系统性影响及其与WTO规则的关系。此外,该部长宣言还呼吁各成员努力将当前区域贸易协定的临时透明度机制改为永久性透明度机制,同时不影响与通报要求有关的问题。

在2016年,区域贸易协定委员会主席就《内罗毕部长宣言》第28条与成员进行了磋商,并在后续的区域贸易协定委员会会议中进行了汇报。多数WTO成员坚定支持就该部长宣言采取后续行动并讨论区域贸易协定的系统性影响。欧盟表示希望就其对自由贸易协定中的贸易便利化的规定进行报告展示(作为议程中的非正式项目,且不做出正式结论)。在2016年11月的会议上,成员们对欧盟的倡议表示欢迎,澳大利亚和日本表示愿意积极参与,并也在讨论中展示其在贸易便利化方面的经验。此外,在此次会议上,巴西就透明度机制的改进问题进行了陈述,成员对此表示感谢并发表了各自的意见。

第二节 区域贸易协定的发展趋势

一、近年来区域贸易谈判的发展趋势

2016年,有许多WTO成员继续参与到新的区域贸易协定谈判中。从在世界各地发生的重要谈判来看,区域贸易协定的谈判依旧非常活跃。如图8.3所示,世界各个地区都有新的区域贸易协定谈判的积极参与者。和已生效的协定一样,目前大多数正在进行的谈判是两个关税区(customs territories)之间的双边谈判,包括欧盟与美国之间的TTIP,印度与日本之间的谈判,以及已经签署但尚未生效的欧盟与加拿大、新加坡和越南之间的协议。其他重要的双边谈判包括日本—韩国、韩国—墨西哥、中国—挪威,以及加拿大—新加坡自由贸易协定谈判,以及最近签署的加拿大—乌克兰自由贸易协定。

大多数协定是双边的,这导致贸易规则体系变得越来越复杂。批评者认为,这些交叉重叠的贸易制度增加了国际贸易的复杂度,破坏了WTO的非歧视原则。区域贸易协定的支持者认为,区域贸易制度可为未来的多边规则奠定基础,并且允许WTO成员以比在WTO规则下更快的速度进行市场开放。虽然区域贸易协定本质上是歧视性的,但如果协定是开放的,缔约方允许第三方加入现有协定,则可以减少对非缔约方的歧视。

近年来,多国或多经济体之间的谈判成为新的发展趋势且新的区域贸易协定提出了对现有区域贸易协定的扩大或合并:在亚太地区有12个经济体之间的TPP,在亚洲有东盟成员和6个WTO成员之间的RCEP,在拉丁美洲有目前包括了智利、哥伦比亚、墨西哥和秘鲁的太平洋联盟(Pacific Alliance),在非洲有东南非共同市场(COMESA)、东非共同体(EAC)、南部非洲发展共同体(SADC)之间的三边协议。

新的区域贸易协定正变得越来越全面,包含关于开放服务和其他领域市场

的规定。如表 8.3 所示,超过一半的区域贸易协定同时涉及货物和服务的开放承诺。此外,许多协定包含了针对投资、政府采购、竞争、卫生和植物检疫措施、技术性贸易壁垒、贸易防御措施和知识产权的规则。一些区域贸易协定还包括 WTO 规则尚未涵盖的其他问题,如环境和劳工标准以及电子商务。"边境后"承诺,如立法改革(例如新的竞争法或环境法)也可以具有非歧视性,并使所有贸易伙伴都获益。

二、主要的诸边与大型区域贸易协定

诸边(plurilateral)或大型区域(mega-regional)贸易协定由于涉及的经济体范围广,且对全球经济治理可能带来重要影响,成为近年来备受关注的热点。

TPP 涉及 12 个经济体:澳大利亚、文莱、加拿大、智利、日本、韩国、马来西亚、墨西哥、新西兰、秘鲁、新加坡和美国。TPP 于 2016 年 2 月 5 日签署,并等待各成员批准。日本已经批准通过该协议,而美国政府于 2017 年 1 月 23 日宣布退出 TPP,重返一对一的双边贸易谈判。因美国认为其更容易在双边谈判中具有压倒性的优势,使得谈判结果符合美国自身利益。

RCEP 包含 16 个贸易伙伴:10 个东盟成员国以及澳大利亚、中国、韩国、日本、印度、新西兰。东盟成员国与这 6 个合作伙伴已分别有已生效的贸易协定("东盟+1"协定),RCEP 谈判的目的是在"东盟+1"协定的基础上建立一个共同的协定。谈判从 2012 年 11 月开始,至 2016 年已举行了 16 轮,第 17 轮谈判于 2017 年 2 月 27 日开始。

欧亚经济联盟最初是由 3 个国家(白俄罗斯、哈萨克斯坦、俄罗斯)组成的关税同盟。作为这一关税同盟的升级版,欧亚经济联盟于 2014 年 12 月 12 日向 WTO 提交通报,并于 2015 年 1 月 1 日起开始生效。此后,亚美尼亚和吉尔吉斯斯坦分别决定于 2015 年 1 月 2 日和 2015 年 8 月 12 日加入欧亚经济联盟。这两个国家都是 WTO 成员,由于采用欧亚经济联盟的共同对外关税,某些产品的适用税率(applied rates)要高于其 WTO 关税约束(bound WTO tariff),亚美尼亚和吉尔吉斯斯坦目前正就这些产品的 WTO 关税约束问题进行重新谈判。

三方自由贸易协定(TFTA)旨在将非洲大陆现有的 3 个区域经济共同体成员涵盖在一个共同的协定中,包括东非共同体(EAC)、南部非洲发展共同体(SADC)和东南非共同市场(COMESA),共 26 个成员。这些成员于 2015 年 6 月 10 日在埃及沙姆沙伊赫签署三方自由贸易协定,并计划在 12 个月内(2016 年中)生效,26 个缔约方中有 14 个已批准通过三方自由贸易协定。2015 年 6 月 15 日,非洲联盟国家首脑决定,大陆自由贸易协定(Continental FTA)的谈判与三方自由贸易协定谈判同时进行,并于2017年完成谈判。

2013年4月发起的服务贸易协定谈判目前正在23个合作伙伴(包括发达成员和发展中成员)之间进行,包括澳大利亚、加拿大、智利、哥伦比亚、哥斯达黎加、巴基斯坦、欧盟、中国香港、中国台北、冰岛、以色列、日本、列支敦士登、毛里求斯、墨西哥、新西兰、挪威、巴拿马、秘鲁、韩国、瑞士、美国、土耳其。服务贸易协定除了基于各方在GATS中现有的承诺,也将包括以负面清单为基础的投资承诺,以及有关国内规则和政府采购的规定。

这些协定大多旨在巩固已有的双边关系,并将其扩展到多边协定;有些协定的承诺具有比现有协定更高的自由化水平。如果这些多方的协定可以取代现有的双边协定,在所有缔约方之间建立起共同的规则(如原产地规则),这些协定的生效很有可能极大降低区域贸易协定的"意大利面碗效应"。除了对区域贸易协定是多边贸易自由化的"垫脚石"还是"绊脚石"的争论外,还有涉及大型区域贸易协定是否应包含其所覆盖领域的争论。尤其是2016年9月英国公投脱离欧盟,移民问题成为讨论的热点。彼得森国际经济研究所高级研究员查德·P.鲍恩(Chad P. Bown)认为,许多区域贸易协定的规定都要求缔约国放弃越来越多的政策空间,在过去关注关税的谈判中,这样做是合理的,因为关税向来不是全球的最优政策,限制关税的使用可以降低一国对另一国造成的外部性,但这对大多数大型区域贸易协定谈判中的"边境后"措施并不适用。① 从全球视角来看,在合理的设定下,成员内的税收、补贴及规定往往是在不造成主要和次要副作用情况下解决市场失灵的最优政策。此时,谈判者匆忙达成的大型区域贸易协定将会对政策制定者带来不良限制,造成成员强烈反对,从而导致协定的失败。

在多哈回合的多边贸易谈判停滞不前的时期,区域贸易协定的发展反映了WTO成员对削除贸易壁垒,并进一步深化一体化的诉求。区域贸易协定对多边贸易自由化会造成怎样的影响是长期以来WTO成员关注的焦点问题,大型区域贸易协定的兴起进一步引发了关于多边贸易体系会遭遇被替代的威胁的讨论。虽然如此,WTO的多边贸易体系仍然具有不可替代作用与地位。未来各成员应致力于推进区域主义的多边化发展(multilateralising regionalism),并在逆全球化浪潮下积极推进包容性的全球化。

---

① Bown, C. P. Mega-Regional Trade Agreements and the Future of the WTO[J]. Global Policy, 2017, 8(1):107-112.

主要参考文献：

[1] Bown, C. P. Mega-Regional Trade Agreements and the Future of the WTO [J]. Global Policy, 2017, 8(1).

[2] Limão, N. Preferential Trade Agreements [R]. Handbook of Commercial Policy, Volume 1B, 2016.

[3] WTO. World Trade Organization Annual Report 2016 [R]. Geneva, 2016.

第三篇　中国入世十五周年专题

第九章　中国严格履行入世承诺

第一节　中国开放型经济体制取得的成就与问题

入世以来,中国切实履行诺言,有计划地整理法律法规,构建全面的法律框架;积极探索行政体制改革,促进政府职能转变,完善现代企业制度,建立健全社会主义市场经济体制。在关税方面,逐步降低关税税率,精细税则税目,优化税收结构;在非关税壁垒方面,逐步扩大农业、制造业和服务业市场准入,全面放开对外贸易经营权,取消所有进口配额、许可证等非关税措施;在服务贸易方面,逐步降低外资准入门槛,进一步扩大开放领域,开放部门达到一百多个,接近发达国家的水平;在知识产权保护方面,立法更全,执法更严,成效显著。但同时,中国的努力也受到一些WTO成员尤其是美国的质疑。

一、法律法规逐步健全,社会主义市场经济体制逐步完善

2001年12月11日,中国正式加入WTO,成为其第143个成员。按照加入WTO的承诺,中国在入世后便着手全面整理、修订与贸易相关的法律法规,进一步完善外贸相关法律法规体系,扩大了在工业、农业、服务业等领域的对外开放。与此同时,中国加快深化外贸体制改革,促进社会主义市场经济体制的建立和完善。

(一) 法律法规逐步健全

2001年12月,中国正式入世后,大力宣传与普及WTO知识,强化国内开放意识、规则意识;切实履行入世承诺,有计划、分步骤地对贸易相关法律法规进行整理、修订,在中央层面制定、修订、废止的法律、行政法规和部门规章总计达2300余件,[1]清理地方性法规、地方政府规章和其他政策措施总计19万余件,[2]对贸易体制和政策进行全面的调整,废止了所有关于国民待遇的与WTO不一致的规定与措施。

---

[1] 辛灵.入世十年中国承诺已全部履行完毕[EB/OL]. http://finance.sina.com.cn/roll/20111209/060010962866.shtml.2017-03-10.

[2] 赵健.加入世贸组织5年中国经济社会发展成就举世瞩目[EB/OL]. http://news.sohu.com/20061210/n246933373.shtml.2017-03-10.

1. 大力宣传与普及 WTO 知识，强化国内开放意识、规则意识

在加入 WTO 前后，在政府的积极倡导下，中国社会各界掀起了学习、宣传、研究 WTO 知识与规则的热潮。一是开展 WTO 规则宣讲工作，利用各种媒体和其他渠道向公众大力宣传入世的重要意义和作用，让民众更多地了解 WTO 规则，更快地意识到中国在入世后将按照规则办事，强化了国内的规则意识。二是上自国务院各部委下到各地方政府，均开展 WTO 有关知识和规则的学习，为履行 WTO 承诺奠定了坚实的政治基础。三是开展 WTO 规则培训，在全国范围内组织企业干部进行 WTO 规则培训，通过案例学习 WTO 知识，提高开放经济条件下的经营管理能力和遵守规则的意识。四是加大 WTO 规则的研究力度，产、学、研相结合，研究应对措施，在中国入世后的前几年，在 WTO 相关书籍中关于入世对策研究的书籍占比最高。通过对 WTO 知识的宣传和普及，WTO 所倡导的开放意识、规则意识、市场经济、竞争意识深入人心，国人对中国通过进一步融入世界实现和平发展的信心进一步增强。

2. 规章体系更加健全，法律框架全面构建

（1）政府透明度大幅提高

透明度原则是 WTO 的一项重要基本原则。入世 15 年来，中国在增强透明度方面做出不懈努力，积极征询公众关于法律法规的修改意见，并及时公布关税、贸易、知识产权等与贸易相关的法律法规及相关条例。2001 年入世后，中国逐步完善相关的外贸法律法规体系。2001—2003 年建立相应的司法审查程序与机构，通过设立官方刊物和咨询点，政策的透明度大幅度提高。2004 年商务部发布公告，就对外贸易壁垒调查暂行规则广泛征求公众意见；2007 年 12 月商务部根据《中华人民共和国对外贸易法》草拟了对外贸易促进办法，并主动公开征求意见；2009 年 7 月，为规范外贸经营者的登记工作，促进对外贸易的持续健康发展，中国对对外贸易经营者备案登记办法进行了修订，并将该修订草案公开征求意见；2013 年和 2016 年《中华人民共和国进出口商品检验法实施条例》均进行了相关修改，并将修改文件及时公布。

（2）法规体系建设更加健全

为适应国际经贸环境的改变，2004 年中国政府修订了《中华人民共和国对外贸易法》（简称新《外贸法》），并于 2004 年 7 月 1 日正式实施。新《外贸法》使中国在对外贸易上迈出一大步。相比修订前的外贸法，新《外贸法》主要有五大变化。一是修订前的外贸法中规定自然人不可从事对外贸易经营活动，新《外贸法》结合入世后中国的承诺与贸易状况，依法将从事对外贸易经营活动的自然人纳入对外贸易经营活动者的范围。二是按照《中华人民共和国加入议定书》第 5.1 条和《中国加入工作组报告书》第 84 段（a）中的承诺，中国在加入

WTO后3年内要取消对外贸易权的审批,放开货物贸易和技术贸易的经营权。据此,2004年新《外贸法》取消货物和技术进出口经营权的审批制,改为备案登记制。三是根据GATT1994第17条和GATS第8条的规定,允许缔约方在国际贸易中建立或维持国营贸易。因此,新《外贸法》规定国家可以对部分货物的进出口实行国营贸易管理。四是根据《中国加入工作组报告书》第136段中的承诺,中国应当在入世后即使自动许可制符合WTO《进口许可协议》的规定。其中自动许可只是备案性质,主要目的是监测进出口情况。据此,新《外贸法》规定国家对部分自由进出口的货物实行进口自动许可管理。五是新《外贸法》增加了"与对外贸易有关的知识产权保护"一章。新《外贸法》依据WTO的规则,同时借鉴在知识产权保护领域取得显著成就的成员的经验,采取贸易限制措施,限制侵权货物的进出口,维护国内外知识产权的合法权益。

此外,新外贸法还增加了对外贸易救济、对外贸易调查、扶持中小企业从事对外贸易等内容。[①] 2004年开始实施的《中华人民共和国行政许可法》为中国履行加入WTO承诺提供了一个总体法律和行政框架;2004年根据WTO"双反"和贸易保障规则修订了《中华人民共和国反倾销条例》《中华人民共和国反补贴条例》以及《中华人民共和国保障措施条例》;2005年对外贸易壁垒调查规则生效,中国商务部可对外国对中国实施的贸易壁垒进行调查,借助双边磋商或WTO争端解决机制维护中国的合法权益。2010年,中国又集中开展行政法规和地方性法规清理工作,废止了7件行政法规,修改了107件行政法规中的172个条款,废止了455件地方性法规,修改了1417件地方性法规。[②] 为强化海关的监管能力,2010年12月5日起正式实施修改后的《中华人民共和国海关对加工贸易货物监管办法》;2016年,经过第二次修改的《中华人民共和国进出口商品检验法实施条例》正式问世。入世15年间,中国通过不断修订完善外贸相关法律法规,构建了涵盖行政改革、海关监督、贸易促进等全方位的法律框架。

在WTO规则的指引下,中国通过建立、完善贸易法律制度,严格执法、加强监督,严格惩处对外贸易经营中的走私、倾销、侵权、破坏市场制度等违法行为,使得对外贸易有法可依、执法必严、违法必究,为境内外企业创造了法制、公平、稳定的市场环境,并与国际社会一起坚决反对任何形式的贸易保护主义,维护国内产业和企业的合法权益,促进中国与世界经济的融合。

(二)坚定不移对内改革、对外开放,社会主义市场经济框架进一步完善

入世15年来,中国切实履行承诺,把握时机,坚定不移地对内改革、对外开

---

① 宋丽.《对外贸易法》六大变化要关注[EB/OL]. http://www.people.com.cn/GB/jingji/1045/2444765.html. 2017-03-10.
② 中国世界贸易组织研究会编.继往开来话开放[M].中国商务出版社,2011:25.

放,积极推进经济体制改革,社会主义市场经济体制进一步完善,中国的经贸环境明显改善;主动推进行政体制改革,加快政府职能转变,提高了政府的行政效率;积极建设现代企业制度,充分发挥了市场机制的作用。

1. 社会主义市场经济体制更为完善

入世后,经过大规模的整理和修订有关市场经济的基本法律法规,到2010年,中国适应社会主义市场经济要求的法律制度体系基本形成,社会主义市场经济的框架进一步完善,经济体制的各个层面都呈现出明显的市场经济特征。2001年时中国的市场化程度已为69%[①],超过了市场经济临界水平(60%),表明中国经济体制已经进入发展中市场经济国家行列。经过15年的发展,中国的市场经济性质得到了越来越多国家承认。根据商务部统计,截至2016年5月,已有澳大利亚、巴西、新西兰、俄罗斯、瑞士等81个国家和地区相继承认了中国的市场经济地位。[②]

2. 积极探索行政体制改革,促进政府职能转变

(1) 积极探索行政体制改革,提高行政效率

为适应WTO新形势的要求,入世后中国先后两次进行国务院机构改革,设立国有资产监督管理委员会、中国银行业监督管理委员会(现中国银行保险监督管理委员会),将国家发展计划委员会改组为国家发展和改革委员会,取消国家经济贸易委员会、对外贸易经济合作部,组建商务部等。2017年国务院机构改革后正部级机构将减少4个,国务院最终减少为25个部门。[③] 推进行政体制改革是完善社会主义市场经济体制的关键环节,通过撤销、精简、组建各大部委,进一步优化了宏观经济调控体系,提高了政府的行政效率,破除了体制机制弊端,激发了社会活力,完善了社会主义市场经济体制,促进了中国对外经济贸易的繁荣发展。

(2) 促进政府职能转变,政府宏观调控与市场力量充分融合

入世15年来,中国出台系列新法律制度用于规范行政许可、强化政府责任、推动政府信息公开等,加快政府职能转变,实现政府宏观调控与市场力量的充分融合。据不完全统计,入世前,国务院70个有审批权力的部门有审批项目2854项,只有11.8%是依据国家法律设定的,依据部门文件和部门内设司(局)文件

[①] 李晓西.中国是发展中的市场经济国家——解读《2003中国市场经济发展报告》[J].求是,2003(17):36-38.

[②] 沈晨.欧洲议会反对承认中国市场经济地位[EB/OL].http://news.sohu.com/20160513/n449186844.shtml.2017-03-10.

[③] 国务院机构改革和职能转变方案[EB/OL].http://www.cfsbcn.com/information/show-103857.html.2017-07-10.

设定的审批事项占 36.8%。①《中华人民共和国行政许可法》的颁布,有力地打破了审批经济怪圈,加快了政府职能转变。现阶段中国政府正在向有限型政府、法治政府、透明政府和服务政府转变。政府以宏观调控为主,微观治理为辅,才能更好地发挥社会主义市场经济体制的优势。党的十六届三中全会以后,中国坚持把又好又快发展作为搞好宏观调控的根本要求,把推进结构调整、发展方式转型、实现总量平衡作为搞好宏观调控的重要着力点,较好地保障了中国市场经济良性健康发展。2013 年党的十八届三中全会在将审批制改为备案制基础上,强调进一步简政放权,最大限度减少中央政府对微观事务的管理,使市场机制能有效调节经济活动。十八大以来,中国改革的步伐稳步前进,一些改革措施陆续实施,尤其以转变政府职能、简政放权为突破口,取消和下放了 100 余项行政审批事项。② 新一届政府成立后,国务院总理李克强强调要以政府权力的"减法"换取市场活力的"乘法",从 2013 年 3 月到 2015 年 7 月,中国政府取消下放的行政审批等事项超过 800 余项,并取消了"非行政许可审批",进一步激发了市场和社会活力,使市场在资源配置中起决定性作用。③

3. 国有企业股份制改革和现代企业制度建设成效显现

改革开放以来,国有企业改革一直是中国经济体制改革的中心环节。入世后国有大中型企业股份制改革步伐不断加快,改革成效不断显现,企业所有制结构更加合理,极大地提升了国民经济的活力,受到了国内外的广泛关注。2002 年十六大提出"除极少数必须由国家独资经营的企业外,积极推行股份制"。④ 产权是所有制的核心,十八届三中全会提出建立健全"归属清晰、权责明确、保护严格、流转顺畅"的现代产权制度。2015 年中共中央、国务院印发了《关于深化国有企业改革的指导意见》,指出要深化国有企业改革,加快完善现代企业制度,加快完善产权清晰、权责明确、政企分开、管理科学的现代企业制度。在改革开放基本国策和 WTO 框架下,到目前为止,大多数企业已经基本上建立了现代企业制度的框架。国有、民营、外资经济在中国经济体系中蓬勃发展,尤其是民营企业在企业数量方面增长较快,如图 9.1 所示。

---

① 从无限政府到受限政府,入世推动中国政府转型[EB/OL]. http://www.cnca.gov.cn/cnca/rdht/jnzgjrwtosznzt/mtbd/12/510337.shtml.2011-11-01.

② 任珂.十八届三中全会将加快推动政府职能转变[EB/OL]. http://www.rmlt.com.cn/2013/1024/169711.shtml. 2017-03-10.

③ 赵超.国务院已经取消和下放了 800 多项行政审批事项[EB/OL]. http://www.dxbei.com/n/20150803/197809. html.2017-03-15.

④《改革开放三十年重要文献选编》(下)[M].人民出版社,2008:1253.

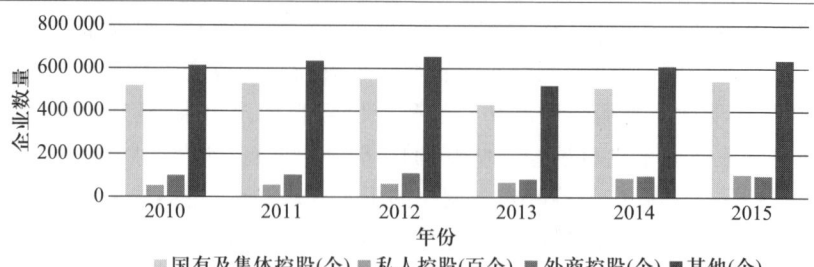

图9.1 中国不同控股情况企业法人单位数

资料来源:根据国家统计局官网各年统计年鉴制作,http://www.stats.gov.cn/tjsj/ndsj/,2017-03-01。

注:《中国统计年鉴2014》中未提供2013年不同控股情况企业法人单位数统计。

二、中国切实履行入世承诺

(一)货物贸易:关税大幅降低,非关税壁垒显著减少

1. 关税水平大幅降低,税则税目更为精细,结构不断优化

2001年12月11日正式成为WTO成员后,中国遵守约定,全面履行关税减让承诺,从降低税率、精细税目、优化税收结构三方面同时入手,经过15年的不断调整,有效发挥了关税的宏观调控职能,并逐步建立起适应国内外经济发展趋势、体系较为完备的关税制度。

(1)关税水平大幅度降低

按照入世承诺,中国于2002年1月1日起开始全面下调关税,分10年逐步实施。其中,对绝大部分进口产品的降税承诺在2005年1月1日已经履行完毕;所有产品的降税承诺在2010年1月1日前已经全部完成。中国的关税总水平从入世前的15.3%降到2010年的9.8%,降幅达36%。① 与各成员对WTO所承诺的关税税率相比,中国关税总水平高于欧盟(5.3%)、美国(3.5%)等主要发达经济体,但明显低于印度(48.5%)、墨西哥(36.1%)、巴西(31.4%)、阿根廷(31.9%)和南非(19.0%)等多数发展中经济体,不到世界平均关税税率(40.0%)的1/4,详情见表9.1。

表9.1 WTO部分成员入世承诺关税税率

经济体	中国	美国	欧盟	印度	印尼	墨西哥	阿根廷	巴西	南非	世界平均
承诺关税税率(%)	9.8	3.5	5.3	48.5	37.1	36.1	31.9	31.4	19.0	40.0

资料来源:WTO.Get Tariff Data[EB/OL].https://www.wto.org/english/tratop_e/tariffs_e/tariff_data_e.htm.2017-03-01.

---

① 财政部.入世以来关税制度建设情况[EB/OL].http://www.mof.gov.cn/zhuantihuigu/czjbqk2011/czsr2011/201208/t20120831_679826.html. 2017-03-15.

2015年中国的最惠国关税税率维持不变,关税总水平仍为9.8%,其中农产品平均税率由入世前的18.8%降为15.1%,工业品平均税率由入世前的14.7%降为8.9%。① 2015年中国的最惠国关税总水平虽高于美国、欧盟、日本等发达经济体,但明显低于巴西、印度等发展中经济体,如图9.2所示。农产品中谷物类及谷物类制品的关税为23.0%,明显低于日本(31.1%)、印度(31.3%),详情见表9.2。

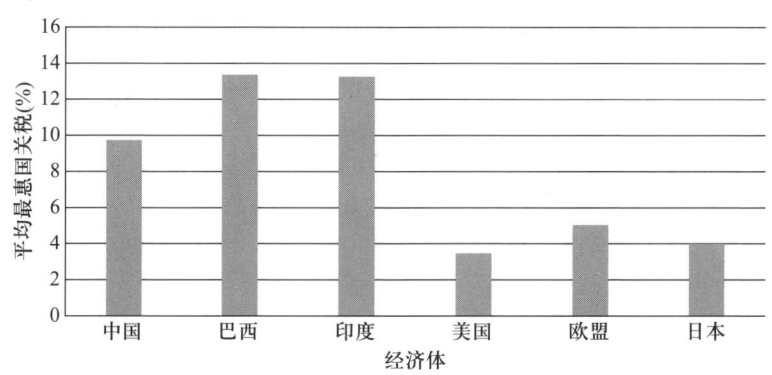

图9.2　2015年WTO部分成员最惠国关税税率

资料来源:WTO.World Tariff Profiles 2016[EB/OL].https://www.wto.org/english/res_e/publications_e/world_tariff_profiles16_e.htm.2017-03-01.

表9.2　2015年WTO部分成员谷物类关税税率

经济体	中国	巴西	印度	美国	欧盟	日本
谷物类关税税率(%)	23.0	10.7	31.3	3.0	12.4	31.1

资料来源:WTO.World Tariff Profiles 2016[EB/OL].https://www.wto.org/english/res_e/publications_e/world_tariff_profiles16_e.htm.2017-03-01.

(2)税则税目进一步精细

1992年,中国依据世界海关组织《商品名称及编码协调制度》(HS)开始设置与国际接轨的税则税目,将税则税目设为8位编码,之后又分别在1996年、2002年和2007年多次改版,因此,中国的编码与世界海关组织协调制度同步的步伐明显快于大多数发展中国家和地区。同时,为适应科技进步,便利产业结构调整,加强海关进出口管理的需要,针对中国部分特有的贸易量较大或增长较快的产品、新技术产品以及实施进出口管理措施的商品,中国增设了1183个本国

---

① 新版关税方案出台　单反相机等11项商品进口关税降低[EB/OL]. http://news.ifeng.com/a/20150109/42899194_0.shtml. 2017-03-15.

子目,8位税目数由2001年的7111个逐步增至2016年的8294个,税则税目更加精细。①

(3) 关税结构不断优化

加入WTO后中国不仅切实履行承诺,逐步降低关税水平,而且不断优化关税税率结构,使关税体系更加合理。中国大幅降低了能源、资源、原材料等初级产品的进口关税,并有选择地降低了部分关键零部件等中间品以及重要机电设备等制成品的进口关税。以汽油、柴油为例,进口关税由入世前1996年的9%降至目前实施的1%和0。目前,中国进口能源、资源类产品税率一般不超过5%,其中原油、煤炭、铁矿石等重点大宗商品均已实行了零关税。中国大幅度地降低了消费品进口关税。如对汽车进口整车和零部件降税承诺在2006年7月1日执行到位,汽车整车关税税率从入世前的70%~80%降到25%,汽车零部件关税税率从入世前的18%~65%降至10%②,十几年间完成了发达成员五六十年的降税进程。③ 精细调整后的关税,不仅税率大幅降低,而且税收结构明显改善,形成了较为合理的税率结构。

2. 以实际行动减少非关税壁垒

在非关税壁垒方面,中国在入世时签署的《中华人民共和国加入议定书》附件3中承诺取消进口配额、进口许可证和特定招标等424个税号产品的进口非关税措施,已于2005年1月1日全部取消,并于2005年9月起开始正式实施新的进口许可制度④,包括:关税配额、非自动进口许可和自动进口许可。其中,在关税配额方面,中国仅对少数农产品和化肥贸易实施关税配额;在进口许可方面,取消原来以业绩为基础颁发许可的制度,明确规定以透明、可预见、统一、公平和非歧视为基础实施进口许可的管理。

在贸易经营许可方面,全面放开贸易经营权。入世前,中国对外贸易采取"指定贸易的方式",仅有少数指定企业可以从事对外贸易的经营活动。入世后,2003年中国取消了"指定贸易"方式。2004年4月完成外贸法的修订,除对少数农产品和能源资源采取国营贸易外,全面放开贸易经营权,将实行了50年

---

① 财政部.入世以来关税制度建设情况[EB/OL]. http://jgdw.mof.gov.cn/mofhome/mof/zhuantihuigu/czjbqk1/czsr/201405/t20140505_1075168.htm. 2017-03-01.

② 商务部:加入世贸组织15年保护期到期后我国关税总水平将保持基本平稳[EB/OL]. http://news.xinhuanet.com/fortune/2015-06/18/c_1115661580.htm. 2017-03-01.

③ 财政部.入世以来关税制度建设情况[EB/OL]. http://jgdw.mof.gov.cn/mofhome/mof/zhuantihuigu/czjbqk1/czsr/201405/t20140505_1075168.htm. 2017-03-01.

④ 陈泰锋.中国对外开放新进展:基于WTO承诺履行的视角分析[J].国际经济合作,2008(5):35-39.

的外贸审批制改为备案登记制,规定所有合法的对外贸易经营者均可以按照规定从事对外贸易;2009年对旅游、金融、信息服务等部门进一步放开。① 2013年6月29日,全国人民代表大会常务委员会决定对《中华人民共和国煤炭法》进行修改,新的《中华人民共和国煤炭法》取消了煤炭生产许可证和煤炭经营许可证。

在政府采购方面,逐步开放中国的政府市场。中国从2002年起正式成为WTO《政府采购协定》的观察员;2003年中国开始实施《中华人民共和国政府采购法》,使中国的政府采购更加法制化、规范化,并增加政府采购行为在国内外的透明度;2009年承诺在政府采购领域给予外资企业国民待遇。2013年在中美商贸联委会会议上,中国表示将进一步开放政府市场的大门。

在出口限制方面,减少限制,扩大开放领域。2005年1月,中国开始实施新的出口许可管理办法,其中包括出口配额和出口许可证,出口许可证又包括自动出口许可与非自动出口许可。新的出口许可管理办法规定,对农产品、木材、煤炭、原油和成品油、金属矿物、丝绸等实施出口配额,取消纺织品和服装的出口配额管制。② 2015年1月,商务部宣布取消稀土、钨、钼等产品的出口配额管理,稀有金属矿产贸易政策发生变化由管制型出口转向开放型出口。

在出口补贴方面,中国逐步取消部分产品的直接补贴和间接补贴,促进市场健康发展。2004年中国调整了出口退税率,分为5%、8%、11%、13%和17%共5档;③2005年调低和取消了对部分"高耗能、高污染、资源性"产品的出口退税率,并降低了较易引起贸易摩擦的部分产品(如纺织品)的出口退税率;2009年提高部分高技术含量、高附加值的机电产品的出口退税率;2010年财政部、国家税务总局联合发文取消406个税则号的出口退税,如部分塑料及其制品、橡胶及其制品、玻璃及其制品、部分钢材、部分农药、医药及化工产品。④ 2016年取消粗苯、汞等部分化工产品的出口退税,并取消纺织、服装和鞋类,轻工业,先进材料和金属(包括特种钢和铝产品在内),特种化学品,医疗产品,农业,五金建材7类产品的出口补贴。

---

① 盛斌等.入世十年转型:中国对外贸易发展的回顾与前瞻[J].国际经济评论,2011(5):4,84-101.
② 盛斌等.入世十年转型:中国对外贸易发展的回顾与前瞻[J].国际经济评论,2011(5):4,84-101.
③ 出口退税率查询入口[EB/OL].http://www.Kuaiji.com/news/2141213. 2017-03-01.
④ 官平.406种商品出口退税7月15日起彻底取消[EB/OL]. http://stock.hexun.com/2010-06-23/124034835.html. 2017-03-01.

(二) 服务贸易:全方位开放

在《中华人民共和国加入议定书》中,中国政府承诺将全方位、有步骤地开放国内服务业市场。入世15年来,中国相继颁布了40余个开放服务贸易领域的法规和规章,涵盖金融、旅游、建筑等几十个领域,进一步完善了服务贸易对外开放的法律体系,使得中国服务贸易开放领域更为广泛,服务贸易结构日趋合理,开放承诺水平高于一般发展中成员,并接近发达成员,详情见表9.3。

表9.3 WTO 成员服务贸易承诺开放水平

成员	承诺开放平均部门数(个)	占总部门数比例(%)
中国	100	62.1
发展中经济体	54	33.5
发达经济体	108	67.5
WTO 服务贸易总部门数	161	—

资料来源:WTO.WTO Accessions[EB/OL].https://www.wto.org/english/thewto_e/acc_e/acc_e.htm,2017-03-01.

1. 服务贸易开放领域更为广泛

过渡期结束后,中国全部的市场准入承诺的平均数为57.4%,平均比例为38%;在国民待遇方面承诺的平均数和平均比例分别为57.4%和45%,皆高于其他成员;银行、保险、证券、电信服务、分销等服务贸易部门也全部向外资开放,开放度远高于发展中成员平均水平。此外,中国在自由贸易区框架下的服务贸易开放也不断增多。入世15年间,中国先后与东盟、智利、澳大利亚签署了《服务贸易协定》,内地也分别与香港、澳门签署了《关于建立更紧密经贸关系的安排》(CEPA)等。2005年以来,随着《外商投资产业指导目录(2004年修订)》颁布,中国进一步加快服务贸易领域的开放,对一些敏感行业,包括商业、通信、建筑、分销、教育、环境、金融、旅游和运输9个领域,90余个分部门做出了开放承诺,对外资的各种限制逐渐放宽,扩大外商投资开放领域,除极少数关系国计民生的重要战略部门及军事工业外,外资准入限制全面放松,地域及股权方面的投资限制也逐步取消,加快了中国建设开放型经济的步伐。到2010年按WTO规则分类的161个服务贸易部门中,中国已开放100个。①

2. 各主要服务部门开放效果明显

入世时中国承诺按照《中华人民共和国加入议定书》的承诺和GATS的规定,切实改善市场准入条件,逐步放宽对外开放的服务市场领域,制定承诺减让

---

① 张莉.入世十年我国服务贸易发展成就及未来取向[J].中国经贸导刊,2011(11):29-31.

表,按照承诺时间表严格执行,对国内服务企业的保护不得超越承诺表的范围。

(1) 旅游业方面

随着经济全球化下的贸易自由化浪潮的推进以及中国加入WTO等事件的发生,GATS对推动旅游服务贸易自由化的相关规定,同样适用于中国的旅游服务贸易。2004年12月31日,中国加入WTO后的过渡期已经结束,中国政府积极履行加入WTO时的承诺,旅游市场完全对外开放。2005年2月17日,国家旅游局(现文化和旅游部)和商务部联合发布《对〈设立外商控股、外商独资旅行社暂行规定〉的修订》,降低外资旅行社注册资本至不少于250万元人民币,取消外资旅行社设立的地域限制,提前1年多兑现了允许外资设立控股旅行社的承诺,提前3年兑现了允许外资设立独资旅行社的承诺。① 根据国家旅游局发布的统计公报,2015年全国纳入星级饭店统计管理系统的星级饭店共计12327家。其中,外商和港澳台投资兴建的星级饭店共383家,实现营业收入203.1亿元人民币,上缴营业税11.3亿元人民币。② 2015年度全国外商投资旅行社旅游业务营业收入35.02亿元人民币,同比增长7.26%,占全国旅行社总量的0.90%;旅游业务利润2.82亿元人民币,同比增长15.57%,占全国旅行社总量的1.42%,实缴税金0.44亿元人民币,同比增长22.22%,占全国旅行社总量的1.75%。③

(2) 银行方面

入世15年来,中国在建立和完善现代金融体系方面做出了许多努力,有力地推动了中国金融业的对外开放程度、金融制度和监管体系的建立以及金融机构综合实力的提高。中国银行业在2001年加入WTO时就全面开放了外汇业务,也逐步扩大了人民币业务的开放地域和业务对象。目前,外资银行在法规规定的12项基本业务范围内经营的业务品种已超过100个,市场准入的标准和程序也比入世时进一步简化。中国还鼓励合格的境外投资者参与国内金融机构的重组与改造,并已经将单个外资机构入股中资商业银行的比例由原来的15%提高到20%,合计外资投资所占比例如低于25%,被入股机构的性质和业务范围不发生改变。④ 外资不但积极参与中国国内银行的股权改革,还通过战略联盟、技术合作、业务外包等形式与中资银行建立合作关系,实现先进技术、设备和服

---

① 陈泰锋.中国对外开放新进展:基于WTO承诺履行的视角分析[J].国际经济合作,2008(5):35-39.

② 国家旅游局.国家旅游局关于2015年度全国星级饭店统计公报[EB/OL]. http://www.cnta.gov.cn/zwgk/lysj/201609/t20160902_782543.shtml. 2017-03-12.

③ 国家旅游局.国家旅游局关于2015年度全国旅行社统计调查情况的公报[EB/OL]. http://www.cnta.gov.cn/zwgk/lysj/201609/t20160908_783202.shtml. 2017-03-12.

④ 贺婷婷.入世五年来我国金融服务业的开放与竞争[J].对外经贸实务,2007(9):59-61.

务、网络优势等方面的互补互利。截至2015年,外资金融机构数由2006年的14家变为40家,增幅达185.71%,如图9.3所示;2003—2015年,外资银行资产总额急速增长,2007年突破1万亿元人民币,2015年资产总额为26808亿元人民币,年均增速为37.04%,如图9.4所示。

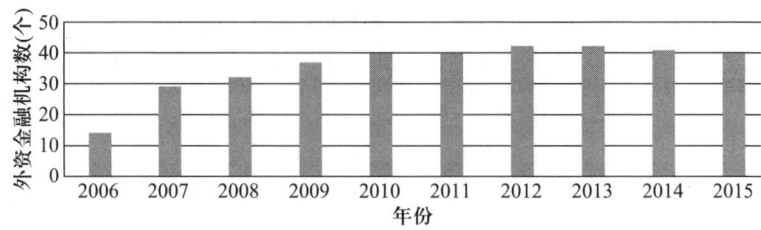

图9.3 2006—2015年中国银行业外资金融机构数

资料来源:根据中国银行业监督管理委员会网站资料制作,http://www.cbrc.gov.cn/chinese/home/docViewPage/110007.html,2017-03-01。

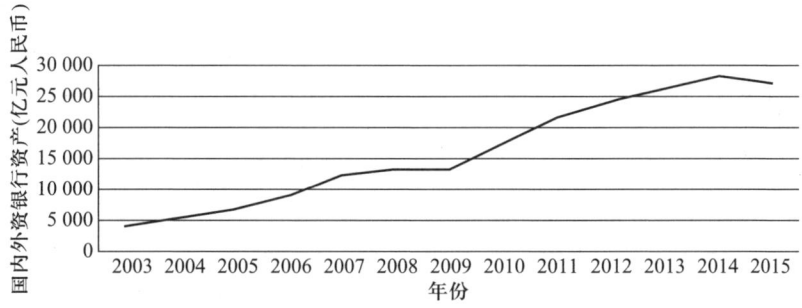

图9.4 2003—2015年国内外资银行资产

资料来源:根据中国银行业监督管理委员会网站资料整理,http://www.cbrc.gov.cn/chinese/home/docViewPage/110007.html,2017-03-01。

(3)证券业方面

2002年12月中国开始正式实施合格境外机构投资者(QFII)制度,这是在人民币未实现完全自由兑换的情况下,中国有限度地引进外资、开放证券市场的过渡性举措。2007年中国政府在中美第二次战略经济对话期间,宣布在2007年下半年取消对外资券商进入中国市场的禁令,并恢复发放对包括合资券商在内的证券公司经营牌照;同意在第三次战略对话之前进一步扩大外资券商在中国的业务种类,包括经纪业务、自营业务以及基金管理。至此,中国兑现了加入WTO时的全部承诺。同时,中国政府还在WTO没有明确承诺的情况下,同意合资券商开展经纪业务、自营业务和资产管理业务,使得合资证券公司与国内证券公司享受同等待遇。2015年证监会宣布按照内地规定,允许符合外资参股条件的港资、澳资在内地批准的若干改革区内,各新设一家港、澳牌照的证券公司。港资、澳资在合资全牌照证券公司中的合并持股比例不超过49%。2005年中国外资参股证券公司仅4家,随着证券行业外资准入门槛的降低,证券业开放水平不断提高,2015年中国外资参股证券公司数达到11家,如图9.5所示。

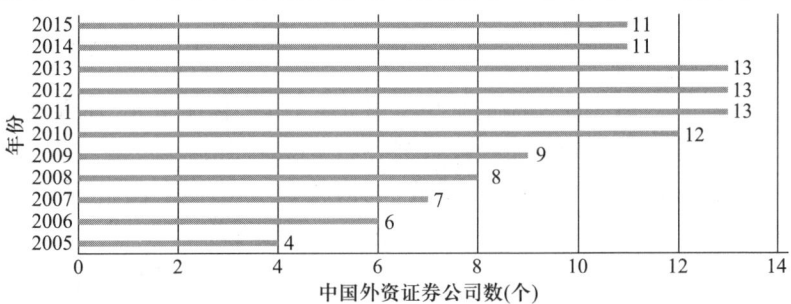

图9.5　2005—2015年中国外资参股证券公司数

资料来源:根据中国证券监督管理委员会网站资料制作,http://www.csrc.gov.cn/pub/newsite,2017-03-01。

（4）保险业方面

从2005年年底开始,中国对外资保险公司的地域和业务范围已无任何限制,外资保险公司可以在中国任何一个城市开设机构,外资寿险公司也可以向中国公民和外国公民提供健康险、团体险和养老金/年金险服务。2014年,中国外资保险公司实现保费收入901.9亿元人民币,同比增长32.6%,占全国保费收入的4.5%,较2013年提高0.5个百分点。各类赔款与给付支出472.0亿元人民币。外资保险公司总资产6646.7亿元,较年初增加2231.4亿元人民币,增长50.5%,占保险业总资产的6.5%。截至2014年年底,共有15个国家和地区的保险公司在中国设立了56家外资保险公司,外国保险机构在华设立代表处140家。[①]

（5）医疗方面

基于入世的承诺,2000年国家卫生部和对外贸易经济合作部联合制定的中外合资合作医疗机构暂行管理办法规定:合资、合作中方在中外合资、合作医疗机构中所占股权比例或权益不得低于30%,即外资股份最高可占到70%,[②]但中

---

①　2014年保险业对外开放情况分析（图）[EB/OL]. http://www.chyxx.com/industry/201601/375046.html.2017-03-01.

②　今年外资持股医疗机构比例限制将减少[EB/OL]. http://www.chinairn.com/news/20140326/090024583.html. 2017-03-01.

国只允许举办中外合资、合作的医疗机构。2010年11月,在关于进一步鼓励和引导社会资本举办医疗机构的意见中指出要进一步扩大医疗机构对外开放,逐步取消对境外资本的股权比例限制,对具备条件的境外资本在中国境内设立独资医疗机构进行试点,逐步放开。2011年12月24日,国家发展和改革委员会、商务部联合公布《外商投资产业指导目录(2011年修订)》,明确将外商投资医疗机构从限制类调整为允许类。

(6)建筑业方面

入世时中国承诺允许外国企业在中国成立合资、合作企业,加入WTO的3年内使合资合作企业开始享受国民待遇,5年内允许外商成立独资企业。入世15年,中国建筑行业对外商逐步开放,外商建筑企业在中国得到蓬勃发展。2001年入世时,中国的外商独资建筑业企业仅16家,截至2015年已经达到80家,增幅达400%,年均增幅26.67%;2001年中国外商独资建筑业资产只有3.52亿元人民币,到2015年时已突破500亿元人民币大关,而外商投资建筑业企业资产更是达到792.42亿元人民币,详情见表9.4。

表9.4 外商建筑业概况

指标	2001年	2005年	2010年	2015年
外商独资建筑业企业单位数(个)	16	68	95	80
外商独资建筑业企业资产(亿元人民币)	3.52	54.05	201.62	511.93
外商投资建筑业企业资产(亿元人民币)	83.72	265.6	460.62	792.42

资料来源:根据国家统计局网站资料制作,http://data.stats.gov.cn/easyquery.htm? cn=C01,2017-03-01。

(三)立法更全、执法更严,知识产权保护取得显著成果

在与贸易有关的知识产权方面,根据WTO的《TRIPs协定》设定的保护知识产权的最低司法与执法标准,中国于2001年修订了《中华人民共和国著作权法》《中华人民共和国专利法》和《中华人民共和国商标法》等知识产权法,充分保证对外贸易中所有知识产权方面的国民待遇和最惠国待遇符合《TRIPs协定》的规定,对地理标识、植物新品种等在相关法律和法规中做了专门规定,并建立了对知识产权的大范围综合性管理体系。

随着立法体系的逐步完善,中国相关工作的重心转移到法律执行方面。2001—2003年处罚的案件大量增加;2003年还颁布知识产权海关保护条例,使海关在查处侵权货物方面的作用日益增大;2004年8月至2005年12月开展了保护知识产权的专项行动;2005年颁布《互联网著作权行政保护办法》。统计显示,2012年至2015年11月底,全国工商和市场监管部门共立案查处侵权假冒案件31.7万件;捣毁制假售假窝点10622个;依法向司法机关移送涉嫌犯罪案

件2644件,涉案金额29.1亿元人民币。2015年前11个月,全国工商和市场监管部门共立案查处侵权假冒案件4.6万件,案值6.5亿元人民币。①

入世15年,中国的知识产权保护取得显著成效。2011年中国商标申请件数仅为127.38万件,2016年达到532.68万件,5年内增幅达318.18%;2011年商标的有效注册量为475.46万件,2016年突破1000万,达到1114.35万件,增幅为134.37%,如图9.6所示。

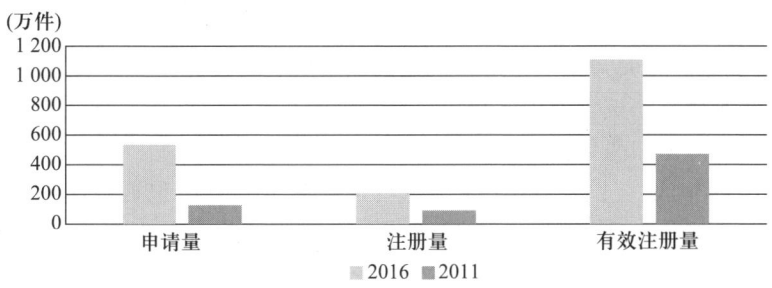

图9.6　2011年和2016年中国商标申请情况

资料来源:根据国家工商行政管理总局商标局(现国家知识产权局)资料制作,http://sbj.saic.gov.cn/sbtj,2017-03-01。

三、部分成员对中国入世承诺履行的质疑

自2001年中国入世以来,以美国为首的一些成员对中国履行入世承诺的指责主要集中在以下方面。

(一)知识产权

2002年美国贸易代表办公室(USTR)发布的中国执行WTO承诺2002年度报告指出,中国缺乏行之有效的知识产权执法力度,这使得中国不能很好地履行承诺。2003年的美国贸易代表办公室报告指出,中国生产销售盗版产品、窃取商标与技术的问题非常普遍,特别是在音像出版、药品、化学制成品、信息技术软件、电子设备、汽车零部件以及服装等领域,大量的盗版假冒产品给美国企业造成了严重的经济损失。

2006年的美国贸易代表办公室报告指出,中国一系列保护知识产权的法律法规的核心部分,如确定刑事诉讼的门槛较低,不能实现真正的打击盗版力度,仍需修改相关法律条款;并指出中国在执行WTO的《TRIPs协定》时效率很低。2006年,美国在《特别301报告》中指出,2005年美国边境查获侵犯知识产权的

---

① 工商总局通报工商和市场监管部门打击侵权假冒工作情况[EB/OL].http://finance.sina.com.cn/roll/2016-01-28/doc-ifxnzanm3731146.shtml.2017-03-01.

产品中,有 69% 来源于中国,比 2004 年的 63% 有所增长;2005 年美国在中国市场交易的与版权有关的产品,盗版率为 85% 至 93%。该报告指出中国在打击盗版产品时不应该仅仅使用行政执法,而应更多地使用刑事处罚。2007 年的《特别 301 报告》中,美国贸易代表办公室把中国列入重点观察名单,对中国实施 306 条款监控,同时对中国进行省级特别审议,详细了解中国各省的知识产权保护与执法状况,重点考察北京市、广东省、浙江省和福建省等地区。①

2008 年,美国贸易代表办公室的报告再次指出,中国不注重互联网的版权保护,需要加强有关知识产权侵权现象的刑事处罚力度,这些事项都需要中国进行关键性的变革。该年报告还指出,中国的盗版现象与以往相比几乎没有得到任何改善反而更加恶化。

2011 年年底,美国发布中国的"恶名市场名单",其中包括中国人引以为豪的淘宝网。美国称这些"恶名市场"涉嫌经营或盗版假冒伪劣产品,触犯了美国的知识产权保护法律,对美国企业及其员工造成了损害。美国公布的"恶名市场"名单遭到了中国商务部的强烈反对,2012 年年底美国把淘宝网从年度"恶名市场"名单中删除。

2014 年 2 月,美国政府公布了一份报告,把中国广州火车站的服装批发市场、百脑汇电脑城、北京秀水批发商场、深圳的罗湖商业中心等列入知识产权黑名单,认为在中国各地遍布着 20 多家分店的百脑汇电脑城是盗版软件、音像制品和游戏的来源,还称广东增城的牛仔服装批发市场中,有近 1/3 的牛仔服装是仿制美国品牌的假冒伪劣服装。该报告认为中国是在美国市场上提供假冒伪劣产品的主要市场之一,并在该年的《特别 301 报告》中,将中国等列为没有很好地保护美国产品专利、版权和其他知识产权的成员。②

2015 年美国贸易代表办公室在《特别 301 报告》的"国家报告"部分,美国依然把中国列在"优先观察名单"的首位。该报告用较大篇幅阐述了中国严重的网络盗版侵权问题,批评这些侵权对应的刑事处罚力度小。2015 年的《特别 301 报告》第一次提到,中国电影院里未经授权的录像是中国网络电影侵权的主要来源之一,并指出这在中国是一个严重的问题。③ 此外由于中国国家新闻出版广电总局(现为国家广播电视总局)出台了有关外国影视内容审查的法律法规,美国贸易代表办公室认为这威胁到了美国企业合法的商业行为,会导致一些严

---

① 李顺德.李顺德:评美国贸易代表办公室《2006 年特别 301 报告》[EB/OL]. http://www.lawtime.cn/info/zscq/gnzscqdt/ 20111022113541.html.2018-05-11.

② 中国是最大假货实体市场?[EB/OL]. https://finance.qq.com/a/20140215/004899.htm.2018-05-11.

③ 牛江波.美国 2015 年《特别 301 报告》评述[J].商,2016(12):100-101.

重的市场准入问题。

(二) 中国影响贸易的国内政策：透明度等问题

在中国政府出台的影响贸易的国内政策方面，主要涉及中国加入WTO后在市场准入、国民待遇原则和透明度方面的政策。

2002年，美国贸易代表办公室的报告认为美国政府需要特别关注中国的贸易透明度问题，尤其是在中国制定、讨论、通过和执行新法律法规方面，应重点关注中国增加透明度的承诺履行情况。透明度包括实体透明和程序透明两个方面。中国的一些政府部门和机构虽然已采取积极措施，增加普通大众评论新法律法规草案的机会，但是中国的这些措施仍存在很大的不确定性，也缺乏统一性和连贯性。此外，WTO的很多成员认为中国没有公布所有与经济贸易相关的法律、政策、规章制度，这使得其他成员很难获取必要的信息。

2003年中国国务院成立了国有资产监督管理委员会，美国贸易代表办公室认为这一措施降低了中国从国家集中的计划经济向市场经济转型的程度。同时，美国贸易代表办公室认为中国政府对市场的行政干预较多，如中国政府在努力提高国有企业的经营效率，制定国有企业的优惠政策，支持国有企业并购重组，建立更强大的国营经济体系，这使得许多国企成为行业里的垄断巨头，排挤外国企业，有违公平竞争原则。此外，美国贸易代表办公室还提出由于中国政府政策制定的不确定性较大，缺乏连续性，可测性低，会降低中国政策的透明度。中国的一些部委和机构在出台法规征求意见的时候，把驻华的外国企业基本上都排除在外，而且在制定法规的时候，更多地考虑了国内企业的利益，这对包括美国在内的国外企业而言并不公平，违背了WTO国民待遇原则。

2005年美国贸易代表办公室的报告指出，中国的贸易救济措施由于透明度低、不确定性高，使得中国在涉及此类问题时的做法越来越有问题，受到制裁的美国企业认为他们很难获得充分的信息来为自己辩护。透明度原则是WTO的一个很重要的基本原则，这个原则使得市场可以有效率地运行，中国部委只有商务部很好地遵循了透明度原则，其他部委在履行该项义务时，态度并不积极。

2006年美国贸易代表办公室的报告指出，在2005年中国官方仍然没有单独发布与贸易有关的所有措施的公告，也没有在制定、修改与贸易有关的措施之前通知相关企业，采用规范的评议程序。此外，2006年中国虽然完成了加入WTO的所有关键承诺，但中国对国有企业的政策优惠越来越明显，这使得国营资本的垄断性倾向越发加重。

2007年和2008年美国贸易代表办公室的报告认为，中国的一些政府部门和官员并没有完全接受并遵守市场准入原则、国民待遇原则和透明度原则等WTO准则；加上中国各部委之间缺乏协调，与地方政府之间存在分歧，使得中国在迈向市场经济的进展变慢,改革也变得很困难。

在2013年的报告中,美国贸易代表办公室认为中国一系列政策和措施仍给美国的利益相关者带来很多困扰。中国政府在大力实施自主创新政策,但并没有很好地保护商业机密,这带来技术转移等知识产权保护不力的问题。此外中国加入WTO《政府采购协定》的进展变得缓慢。①

2016年12月,美国贸易代表办公室认为,由于中国不能充分减少投资限制,在负面清单方面的开放程度仍有限,达不到美国的要求,所以中美双边投资协定(BIT)谈判无法顺利完成。

美国贸易代表办公室认为,中国还需要建立健全地方立法的WTO合规性内部自查机制。目前,中国只有辽宁省、天津市、甘肃省以及本溪市、抚顺市、苏州市、无锡市明确规定,在制定规章的过程中要审查是否符合WTO规则和中国的入世承诺。② 随着中国入世时间的不断增加,WTO成员在对中国进行贸易政策审议时也会更多地关注到地方规章的合规性问题,因此中国政府应当督促地方政府在制定新的法规时考虑合规性,建立健全地方立法中的合规性审查机制。

(三) 农业领域

尽管美国的农产品在中国市场处于领先地位,但美国还是对中国的农产品实施高压态势,禁止中国对农产品进行出口补贴,并对中国农产品的卫生、技术等方面实施严格的标准;同时希望中国能提高海关报关手续、动植物检验检疫措施、农产品技术标准等方面的透明度。

2002年美国贸易代表办公室的报告认为,中国关于使用生物技术生产的农产品的法规(主要是大豆)和动植物卫生检验检疫措施等都存在一些严重问题。此外,中国没能充分履行大宗农产品关税配额承诺。

2005年,美国大豆出口总额连续3年超过20亿美元,农产品出口大幅度增长。中国一直是美国大豆的主要出口目的地,是美国第四大农产品出口市场。美国贸易代表办公室的报告指出,尽管美国农产品出口体现了很强的竞争力,但由于中国主管当局对市场进行选择性干涉,中国海关和检疫官员的不确定性行为较多,中国在农业方面的承诺并未完全履行,这延迟并阻碍了美国农产品对华出口,损害了美国农业的利益;而动植物卫生检验检疫的标准也并不科学。中国这种不透明的管理机制给美国农产品出口商对华出口增加了较多的不确定性。

---

① 财政部亚太财经与发展中心.USTR发布《中国履行WTO承诺情况报告》[J].预算管理与会计,2014(8):55-56.
② 胡加祥,彭德雷.WTO贸易政策审议机制的特点与功能——以中国第四次贸易政策审议为切入点[J].法学,2013(1):66-76.

2007年美国贸易代表办公室的报告指出,美国对华出口农产品达到76亿美元。虽然美国对华农产品的出口实现了稳定增长,但美国要继续对中国农产品方面进行压制,尤其是关于中国市场对美国牛肉和牛肉产品的进口限制。2008年,美国贸易代表办公室报告强调,中国的管理体制应增加可预见性、提高透明度,以提高美国出口商的利润、降低农产品贸易中的各种风险。①

(四)服务业市场准入

1. 金融业

有成员认为,虽然中国已入世15年,但中国国内并没有形成完全的市场体系。中国政府仍然控制着金融市场、土地市场、水电公共品市场的要素价格。政府有选择性地对外开放,并没有全部对外开放,经济领域的开放具有明显的不平衡性。中国的生产性服务业(尤其是金融业)开放度严重滞后于制造业。但事实上,金融服务业开放本身不会扩大金融风险,只要做好审慎监管,金融业开放反而可以为中国带来一个效率更高、运行更稳定的金融市场。②

2. 快递业

(1)行业标准

中国美国商会发布的2009年《美国企业在中国白皮书》指出,中国应在快递行业履行国民待遇的原则,给予外国快递公司平等参与中国国内文件、货物递送业务的地位。2008年1月1日,中国国家邮政局颁布的《快递服务》邮政行业标准生效。《快递服务》邮政行业标准是基于一两家中国国有企业的国家标准而制定的,与国际公认做法并不一致。许多跨国快递公司是根据国际通用惯例采取统一服务标准,他们很难调整其业务来适应该标准。中国美国商会认为,中国政府在此过程中并未听取国际物流公司的意见,整个起草过程缺乏透明度。2008年3月,中国海关总署发布了《中国海关进出境运输工具舱单管理办法》,这是一项新的提前申报舱单规定,该规定于2009年1月生效。中国美国商会认为,该办法要求的提前申报舱单提交时限较短、规定必须提供哪些数据不清楚,申报程序较为烦琐。这个新规定降低了时间敏感性货物在出入境时的交付速度,影响中国制造商快速进出口的能力,进而降低了这些企业的竞争力。此外,该规定还违背了国际通用准则,其规定的出口舱单申报时间表要比世界海关组织《全球贸易安全与便利化标准框架》、欧盟或美国的规定严厉许多。中国美国商会认为,中国政府可以找到贸易安全与效率之间的平衡点,他们建议为新的提前申

---

① 周文飞.美国对华经贸政策的特点——以USTR年度报告为基础的分析[D].广东外语外贸大学硕士学位论文,2009.

② 张宇燕等.中国入世十周年:总结与展望[J].国际经济评论,2011(5):40-83.

报舱单系统建立政府和企业都能接受的程序,并认为中国政府官员应考虑一些时间敏感性行业对于快速通关的需求,继续与业内专家就通关流程进行讨论。

(2) 服务点的注册

快递公司通常需要在人群密集的地方设立服务点,从而更好地服务消费者,拓展业务。但是按照中国现行的法律规定,不论是设立大型服务点还是规模较小的服务点,都必须履行与从事快递业务的国际货运代理企业开设新的分支机构程序相同的较为复杂的程序。这套烦琐的程序给外国快递公司带来了巨大的经营负担,并限制了外国快递公司拓展自己的业务网络,阻碍了外国公司进入中国快递市场。中国美国商会认为,中国政府在制定有关注册程序的规章时,应考虑跨国公司的需求,将服务点与分公司区分对待。

3. 医疗器械

中国美国商会发布的 2013 年《美国企业在中国白皮书》指出,中国要求跨国医疗器械生产商进入中国市场前必须取得原产地的审批件。中国监管者的本意是对进入中国市场的医疗器械进行质量管控,然而这一原产地要求却给许多跨国医疗公司带来困扰,因为世界各国或各地区的审批准入要求差别很大。中国政府的这一规定阻碍了外资企业第一时间将高科技产品引入中国,也限制了中国的医生与患者及时享用到已经推广至世界其他地方的先进医疗技术。随着医疗器械公司全球化业务的不断推进,许多医疗设备可能并没有在原产地或生产商登记国注册,比如从一家代工企业购入的设备或者仅在特定区域销售或者是仅供出口而生产的产品,这些产品并没有在原产地注册。许多跨国医疗器械公司要进入中国市场的产品事实上已经在国际医疗器械监管者论坛(IMDRF)的某一会员境内完成注册,如美国、加拿大、欧盟、澳大利亚或日本。国际医疗器械监管者论坛的前身是全球协调工作组(GHTF),国际医疗器械监管者论坛会依据全球协调工作组发布的统一标准对其会员的生产工厂进行审核监督,不论其生产工厂设在何处。中国美国商会认为中国政府可以修改现行的原产地审批要求,认可获得国际医疗器械监管者论坛会员国批准的医疗器械注册申请,而不需重复申请。只有这样才能在保障进口医疗器械安全性的同时,使得医疗器械能够迅速进入中国市场,服务中国医生和患者。

第二节 中国积极推动 WTO 发展

一、中国是多哈回合谈判的积极建设者

在 2001 年 11 月的 WTO 第四届部长级会议上,多哈回合多边贸易谈判被正

式提上议程。多哈回合谈判是迄今涉及范围最广、参加成员最多的一轮谈判,其主要议题涉及了农业、非农产品准入、服务、知识产权、规则、争端解决、贸易与环境、贸易与发展8个领域。如果多哈回合谈判告成,国际贸易环境将更趋于公平和开放,为世界经济的复苏和可持续发展注入能量。①

中国于启动多哈回合谈判的同年被批准加入WTO。此后,随着经济贸易规模的扩大,经济影响的增强,中国在多哈回合谈判中的地位和作用也逐渐提高,如今已经成为其最积极的建设者。曾任中国常驻WTO代表的孙振宇认为,"在多哈回合谈判初期,中国尚处于学习阶段,处于谈判的外围,随着谈判不断深入,中国的作用越来越大,最后进入了谈判核心圈,中国是积极推进多哈谈判的。"②2010年7月中国商务部发布的《中国与世贸组织:回顾和展望》报告称,中国始终是多边贸易体制的坚定支持者,始终是自由贸易原则的忠实维护者,始终是多哈回合谈判的积极推动者。③ WTO总干事罗伯托·阿泽维多在G20贸易部长会议前夕坦言:"中国一直支持多边贸易,并在世贸组织(WTO)的谈判中发挥极具建设性的作用。例如,世贸组织(WTO)在推进贸易便捷化协定时,中国就是一个主要参与者,畅所欲言,非常活跃。在部长级会议中,中国也是一个主要参与者,助力我们在冲刺阶段顺利冲破终点线。"④

1. 中国积极提出提案与倡议

2003年,中国提交了65份书面意见,仅次于欧盟(120份)和美国(116份),显示出积极参与谈判的态度。2005年后,中国相继提出100余个提案,涵盖谈判的各方面。比如创造性地提出了非农产品削减的"中国公式"⑤,曾得到不少成员的称赞。中国向WTO提出的改革倡议涉及管理机构程序、争端解决机制以及反倾销规则等领域,详情见表9.5。

---

① 董银果,尚慧琴.WTO多哈回合:各方分歧、受阻原因及前景展望[J].国际商务研究,2011(3):29.
② 孙振宇.中国入世十周年之际的回顾与展望[J].国际经济评论,2011(4):114-123.
③ 商务部世界贸易组织司.中国与世贸组织:回顾和展望[EB/OL]. http://www.mofcom.gov.cn/aarticle/ae/ai/201007/20100707037241.html.2017-03-07.
④ 郝倩.WTO总干事:中国是不是市场经济不是欧洲说了算[EB/OL].http://finance.sina.com.cn/world/ gjcj/2016-07-07/doc-ifxtwiht3239436.shtml? from=wap.2017-03-07.
⑤ 李计广.世界贸易组织多哈回合谈判与中国的选择[J].世界经济与政治,2013(5):136-154,160.

表 9.5 中国在多哈回合谈判中的改革倡议(部分)

管理机构程序	中国联合其他发展中成员共同提出对委员会主席选拔程序的改革倡议:取消由 WTO 总干事兼任委员会主席的制度,改为由各成员常驻大使轮流担任,从而防止发达国家利用谈判委员会来影响议程设置; 基于相同考虑,包括中国在内的众多发展中成员再次发出联合倡议:在决定谈判草案中的备选方案时,对所有贸易谈判分委会主席的自由裁量权进行限制,即方案不应只由谈判委员会主席"拍板",而应该通过开放的辩论来做出决定
争端解决机制	为了保护发展中成员利益,中国在多哈回合小组中提出了 4 项针对争端解决机制的改革倡议: 在启动针对发展中成员的案件时,发达成员应保持适当的克制; 有关磋商程序的期限规定问题:假如磋商一方或多方为发展中成员,在发展中成员提出请求的情况下,应适当延长其期限; 针对 DSU 中涉及"专家组成立时间"问题的条款:发展中成员作为被诉方,有权提出请求,使专家组的设立仍然适用目前的程序; 在 DSU 中加入一个对所有发展中成员都适用的总则性规定
反倾销规则	有关严肃反倾销纪律的改革倡议:对"结构出口价格"和"正常价值比较"做出明确的规定指导、增加"背对背"调查条款、明确禁止"归零"方法的适用、改进复审规则等; 为了限制 WTO 成员的自由裁量权,中国就申请人资质、"日落"复审等问题,提出了改革倡议; 与此同时,中国还建议给予发展中成员进一步的特殊与差别待遇。

资料来源:刘宏松.中国在 WTO 多哈回合谈判中的倡议行为探析[J].国际观察,2012(3):36-41.

2. 主动举办 WTO 有关会议,积极发挥协调作用,努力促成谈判

2005 年 7 月,WTO 非正式部长会议在中国大连成功召开;同年 12 月的香港部长级会议上,中国作为主办方积极斡旋,促成了《香港部长宣言》通过。2008 年 7 月,WTO 小型部长会议在日内瓦召开,与会代表团数原本为 30 余个[1],但由于成员间一直存在分歧而迟迟无法达成协议,最终决定改由美国、日本、欧盟、澳大利亚、巴西、印度、中国 7 个成员进行谈判,这是中国第一次进入世界贸易规则制定的核心层。[2] 中国从大局出发,努力弥合各方分歧,始终不放弃推动谈判达成共识的努力。中国参与了关键性的谈判集团——二十国集团(20 国协调组,

---

[1] 李计广.世界贸易组织多哈回合谈判与中国的选择[J].世界经济与政治,2013(5):141.
[2] 田丰.多哈小型部长会议的中国元素[J].中国海关,2008(9):75.

G20),"中国因素"被认为对于 G20 的最终创建发挥了重要作用。① 2009 年的 WTO 第七届部长级会议上,中国发出了"尊重授权,锁定成果,将现有案文作为谈判基础,坚持多边主渠道作用"的呼声,成功打破了谈判僵局,赢得了众多成员代表的支持和赞许;该呼声还被作为 3 项原则体现在 G20 峰会宣言中。在这届部长级会议上,中国呼吁改善和加强 WTO 协调和管理下的多边贸易体制,以督促成员共同向世界发出"开放、前行、改革"的积极信号。② 2013 年的巴厘部长级会议后,WTO 总干事罗伯托·阿泽维多指出,"中国在 WTO 中找到了归属感,事实上,中国已成为最主要的成员……成为了我们所有工作的中心。显而易见,中国在巴厘部长会议中起到了非常重要的领导性作用,也积极促进了《巴厘一揽子协定》的签署。"③2015 年年底的 WTO 第十届部长级会议在肯尼亚内罗毕举行,会前,为帮助最不发达国家加入 WTO,中国出资与 WTO 合作,举办最不发达国家和地区加入 WTO 圆桌会议,来自 40 个最不发达国家的参会代表团听取了中国在加入 WTO 以及开放方面的宝贵经验。④

3. 中国在谈判中做出实质性的妥协和贡献,自觉承担更多义务

有关发展中成员的特殊与差别待遇问题。为了使 WTO 相关条款更具操作性,在多哈回合启动之前,发展中成员总共向特殊与差别待遇委员会提交了 88 份提案。其中的 28 份于 2003 年的坎昆部长级会议上得到所有成员认可,紧接着,各成员围绕 10 个关键议题展开谈判。⑤ 谈判过程中,中国以身作则,率先在为最不发达成员提供免配额市场准入和免关税等问题上做出退让。2005 年 12 月的香港部长级会议上,在中国与各方的通力合作下,WTO 终于对为最不发达成员提供免配额市场准入和免关税的有关问题做出了具体安排。⑥ 在对待新加入成员的问题上,中国主张减少新加入成员的降税义务并延长其执行期。此后,为了得到发达成员的支持,中国主动做出退让,放弃了"减少降税义务"的主张,因此为自身以及其他新加入成员争取到了 3 年的非农产品关税减让执行期。中国所做出的关税削减承诺毫无水分,是在入世后大幅度减让基础上的继续削减,

---

① Cho,S. A Bridge Too Far: the Fall of the Fifth WTO Ministerial Conference in Cancun And the Future of Trade Constitution[J].Journal of International Economic Law,2004,7(2):219-244.

② 王希.从新成员到推动者——中国全面履行入世承诺坚定维护多边贸易体制[EB/OL]. http://www.gov.cn/ jrzg/2010-07/22/content_1661486.htm.2017-03-07.

③ 赵龙跃,李家胜. WTO 与中国参与全球经济治理[J].国际贸易,2016(2):18-23.

④ 商务部.世贸组织第十届部长级会议成功结束[EB/OL].http://www.gov.cn/xinwen/ 2015-12/20/content_5025968.htm.2018-03-07.

⑤ 刘宏松.中国在 WTO 多哈回合谈判中的倡议行为探析[J].国际观察,2012(3):37.

⑥ 黄志雄. WTO 多哈回合谈判与中国的多边外交探析[J].国际论坛,2008(6):60-64.

进一步提高了农产品市场准入水平,是中国所做出的实质性贡献。① 中国运用灵活的立场促成各成员达成一致,通过自身承担更多义务,为新加入 WTO 的发展中成员谋得了特殊待遇。

自 2010 年 7 月 1 日以来,中国对最不发达成员进口产品实施零关税待遇。目前为止,中国的简单平均关税已降至 9.9%,而加权平均关税已降至 4.7%,同时,征收关税额和进口额的比值仅为 2%,这表明中国的名义关税依然有非常大的下降空间。② 中国还积极参加了《信息技术协定》扩围谈判以及环境产品协议谈判,显示出中国进一步降低关税的决心。③ 在非关税壁垒领域,中国同样有许多具体的削减措施,例如取消全部进口配额和特定招标管理、承诺不使用农产品出口补贴、简化进口管理程序、推动通关便利化(比如实施"单一窗口")等。④

二、中国是 WTO 争端解决机制的主要使用者

WTO 的前身是 GATT。数十年来,GATT 在争端解决方面已经累积了非常丰富的经验,在此基础上,WTO 发展和建立了自身的争端解决机制。争端解决机制的基本程序分为磋商、专家组、上诉、裁决执行 4 个阶段,其基本原则是平等、迅速、有效、双方接受,在此原则下,所有成员(无论是申诉人还是应诉人)都必须经过议定的程序解决贸易争端,并尊重最终裁决结果。WTO 争端解决机制保障了各个协议的切实执行,维护了世界贸易体制的安全和正常运转,是 WTO 多边贸易体制的支柱之一。WTO 前任总干事鲁杰罗曾指出:"如果不提及争端解决机制,任何对 WTO 成就的评价都是不完整的。从许多方面讲,争端解决机制是多边贸易体制的主要支柱,是 WTO 对全球经济稳定做出的最独特的贡献。"⑤

根据 WTO 报告,中国已经成为 WTO 争端解决机制中的重要一员。入世以来,中国作为当事人参与的争端解决案件已达 54 起,其中申诉 15 起,应诉 39 起。另外,中国作为第三方参与的争端解决活动已达 136 起,在总数上已经进入前十名,目前位居世界第四位,见表 9.6。

---

① 鄂德峰,周立春.多哈回合农业市场准入谈判现状盘点及前景展望[J].国际贸易,2010(6):24-26.
② 商务部世界贸易组织司.王受文部长助理在世界贸易组织对华第五次贸易政策审议会议上的发言[EB/OL]. http://sms.mofcom.gov.cn/article/u/aa/201407/20140700671922.shtml.2017-03-30.
③ 屠新泉,刘洪峰.WTO 20 年:未来趋势与中国贸易战略选择[J].国际贸易,2015(8):4-10.
④ 入世 14 年,中国改革惠及世界(权威论坛)[EB/OL]. http://world.people.com.cn/n/2015/1211/c1002-27913448.html.2017-03-20.
⑤ 梁鹰.WTO 争端解决机制研究[D].中共中央党校博士学位论文,2002.

表 9.6 以当事人或第三方身份参与争端解决机制的前十位成员(1995 年以来)

排名	成员	作为申诉方争端数	作为应诉方争端数	作为第三方争端数	争端总数
1	美国	114	129	137	380
2	欧盟	97	84	162	343
3	日本	23	15	167	205
4	中国	15	39	136	190
5	印度	23	24	126	173
6	加拿大	35	20	117	172
7	巴西	31	16	108	155
8	韩国	17	16	108	141
9	澳大利亚	7	15	99	121
10	墨西哥	23	14	81	118

资料来源:WTO. Dispute Settlement[EB/OL].https://www.wto.org/english/tratop_e/dispu_e/dispu_e.htm.2017-03-07.

2002 年至 2006 年是中国的"入世过渡期"。在合计 114 起案件中,中国作为当事人参加 5 起,参与比例为 4.4%;中国在该时期作为第三方参与的案件数高达 59 起,积累了丰富的经验。2007 年至 2011 年,中国已慢慢由消极被动转变为积极主动,各项工作日益完善,越来越多地以当事人的身份参加其中,作为申诉方、应诉方参与的案件数达到 26 起,参与比例为 36.6%;值得一提的是,同期中国在 WTO 体系内应诉的次数(19 件)甚至超过美国(17 件)。美国是传统上 WTO 争端解决机制最积极的使用者,据统计,WTO 成立后近 50%的案件与美国有关。① 2012 年至 2016 年,中国作为当事人参与案件 22 起,仍保持较好水平,尽管参与比例有所下降,但是作为第三方参与案件数有了显著提升,依旧展现了中国积极使用 WTO 争端解决机制的态度,详情见表 9.7。

表 9.7 中国参与争端解决机制的情况(2002—2016 年)

	中国作为申诉方案件数	中国作为应诉方案件数	中国作为第三方案件数	WTO 案件总数	中国参与案件的比例
2002—2006 年	1	4	59	114	4.4%
2007—2011 年	7	19	26	71	36.6%
2012—2016 年	7	15	47	91	25.3%

资料来源:WTO. Dispute Settlement[EB/OL].https://www.wto.org/english/tratop_e/dispu_e/dispu_e.htm.2017-03-07.

注:中国参与比例=(中国申诉案件数+中国被申诉案件数)/WTO 案件总数。

① 田丰.中国与世界贸易组织争端解决机制:评估和展望[J].世界经济与政治,2012(1):131.

作为一个入世仅十余年的发展中国家,中国在利用 WTO 争端解决机制解决国际贸易争端问题上,以申诉方或应诉方的身份在多数案件中均取得了一定胜诉成果甚至完胜,这足以说明中国已具有有效运用该机制的能力。在 2002 年的"美国——某些钢铁产品进口的保障措施案"(WT/DS252)中,中国、欧共体、日本、瑞士、韩国、新西兰、挪威、巴西 8 个成员共同作为申诉方起诉美国,论点涉及对等性、严重损害、进口增长、因果关系、措施的限度、配额的分配、最惠国待遇、发展中成员待遇、国内同类产品定义、不可预见的发展等一系列谈判领域。该案是 WTO 有史以来最大、最复杂的案件,也是中国入世以来第一次起诉美国成功的案例;中国之所以获得胜诉,关键在于把握住了"不可预见的发展""进口增长""对等性"3 个实质性问题,以有力的辩词赢得了专家组和上诉机构的支持。①

2009 年的"欧盟——对中国紧固件的反倾销措施案"(WT/DS397)是中国入世以来第一起以申诉人身份单独起诉欧盟成功的案例。该案历时 7 年,于 2016 年年初得到最终裁决。中国的立场和主张得到了紧固件反倾销措施争端案上诉机构的全面支持,欧方对中国产品维持至今的反倾销措施被裁定为违反 WTO 规则。② 中国在该案中之所以胜诉,关键在于抓住了重点,即欧盟《反倾销基本条例》第 9 条第 5 款;该条款是欧盟对中国紧固件实施反倾销措施的依仗,中国以充分的分析及论证揭露了其违法性,并最终说服了专家组与上诉机构。

2016 年 12 月 12 日,中国就美国、欧盟对华反倾销"替代国"做法,先后提出 WTO 争端解决机制下的磋商请求,正式启动 WTO 争端解决程序;③《中华人民共和国加入议定书》第 15 条明确指出,其他 WTO 成员在对华反倾销调查中所使用"替代国"做法,必须于中国加入 WTO 的 15 年后,即 2016 年 12 月 11 日终止。然而美国、欧盟并未履行该义务。该案将是中国在 WTO 贸易争端解决问题上面临的新挑战,它的启动彰显了中国政府利用国际规则和争端解决机制积极维护产业利益和出口利益的坚定决心。

三、中国是贸易政策审议机制的积极参与者

贸易政策评审机制同样是以 GATT 运作数十年的经验和教训为基础发展和建立起来的,是 WTO 多边贸易体制的另一大支柱,它要求 WTO 各成员定期接

---

① 沈木珠.中国 WTO 争端解决实践若干启示剖析[J].南京财经大学学报,2015(3):22-28.
② 周素雅.历时七年 中国紧固件反倾销案胜欧盟[EB/OL]. http://finance.people.com.cn/n1/2016/0119/c1004-28065349.html.2017-03-07.
③ 中国在世贸组织起诉美国欧盟反倾销"替代国"做法[EB/OL]. http://www.chinanews.com/cj/2016/12-12/8091568.shtml.2017-03-07.

受其他成员对其贸易政策、贸易实践以及多边贸易体制运行状况的评价和评审。在 WTO 多边贸易体制中,贸易政策评审机制一直发挥着减少贸易纠纷、增强贸易政策透明度、改善国际贸易环境等重要作用。

入世至今,中国经历了 WTO 连续 8 年的过渡性审议。2002 年至 2009 年间每年的 9 月到 12 月,中国都要接受 WTO 总理事会及其下属的 16 个理事会和委员会对中国入世承诺的审议。跳过 2010 年,最终审议于 2011 年 11 月在 WTO 总理事会会议上完成,才终结了这一实质上使中国承担超出多边规则义务的过渡性机制。在这场总结性会议上,古巴、巴基斯坦等成员代表对中国所履行的承诺和义务给予极致褒奖,发出了"中国创造人类经济奇迹"的赞叹;就算是发言中多为贬义之词的美国、欧盟代表,也不得不承认中国在削减贸易壁垒、改善透明度、知识产权立法等方面所取得的成就,并向中国在接受过渡性审议过程中所投入的巨大人力、物力表达了感谢。正如时任中国常驻 WTO 代表易小准大使所言:"过渡性审议专门为中国而设,本身违背了多边贸易体制关于非歧视的基本原则,尽管如此,中国历来讲究'言必信、行必果',为此,10 年来中国忠实地履行了相关承诺。"①

除过渡性审议以外,从 2006 年起,中国每隔两年接受一次 WTO 常规贸易政策审议,至 2016 年已达 6 次。② 在这 6 次审议中,中国分别回答了 WTO 成员所提的 1100、900、1500、1720、1600、1900 多个问题③,充分展现了中国继续开放经贸以及支持 WTO 多边贸易体制的决心。

在 2006 年的首次贸易政策审议中,时任中国常驻 WTO 代表易小准大使发言表示,正因为认识到贸易政策审议机制所包含的巨大价值,在筹备审议的过程中,中国充分重视,几乎动员了所有政府部门。在秘书处工作组 3 次访问北京的过程中,中国总共派出数十位政府官员参与面谈,通过他们详细解释所有可能影响中国未来发展的政策背后之含义。对于中国来说,这次审议是使 WTO 成员

---

① 雷蒙.WTO 十年中国过渡性审议机制终结[J].WTO 经济导刊,2011(12):57.
② 贸易政策审议[EB/OL]. http://chinawto.mofcom.gov.cn/article/ae.2017-03-07.
③ 其中 6 个数据参见赵丽芳.历次贸易政策审议回顾[J]WTO 经济导刊,2014(8):85;世贸组织对中国进行第三次贸易政策审议[EB/OL].http://chinawto.mofcom.gov.cn/article/ae/shenyi10/cc/201410/20141000767139.shtml;WTO 结束中国贸易政策审议 提出 1720 个书面问题[EB/OL].http://chinawto.mofcom.gov.cn/article/ae/shenyi12/bb/201410/20141000764470.shtml;第五次贸易政策审议:中国在赞扬和期许中前行[EB/OL]. http://chinawto. mofcom. gov. cn/article/ae/shenyi14/aa/ 201411/20141100801265.shtml;地位在上升、作用在增强:中国自信走向全球——中国顺利通过世贸组织第六次贸易政策审议[EB/OL].http://chinawto.mofcom.gov.cn/article/ae/shenyi2016/201611/ 20161101737481.shtml.2017-03-07.

了解中国贸易政策以及中国真实面貌的绝佳机会。① 从中足以看出中国对贸易政策审议制度的高度重视。

2010年的第三次贸易政策审议,中国总共收到1500余个来自各成员的书面问题。这些问题涉及诸多领域,包括出口限制、产业政策、政府采购、知识产权执法、贸易体制透明度、技术性贸易措施、出口退税和补贴、服务业的进一步开放等。② 中国在后续的1个月中,对所有问题逐条进行了细致答复。除了书面问题,对待现场提问,中国同样一丝不苟地一一作答。会议主席高度赞赏中国对待审议的严谨态度,并在中国履行入世承诺方面给予充分肯定,他对此次审议的评价是"一次高质量的审议"。

2014年7月3日,WTO在瑞士日内瓦对中国进行了第五次贸易政策审议,相较之前,中国代表团的态度从容许多。审议期间,中国共计收到来自其他WTO成员的1700余个书面问题。在现场提问环节,中国代表同会上发言的47个成员代表细致探讨,就中国经贸政策以及发展现状、中国对世界经济发展所做出的贡献以及对多边贸易体制所产生的影响等话题进行广泛交流。大部分与会成员高度评价了中国在过去两年的表现。贸易政策审议机构主席玛利亚姆·萨利赫(Mariam MD Salleh)总结道:"此次审议为我们提供了更好地了解了中国贸易和投资政策的绝佳机会",同时表示审议"非常成功。"③

2016年的第六次贸易政策审议中,34个WTO成员向中国代表团总共提出了1955个书面问题,打破了历次审议所提问题数的最高纪录,说明成员对中国关注的持续升温。这些问题与建议主要针对的是中国宏观经济体制以及在经贸领域的政策措施,为了能做到充分地回答、澄清和解释,在商务部带领下的贸易政策审议部际工作组调动75个部门,进行认真准备,最终取得良好效果,也使中国经贸体制收获了来自大部分WTO成员的积极评价和肯定。④

中国认真接受贸易政策审议、积极合作的态度,赢得了各方面的广泛赞誉。WTO前任总干事帕斯卡尔·拉米(Pascal Lamy)对中国的表现给予了"A+"的好成绩。WTO秘书处认为对中国的审议是审议机制的楷模。法国《时报》以

---

① 商务部世界贸易组织司.中国代表团团长、商务部副部长易小准在世界贸易组织(WTO)首次对中国贸易政策审议会议上的发言[EB/OL].http://www.mofcom.gov.cn/article/zt_rswzn/subjectm/200612/20061204001964.shtml.2017-03-07.

② 中国顺利通过世贸组织第三次对华贸易政策审议[EB/OL].http://www.gov.cn/jrzg/2010-06/03/content_1619811.htm.2017-03-07.

③ 赵丽芳.中国从容应对第五次贸易政策审议[J].WTO经济导刊,2014(8):80-81.

④ 地位在上升、作用在增强:中国自信走向全球——中国顺利通过世贸组织第六次贸易政策审议[EB/OL].http://chinawto.mofcom.gov.cn/article/ae/shenyi2016/201611/20161101737481.shtml.2017-03-07.

《WTO 高度赞赏中国的对外开放》为题做了报道:"在审议中,中国这个'亚洲巨人'获得了'已经很好,但可以好上加好'的评价。"①

入世 15 年来,在对其他 WTO 成员(特别是美国、欧盟、日本等发达成员)的贸易政策审议中,也频繁出现中国的身影。针对违反 WTO 规则的贸易措施以及在双边经贸合作中久拖未决的问题,中国积极发挥着监督作用,并联合其他成员共同发出呼声,以期推动问题的解决。

第三节　中国坚定维护 WTO 多边贸易体制

一、积极支持 WTO 总干事履行职能

总干事是 WTO 秘书处的最高领导,其地位与职责由《WTO 协定》规定。在争端解决机制中,总干事的职责在于斡旋、调解和调停,从而推动问题的解决;在 GATT/WTO 的实际运作中,总干事实际起到倡议者、推动者、协调人的作用;总干事领导的秘书处,又是 WTO 正常运作的后勤保障。② 因此,支持总干事履行职能,是维护 WTO 这一多边贸易体制的重要体现。

WTO 前任总干事帕斯卡尔·拉米于 2005 年 9 月 1 日当选,此后,中国一直支持他的工作。在职期间,拉米经常受到中国各个部门、各级领导人的邀请来华访问,双方一直保持着良好的合作关系。4 年任期结束后,帕斯卡尔·拉米表达连任意愿,中国为他投出赞成票。2010 年 7 月,中国商务部时任部长陈德铭在会见帕斯卡尔·拉米时表示,"在下一阶段谈判中,中国会一如既往地支持拉米推动多哈谈判的努力"③。

2013 年,巴西外交官罗伯托·阿泽维多接替拉米成为 WTO 总干事。作为 WTO 成立以来首位来自拉美和金砖国家的总干事,罗伯托·阿泽维多必然与中国摩擦出不一样的火花。在他当选同年的 8 月 17 日,包括中国常驻 WTO 代表易小准大使在内的 4 人被其任命为 WTO 副总干事。易小准成为首个担任此重要职务的中国人,这不但是对他本人能力的认可,也说明中国在 WTO 中越来越发挥着重要的建设性作用。④ 2014 年 5 月 19 日,罗伯托·阿泽维多访问中国并

---

① WTO 审议中国贸易政策:已经很好 但可好上加好[EB/OL].http://news.sohu.com/20080528/n257120817.shtml.2017-03-08.
② 韩立余.从总干事的选任看 WTO 的决策机制[J].法学家,2008(2):153-160.
③ 张君.中国坚定支持多哈回合谈判的立场不会变[J].中国经贸,2010(8):44.
④ 商务部:对世贸组织总干事任命易小准等人表(示)欢迎[EB/OL].http://www.chinanews.com/gn/2013/08-18/5175183.shtml.2017-03-07.

到对外经济贸易大学作了题为《后巴厘谈判议程的确定与多边贸易体制的前景》的主题演讲。① 2016年,G20杭州峰会开幕在即,罗伯托·阿泽维多坦言:"我与中国诸多高级别官员展开多次对话,对和中国的对话没有任何可抱怨之处,只有感谢中国所做出的努力。"②

二、按时按量缴纳成员会费

根据《WTO协定》第7条规定,各成员应按在世界出口贸易中的出口份额缴纳一定数量的会费,以维持WTO秘书处正常运转。入世15年来,中国一直遵守会费规定,按时按量进行缴纳。入世以来,中国向WTO缴纳的成员会费一直呈逐年递增趋势,这与中国在世界出口中占比持续上升有关。2015年的会费额度达到1685万瑞士法郎,承担了8.61%的份额,分别比2002年增加了4倍和5.64个百分点,如图9.7所示。会费缴纳额名列第二位,仅次于美国。

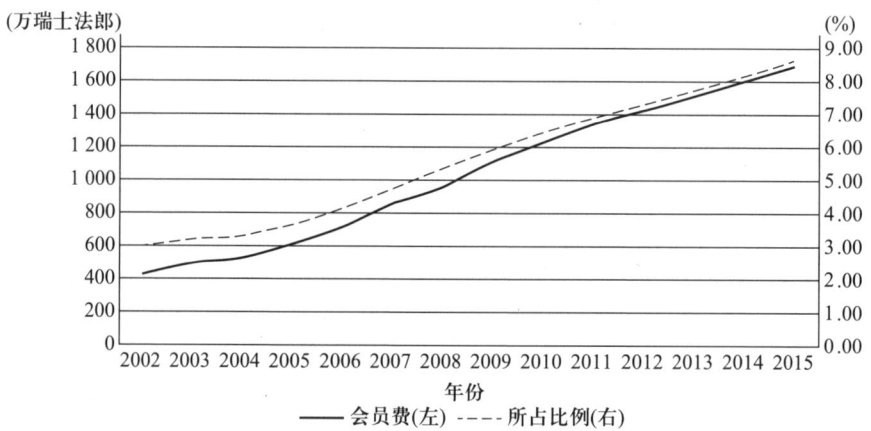

图9.7 中国缴纳WTO成员会费及所占份额变化曲线(2002—2015年)

资料来源:WTO. Secretariat Budget [EB/OL]. https://www.wto.org/english/thewto_e/whatis_e/secretariat_budget_e.htm.2017-03-07.

三、进行WTO促贸援助

为帮助发展中成员或不发达成员提高其参与全球贸易的能力,WTO发起了

---

① 世界贸易组织总干事罗伯托·阿泽维多到访外经贸[EB/OL]. http://edu.cnr.cn/bschool/uibe/201405/t20140528_515591796.shtml.2017-03-07.
② 专访世贸组织总干事:中国在世贸组织中发挥的作用[EB/OL]. http://trb.mofcom.gov.cn/article/zuixindt/201607/20160701354383.shtml.2017-03-07.

"促贸援助"的倡议。中国身为发展中成员的一员,对于其他发展中成员在经济发展中遇到的困难感同身受,因此愿意贡献出自己的力量。援助工作主要从给予零关税待遇、提高生产能力、加强基础设施建设、支持最不发达国家参与多边贸易体制、培训经贸人才等几个方面展开。① 主要具体工作如下。

给予零关税待遇。为有效推动发展中成员对华产品出口,中国于 2005 年对来自非洲的 25 个最不发达成员的共计 190 个税目的商品实施零关税;② 在 2006 年的中非合作论坛北京峰会上,中国宣布扩大非洲最不发达成员对华出口零关税待遇受惠面。从 2015 年 12 月 10 日起,已对 33 个建交且已完成换文手续的最不发达成员 97% 税目产品实施零关税。③ 据统计,自 2008 年以来,中国吸收最不发达成员约 23% 的产品出口④,一直保持着不发达成员第一出口国的位置。

提高生产能力。中国把促进其他发展中成员的农业和农村发展作为促贸援助的重点,通过建设农场、农业技术试验站、推广站和示范中心,兴建农田水利设施,提供农业发展咨询,为受援国培养农业人才等措施,积极帮助这些成员提高农业生产水平。2015 年,中国与瑞士共同对中国在老挝的农业示范中心进行了评估,得出的结论是示范中心帮助老挝实现橡胶种植面积突破 10 万公顷的国家战略,橡胶出口为老挝增收 20 亿人民币;⑤ 玉米、稻谷等作物基本实现自给有余、部分出口。

加强基础设施建设。2010 年至 2012 年,中国对外援建了 156 个经济基础设施项目⑥,其根本目的在于改善受援国的贸易运输条件。其中比较典型的有:① 斯里兰卡的汉班托塔国际机场,主要建设内容包括航站楼、控制塔、货运站、维修区等,大大提高了斯里兰卡航空运输能力;② 巴哈马的拿骚国际机场高速,有效改善巴哈马国内贸易运输条件;③ 马里的巴马科第三大桥,大桥横跨尼日尔河,全长 2200 多米,有效改善马里地面货运条件。

---

① 商务部.中国的对外援助(2014)[EB/OL]. http://www.mofcom.gov.cn/article/i/jyjl/k/201407/20140700661190.shtml.2017-03-07.

② 零关税:中国外援新形式[EB/OL]. http://news.ifeng.com/gundong/detail_2011_11/27/10927255_0.shtml?_from_ralated.2017-03-07.

③ 凌馨.世贸组织对中国进行第六次贸易政策审议[EB/OL]. http://finance.ifeng.com/a/20160720/14620681_0.shtml.2017-03-07.

④ 中国连续三年成为最不发达国家第一大出口市场[EB/OL]. http://news.sina.com.cn/o/2012-05-30/095924504640.shtml.2017-03-08.

⑤ 商务部.农业援外硕果累累——中国与其他发展中国家共命运[EB/OL]. http://mini.eastday.com/a/161028113317883-3.html.2017-03-10.

⑥ 中国对外援建了 156 个经济基础设施项目[EB/OL]. http://finance.sina.com.cn/world/yzjj/20140710/112719664684.shtml.2017-03-12.

支持最不发达成员参与多边贸易体制。为了帮助最不发达成员参与以WTO为代表的多边贸易体制,共同分享经济全球化带来的便利,中国积极参与WTO促贸援助倡议工作小组。2008年至2011年,中国向促贸援助项目捐款60万美元,并于2011年设立最不发达成员加入WTO中国项目。该项目的资金用于资助最不发达成员官员参加WTO重要会议、举办加入WTO研讨会以及资助其学生到WTO秘书处实习等。2012年,中国联合WTO在北京举办最不发达国家加入WTO最佳实践圆桌会,会上发表《北京声明》,为简化最不发达国家加入程序发挥了积极作用。①

四、参与WTO国际合作活动

2007年,越南和老挝政府代表团受邀访问中国,中国向他们详细介绍了加入WTO的有关经验;此后,中国又派出有关专家、政府官员赴越南、老挝进行授课。同年,WTO与上海对外贸易学院联合召开WTO事务高层研讨会,这是WTO成立60余年来第一次与中国大学联合主办学术会议。

2010年7月,WTO前任总干事帕斯卡尔·拉米出席在上海对外贸易学院举行的"WTO教席计划"中国启动仪式,并指出"本次启动仪式是WTO多年以来寻求与各国合作的一种体现"。"WTO教席计划"由WTO秘书处设立,其目标是在全球所有院校中寻找合作伙伴,共同推动国际贸易和贸易合作领域的教育、研究、信息交流,加强发展中国家的学界、公众、政府部门对贸易体制的认知和理解。中国教席计划是WTO全球14个教席之一,将为中国搭建起WTO学术交流的平台。

在2016年G20杭州峰会结束之后,WTO总干事罗伯托·阿泽维多与中国阿里巴巴总裁马云就有关全球电子商务平台(eWTP)的问题进行了交流,并表达了"携手努力"的希望。中国企业家与WTO高层的紧密互动,也从侧面说明了中国参与WTO国际合作活动的高度积极性。

五、竭力支持WTO遏制全球贸易保护主义

贸易保护主义指的是利用关税或各种非关税贸易壁垒限制进口,从而保护国内产业免受外国商品竞争。贸易保护的主要手段包括进口外汇管制、配额、关税、歧视性的政府采购政策、烦琐的进出口手续等。② 其主要危害可以概括为以

---

① 中国在WTO框架下开展"促贸援助"成果显著[EB/OL]. http://www.chinanews.com/gn/2013/12-04/5580479.shtml.2017-03-12.

② 闻华.全球金融危机下不容忽视的贸易保护主义[J].现代商业,2009(14):100.

下4点:第一,逆转经济全球化,破坏已经趋于完善的经济体系,并损害所有参加经济全球化国家的利益;第二,全球贸易造成巨大冲击,使贸易争端增多、升级,最终引发贸易战;第三,阻碍以 WTO 为代表的多边贸易体制发展,导致多哈回合久拖不决;第四,加深全球经济危机的危害,甚至引发社会动荡。①

在全球金融危机的大背景下,贸易保护主义有所抬头。中国在自身经济发展面临严峻挑战的困难形势下,主动组织多批前往美国、欧洲等国家和地区的贸易投资促进团,屡签贸易大单,积极为缓解危机、减轻贸易保护主义压力贡献力量,具体如下。

2009 年 7 月,中国商务部组织了与瑞典和芬兰建交以来最大规模的贸易投资促进团访问瑞典和芬兰,举办了一系列经贸论坛和企业洽谈等贸易投资促进活动,双方企业签署了总额达 41 亿美元的商务合同并达成近 5 亿美元的合作意向。②

2010 年 12 月 15 日至 19 日,时任国务院总理温家宝对印度和巴基斯坦进行正式访问,随同温家宝访问的还有 400 余名中国商界人士,双方大约签署了 45 项总价值超过 200 亿美元的协议,涉及电力和医药等领域。③

2011 年 1 月 4 日至 12 日,时任国务院副总理李克强对西班牙、德国、英国进行正式访问,其间中国与上述欧洲 3 国分别签署了 75 亿美元、87 亿美元、47 亿美元的经贸协议。④

2011 年 1 月 18 日至 22 日,在时任中国国家主席胡锦涛对美国进行国事访问期间,两国政府间签署协议 14 项左右,企业之间还签署了大量的合同。中国商务部组织了 2 个贸易投资促进团,分为 7 个分团赴美国西海岸、东海岸以及南部地区开展活动,并于 20 日前往美国北部城市芝加哥,组织 400 余位中国企业家与美方开展大型交流活动。据公开数据初步统计,中美签单达到近 600 亿美元的规模。其中,仅清洁能源领域的签约就超过 200 亿美元,其次是价值 190 亿美元的波音飞机采购订单。此外,其他订单还涉及汽车零部件、电子、高新技术、家电、农产品等多个领域。总体来看,中国从美国进口商品的金额远远超过此次

---

① 薛荣久.新贸易保护主义"新"在哪?[J].人民论坛,2009(5):52-53.
② 齐紫剑.商务部副部长高虎城谈与俄、白、芬、瑞经贸合作[EB/OL]. http://money.163.com/10/0319/20/625S3CHM00253B0H.html.2017-03-11.
③ 周晶璐.温家宝将率 400 人企业团访印 预签 200 亿美元协议[EB/OL]. http://news.qq.com/a/20101213/000375.htm.2017-03-11.
④ 中美签贸易大单合计近 600 亿美元[EB/OL]. http://finance.sina.com.cn/g/20110124/18069302831.shtml.2017-03-14.

向美国出口的商品额。①

这一系列的举措不仅成为中国与其他成员携手应对危机、共克时艰的明证，也向世界发出了倡导自由贸易、反对保护主义的积极信号。

2016年，欧洲难民危机、英国脱欧公投和TPP折戟美国国会等事件，更是使欧美等发达地区与国家的全球化进程蒙上了阴影，中国成为协助WTO遏制全球贸易保护主义的中坚力量。中国积极参加WTO各个理事会与委员会的例会，监督其他成员履行义务的情况，对发达成员出台的贸易保护主义措施不断地提出质疑。为了抵制贸易保护主义的抬头，中国在多个场合表达了反对贸易保护主义的态度。在G20杭州峰会上，中国国家主席习近平称，面对国际贸易增速大幅放缓，经济全球化出现波折，多边贸易体制受到冲击。②中国推动G20加强贸易和投资机制建设，制定全球贸易增长战略和全球投资指导原则，巩固多边贸易体制，重申反对保护主义承诺。希望通过这些举措，为各国发展营造更大市场和空间，重振贸易和投资这两大引擎。此后不久，在纽约出席第71届联合国大会的国务院总理李克强又发表讲话，警告贸易保护主义有抬头倾向，坚定维护WTO构建的自由贸易体制，同时保证中国将在海外投资和全球贸易方面继续保持对外开放政策。各方应坚决反对一切形式的保护主义。中国领导人坚决的态度也反映了中国反对贸易保护主义的决心。

主要参考文献：

[1] 财政部亚太财经与发展中心.USTR发布《中国履行WTO承诺情况报告》[J].预算管理与会计,2014(8).

[2] 陈泰锋.中国对外开放新进展：基于WTO承诺履行的视角分析[J].国际经济合作,2008(5).

[3] 国家工商行政管理总局商标局.工商总局通报工商和市场监管部门打击侵权假冒工作情况[EB/OL].[2018-09-30]. http://www.saic.gov.cn/sj/tjsj/201604/ t20160421_215191.html.

[4] 官平.406种商品出口退税7月15日起彻底取消[EB/OL].[2018-09-30].http://stock.hexun.com/2010-06-23/124034835.html.

[5] 贺婷婷.入世五年来我国金融服务业的开放与竞争[J].对外经贸实务,

---

① 李瑞.中国近两月签署千亿美元经贸大单[EB/OL]. http://business.sohu.com/20110124/n279045832.shtml.2011-01-24.

② 方向明.贸易保护主义肆虐欧美 中国成全球化中坚力量[EB/OL]. http://www.yicai.com/news/5117719.html.2017-03-20.

2007(9).

[6] 胡加祥,彭德雷.WTO 贸易政策审议机制的特点与功能——以中国第四次贸易政策审议为切入点[J].法学,2013(1).

[7] 李顺德.评美国贸易代表办公室《2006 年特别 301 报告》[EB/OL].[2018-09-30].http://fa.chinaiprlaw.cn/file/200609148807.html.

[8] 李晓西.中国是发展中的市场经济国家——解读《2003 中国市场经济发展报告》[J].求是,2003(17).

[9] 牛江波.美国 2015 年《特别 301 报告》评述[J].商,2016(12).

[10] 盛斌等.入世十年转型:中国对外贸易发展的回顾与前瞻[J].国际经济评论,2011(5).

[11] 宋丽.《对外贸易法》六大变化要关注[EB/OL].[2018-09-30].http://www.people.com.cn/GB/jingji/1045/2444765.html.

[12] 张莉.入世十年我国服务贸易发展成就及未来取向[J].中国经贸导刊,2011(11).

[13] 张宇燕等.中国入世十周年:总结与展望[J].国际经济评论,2011(5).

[14] 中国世界贸易组织研究会编.继往开来话开放[M].中国商务出版社,2011.

[15] 财政部.入世以来关税制度建设情况[EB/OL].[2018-09-30].http://jgdw.mof.gov.cn/mofhome/mof/zhuantihuigu/czjbqk1/czsr/201405/t20140505_1075168.htm.

第十章 中国经济贸易发展取得的成就与问题

第一节 中国经济贸易发展对世界经济贸易的影响

加入 WTO 以后,中国无论是国内经济还是对外贸易都得到了快速发展,并且呈现快速上升的趋势。近年来,中国经济在世界经济中的地位逐步上升,对世界经济发展产生了很大的影响。中国对外贸易经济的发展,无论是货物贸易、服务贸易还是对外投资行为,都对合作方的经济发展产生了重要的促进作用。

一、中国对外贸易发展概况

加入 WTO 是中国改革开放进程中的一个里程碑事件。中国在改革开放后所取得的成就是巨大的,效果也是明显的,尤其是在加入 WTO 以后的 15 年里,经济发展成就举世瞩目。2001—2015 年,中国贸易规模持续扩大,进出口贸易总额由 5000 多亿美元扩大至 4 万多亿美元,占世界贸易的比重由 4% 升至 13% 以上。[①] 2009 年起,中国由 2001 年的世界第六大出口国跃居世界第一大出口国,在世界贸易中占有举足轻重的地位。中国的经济规模也先后超过英国、法国、德国、日本,成为世界第二大经济体。

(一) 货物贸易高速增长

加入 WTO 后,中国对外经济贸易环境有了很大改善。加入 WTO 第二年,中国对外贸易快速发展,出口首次突破 3000 亿美元,在世界贸易大国中排名上升至第五位,中国作为世界贸易大国的地位进一步巩固。2001 年进出口总额增至 5096.50 亿美元,其中出口额 2661.00 亿美元、进口额 2435.50 亿美元,进出口差额 225.50 亿美元,进出口总额是 1978 年的近 25 倍。到 2013 年中国进出口总额有 41589.93 亿美元,其中出口额 22090.04 亿美元、进口额 19499.89 亿美元,进出口差额 2590.15 亿美元,进出口总额比 2001 年又翻了 3 倍多(见图10.1)。

2001 年到 2007 年期间,中国的对外贸易量呈现明显上涨趋势,且曲线上升坡度较陡。这是因为中国加入 WTO 后,大幅度增加了与其他成员之间的贸易,

---

① 孙振宇.中国入世 15 年:从新成员到进入核心圈　履行全部承诺[EB/OL].http://www.chinanews.com/cj/2016/12-27/8105491.shtml.2018-12-07.

成员间的优惠待遇减少了贸易成本带来了明显的增势。2008年到2013年期间,中国对外贸易量经过下降之后又开始回升。此次下降是改革开放以来的首次下降。其主要原因是美国次贷危机爆发,其引发的全球金融危机导致全球经济大幅度衰退。经济全球化氛围下全球经济萎缩严重影响各个国家的贸易活动,中国进出口大量减少是可预见的。到2010年,中国对外贸易摆脱金融危机影响,曲线又开始呈现上升趋势。受全球贸易额大幅下降等因素影响,中国进出口总额震荡下滑。2016年中国进出口总额为36855.57亿美元,同比下降6.8%。其中,出口额为20976.31亿美元,同比下降7.7%;进口额为15879.26亿美元,同比下降5.5%。2016年中国进出口差额为5097.05亿美元。详情如图10.1所示。

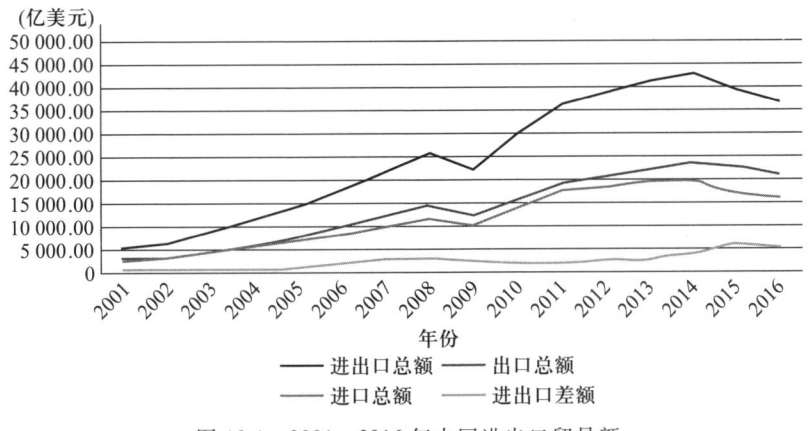

图 10.1 2001—2016 年中国进出口贸易额

资料来源:根据国家统计局网站数据整理,http://data.stats.gov.cn/easyquery.htm? cn = C01&zb = A0601&sj = 2014,2017-03-26。

(二) 服务贸易发展迅速

入世以来,中国服务贸易规模不断扩大,服务贸易进出口总额由2001年的719亿美元增加到2015年的7130亿美元,其中服务出口额由329亿美元增加到2882亿美元,服务进口额由390亿美元增加到4281亿美元。由于服务进口额增幅明显大于服务出口额增幅,中国服务贸易逆差额不断扩大,由2001年的61亿美元增加到2015年的1399亿美元。与此同时,中国服务贸易进出口总额占世界服务贸易进出口总额的比重不断提升,由2001年的2.4%提升至2015年的7.7%;其中服务出口额占世界服务出口总额的比重由2.2%提升至4.9%,服务进口额占世界服务进口总额的比重由2.6%提升至9.6%。详情见表10.1。需要特别注意的是,2008年之后中国服务贸易进出口差额加大,这主要是因为中国国内市场对其他国家提供的运输服务、旅游服务、保险、专有权利使用和特许权利、咨询服务方面的需求量很大。在服务出口方面,建筑服务、计算机和信息服务、运输服务、旅游服务、咨询服务方面的能力也在增强。

表 10.1　2001—2015 年中国服务贸易进出口情况

年份	进出口额			出口额			进口额		
	金额（亿美元）	增长率（%）	占世界比重（%）	金额（亿美元）	增长率（%）	占世界比重（%）	金额（亿美元）	增长率（%）	占世界比重（%）
2001	719	9.0	2.4	329	9.1	2.2	390	8.8	2.6
2002	855	18.9	2.7	394	19.7	2.5	461	18.1	3.0
2003	1013	18.5	2.8	464	17.8	2.5	549	19.0	3.1
2004	1337	32.0	3.1	621	33.8	2.8	716	30.5	3.4
2005	1571	17.5	3.2	739	19.1	3.0	832	16.2	3.5
2006	1917	22.0	3.5	914	23.7	3.2	1003	20.6	3.8
2007	2509	30.9	3.9	1217	33.1	3.6	1293	28.8	4.1
2008	3045	21.4	4.1	1464	20.4	3.9	1580	22.2	4.5
2009	2867	−5.8	4.5	1286	−12.2	3.9	1581	0.1	5.1
2010	3624	26.4	5.1	1702	32.4	4.6	1922	21.5	5.5
2011	4191	15.6	5.2	1821	7.0	4.4	2370	23.3	6.1
2012	4706	12.3	5.6	1904	4.6	4.4	2801	18.2	6.8
2013	5396	14.7	6.0	2106	10.6	4.6	3291	17.5	7.6
2014	6043	12.6	6.3	2222	7.6	4.6	3821	15.8	8.1
2015	7130	14.6	7.7	2882	9.2	4.9	4281	18.6	9.6

资料来源:商务部服务贸易和商贸服务业司.中国服务贸易统计 2015[EB/OL].http://www.docin.com/p-1539133295.html.2018-07-10.

二、中国经济贸易发展对世界的贡献

(一)中国经济发展对世界的贡献

2001—2015 年,中国实际 GDP 实现年均增速 9.74%。2001 年中国 GDP 为 1.34 万亿美元,占全球 GDP 比重仅为 4.02%。到 2015 年,中国 GDP 达到 11.07

万亿美元,占全球比重达到 14.80%,居全球第二位,较入世前提高 10.78 个百分点。① 中国 GDP 增长速度一直高于 GDP 增长率,虽在经济危机后,中国 GDP 增长率有所下降,但中国 GDP 占世界 GDP 比重还是一直在上升,如图 10.2 所示。2016 年全球经济增速为 2.4% 左右,按 2010 年美元不变价计算,2016 年中国经济增长对世界经济增长的贡献率仍然达到 33.2%,居首位。②

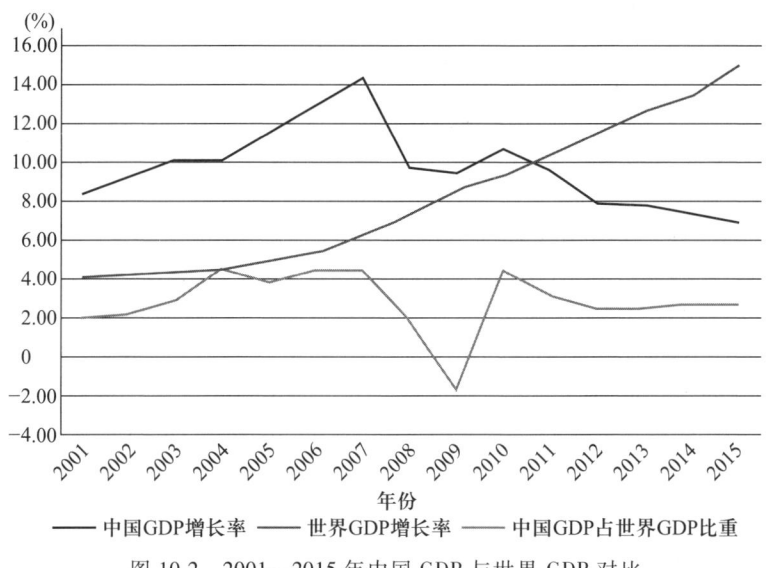

图 10.2　2001—2015 年中国 GDP 与世界 GDP 对比

资料来源:根据世界银行数据库数据制作,http://data.worldbank.org.cn,2017-03-16。

(二) 中国货物贸易发展对世界贸易的贡献

从贸易数据来看,中国商品进出口增速一直高于世界商品进出口增速,中国贸易对世界贸易的贡献越来越大。2002—2015 年,中国商品进出口实现年均增速 16.8%。2001 年中国商品进出口总额 0.51 万亿美元,仅占世界商品进出口总额的 4.02%。2015 年中国商品进出口总额 3.95 万亿美元,约为 2001 年的 8 倍,占世界商品进出口总额的 11.83%,提高了 7.81 个百分点,如图 10.3 所示。

(三) 中国服务贸易对世界贸易的贡献

中国服务贸易在总体上占比重低,但发展速度较快。2001 年中国服务贸易进出口额占世界服务贸易进出口总额的 2.4%,到 2009 年提高到 4.5%,2015 年

---

① 根据世界银行数据库资料整理,http://data.worldbank.org.cn,2017-03-16.
② 中国对世界经济增长的贡献不断提高[EB/OL].http://news.xinhuanet.com/fortune/2017-01/13/c_1120301386.htm.2017-03-16.

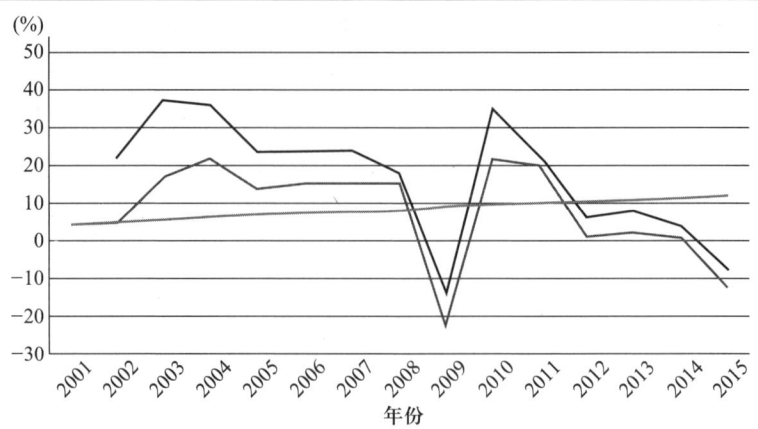

图 10.3　2001—2015 年中国商品进出口与世界商品进出口对比

资料来源:根据世界银行数据库数据制作,http://data.worldbank.org.cn,2017-03-16。

进一步提高到 7.7%(见表 10.1)。中国服务贸易增速一直高于世界服务贸易增速,中国服务贸易对世界服务贸易的贡献越来越大,如图 10.4 所示。

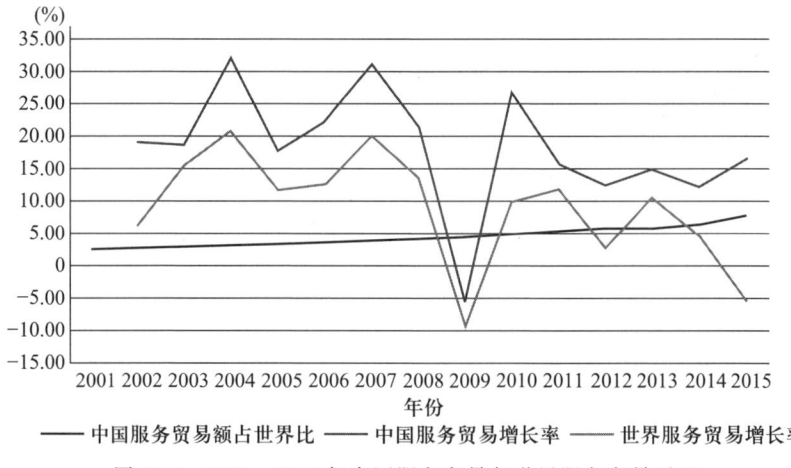

图 10.4　2001—2015 年中国服务贸易与世界服务贸易对比

资料来源:商务部服务贸易和商贸服务业司.中国服务贸易统计 2015[EB/OL].www.docin.com/p-1539133295.html.2018-12-07.

(四)中国对外投资增长为全球结构优化注入活力

近年来,随着中国经济技术实力的增强,特别是"一带一路"倡议的稳步推进,中国企业"走出去"步伐明显加快,对外投资和经济合作蓬勃发展,成为很多发展中国家完善基础设施、加快工业化进程的重要参与者,也对发达国家和地区拓展市场、增加就业、缓解债务压力发挥了重要作用。UNCTAD 的统计数据显示,中国对外直接投资虽起步较晚,但占全球总量的比重快速提高。2002 年,中国对外直接投资流量仅为 27.0 亿美元,到 2010 年则提高到 688.1 亿美元,2015 年进一步提高到 1456.7 亿美元,如图 10.5 所示。

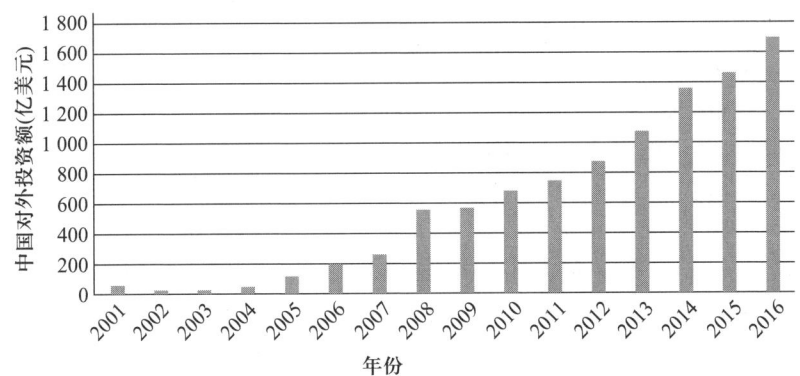

图 10.5　2002—2016 年中国对外直接投资流量

资料来源:根据国家发展和改革委员会《中国对外投资报告》整理,http://www.ndrc.gov.cn/gzdt/201711/t20171130_868903.html,2017-03-20。

2016 年,中国对外投资合作持续增长。2016 年 1—11 月,非金融类直接投资累计达 10696.3 亿元,折合 1617 亿美元;[1] 对外承包工程新签合同额达 12731.7 亿元。[2] 其中,对"一带一路"相关国家的投资与合作持续保持较高水平。2016 年 1—11 月,中国企业对"一带一路"相关 53 个国家非金融类直接投资 133.5 亿美元,在"一带一路"相关的 61 个国家新签对外承包工程项目合同额 1003.6 亿美元,占同期中国对外承包工程新签合同额的 52.1%。[3] 在美元升值、发展中国家资金外流压力加大的情况下,中国对外投资的增加,是稳定全球金融市场和经济运行的重要因素。

---

[1] 商务部对外投资和经济合作司.2016 年 1—11 月我国非金融类对外直接投资简明统计[EB/OL].http://hzs.mofcom.gov.cn/article/date/201612/20161202222463.shtml.2018-12-07.

[2] 商务部对外投资和经济合作司.2016 年 1—11 月我国对外承包工程业务简明统计[EB/OL].http://hzs.mofcom.gov.cn/article/date/201612/20161202222465.shtml.2017-03-20.

[3] 商务部对外投资和经济合作司.2016 年 1—11 月我对"一带一路"相关国家投资合作情况[EB/OL].http://hzs.mofcom.gov.cn/article/date/201612/20161202222469.shtml.2017-03-20.

第二节 中国主要行业发展成就

一、入世以来中国农业与农产品贸易

农业问题一直是 WTO 谈判的焦点问题,发达成员与发展中的一些成员在农业出口补贴、市场准入、峰值关税、农产品绿色标准等方面存在着较大的分歧,就农业议题很难达成一致是多哈回合谈判进展较为困难的重要原因之一。作为一个农业大国,中国农业发展对促进国家长期稳定、保障农民的合理收入具有重要的意义。因此加入 WTO 对农业的影响备受关注。虽然中国是一个农业大国,但与西方发达国家和地区相比,农业现代化水平仍然相对落后,技术水平有待提高。西方发达国家和地区在农业领域的谈判中所倡导的高标准不利于中国农产品进入欧美市场。一方面,在谈判中通过加强与西方发达国家和地区在农业领域的谈判,为中国农业发展争夺更大的发展空间;另一方面,中国应加大农业现代化水平建设力度,提高农业的技术水平,提高农产品在国际市场中的竞争力。

(一) 农业总产值保持稳定增长

加入 WTO 以后,中国农业得到较快发展,农业总产值获得了稳定增长。中国农业总产值从 2002 年的 14931.5 亿元增长到 2015 年的 57635.80 亿元,增长了约 3 倍,如图 10.6 所示。

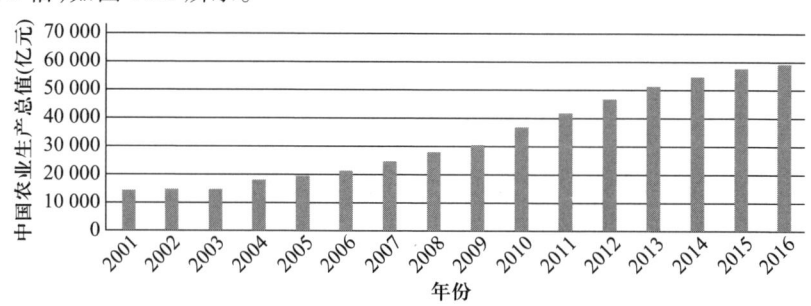

图 10.6　2001—2016 年中国农业总产值

资料来源:根据国家统计局统计数据制作,http://data.stats.gov.cn/search.htm?s,2017-04-25。

(二) 农业总产值占 GDP 的比重不断下降

加入 WTO 以后中国农业总产值占 GDP 的比重不断下降,由 1995 年的 19.37% 下降到 2015 年的 8.36%,详情见表 10.2。

表 10.2　入世前后中国农业总产值占 GDP 的变化

年份	1995	2005	2010	2015
农业总产值占 GDP 的比重(%)	19.37	10.47	8.94	8.36

资料来源：根据国家统计数据计算所得。

中国农产品所占 GDP 的比例不断下降，这主要是由于在全国生产行业中，中国的工业部门在加入 WTO 以后得到了较快的增长，农业部门与工业部门相比增长较为缓慢，这反映出中国工业化的水平不断提高。

（三）贸易规模稳中有升，成为农产品贸易大国

入世前中国农产品面临的贸易壁垒较多，入世后中国和其他 WTO 成员享受一样的待遇，这降低了中国农产品在国际市场上所面临的关税以及非关税壁垒，并形成一个相对更加稳定和宽松的国际环境，从而使农产品贸易呈现出较大幅度的增长，详情见表 10.3。

表 10.3　2002—2016 年中国农产品进出口额

年份	出口额（亿美元）	进口额（亿美元）	总额（亿美元）
2002	180.4	125.5	305.9
2003	214.3	189.3	403.6
2004	233.9	280.3	514.2
2005	275.8	287.1	562.9
2006	310.3	319.9	630.2
2007	370.1	410.9	781.0
2008	405.0	586.6	991.6
2009	395.9	525.5	921.4
2010	494.1	725.5	1219.6
2011	607.5	948.7	1556.2
2012	632.9	1124.8	1757.7
2013	678.3	1188.6	1866.9
2014	719.6	1225.4	1945.0
2015	706.8	1168.8	1875.6
2016	729.9	1115.7	1845.6

资料来源：根据商务部对外贸易司进出口月度统计报告整理所得，http://wms.mofcom.gov.cn/article/ztxx/ncpmy/ncpydtj/200603/20060301783733.shtml，2018-12-07。

入世以来,中国农产品进出口总额明显上升,由 2002 年的 305.9 亿美元增长到 2015 年的 1875.6 亿美元,2016 年则为 1845.6 亿美元,较 2015 年略微下降。其中农产品贸易进口额由 2002 年的 125.5 亿美元增长到 2016 年的 1115.7 亿美元。与往年相比,除 2009 年农产品出口额由于全球经济低迷、外需下降导致该年出口额略微下降外,中国农产品出口额均以较快的速度保持稳定增长。与进口额相似,出口额也呈现出较快增长的态势。2002 年农产品的出口额为 180.4 亿美元,2016 年达到 729.9 亿美元,增加了约 3 倍。① 但是农产品贸易从 2005 年开始存在贸易逆差,这一方面是由于中国农业用地的减少导致的供需不匹配,一些水果等农产品由于国内难以满足需从国外大量进口;另外一方面主要是发达国家和地区使用安全标准、环保标准等非技术性贸易壁垒,抬高了中国农产品进入西方发达国家和地区市场的"门槛",使得中国农产品出口受阻。

二、入世以来中国汽车行业发展

加入 WTO 对中国汽车行业来说机遇与挑战并存。一方面,由于中国汽车行业刚刚起步,大量的核心技术产品需要进口;另一方面,加入 WTO 前中国汽车整车平均关税约在 80%,加入 WTO 要求中国整车关税降低至 25%,关税的降低导致大量进口车占据国内汽车市场,对中国汽车行业带来一定冲击,使中国自主汽车品牌在国内市场所占份额相对较低。但中国加入激烈的国际竞争环境的同时会促进中国汽车企业积极学习国外先进技术,加快汽车行业转型升级,不断对自身产品进行优化设计,提升中国汽车产品的竞争力。

(一)汽车产销量快速增长,成为中国的支柱产业之一

入世 15 年,中国汽车行业进入飞速发展的黄金期。中国汽车工业正逐渐加入全球汽车制造体系,飞速发展的国内市场以及低廉的生产成本吸引了全球汽车产业资源向中国聚集,合资企业数量飞速增加,入世后中国汽车行业的产销量获得爆炸性增长。2001—2010 年中国汽车产量从 234.17 万辆增长到 1826.53 万辆,销量从 236.36 万辆增长到 1806.19 万辆,产量复合增长率为 25.26%,并且产销量基本维持平衡增长。2011—2015 年中国汽车产量从 1841.64 万辆增长到 2450.33 万辆,如图 10.7 所示。由于受到宏观经济周期性影响,中国汽车产量增速放缓,复合增长率约为 8.8%。但整体上中国汽车行业增长速度较快,年均增长率接近 20%。同时中国汽车行业产值占 GDP 的比重不断提升,2000 年初中国汽车行业附加值仅占 GDP 的 0.8% 左右,到 2012 年提升至 1.56%,利税总额达

---

① 2016 年中国农产品进出口数据及贸易逆差情况分析[EB/OL].http://www.chyxx.com/industry/201703/499467.html.2017-04-25.

2535亿元,占税收总额的13%以上。加入WTO以来,中国汽车行业规模不断扩大,更加深入地融入全球价值链中,使汽车行业成为中国的支柱性产业之一。①

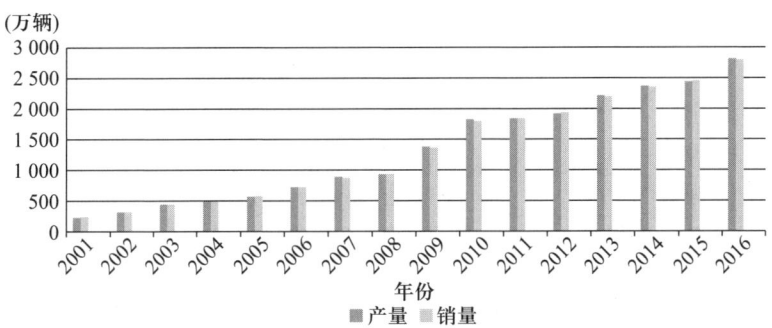

图10.7 2001—2016年中国汽车产销量

资料来源:根据中国工业汽车协会2001—2016年世界各国(地区)汽车销量整理所得,http://www.caam.org.cn/newslist/a190-1.html,2018-12-10。

(二)中国汽车市场潜力仍然很大,汽车保有量较低

加入WTO以来,随着中国经济水平不断提高,人民的消费水平不断提升,从而加大了国内消费者对汽车的需求,促使汽车逐渐成为生活中的必需品,进而刺激了汽车行业规模不断扩大,与此同时中国消费者对汽车保有量不断增长。中国汽车千人保有量持续增长,2006年为38辆,2013年突破100辆大关,2015年达到125辆,2016年进一步增加到140辆,是2006年的3.68倍,如图10.8所示。

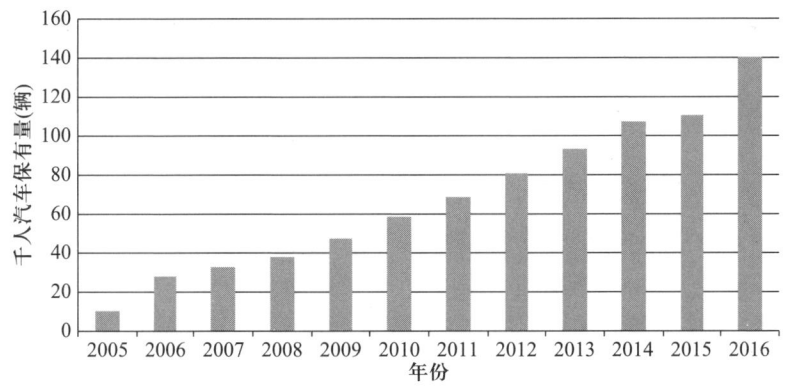

图10.8 2006—2016年中国千人汽车保有量

资料来源:2017年中国汽车千人保有量统计分析[EB/OL].http://www.chyxx.com/industry/201707/541603.html.2018-09-30。

---

① 2015年世界各国(地区)汽车产量[EB/OL].http://www.caam.org.cn/zongheshuju/20161110/1105200730.html,2018-12-07;2015年世界各国(地区)汽车销量[EB/OL].http://www.caam.org.cn/zongheshuju/20161101/1505200245.html.2018-12-07。

虽然中国千人汽车保有量迅速增长,但与西方发达国家和地区相比仍存在较大差距。2012 年全球平均汽车保有量为每千人 158 辆,而中国为 89 辆。2010 年美国的汽车保有量最高,为每千人 797 辆;其次是新西兰,千人汽车保有量为 712 辆,接下来是意大利,其千人汽车保有量为 600~700 辆。2010 年日本千人汽车保有量为 591 辆,约为同期中国千人汽车保有量的 8.7 倍。详情见表 10.4。直到 2016 年中国千人汽车保有量也仅为 140 辆,仍然低于 2010 年世界千人汽车保有量的平均水平。由此可见,相对于发达国家以及世界平均水平,中国千人汽车保有量仍然较低,这表明中国汽车行业仍具有较大的发展空间。

表 10.4 2010 年全球汽车持有大国千人汽车保有量

国家	美国	新西兰	意大利	加拿大	澳大利亚	日本	全球平均
千人汽车保有量(辆)	797	712	679	607	695	591	158

资料来源:根据百度文库数据整理所得,https://wenku.baidu.com/view/e3cecfa2ed630b1c59eeb5b0.html,2018-01-01。

(三) 占世界产量的比重不断上升,成为汽车贸易大国

2010 年全球前五大汽车产量国为中国、日本、美国、德国、韩国;产量分别为 1826.74 万辆、962.59 万辆、776.14 万辆、590.6 万辆、427.19 万辆。与 2009 年相比,这 5 个国家同比增长均达到两位数,其中中国增速更快,达到 23.52%。中国汽车产量占世界汽车产量的比重在 2001 年仅为 4.16%,2001—2005 年所占比重比较平稳,2005—2015 年增速较快,2015 年达到 27.29%。其中,2009 年中国汽车产量占世界总产量的比重达到 22.36%,成为全球第一大汽车产量国,2009—2015 中国已连续 6 年位列世界汽车行业产量国首位,成为名副其实的汽车生产和贸易大国。详情见图 10.9。

(四) 对外依赖度居高不下

中国政府提出到 2020 年中国汽车的对外依赖度要低于 30%,由汽车大国向汽车强国转变。然而目前由于中国在汽车行业的自主研发能力相对较弱,自主核心技术欠缺,中国汽车行业的对外依赖度居高不下,整车和零部件的对外依存度较高。根据汽车行业协会报告,国内汽车装备的制造水平与国际相比至少还有 10 年的差距。中国产销排名前五的整车企业所使用的生产装备 90% 依赖进口,汽车装备对外技术的依赖度达到 70% 以上。[1] 过高的对外依赖度使得中国汽车业的发展受到严重制约。不仅如此,中国汽车行业长期处于全球价值链低

---

[1] "中国装备"乃中国制造核心"中国制造 2025"打造汽车强国[EB/OL].http://www.chinairn.com/news/20150716/113857973.shtml.2017-03-21。

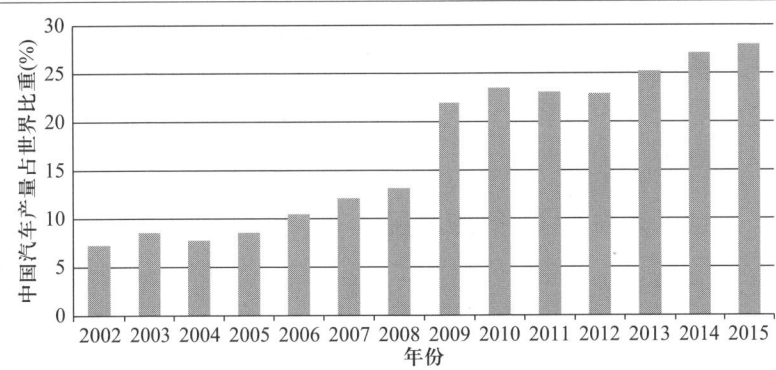

图 10.9 中国 2001—2015 年汽车产量占世界产量的比重

资料来源:根据中国工业汽车协会 2001—2016 年世界各国(地区)汽车销量整理所得,http://www.caam.org.cn/newslist/a190-1.html,2018-12-10。

端的代理加工位置,高附加值产品绝大多数来自欧美以及日本,这大大降低了中国汽车行业的利润率。较低的利润降低了中国汽车行业的风险抵抗能力,容易受外部环境的影响。在这种情况下,中国汽车行业已经注意到转型升级的紧迫性和重要性,开始通过不断加大研发投资,开发核心技术产品,降低对国外产品的依赖。根据普华永道对全球汽车行业研发费用的统计,2015 年有 14 家中国汽车企业进入全球企业创新 1000 强,研发费用较 2014 年增加约 25%。中国汽车研发费用占全球的份额由 2007 年的 4% 增加到 2015 年的 11%。[①] 中国汽车研发费用的增加进一步加快了中国汽车行业技术和产品创新,有助于降低对国外技术和产品的依赖,加速由汽车大国向汽车强国转变。

(五)自主品牌的国内市场占有率不断增长

中国汽车行业起步较晚,正处于发展的初期,自主品牌尚不成熟,缺乏自己核心产业的竞争力。市场份额较高的企业大部分为合资以及外资品牌,自主研发的汽车由于没有掌握核心技术导致在市场中的份额不高。2016 年中国汽车自主品牌市场占有率虽由 2014 年的 38.31% 进一步提升到 43.24%[②],但是中国汽车自主品牌与外资企业汽车相比仍然存在很大的差距。虽然加入 WTO 后国外知名汽车品牌给中国汽车行业带来一定的冲击,但由于中国汽车业在更激烈的竞争中不断提升研发水平,从而使自主品牌得以发展。在汽车零部件方面,先

---

① 周轩千.普华永道:中国成全球第四大车企研发地[EB/OL].http://auto.cnfol.com/cheshidongtai/20160520/22788110.shtml.2016-05-20.

② 2017 年中国自主品牌乘用车销量及发展前景分析[图][EB/OL].http://www.chyxx.com/industry/201702/499130.html.2017-02-28.

进发动机的自主研发能力逐渐增强,使中国自主品牌在中低端市场对外资汽车的替代性不断增强,市场份额占有率不断上升,但由于差距较为明显,总体上中国汽车的高端市场占有率较低。自主品牌除红旗有少量高端市场产品外,其他自主品牌均集中在中低端市场。

三、入世以来中国 IT 行业发展

当前,全球 IT 行业处于快速发展的黄金时期,信息技术革命的广泛应用成为全球经济新增长点。入世后,中国信息技术产业紧跟世界信息产业快速发展的步伐,实现了高速发展,成为中国经济重要的支持产业。截至 2016 年,中国信息技术产业具有了规模庞大、专业门类齐全、技术水平日益提升、产业运行规范化的电子信息产业系统,已成为电子信息产品生产消费和出口的大国之一。

(一)产业规模较大,速度发展较快

根据中国工业和信息化部发布的数据,中国信息产业规模不断扩大,2002 年中国电子信息产业规模已经居于中国各工业行业之首,电子信息产业销售收入达 14000 亿元人民币[1],截至 2004 年中国电子信息产业销售收入达 30785 亿元人民币,2005 年产品销售收入为 38411 亿元人民币,同比增长 24.8%,[2]到 2008 年电子信息产业主营业务收入为 58826 亿元人民币,同比增长 14.8%。[3]

2010 年,中国规模以上电子信息产业销售收入规模 7.8 万亿元人民币,同比增长 29.5%,其中软件产业收入 1.3 万亿元人民币,增长 31.3%。规模以上电子信息制造业工业附加值增长 16.9%,比 2009 年加快 11.6 个百分点,高出工业平均水平 1.2 个百分点;实现销售产值 63395 亿元人民币,同比增长 25.5%。[4] 2011 年,中国电子信息产业实现销售收入 9.3 万亿元人民币,增幅超过 20%;其中,规模以上电子信息制造业实现收入 74909 亿元,同比增长 17.1%;软件业实现收入 18468 亿元人民币,比 2010 年增长 35.9%。规模以上电子信息制造业实现销售产值 75445 亿元人民币,同比增长 21.1%。手机、计算机、彩电、集成电路等主要产品产量分别达到 11.3 亿部、3.2 亿台、1.2 亿台和 719.6 亿块,同比增长

---

[1] 工业和信息化部.2002 年电子信息产业完成情况[EB/OL].http://www.miit.gov.cn/n1146312/n1146904/n1648373/c3482991/content.html. 2018-11-30.

[2] 工业和信息化部.2005 年电子信息产业主要指标完成情况[EB/OL].http://www.miit.gov.cn/n1146312/n1146904/n1648373/c3482882/content.html. 2018-11-30.

[3] 工业和信息化部.2008 年 12 月电子信息产业主要指标完成情况[EB/OL].http://www.miit.gov.cn/n1146312/n1146904/n1648373/c3483028/content.html. 2018-11-30.

[4] 工业和信息化部.2010 年电子信息产业统计公报[EB/OL].http://www.miit.gov.cn/n1146312/n1146904/n1648373/c3483292/content.html. 2018-11-30.

13.5%、30.3%、3.4%和10.3%。2011年,规模以上电子信息制造业实现主营业务收入74909亿元人民币,同比增长17.1%;实现利润总额3300亿元人民币,同比增长16.8%。行业销售利润率为4.4%,与2010年基本持平。① 2012年中国电子信息产业销售收入突破10万亿大关,达到11.0万亿元人民币,增幅超过15%,其中规模以上电子信息制造业实现收入84619亿元人民币,同比增长13%,软件业实现收入25022亿元人民币,比2011年增长28.5%。② 2014年中国规模以上电子信息制造业附加值增长12.2%,高于同期工业平均水平3.9个百分点,在全国41个工业行业中增速居第7位,收入和利润总额分别增长9.8%和20.9%,分别高于同期工业水平2.8和17.6个百分点,占工业总产值的比重分别达到9.4%和7.8%,比2013年分别提高了0.3和1.2个百分点。2014年,中国规模以上电子信息产业中,软件和信息技术服务业收入增速快于电子信息制造业10多个百分点,软件业比重达到26.6%,比2013年提高1.6个百分点,比"十一五"末提高9.1个百分点,对传统制造业的渗透带动作用进一步增强。中国软件和信息技术服务业中,信息技术咨询服务、数据处理和运营类服务收入分别增长22.5%和22.1%,增速高出全行业平均水平2.3和1.9个百分点;占软件业比重分别达10.3%和18.4%,同比提高0.2和0.3个百分点。③ 2008年电子信息产业占GDP的比重超过5%,成为国家重要的支柱产业,电子信息产业高速发展期间,以软件业以及集成电路取得的成绩最为显著,其中软件销售在2001年时为751亿元人民币,2005年销售收入为3900亿元人民币,到2010年产值达到13364亿元人民币,年复合增长率达36%。④

(二) IT行业的进出口增长速度较快,对外贸贡献较大

加入WTO以来,中国信息产业得到了快速发展,对外贸易额呈高速增长,进出口额呈现出稳定快速的增长趋势。除受2008年金融危机影响中国信息产业对外贸易额出现小幅下降,信息技术产品贸易额总体呈稳定增长趋势,如图10.10所示。2009年中国电子信息产品进出口总额达到7719亿美元,其中进口3174亿美元,同比下降13.5%;出口4572亿美元,同比下降12.4%。到2010年

---

① 工业和信息化部.2011年电子信息产业统计公报[EB/OL].http://www.miit.gov.cn/n1146312/n1146904/n1648373/c3483505/content.html.2018-11-30.
② 电子信息产业高速发展 销售收入破10亿元大关[EB/OL].http://www.chinawuliu.com.cn/zhxw/201304/22/223146.shtml.2018-11-30.
③ 工业和信息化部.2014年电子信息产业统计公报[EB/OL].http://www.miit.gov.cn/n1146312/n1146904/n1648373/c3337253/content.html.2018-11-30.
④ [整刊]《中国计算机报》2011年第24期[EB/OL].http://www.docin.com/p-242382859.html.2018-11-30.

时,中国电子信息产品进出口总额更是突破了万亿美元大关。2010年进出口总额为10128亿美元,同比增长31.2%,其中出口5912亿美元,同比增长29.3%,进口4216亿美元,同比增长34.0%,进出口总额占全国外贸总额的比重为34.1%。2013年至2016年的贸易均保持稳定状态,这主要是由于人工等成本的不断上升,IT行业比较优势已经不那么明显,缺乏核心技术使中国IT行业急需进行转型升级,从以代理加工型向自主研发型进行转变。① 总体看,入世后,中国电子信息产业外贸环境得到较大改善,外贸成为推动中国电子信息行业快速发展的重要力量。

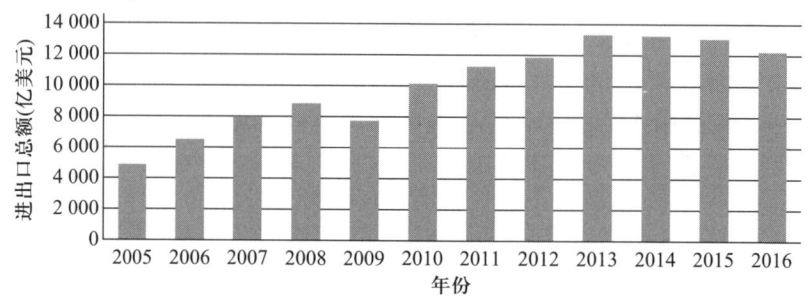

图10.10 2009—2016年中国IT行业进出口总额

资料来源:根据工业和信息化部网站数据整理,http://www.miit.gov.cn/n1146312/n1146904/n1648373/c3335502/content.html,2018-01-01。

(三) IT产业缺乏核心技术

中国IT行业虽然规模大,增长速度快,但由于缺乏核心技术,导致该行业处于组装加工的环节,位于全球价值链的中下游。西方发达国家和地区由于掌握着核心技术获得整个行业的绝大多数利润,而中国处于价值链中下游,被替代性高,竞争激烈,获得的利润较低。根据产业研究报告的数据,2005年中国以代工为主的中芯国际毛利率为8.2%,而英特尔为31%,约为中国利润率的3.8倍。② 中国已经认识到IT行业需要进行转型升级的迫切性,在近些年加大了科研投入,并取得了一些成果。一些电子产品行业在国际市场中的自主技术显示出来。例如华为,由于其对科研经费的大量投入使其产品在欧洲拥有了广阔的市场。2016年华为研发的手机处理器正式使用,该处理器达到了国际领先水平,打破了西方发达国家和地区对手机处理器的垄断,使该品牌产品在国际市场中更加

---

① 根据工业和信息化部发布的数据整理所得,http://www.miit.gov.cn/n1146285/n1146352/n3054355/n3057511/n3057518/index.html.2017-03-22。

② 中国IT产业核心技术先天不足 难掩虚胖之忧[EB/OL].http://info.it.hc360.com/2005/12/290811126180.shtml.2017-03-22。

具有竞争力。近年来由于大量研发费用的投入,使电子信息行业的整体竞争力有了明显上升,电子信息产品向高技术、高品质、高附加值方向发展,完成由价值链中低端向价值链中高端的转型升级。

(四)中国 IT 行业对外直接投资增长较快

在中国加入 WTO 以后,IT 行业的一些企业在保持国内市场份额的同时积极开拓国际市场。2004 年具有国际跨国公司雏形的公司在中国实施"走出去"战略的推动下,更大程度地参与国际贸易与投资,并且积极参与高层次的国际竞争。例如联想在 2004 年 12 月收购了 IBM 的个人电脑业务,并且成为国际奥委会的全球合作伙伴。TCL 为了加快在 3G 手机领域的竞争优势收购了汤姆逊业务。在手机行业发展速度较快的华为和中兴,积极地拓展海外市场,增加海外市场的份额。以华为为例,芬兰为华为手机在欧洲市场占有率最高的国家,2016 年的第一个季度华为在芬兰的市场占有率为 23%,超过苹果成为仅次于三星的芬兰第二大品牌。为了树立战略品牌,华为在 2011 年赞助意大利超级杯比赛,并于 2013 年赞助 AC 米兰。华为的战略营销使得华为在欧洲市场占有率不断上升,加快华为"走出去"的步伐。海尔除了家电在国外具有较强的竞争力,其开发生产的医用低温柜占据了原本属于欧洲各大品牌的市场份额,并且成为印度卫生部门采购的指定产品。中国大部分企业均加大了与国际市场的交流合作,加深了与跨国公司合作的力度以及产品的出口力度,使得自加入 WTO 以来中国的对外投资额保持较快的增长速度。中国企业加大对外直接投资,提高了企业的国际竞争力,有利于中国企业国际品牌的建立,促进企业在国际激烈的竞争环境中不断地进行转型升级,成为具有核心竞争力的跨国企业。

第三节 入世以来中国的对外贸易摩擦

根据《中华人民共和国加入议定书》,中国自 2002 年 1 月 1 日起开始全面下调关税,分 10 年逐步实施。其中,对绝大部分进口产品的降税承诺在 2005 年 1 月 1 日已经执行到位,截至 2010 年 1 月 1 日,中国已完成对所有产品的降税承诺。

一、中国对外贸易摩擦的现状与特点

贸易摩擦指不同经济体之间在国际贸易活动中,为谋求国际贸易利益导致的争端和纠纷。在 WTO 框架下,传统的贸易壁垒实施起来较为困难,中国的一些主要贸易伙伴开始转向采用反倾销、反补贴、保障措施、技术性

贸易壁垒等更为隐蔽且更具歧视性的贸易保护手段,进而造成双边或多边贸易摩擦。

(一)贸易摩擦多且呈上升趋势

随着中国进出口贸易额的不断增长,国际上针对中国的贸易摩擦范围也越来越广,所涉金额也越来越大,所涉行业也趋于敏感,贸易受损程度加剧,贸易摩擦的形势越来越严峻。目前贸易摩擦已经成为制约中国贸易发展的重要因素,对此必须加以重视。

(二)摩擦对象从传统市场向新兴市场转移

起初贸易摩擦主要集中于传统行业,如化工和钢铁行业,近年来贸易摩擦开始从传统市场向新兴行业扩散。美国、欧盟、日本、东盟和加拿大是中国的主要出口对象,也是中国主要的贸易摩擦来源地。近年来,中国对俄罗斯、印度、南非、墨西哥等新兴市场的出口逐年递增,与这些新兴市场的贸易摩擦也逐渐增多。

(三)从单个产品向整个产业扩散

贸易摩擦目前正从单个产品向整个产业扩散,进一步可能会影响到政策制定和制度改革。随着中国出口产品种类不断增多、出口结构的不断优化和改善,贸易摩擦自然地开始倾向于针对整体产业。这一变化不仅对中国处理贸易摩擦能力提出了挑战,同时也对中国相关政策制定和制度改革提出了更高的要求。

(四)贸易摩擦的起因呈现多样化

引起贸易摩擦的原因呈现多样化趋势。贸易摩擦数量的增长同中国对外贸易发展状况密切相关,与中国市场开放程度不断提高紧密相连。作为一个贸易大国,中国的贸易摩擦增多属于正常现象,更关键的是如何正确处理这些贸易摩擦。从发展趋势看,今后中国在农产品、纺织品、高新技术产品等领域以及在政策透明度、政府采购等政策协调方面的摩擦还将进一步加剧。

二、反倾销措施

入世以来,截至 2016 年 6 月,中国被提起的反倾销调查总计达到 1008 起,最终采取措施的有 714 起,详情见表 10.5。加入 WTO 后,其他 WTO 成员,尤其是某些发达成员不能对中国采取歧视性的双边贸易来限制中国出口,其在 WTO 项下使用贸易救济措施就变得越来越频繁。如图 10.11 所示,2008 年全球经济危机期间对中国提起的反倾销案件数量有明显上升,近几年随着全球经济增速放缓,对中国提起的反倾销案件出现了小幅增长。

表 10.5 2001—2016 年中国被提起的反倾销调查和被采取的反倾销措施数

年份	被提起的反倾销调查数(个)	被采取的反倾销措施数(个)
2001	55	31
2002	50	36
2003	53	41
2004	49	44
2005	53	42
2006	73	37
2007	61	46
2008	78	54
2009	78	57
2010	44	57
2011	51	37
2012	60	35
2013	76	52
2014	63	40
2015	70	61
2016	94	44
合计	1008	714

资料来源:根据 WTO 网站资料整理,https://www.wto.org/english/tratop_e/adp_e/adp_e.htm,2017-04-20。

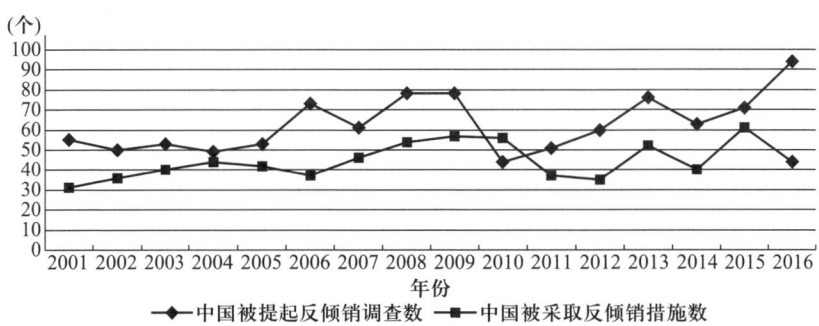

图 10.11 2001—2016 年中国被提起反倾销调查和被采取反倾销措施数

资料来源:根据 WTO 网站资料制作,https://www.wto.org/english/tratop_e/adp_e/adp_e.htm,2017-04-20。

从全球占比来看,对中国发起和采取的反倾销调查及措施数量变动总体呈驼峰状,如图10.12所示,最高占比出现于2007年,高达43.4%,自国际金融危机以来,针对中国采取的反倾销措施在全球占比略有下降,但仍处于较高水平,2015年对中国实施的反倾销措施数目在全球案件中占比为33.7%。

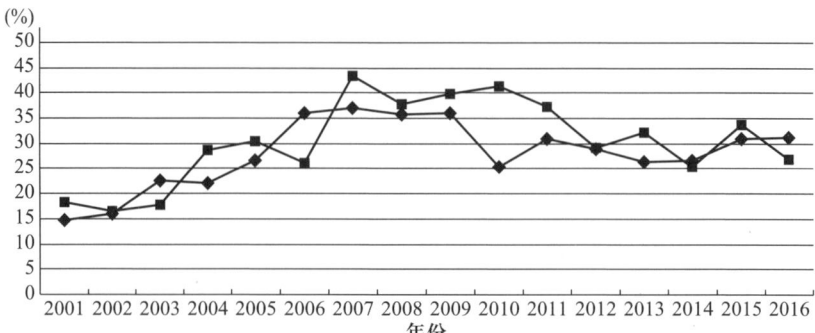

图10.12 2001—2016年中国被提起反倾销调查和被采取反倾销措施数占全球比重

资料来源:根据WTO网站资料制作,https://www.wto.org/english/tratop_e/adp_e/adp_e.htm,2017-08-07。

从贸易摩擦的领域和行业分类上看,对中国发起的反倾销调查和采取的措施从传统劳动密集型产品到技术、资金密集型产品均有涉猎,但受反倾销调查的行业主要集中于化学品和金属制品,纺织品、机械设备、塑料橡胶制品数量也较多,详情见表10.6。

表10.6 按贸易品类统计的1995—2016年中国被提起的反倾销调查和被采取的反倾销措施数

编号	品类	被提起调查数	被采取措施数
1	活动物、动物产品	2	3
2	植物产品	9	10
3	动、植物油、脂及其分解产品;制备食用脂肪;动物或植物蜡	0	0
4	食品(饮料、酒及醋);烟草和烟草代用品的制品	6	5
5	矿产品	16	9
6	化学工业及其相关工业的产品	231	183
7	塑料及其制品;橡胶及其制品	97	67

续表

编号	品类	被提起调查数	被采取措施数
8	生皮、皮革、毛皮及其制品;鞍具和挽具;旅行用品、手提包及类似品;动物肠线制品(蚕胶丝除外)	5	2
9	木及木制品;木炭;软木及软木制品;生产稻草、茅草或其他编织材料制品;篮筐及柳条编织品	22	16
10	木浆及其他纤维状纤维素;回收(废碎)纸或纸板;纸、纸板及其制品	32	15
11	纺织原料及纺织制品	92	72
12	鞋、帽、伞、杖、鞭及其零件;已加工的羽毛及其制品;人造花;人发制品	22	16
13	石料、石膏、水泥、石棉、云母及类似材料的制品;陶瓷制品;玻璃及其制品	86	53
14	天然或养殖珍珠、宝石或半宝石、贵金属、包贵金属及其制品、仿首饰、硬币	0	0
15	贱金属及其制品	352	243
16	机器、机械器具;电气设备及其零件;录音机及放声机、电视图像、声音的录制和重放设备及其零件、附件	144	99
17	车辆、航空器、船舶及有关运输设备	29	18
18	光学、照相、电影、计量、检验、医疗或外科用仪器及设备、精密仪器及设备;钟表;乐器;上述物品的零件、附件	18	13
19	武器、弹药及其零件、附件	0	0
20	机器制品	54	42
21	艺术品、收藏品和古董	0	0
22	未分类产品	0	0
合计	—	1217	866

资料来源:根据WTO网站资料制作,https://www.wto.org/english/tratop_e/adp_e/adp_e.htm,2017-04-20。

从调查发起方来看,对中国的反倾销调查主要来源于发达成员,随着中国同美国、欧盟等经济体之间的贸易往来不断增加,贸易摩擦也在增加,如图10.13所示。与此同时,以印度为首的发展中成员紧随其后,发展中经济体对中国提起的反倾销调查数量不断增加也值得关注。

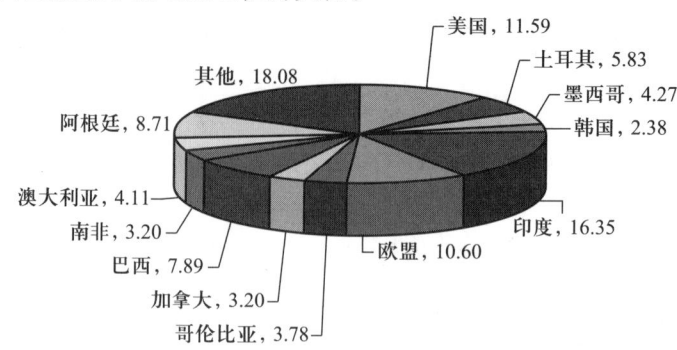

图 10.13　1995—2016 年 WTO 成员对中国提起的反倾销调查所占比重

资料来源：根据 WTO 网站资料制作，https://www.wto.org/english/tratop_e/adp_e/adp_e.htm，2017-04-20。

三、反补贴措施

反补贴措施作为 WTO 为维护非歧视和公平竞争的自由贸易赋予成员的一项基本权利，一直是国际贸易制裁的重要措施。近年来发达成员对反补贴措施的使用越频繁，中国受到的反补贴调查相较反倾销而言数量较少，反补贴调查数量的变动趋势同反倾销措施基本一致。2008 年国际金融危机期间反补贴调查的使用出现小幅增长，近几年世界经济整体增速放缓，各成员为保护自身利益，加大了对反倾销措施以及反补贴措施的使用，因而 2014 年以来的反补贴案件的发起数也处于较高水平，详情表 10.7。同反倾销所涉及的行业类似，中国受到的反补贴调查集中于化学品、金属和机械制品，详情见表 10.8。发达成员一直是对中国提起反补贴调查的主力军，近年来印度作为发展中成员对中国的反补贴调查也不容忽视，详情见表 10.9。

表 10.7　2004—2016 年中国被提起的反补贴调查和被采取的反补贴措施数

年份	被提起调查数	被采取措施数
2004	3	0
2005	0	2
2006	2	0
2007	8	1
2008	11	10

续表

年份	被提起调查数	被采取措施数
2009	13	6
2010	6	10
2011	9	5
2012	10	8
2013	14	10
2014	14	4
2015	9	10
2016	20	8
合计	119	74

资料来源：根据 WTO 网站资料整理，https://www.wto.org/english/tratop_e/scm_e/scm_e.htm.2017-04-20。

表 10.8 按贸易品类统计的 1995—2016 年中国被提起的反补贴调查和被采取反补贴措施数

编号	品类	被提起调查数	被采取措施数
1	活动物、动物产品	0	0
2	植物产品	0	0
3	动、植物油、脂及其分解产品；制备食用脂肪；动物或植物蜡	0	0
4	食品（饮料、酒及醋）烟草和烟草代用品的制品	1	0
5	矿产品	0	0
6	化学工业及其相关工业的产品	14	9
7	塑料及其制品；橡胶及其制品	7	3
8	生皮、皮革、毛皮及其制品；鞍具和挽具；旅行用品、手提包及类似品；动物肠线制品（蚕胶丝除外）	0	0
9	木及木制品；木炭；软木及软木制品；生产稻草、茅草或其他编结材料制品；篮筐及柳条编结品	4	2
10	木浆及其他纤维状纤维素；回收（废碎）纸或纸板；纸、纸板及其制品	7	4

续表

编号	品类	被提起调查数	被采取措施数
11	纺织原料及纺织制品	3	2
12	鞋、帽、伞、杖、鞭及其零件；已加工的羽毛及其制品；人造花；人发制品	0	0
13	石料、石膏、水泥、石棉、云母及类似材料的制品；陶瓷制品；玻璃及其制品	3	3
14	天然或养殖珍珠、宝石或半宝石、贵金属、包贵金属及其制品、仿首饰、硬币	0	0
15	贱金属及其制品	62	39
16	机器、机械器具；电气设备及其零件；录音机及放声机、电视图像、声音的录制和重放设备及其零件、附件	12	10
17	车辆,航空器、船舶及有关运输设备	4	1
18	光学、照相、电影、计量、检验、医疗或外科用仪器及设备、精密仪器及设备；钟表；乐器；上述物品的零件、附件	0	0
19	武器、弹药及其零件、附件	0	0
20	机器制品	2	1
21	艺术品、收藏品和古董	0	0
22	未分类产品	0	0
合计		119	74

资料来源：根据 WTO 网站资料整理，https://www.wto.org/english/tratop_e/scm_e/scm_e.htm.2017-08-07。

表 10.9　1995—2016 年 WTO 成员对中国提起的反补贴调查数

成员	对中国提起的反补贴调查数
美国	60
加拿大	23
澳大利亚	16
欧盟	10
印度	3
其他成员	7

资料来源：根据 WTO 网站资料整理，https://www.wto.org/english/tratop_e/scm_e/scm_e.htm, 2017-04-20。

四、争端解决

加入 WTO 后,中国政府对争端解决机制的运用越来越重视,态度逐渐趋于理性。根据 WTO 的统计数据,自加入 WTO 以来,截至 2016 年,中国作为申诉方共提起了 15 起争端解决案件,详情见表 10.10。中国提起的争端磋商请求仅针对美国和欧盟这两大发达成员贸易伙伴。作为被诉方,中国参与的争端解决案件共计 38 起,详情见表 10.11。中国作为第三方参与的争端解决案件多达 139 起,①中国参与 WTO 争端解决机制实践的表现应被充分肯定。

表 10.10 中国作为申诉方提起的争端磋商请求

争端编号	争端标题	被诉方	磋商时间
DS252	美国——某些钢铁产品进口的保障措施	美国	2002 年 3 月 26 日
DS368	美国——对中国铜版纸的反倾销和反补贴的初步确定	美国	2007 年 9 月 14 日
DS379	美国——对中国某些产品的反倾销和反补贴的确定	美国	2008 年 9 月 19 日
DS392	美国——影响中国家禽进口的措施	美国	2009 年 4 月 17 日
DS397	欧盟——对中国紧固件的反倾销措施	欧盟	2009 年 7 月 31 日
DS399	美国——影响中国乘用车和轻型卡车轮胎进口的措施	美国	2009 年 9 月 14 日
DS405	欧盟——对中国特定鞋类的反倾销措施	欧盟	2010 年 2 月 4 日
DS422	美国——对中国虾类和钻石锯片的反倾销措施	美国	2011 年 2 月 28 日
DS437	美国——对中国产品的反补贴措施	美国	2012 年 5 月 25 日
DS449	美国——对中国某些产品的反倾销和反补贴措施	美国	2012 年 9 月 17 日
DS452	欧盟——影响可再生能源发电部门的若干措施	欧盟	2012 年 11 月 5 日
DS471	美国——涉及中国的反倾销程序中的方法及应用	美国	2013 年 12 月 3 日

① 根据 WTO 网站资料整理,https://www.wto.org/english/tratop_e/dispu_e/dispu_by_country_e.htm. 2017-04-20.

续表

争端编号	争端标题	被诉方	磋商时间
DS492	欧盟——影响某些禽肉制品关税减让的措施	欧盟	2015年4月8日
DS515	美国——与价格比较方法相关的措施	美国	2016年12月12日
DS516	欧盟——与价格比较方法相关的措施	欧盟	2016年12月12日

资料来源：根据WTO网站资料整理，https://www.wto.org/english/tratop_e/dispu_e/dispu_by_country_e.htm，2017-04-20。

表10.11 中国作为被诉方参与的争端磋商请求

争端编号	争端标题	申诉方	磋商时间
DS309	中国——集成电路增值税	美国	2004年3月18日
DS339	中国——影响汽车零部件进口的措施	欧盟	2006年3月30日
DS340	中国——影响汽车零部件进口的措施	美国	2006年3月30日
DS342	中国——影响汽车零部件进口的措施	加拿大	2006年4月13日
DS358	中国——某些给予退款、税收及其他款项减免的措施	美国	2007年2月2日
DS359	中国——某些给予退款、税收及其他款项减免的措施	墨西哥	2007年2月26日
DS362	中国——影响知识产权保护和执行的措施	美国	2007年4月10日
DS363	中国——影响某些出版物及视听娱乐产品的交易权及分销服务的措施	美国	2007年4月10日
DS372	中国——影响金融信息服务和外国金融信息供应商的措施	欧盟	2008年3月3日
DS373	中国——影响金融信息服务和外国金融信息供应商的措施	美国	2008年3月3日
DS378	中国——影响金融信息服务和外国金融信息供应商的措施	加拿大	2008年6月20日
DS387	中国——赠款、贷款及其他奖励	美国	2008年12月19日
DS388	中国——赠款、贷款及其他奖励	墨西哥	2008年12月19日
DS390	中国——赠款、贷款及其他奖励	危地马拉	2009年1月19日
DS394	中国——与各种原材料出口有关的措施	美国	2009年6月23日
DS395	中国——与各种原材料出口有关的措施	欧盟	2009年6月23日

续表

争端编号	争端标题	申诉方	磋商时间
DS398	中国——与各种原材料出口有关的措施	墨西哥	2009年8月21日
DS407	中国——欧盟某些钢铁紧固件的临时反倾销税	欧盟	2010年5月7日
DS413	中国——某些影响电子支付服务的措施	美国	2010年9月15日
DS414	中国——对自美国进口的取向电工钢的反补贴反倾销措施	美国	2010年9月15日
DS419	中国——有关风电设备的措施	美国	2010年12月22日
DS425	中国——对来自欧盟的X射线安全检查设备最终反倾销税	欧盟	2011年7月25日
DS427	中国——对来自美国的肉鸡产品实施反倾销和反补贴措施	美国	2011年9月20日
DS431	中国——稀土、钨、钼出口的相关措施	美国	2012年3月13日
DS432	中国——稀土、钨、钼出口的相关措施	欧盟	2012年3月13日
DS433	中国——稀土、钨、钼出口的相关措施	日本	2012年3月13日
DS440	中国——对美国某些汽车的反倾销和反补贴税	美国	2012年7月5日
DS450	中国——影响汽车及汽车零部件工业的若干措施	美国	2012年9月17日
DS451	中国——有关服装和纺织品生产和出口的措施	墨西哥	2012年10月15日
DS454	中国——高性能不锈钢无缝焊管反倾销措施	日本	2012年12月20日
DS460	中国——高性能不锈钢无缝焊管反倾销措施	欧盟	2013年6月13日
DS483	中国——对进口浆粕的反倾销措施	加拿大	2014年10月15日
DS489	中国——有关示范基地和公共服务平台项目的措施	美国	2015年2月11日
DS501	中国——与国产飞机相关的税收措施	美国	2015年12月8日
DS508	中国——某些原材料出口税	美国	2016年7月13日

续表

争端编号	争端标题	申诉方	磋商时间
DS509	中国——某些原材料的出口税及其他措施	欧盟	2016年6月19日
DS511	中国——对农业种植户的国内支持	美国	2016年9月13日
DS517	中国——某些农产品的关税配额	美国	2016年12月15日

资料来源：根据 WTO 网站资料整理，https://www.wto.org/english/tratop_e/dispu_e/dispu_by_country_e.htm，2017-04-20。

加入 WTO 初期，中国对争端解决机制的运用还不太熟练，存在企业消极应诉、对相关法律条款不熟悉等各种问题。目前中国在争端解决方面的经验逐渐丰富，相应的专业服务机构和学者同企业和政府之间正逐步建立起密切的联系，形成连贯的互动机制，在合理利用 WTO 争端解决机制、解决和应对争端解决案件上实现联动合作，更好地维护国家及企业的合法权益。

通过中国的参与，WTO 的争端解决机制得到进一步推广，影响进一步扩大。中国参与 WTO 争端解决，不仅维护了自身的利益，对 WTO 规则的发展和实践也起到了有利的推动作用，这一实践有助于中国进一步参与国际规则的实施与设定。

第四节　中国市场经济地位问题

一、市场经济地位问题背景

在 WTO 框架下，市场经济地位问题在实践中主要涉及反倾销调查中适用"替代国"价格的做法。在谈判《中华人民共和国加入议定书》的过程中，非市场经济地位条款作为适用期限最久的歧视性条款被保留了下来，并在过去十几年中对中国的对外贸易造成了显著不良影响。在未被反倾销调查发起方给予市场经济地位的情况下，调查方可以使用一个高成本成员的价格水平作为标准来确定中国出口商品的正常价值，从而导致中国出口产品的成本优势很容易被定性为倾销，进而被征收高额的反倾销税。事实上，中国已成为 WTO 成员中反倾销的最大受害国。除此之外，非市场经济地位使中国出口产品更容易受到严苛的标准要求和区别对待。

虽然目前为止大部分的 WTO 成员已经承认了中国的市场经济地位，但美国、欧盟、日本等主要发达成员一直未对此问题做出肯定的答复。此外，美国、欧盟等成员以中国的市场经济地位为筹码，迫使中国在双边经贸关系中做出更多的让步,这也在一定程度上给中国的对外经济政策制定造成了额外的压力。

2016年12月11日中国入世已满15年,议定书中对中国反倾销调查可实行"替代国"价格做法的规定也已经到期,美欧等WTO成员未来是否会终止"替代国"做法以及是否会给予中国市场经济地位,直接关系到中国的贸易利益。一方面,中国需要在认真分析WTO相关规则的基础上,据理力争,争取自己的合法权益;另一方面,中国也要从自身发展需要出发,结合其他成员的立场,采取务实的态度积极展开对外经济合作,以谋求最大化的经济和政治利益。

二、WTO及主要成员关于市场经济地位问题的规定

市场经济地位问题产生于GATT中的反倾销适用性问题。最早的GATT规则文本中并没有与市场经济地位相关的描述。受到社会主义革命扩张的影响,部分GATT缔约方的经济体制由市场经济转向计划经济,内部规制与以市场经济理念为基础的多边贸易体系产生了出入,不同经济体制成员之间的贸易活动开始暴露出一系列问题,而对非市场经济成员实施反倾销措施的适用性问题即为其中之一。1955年的GATT审查期间,捷克斯洛伐克代表第一次提出,对"国营贸易国家"出口产品的价格可比性情况进行补充说明。对此,GATT工作组增加了注释性条款:"应当承认,当从完全或实质上由国家垄断贸易并且所有国内价格都由国家确定的一国进口货物时,在为第1款的目的决定可比价格时可能存在特殊的困难。在这种情况下,进口缔约方可能发现有必要考虑这种可能性,即与这种国家的国内价格进行严格比较并不总是适当的。"[①]在这一注释中并没有关于市场经济地位的直接描述,而是对"国营贸易国家"的评判标准做出了界定,并提出来自"国营贸易国家"的产品存在价格可比性的问题,但对于该问题的解决方法注释中并没有做出规定。随后该注释条款被置于GATT第6.1条补充规定中,对全体缔约方生效。随后的肯尼迪回合及东京回合签订的《反倾销守则》,明确提出了在"不损害1955年注释性条款"的前提下,针对特定市场情况下不适宜采用出口国国内价格进行比较的情况。作为乌拉圭回合谈判的成果,GATT1994又对1955年注释性条款进行了重申,表述文本与此前完全一致。

总体来看,GATT发展至今,对于市场经济地位界定标准或是哪些成员属于非市场经济成员一直没有统一的规范。WTO规则中肯定了非市场经济成员的存在,但并未对如何界定这些成员设纲,而是允许成员根据自身需要以及各自法

---

① Paragraph 1.Ad Article Ⅵ, Annex Ⅰ:Notes and Supplementary Provisions of GATT 1947[EB/OL]. https://www.wto.org/english/docs_e/legal_e/gatt47_03_e.htm#annexi.2018-01-01.

规安排去判断一个成员是否为非市场经济成员,并授权各成员在反倾销调查中对其采取不同于市场经济成员的价格比较方法。可以看出,WTO规则对于市场经济地位问题给予了各成员较大的自由裁量权。

针对市场经济地位问题,大部分成员都做出了专门的规定。对于如何区分市场经济成员和非市场经济成员,目前采取的方法主要有两种:第一种为个案判断法,例如美国会依据自身设定的标准,判别每一案反倾销调查中的涉案成员是否满足市场经济地位;第二种为单独列举法,例如欧盟直接在规定中列举出了非市场经济成员和转型经济成员。另外,在一些情况下,WTO成员也可能会对反倾销调查中来自非市场经济成员的不同涉案企业给予不同的待遇。

对于评判其他成员是否处于市场经济地位,各成员的法规标准也不尽相同。以美国为例,对于市场经济成员,美国设定了6条标准,包括:① 该成员货币与其他成员货币的可兑换程度;② 该成员劳工与雇主通过自由谈判确定工资水平的程度;③ 该成员允许外国企业设立合营企业或进行其他投资的程度;④ 该成员政府对生产资料所有或控制的程度;⑤ 该成员政府对资源配置以及对企业的价格、产量决策的控制程度;⑥ 管理当局认为适当的其他因素。在进行认定时,管理当局会综合考虑各涉案方提交的证据、过去的裁决以及相关国际组织和第三方的分析报告,但对于前5条中所提到的标准程度,并没有设定明确的"门槛水平"。需特别注意的是,第6条中的管理当局即美国商务部,对于"其他因素"的认定标准并非一成不变的,可能涉及是否制定并执行了反垄断法、是否存在证券交易制度、是否存在关税法和反倾销法等诸多的因素,当局的考量标准具有很大的不确定性。此外,当局对于"非市场经济成员"的认定,美国《1988年综合贸易与竞争法》规定具有终局性,相关的决定不用接受司法审查,而美国商务部自己可将认定公开驳回。

相较于美国,欧盟对于市场经济成员的评判方法更为复杂。首先会界定出非市场经济成员和转型经济成员,对于前者不给予市场经济地位,而对于后者则会在反倾销调查时根据欧盟规定的5项标准来决定是否赋予被调查方市场经济地位。总的来看,美欧所提出的市场经济地位标准涉及领域广泛,而模糊的标准门槛及实际操作中的高度自主裁量权,使得各方当局在认定市场经济成员的过程中很容易牵涉政治和经济利益的考量。2016年年末,欧盟提出了以市场扭曲标准替代原有的市场经济地位标准,但通过分析提案文本以及欧盟官员的描述可知,市场扭曲标准实质上并不会降低欧盟的贸易救济水平,它仅仅是绕开了WTO规则的义务,对中国而言并没有出现真正的改善。

三、《中华人民共和国加入议定书》相关规则分析

关于中国的市场经济地位问题，起源于《中华人民共和国加入议定书》中第15条，其中的a(2)款规定，"如受调查的生产者不能明确证明生产该同类产品的产业在制造、生产和销售该产品方面具备市场经济条件，则该进口成员可使用不依据与中国国内价格或成本进行严格比较的方法。"根据这一条款，在对中国的反倾销调查中，发起方被允许使用"替代国"价格。但15条d款同时又规定，"无论如何，a(2)款规定应在加入之日后15年终止。"这就表明，第15条明确提出了对中国的反倾销调查可以实施"替代国"做法的条件以及这一做法的有效期限。针对第15条规则的解读及其与中国市场经济地位之间的关系，构成了中国市场经济地位问题的讨论关键。反对中国2016年能够自动获得市场经济地位的声音中，最具代表性的是欧洲律师奥康纳(O'Connor)的观点，他认为中国只有在满足欧盟关于市场经济地位的标准后，才有可能被欧盟给予市场经济地位；另外有观点认为，中国的市场化发展水平与真正的市场经济还存在差距，企业运营往往还是处在非市场经济条件下，认为15条a(2)款的到期终止如果能结束中国的非市场经济地位，就会出现与现实和逻辑相矛盾的结果。在支持的声音中，有人指出15条a(2)款的到期终止即意味着已经不存在判定中国非市场经济地位的法律基础，因而这一款的到期实质上就是从WTO项下赋予了中国市场经济地位。

总体而言，当前大多数的讨论都将《中华人民共和国加入议定书》第15条与中国的市场经济地位直接挂钩，试图通过分析议定书中的规则来判断中国在2016年后能不能自动获得市场经济地位。依据前文对WTO相关规则的介绍，WTO项下并没有决定一个成员是否具备市场经济地位的内容，也未对一个成员能否在特定时间点或特定条件下获得市场经济地位做出表述。对于《中华人民共和国加入议定书》中的内容，第15条的标题是"确定补贴和倾销时的价格可比性"，可以看出这一条款讨论的是关于对华反倾销、反补贴调查中的价格比较问题，规则并未对中国的市场经济地位做出认定和判断。

根据议定书第15条a(2)款，如果中国企业不能证明其所处产业具备市场经济条件，则反倾销发起方可以采用"替代国"价格计算倾销幅度；而根据d款，无论如何在中国加入WTO的15年后，a(2)款都应作废。这也是许多人认为中国将在2016年自动获得市场经济地位的依据。但是，严格来理解，d款仅表示2016年之后，即使中国企业不能证明其所处产业具备市场经济条件，反倾销发起方也不得使用"替代国"做法来进行价格比较并确定倾销幅度。这与中国的市场经济地位没有直接关联。中国的市场经济地位并不是由WTO法确定的，

而是由相关WTO成员的自身法规确定的。WTO法仅仅是许可WTO成员依据《反倾销协议》对由自身法规确定的非市场经济成员采用"替代国"做法进行价格比较，而并未强制要求其他WTO成员在2016年后承认中国的市场经济地位，WTO成员也没有义务自动承认中国的市场经济地位。

四、各主要成员立场分析

从当前各方的表态来看，美欧等仍未给予中国市场经济地位的WTO成员目前还无意做出实质性的转变。美国、日本等成员直接表示不会将中国视为市场经济国家，也不会改变当前的"替代国"做法。欧盟"换汤不换药"的规则提案虽然表明欧盟对中国态度较为缓和，但目前仍无意做出实质性的改变，仅仅是为了遵守WTO的规则而进行调整。

虽然对于《中华人民共和国加入议定书》第15条的规定存在不同角度的理解，但至少能肯定的一点是，15年期满后已经不存在对中国采取"替代国"做法的法律基础。而美国、欧盟等成员的态度更多的还是基于自身的需要。从经济方面考虑，中国的经济发展水平在入世之后获得了飞速提升，对全球经济的重要性也与日俱增，这直接影响了传统发达成员的利益。为了延缓中国经济的发展，美国、欧盟等成员势必会从不同层面展开狙击，实施"替代国"做法能够直接给中国的对外贸易造成损失，而抓住"市场经济地位"问题不放则在一定程度上能够迫使中国在其他经济领域做出让步。从国际政治方面来看，随着中国经济实力的提升，中国的国际地位与入世之初也不可同日而语，而多年来参与国际治理体系的实践使得中国对于传统发达成员构建的这一体系愈发熟悉，也逐渐学会了利用现有规则谋求自身的福利，同时中国的发展势必会带来国际秩序的调整，种种趋势给发达成员提出了诸多挑战，因而发达成员希望利用"市场经济地位"问题挤压中国在国际舞台发挥作用的空间。从经济体自身内部因素分析，发达经济体自2008年金融危机以来经济发展疲软、增长停滞、收入分配不均等问题致使经济体内矛盾激化，当局希望通过大肆渲染中国的市场经济地位问题来转移经济体内矛盾。此外，从反倾销措施本身来看，直接与发达成员的部分产业命运相关。如果能够保持对华的"替代国"做法，能够直接缓解发达成员内诸如钢铁产业等中国占优势产业所面临的国际竞争压力。实际上，美国、欧盟的钢铁工人工会一直以来都是反对给予中国市场经济地位声音中最坚决的一部分。这部分利益集团的主张使得当局在对华政策上倾向于强硬的态度。

五、中国的应对

从中国视角来看，一方面对华反倾销所采取的"替代国"做法确实损害了中国的对外贸易利益,使中国企业遭受了不公平的对待;另一方面"市场经济地位"问题也逐渐成为美国、欧盟处理对华经济关系时重要的要价筹码。但考虑实际效果,中国遭受反倾销调查的出口贸易额占到中国总出口的比重十分有限,再加上即使取消"替代国"做法,也不能够取消反倾销措施而仅仅是降低了反倾销税率的水平,因而难以对中国的对外出口产生质的影响。而各方对于"市场经济地位"问题的密切关注,其实更多的是舆论声音对其政治含义的过度解读,夸大了这一问题的实际影响。

在处理这一问题时,首先中国应强调依照 WTO 相关规则和议定书中的规定,取消对中国反倾销调查中的"替代国"做法,而对于不遵守承诺的成员,则要提交至争端解决机制寻求裁定。其次,中国也可以从自身的发展需要和既定方针出发,考虑其他成员的诉求,积极沟通,寻求共识,以合作的姿态一同探讨解决中国市场经济地位问题的共赢路径。

主要参考文献:

[1] 李思奇,姚远,屠新泉.2016 年中国获得"市场经济地位"的前景:美国因素与中国策略[J].国际贸易问题,2016(3).

[2] 梁艳芬.2016—2017 年世界经济贸易形势及相关问题[J].对外经贸实务,2016(12).

[3] 林建勇,洪俊杰.全球贸易发展的趋势与特点——兼论中国外贸发展新策略[J].现代管理科学,2016(10).

[4] 刘霞辉.2015 年世界宏观经济形势分析及 2016 年展望[J].经济与管理评论,2016,3(32).

[5] 彭德雷.2016 年后的"非市场经济地位"——争论、探究与预判[J].国际贸易问题,2015(6).

[6] 田国立.建立全球治理新格局,寻找前行方向——2016 年全球经济金融回顾与展望[J].国际金融研究,2017(1).

[7] 屠新泉,苏骁.中美关系与中国"市场经济地位"问题[J].美国研究,2016,3(30).

[8] 屠新泉.中国市场经济地位问题的由来与应对[J].中国发展观察,2016(11).

[9] 张真真.欧盟对华反倾销的市场经济地位问题——以市场经济地位的"五项标准"为视角[A]//中国法学会世界贸易组织法研究会、清华大学法学院.WTO 法与中国论丛.北京:WTO 法与中国论坛暨中国法学会世界贸易组织法研究会 2010 年年会,2010.

第十一章　中国与主要经济体的双边经贸关系

第一节　中国与美国的双边经贸关系

自2001年中国加入WTO以来,中美双边经贸关系迅速发展,中美双方相互依赖程度日益增加,在彼此对外贸易中都占据了重要地位,竞争与摩擦并存。

一、中美双边贸易发展

(一)中美双边货物贸易发展迅速

入世以来,中美双边贸易飞速发展,如图11.1、图11.2所示。2001年中国加入WTO时,中美双边贸易额达到805亿美元,比1979年中美建交时的24亿美元增长了30余倍。① 中国从美进口保持增长态势,特别是金融危机后,中国从美国进口占中国进口额比重不断增加。

(二)中美双边货物贸易失衡

多年以来,中国对美国的货物贸易一直存在顺差,如图11.3所示,虽然顺差额占中国贸易顺差总额的比重呈现出较大波动,但总体保持在较高水平。2016年中国统计双边贸易总额5196.1亿美元,中国对美出口3852.0亿美元,从美国进口1344.1亿美元,中国对美国贸易顺差2507.9亿美元。②按美国统计,2016年美国在商品贸易上对中国逆差3470.0亿美元,占其整体货物贸易逆差47%。③

如图11.4所示,中国对美国货物贸易顺差十分庞大,自2001年入世以来一直在增长,且占据美国货物贸易赤字的比例也越来越高。

不过,这15年间,中国经济迅速并深入融入全球供应链,已不能再用简单的货物贸易数字来理解中美贸易现状。

中国作为世界工厂,意味着越来越多中国对美出口的产品中,大量的增值部

---

① 高虎城.温故知新 继往开来——不断充实中美新型大国关系经贸内涵[EB/OL]. http://world.people.com.cn/n/2015/0921/c1002-27610475.html.2018-09-30.
② 文中数据来自商务数据中心货物进出口分国别统计数据,http://data.mofcom.gov.cn/hwmy/imexCountry.shtml.2018-01-23.
③ 李伏安.详解中美贸易失衡原因——比你以为的更复杂[EB/OL]. https://finance.ifeng.com/a/20170814/15580711_0.shtml. 2018-09-30.

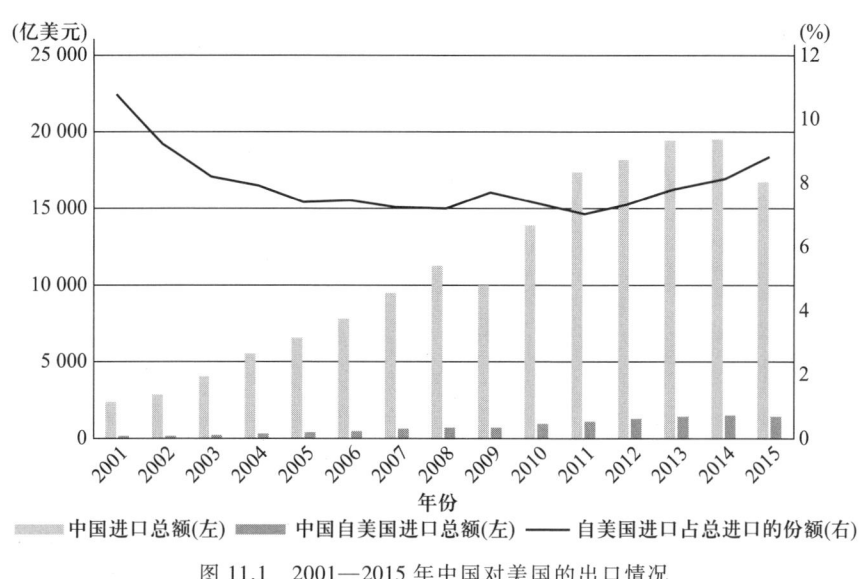

图 11.1　2001—2015 年中国对美国的出口情况

资料来源:根据联合国商品贸易统计数据库数据制作,https://comtrade.un.org,2017-06-01。

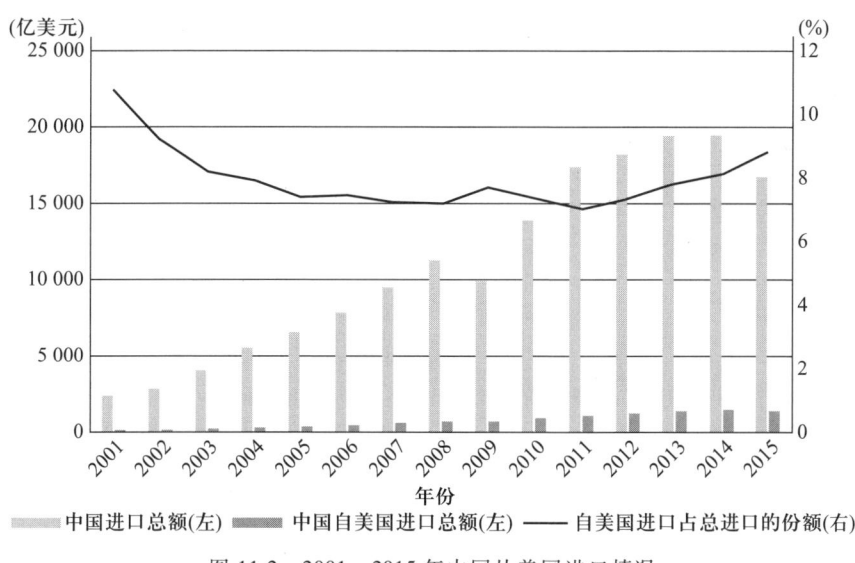

图 11.2　2001—2015 年中国从美国进口情况

资料来源:根据联合国商品贸易统计数据库数据制作,https://comtrade.un.org,2017-06-01。

分其实来自美国。中国制造的苹果手机出口到美国的确增加了美国对中国的贸易逆差,但是也让苹果的股东获益颇丰。根据德意志银行的统计,如果以出口产

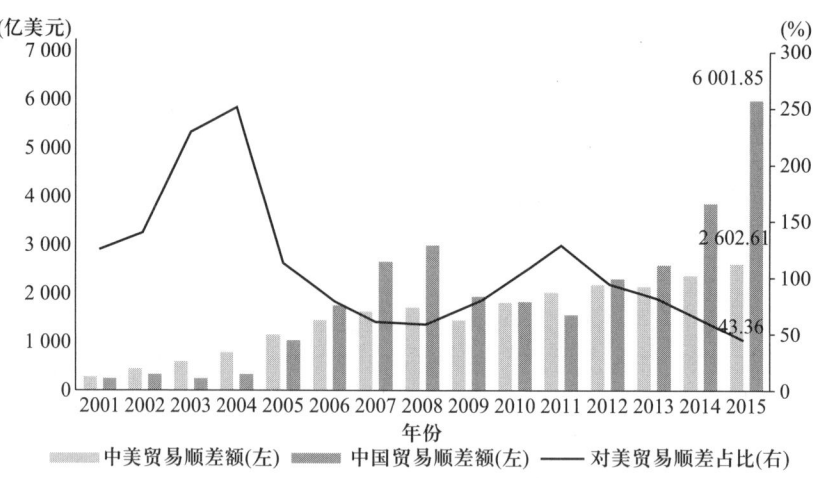

图 11.3 2001—2015 年中国对美国贸易顺差情况

资料来源:李伏安.详解中美贸易失衡原因——比你以为的更复杂[EB/OL]. https://finance.ifeng.com/a/20170814/15580711_0.shtml,2018-09-30.

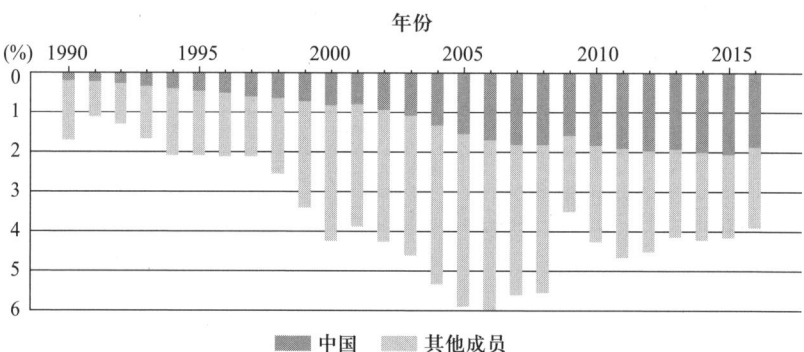

图 11.4 美国货物贸易赤字占其 GDP 百分比(1990—2016*)

资料来源:入世十五周年,中美贸易战打得起来么? [EB/OL]. http://www.donews.com/article/detail/4811/9496.html,2017-03-04.

注:* 表示 2016 年数据截至 9 月。

品的贸易附加值为基础对数字做调整的话,中国对美国的商品出口仅占美国整体商品贸易赤字的 16.4%,如图 11.5 所示。

(三)中美货物贸易依赖性增强,互补、竞争并存

由前两部分的描述可以提出,中美两国经贸联系日益紧密,贸易依赖性显著增强,双方互为重要的贸易伙伴。自 2012 年起,美国就超过欧盟成为中国最大

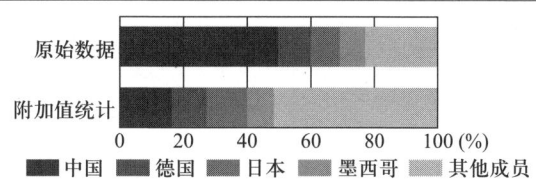

图 11.5 贸易附加值调整的美国贸易赤字构成

资料来源:入世十五周年,中美贸易战打得起来么?[EB/OL].http://www.donews.com/article/detail/4811/9496.html,2017-03-04.

的出口市场。2000 年中国是美国第 11 大出口市场,2007 年中国超过日本成为美国第三大商品出口市场,2016 年中国继续为美国的第一大进口来源地,第三大商品出口市场,是美国经济增长的"重要贡献者"。

1. 中美双方各自比较优势决定其贸易的互补性①

第一,生产要素丰裕度和发展水平的巨大的差异,使中美的比较优势明显。从基本生产要素——有形(实物)资本、劳动力和土地的可利用情况看,中美两国情况差别明显。美国有形资本(建筑物和设备)存量的绝对值几乎超过中国 30%(2012 年美国为 232890 亿美元,中国为 180930 亿美元),按当年劳动力人数折合成人均值后约是中国的 6.2 倍,如表 11.1 所示。

从土地情况看,美国拥有耕地面积 1.63 亿公顷,而中国只有 1.22 亿公顷。美国耕地面积比中国多 30%,按当年劳动力人数折合成人均耕地面积后,美国约是中国的 6.4 倍。

美国在劳动力人均有形资本、人均耕地面积等方面都领先于中国。这意味着美国在有形资本密集型产业、土地密集型产业(例如农业)、研发资本密集型产业(例如高科技产业)领域具有很大的比较优势。

表 11.1 中美有利资本、劳动力、土地、人力资本等生产要素比较

指标国家	中国			美国		
年份	2010	2011	2012	2010	2011	2012
有形资本(亿美元)	142560	161360	180930	234350	233220	232890
劳动人口(亿)	9.99	10.03	10.04	2.07	2.08	2.09
就业人口(亿)	7.61	7.64	—	1.39	1.40	

---

① 刘遵义,张永军.中美之间经济互补性的演变[M]//中国国际经济交流中心课题组.未来十年中美经贸关系.中国经济出版社,2016.

续表

指标国家	中国			美国		
年份	2010	2011	2012	2010	2011	2012
耕地面积(亿公顷)	1.22	1.22	1.22	1.63	1.63	1.63

资料来源：刘遵义，张永军.中美之间经济互补性的演变[M]//中国国际经济交流中心课题组.未来十年中美经贸关系.中国经济出版社，2016.

第二，人口和经济发展差异导致中美储蓄和投资的互补性。互补性的另一方面体现为在两国储蓄率的巨大差异。中国的储蓄率高于美国，因为中国还是一个相对落后的国家，人口年龄也相对年轻。即使是国内投资率高，中国仍然是一个净储蓄投资盈余的国家。这与近些年来美国的情况形成了鲜明对比。美国的储蓄率低，且经常项目持续存在赤字。

未来，随着人口老龄化和经济的进一步发展，中国的储蓄水平会下降，中国对美国的直接投资将增加。中国和美国作为世界上最大的两个经济体，两国的储蓄和投资情况对对方都将产生深远影响，也将影响全球金融市场的发展。两国加强合作的空间依然很大，从而可以促进储蓄和投资进行更有效的配置。

2. 中美货物贸易结构呈现互补和竞争并存的特征

一直以来，中国对美国出口商品种类众多但总体技术含量较低，而美国对中国出口只集中在少数大宗商品及高技术含量产品。即便是产业内贸易发展，相对于美国来讲，中国大部分产品仍然处于全球价值链中低端水平，这造成了中美贸易的结构性失衡。

中美两国贸易的互补和竞争相并存。入世15年来，中国对美出口份额最大的产品是机电产品，约占出口总额的48.9%，见表11.2；而美国对中国出口份额较大的产品依次为运输设备、机电产品、植物产品，见表11.3。中美贸易结构的互补性与竞争性显而易见。在这种互补和竞争并存的局面下，考虑到中美之间的劳动力成本差异，中国在生产资源和技术密集型产品上具有很大的成本优势，势必导致美国大量进口中国生产的同类竞争性产品，从而导致中美产业内贸易摩擦加剧。

表11.2 2016年美国自中国进口前10大主要商品构成(类)

海关分类	HS编码	商品类别	2016年(亿美元)	2015年(亿美元)	同比(%)	占比(%)
类	章	总值	4628.1	4832.5	-4.2	100.0
第16类	84-85	机电产品	2264.2	2373.0	-4.6	48.9

续表

海关分类	HS编码	商品类别	2016年（亿美元）	2015年（亿美元）	同比(%)	占比(%)
第20类	94-96	家具、玩具、杂项制品	561.9	556.2	1.0	12.1
第11类	50-63	纺织品及原料	395.0	426.0	-7.3	8.5
第15类	72-83	贱金属及制品	232.6	249.7	-6.9	5.0
第12类	64-67	鞋靴、伞等轻工产品	184.1	210.0	-12.3	4.0
第7类	39-40	塑料、橡胶	180.2	186.8	-3.5	3.9
第17类	86-89	运输设备	148.4	146.7	1.2	3.2
第6类	28-38	化工产品	130.3	136.4	-4.5	2.8
第18类	90-92	光学、钟表、医疗设备	126.9	127.8	-0.7	2.7
第8类	41-43	皮革制品；箱包	76.4	88.2	-13.4	1.7

资料来源：商务部综合司，商务部国际贸易经济合作研究院.国别贸易报告（美国2017年第1期）：2016年美国货物贸易及中美双边贸易概况［EB/OL］. http://countryreport.mofcom.gov.cn/record/qikan110209.asp?id=8893.2017-04-25.

表11.3　2016年美国对中国出口前10大主要商品构成（类）

海关分类	HS编码	商品类别	2016年（亿美元）	2015年（亿美元）	同比(%)	占比(%)
类	章	总值	1157.8	1160.7	-0.3	100.0
第17类	86-89	运输设备	256.6	264.0	-2.8	22.2
第16类	84-85	机电产品	237.4	250.1	-5.1	20.5
第2类	06-14	植物产品	167.1	140.5	18.9	14.4
第6类	28-38	化工产品	97.2	97.3	-0.1	8.4
第18类	90-92	光学、钟表、医疗设备	83.1	79.7	4.3	7.2
第7类	39-40	塑料、橡胶	55.6	55.9	-0.4	4.8
第15类	72-83	贱金属及制品	52.4	59.6	-12.1	4.5
第10类	47-49	纤维素浆、纸张	43.5	43.5	0.0	3.8
第5类	25-27	矿产品	38.8	34.2	13.3	3.4
第9类	44-46	木及制品	25.5	20.7	23.1	2.2

资料来源：商务部综合司，商务部国际贸易经济合作研究院.国别贸易报告（美国2017年第1期）：2016年美国货物贸易及中美双边贸易概况［EB/OL］. http://countryreport.mofcom.gov.cn/record/qikan110209.asp?id=8893.2017-04-25.

二、中美双边直接投资①

(一) 中美双边直接投资概述

自中国实行改革开放以来,美国企业一直活跃于中国经济当中,累计投资了数千亿美元。过去10年,中国投资者也开始扩大在美国的影响力,从而将中美双边直接投资转变为一个每年承载数十亿美元资金流动的双向投资关系。虽然目前这一双边投资关系并不平衡,美国累计在华直接投资是中国在美投资存量的4倍多,但从近几年的流量看,尤其是2008年金融危机后,这一趋势正在逆转,如图11.6所示,2015年中国对美直接投资流量已超过当年美国在华直接投资流量。

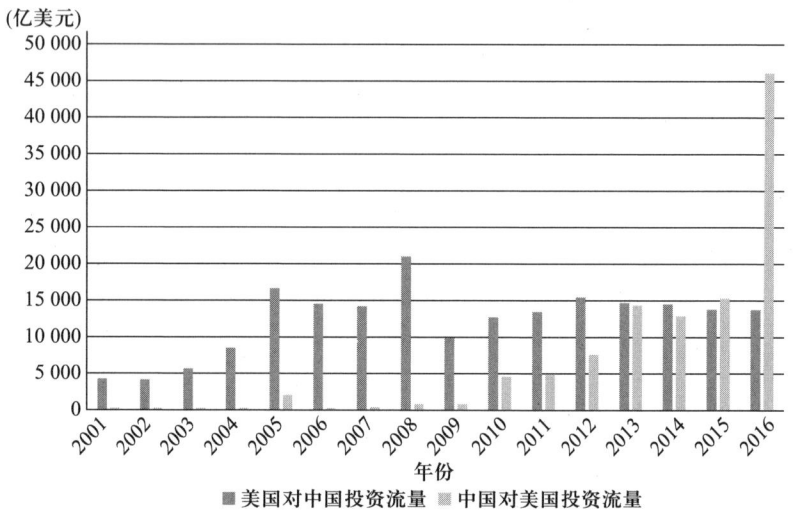

图 11.6 2001—2016 年中美双边投资流量对比

资料来源:美中关系全国委员会,荣鼎咨询.双行道:中美双边直接投资25年全景图[EB/OL]. https://rhodiumgroup.gistapp.com/static/downloads/RHG_TwoWayStreet_2016_Full_Report_Chinese.pdf. 2018-12-10.

(二) 美国对中国的直接投资

美国对中国的直接投资在20世纪80年代初期仅为3.26亿美元。20世纪90年代后,随着中国放宽对外国投资者的限制和要求,以及中国入世的预期促进制造业的外商投资,美国对中国的投资年流量攀升,到2000年时达到47.1亿美元。2016年,美国对中国投资达到138.1亿美元。

---

① 美中关系全国委员会,荣鼎咨询.双行道:中美双边直接投资25年全景图[EB/OL].https://rhodiumgroup.gistapp.com/static/downloads/RHG_TwoWayStreet_2016_Full_Report_Chinese.pdf.2018-12-10.

2001 年中国入世使美国企业界对中国经济有良好的预期,使美国对中国年度直接投资连创新高。按照美国经济分析局的统计,美国对中国投资年流量持续增长,2009—2014 年美国对中国直接投资存量如图 11.7 所示。

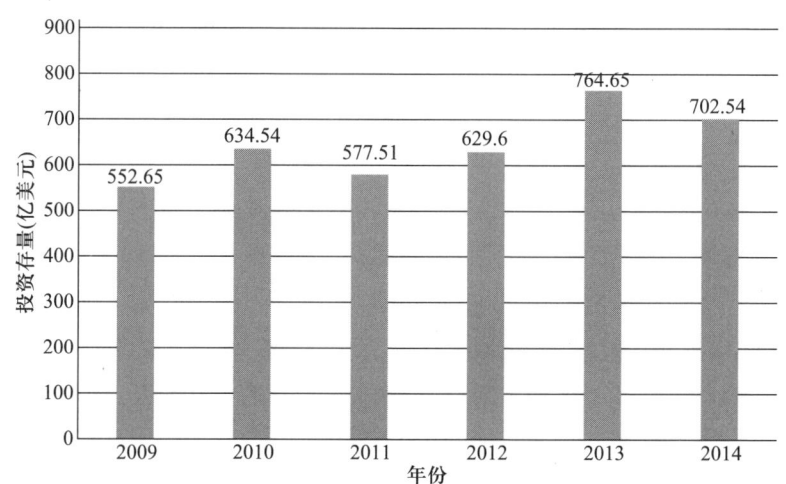

图 11.7　2009—2014 年美国在华直接投资存量

资料来源:美中关系全国委员会,荣鼎咨询.双行道:中美双边直接投资 25 年全景图[EB/OL]. https://rhodiumgroup.gistapp.com/static/downloads/RHG_TwoWayStreet_2016_Full_Report_Chinese.pdf. 2018-12-10.

(三)中国对美投资增长迅速

21 世纪之前,除少数经营贸易促进服务的国有企业如航运公司和银行机构以外,在美国经济中几乎找不到中国企业的身影。[①] 根据美国荣鼎集团公布的统计数据显示,2000—2016 年,中国企业在美国的投资项目从 17 个增加到 1360 个,项目地域覆盖从 9 个州扩大到 47 个州,总投资额从 6800 万美元增长到 1095 亿美元。[②]

1990—2005 年中国对美国的投资仍然微不足道,量少且规模小。2005 年时情况发生变化,联想集团以 17.5 亿美元收购 IBM 公司个人计算机部门的投标。2005—2009 年期间,中国对美国的投资活动增加,但交易总价值仍然低于每年 10 亿美元。2010—2011 年的年均投资增加到 50 亿美元。2012 年增长到 70 亿

---

① 第一批规模大且引起公众注意的交易包括联想集团收购美国国际商业机器公司(IBM)的个人电脑业务,以及 2005 年中国海洋石油集团有限公司(CNOOC)对加利福尼亚州石油企业美国优尼科公司(Unocal)失败的收购。

② 朱旌.中美加强投资合作是大趋势[EB/OL].http://www.ce.cn/xwzx/gnsz/gdxw/201704/06/t20170406_21744804.shtml.2017-04-06.

美元,2013年翻了一番,超过140亿美元,部分原因是双汇集团以创纪录的71亿美元收购史密斯菲尔德食品公司。2014年中国对美国投资下降至128亿美元,但2015年达到新高,完成153亿美元的投资额。①

从中国对美国投资的模式看,并购投资比例有不断提升的趋势,绿地投资比例则显著下降,如图11.8所示。

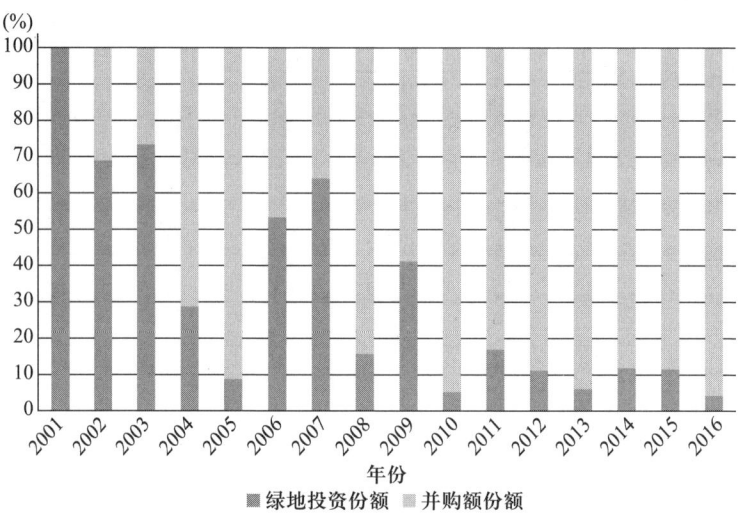

图11.8 2001—2016年中国在美国直接投资模式对比

资料来源:美中关系全国委员会,荣鼎咨询.双行道:中美双边直接投资25年全景图[EB/OL]. https://rhodiumgroup.gistapp.com/static/downloads/RHG_TwoWayStreet_2016_Full_Report_Chinese.pdf. 2018-12-10.

金融危机以来,中国越来越多的大型企业显示了赴美投资的积极性。美国拥有健全和透明的法治环境,先进的技术、训练有素的职工、充足而廉价的能源供应、完善的基础设施和一流的研发能力,最重要的是有健全的销售渠道和庞大的消费市场。任何一种商品打开了美国市场就意味着打开了全世界的市场。

三、中美双边投资协定谈判

2008年中美正式启动双边投资协定谈判,在2013年中美战略与经济对话中,双方确认以准入前国民待遇和负面清单为基础展开谈判,此后谈判进入实质阶段。在2014年年底双方完成了双边投资协定的文本谈判,于2015年年初开

---

① 美中关系全国委员会,荣鼎咨询.双行道:中美双边直接投资25年全景图[EB/OL].https://rhodiumgroup.gistapp.com/static/downloads/RHG_TwoWayStreet_2016_Full_Report_Chinese.pdf.2018-12-10.

始负面清单谈判。中美两国已在2016年年底于华盛顿完成第31轮磋商,并交换第3次负面清单改进出价,形势胶着。

美国不仅在代表市场开放度的负面清单领域颇有怨言,其内还有声音认为,在双边投资协定谈判过程中,美国不应再将如今实力强大的中国继续作为发展中国家看待而过多妥协,反而需要借助双边投资协定谈判,促进中国服务业市场开放并降低投资准入门槛;同时推进"竞争中立"规则,以限制中国国有企业凭借国家补贴和政策扶持而在国际市场上拥有的优势。

与此同时,美国也十分看重对规则主导权的维护。正如特朗普方面并非完全反对国际贸易而是寄望于重新建立所谓符合美国利益的公平贸易规则,美国在国际投资领域的逻辑也是如此。国际制度是国家权力的附属现象,因而美国此前力推2012年双边投资协定谈判模板,在很大程度上也是旨在维护自身提供治理规则作为公共品的既有垄断优势,进而通过主导议题设置和标准构建,来为中国增设门槛。这尤其表现在中美双边投资协定谈判中美国极力强调"外资准入前国民待遇+负面清单"模式以及知识产权保护、环境和劳工标准等美式规则方面。

理论上,FDI可能带来促进经济增长和创造就业机会的结果,符合特朗普任上目标。外资流入对东道国就业的影响包括"直接效应",即FDI企业通过新建项目等创造新的就业机会,以及主要与FDI企业贸易活动有关的"间接效应",例如进口活动可能使部分本土企业产品被替代,从而导致市场需求减少而企业裁员,出口活动则可能带动相关产业发展使得业内企业增加雇员。

彼得森国际经济研究所高级研究员内森·席特(Nathan Sheets)曾表示,未来中美之间经济合作的扩大可以通过中美双边投资协定谈判来实现,中美双边投资协定非常重要,如果不能有效开展,就会拖累双边经贸关系的发展。因此必须要严格地按照双边投资条约去推动两国经贸合作的发展。[①]

四、中美贸易摩擦

(一)中美贸易摩擦持续加剧

随着中国对美国贸易顺差的扩大,中美双方的贸易摩擦也日益增加。自中国加入WTO以来,中美贸易争端的范围和领域就不断扩大,从中国的传统出口优势产品逐渐扩展至高新技术产品。特别是在金融危机之后更显突出,摩擦量骤增,摩擦范围也由制造业向各种产业展开,各种反倾销、反补贴案件出现。其

---

① 中美合作:以合作良性发展应对不确定性[EB/OL].http://www.xinhuanet.com/world/2017-05/08/c_129594322.htm.2018-12-10.

中矛盾的焦点在于:美国压迫中国人民币升值、美国对中国纺织品出口设限以及知识产权保护等方面,理由是幼稚产业保护论、就业岗位论、国家安全论、不公平竞争论、讨价还价筹码的保护论。

随着中美贸易的摩擦不断增多,预计未来中国企业在美国市场遇到的贸易摩擦可能会呈现三个趋势:一是从传统的手段向非传统手段发展,特别是近些年来美国采用的技术性贸易壁垒手段和方法增多;二是贸易保护主义成分呈现隐蔽和手法多样化,尤其是在碳排放、劳工标准等方面,美国往往急于抢先占据舆论制高点;三是以美国国家安全利益至上为借口,设置壁垒,如美国市场对中国华为、中兴等公司的通信设备制造商进行封杀。

(二) 美国对中国贸易摩擦的制裁强度

面对贸易摩擦,美国主要采取反倾销调查、反补贴调查和337调查的手段。通过这3类调查的年度数量,可以看出美国对中国贸易制裁的强度演变。

如图11.9所示,2001—2016年,美国对中国的贸易制裁强度总体保持波动上升趋势。2016年,三类调查的总数共计33次,达到历史高点。从小周期看,制裁强度与全球多元化浪潮(以新兴市场与发达经济体经济增速差值衡量多元化变动趋势,差值扩大代表多元化涨潮)形成正向联动。比较可知,前两轮制裁强度的阶段性冲高(2001—2004年、2006—2009年)均发生在全球多元化涨潮时期。这表明,随着发达经济体经济相对走弱,美国国内更易于就针对新兴市场的贸易保护达成一致,并促使贸易制裁的政治化和极端化,最终导致制裁强度的骤升。根据IMF的预测,2017—2021年,全球将迎来新一轮的多元化涨潮,这将

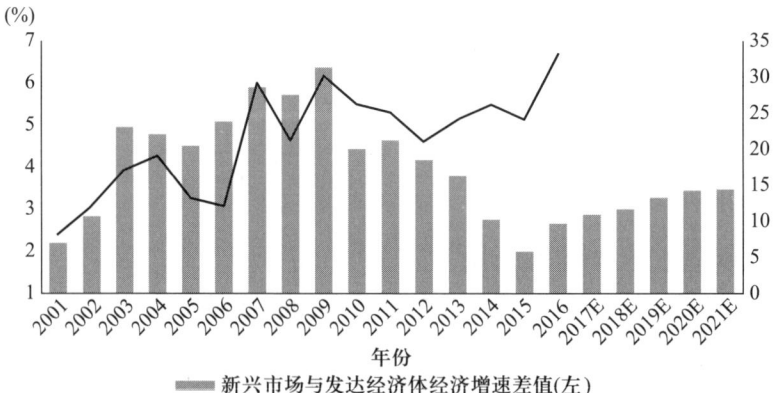

图11.9 2001—2016年美国对中国的贸易制裁强度保持波动上升

资料来源:评论:中美贸易摩擦将激化货币博弈[EB/OL].http://finance.sina.com.cn/roll/2017-02-06/doc-ifyaexzn9096860.shtml.2017-03-15.

驱动美国对中国贸易制裁强度的持续提升。①

(三) WTO 争端解决机制下的中美贸易争端

2001 年 12 月 11 日中国成为 WTO 正式成员,中国运用 WTO 争端机制以应对中美贸易摩擦。2001—2017 年,中国对美国的起诉争端共有 10 起,见表11.4。而美国对中国的起诉共有 21 起,见表 11.5。

表 11.4 中国作为申诉方对美国提起的争端磋商请求

争端编号	争端标题	磋商时间
DS252	美国——某些钢铁产品进口的保障措施	2002 年 3 月 26 日
DS368	美国——对中国铜版纸的反倾销和反补贴的初步确定	2007 年 9 月 14 日
DS379	美国——对中国某些产品的反倾销和反补贴的确定	2008 年 9 月 19 日
DS392	美国——影响中国家禽进口的措施	2009 年 4 月 17 日
DS399	美国——影响中国乘用车和轻型卡车轮胎进口的措施	2009 年 9 月 14 日
DS422	美国——对中国虾类和钻石锯片的反倾销措施	2011 年 2 月 28 日
DS437	美国——对中国产品的反补贴措施	2012 年 5 月 25 日
DS449	美国——对中国某些产品的反倾销和反补贴措施	2012 年 9 月 17 日
DS471	美国——涉及中国的反倾销程序中的方法及应用	2013 年 12 月 3 日
DS515	美国——与价格比较方法相关的措施	2016 年 12 月 12 日

资料来源:根据 WTO 网站资料整理,https://www.wto.org/english/tratop_e/dispu_e/dispu_by_country_e.htm,2017-04-30。

表 11.5 美国作为申诉方对中国提起的争端磋商请求

案件编号	标题	磋商时间
DS309	中国——集成电路增值税	2004 年 3 月 18 日
DS340	中国——影响汽车零部件进口的措施	2006 年 3 月 30 日
DS358	中国——某些给予退款、税收及其他款项减免的措施	2007 年 2 月 2 日
DS362	中国——影响知识产权保护和执行的措施	2007 年 4 月 10 日
DS363	中国——影响某些出版物及视听娱乐产品的交易权及分销服务的措施	2007 年 4 月 10 日

① 评论:中美贸易摩擦将激化货币博弈[EB/OL].http://finance.sina.com.cn/roll/2017-02-06/doc-ifyaexzn9096860.shtml.2017-03-15.

续表

案件编号	标题	磋商时间
DS373	中国——影响金融信息服务和外国金融信息供应商的措施	2008年3月3日
DS387	中国——赠款、贷款及其他奖励	2008年12月19日
DS394	中国——与各种原材料出口有关的措施	2009年6月23日
DS413	中国——某些影响电子支付服务的措施	2010年9月15日
DS414	中国——对自美国进口的取向电工钢的反补贴反倾销措施	2010年9月15日
DS419	中国——有关风电设备的措施	2010年12月22日
DS427	中国——对来自美国的肉鸡产品实施反倾销和反补贴措施	2011年9月20日
DS431	中国——稀土、钨、钼出口的相关措施	2012年3月13日
DS440	中国——对美国某些汽车的反倾销和反补贴税	2012年7月5日
DS450	中国——影响汽车及汽车零部件工业的若干措施	2012年9月17日
DS489	中国——有关示范基地和公共服务平台项目的措施	2015年2月11日
DS501	中国——与国产飞机相关的税收措施	2015年12月8日
DS508	中国——某些原材料出口税	2016年7月13日
DS511	中国——对农业种植户的国内支持	2016年9月13日
DS517	中国——某些农产品的关税配额	2016年12月15日
DS519	中国——对原铝生产者的补贴	2017年1月12日

资料来源:根据WTO网站资料整理,https://www.wto.org/english/tratop_e/dispu_e/dispu_by_country_e.htm,2017-04-30。

五、中美经贸热点问题

(一)特朗普当选美国总统带来的不确定性

特朗普上台后履行其竞选承诺,集中于变革奥巴马政府的相关政策,退出TPP、修改《北美自由贸易协定》等政策措施使美国与其盟友的关系变得非常紧张。这给经济全球化进程和全球经济治理带来不确定性的同时,也给中国带来了机遇。如美国退出TPP,则亚太地区推动的RCEP和亚太自由贸易区(FTAAP)的机会客观上增大;美国与墨西哥和加拿大的关系紧张,则中国与墨西哥和加拿大加强合作的可能性增大;美国自奥巴马政府时即希望改进WTO相关规则,采用双边、区域达成的成果再推向多边,特朗普上任后暂缓区域安排,这给作为WTO核心成员的中国提供了引领WTO规则发展的机遇。

冷战后的美国单极国际化秩序接近瓦解和崩溃,世界处于从旧秩序向新秩序加速演变的重要过渡期,充满不稳定和不确定性。而美国的衰落和国际新秩序的形成是一个缓慢的过程,新兴力量和美国等西方经济体围绕世界秩序走向的较量也是长期曲折的过程。未来世界秩序可能出现各种形态,无极世界、新两极世界、多重世界以及平衡架构。

历史把中国推向前台,随着中国对世界的构造力持续加强,中国不仅只是国际体系的参与者、建设者和贡献者,也是推动建立更加公正合理国际新秩序的改革者。中国经济体量快速增长,在全球经济中的影响力增大;而经济发展水平在全球居中,使中国对于规则的需求兼顾发达经济体和发展中经济体,亦可作为沟通桥梁,在现有的全球经济治理结构中的话语权有可能进一步提升;同时,中国经济的快速增长及经济重心的转移使国内反全球化的力量相对较弱,使中国在此轮全球化浪潮中在政治上占据优势。因此,中国有能力也应该继续作为经济全球化的推动者。

(二) 人民币汇率问题

2003年,美国一些公司和劳工组织首次就人民币汇率问题对国会和小布什政府进行游说,他们认为人民币相对美元的币值被低估了,这使中国向美国出口商品时获得了一种不公平的竞争优势。此后,来自纽约的国会议员查尔斯·舒莫(Charles Schumer)同他人一起推动立法,欲对所有进口的中国商品征收27.7%的惩罚性关税,以此纠正人民币汇率过低导致不公平竞争给美国带来的劣势。[①]

随着美国对中国贸易逆差的加大,加上美国高达两位数的失业率,美国对中国的贸易逆差成为政治话题,人民币汇率问题成为极富爆炸力的煽情议题。美国不管是左翼还是右翼的评论人士都将人民币汇率问题同美国就业机会的流失联系在一起,汇率问题已成为中美两国的重要问题之一。虽然到2011年,人民币对美元已经升值27.5%,是美国早先认定人民币被低估的额度,也是2004年参议员舒莫在他的法案中为惩罚性关税确定的额度。但是2014年10月,美国参议院还是正式通过了对操纵汇率者征收惩罚性关税的法案,该法案虽没有指名道姓,但被认定是针对中国的,因此未被两院通过。美国财政部前任部长萨墨斯不认可中国操纵汇率。尽管如此,汇率问题仍然是美国与中国经贸关系问题讨论和争论的焦点。

按照美国定义,汇率操纵是指一个国家或地区的货币当局"有意将本币汇率设定在某个水平或者范围,并阻止国际收支的自动调整,以获得不公平的国际

---

① 美国经济学家:中国入世答卷堪称"完美无缺"[EB/OL]. http://finance.sina.com.cn/roll/20031224/1403575846.shtml.2017-09-05.

贸易竞争优势"。在具体执行上,"汇率操纵国"由美国财政部认定。其法律依据是《1988年汇率和国际经济政策协调法》。该法对"不正当操纵汇率"确定三个条件。第一,对美贸易年盈余超过200亿美元;第二,经常项目盈余占GDP的3%。第三,通过汇率干预买入的外汇超过GDP的2%。一旦与美国贸易的国家或地区具备这三个条件,即被认定为"汇率操纵国"。美国国会将通过决议对该国实行惩罚性措施,征收惩罚性关税。①

在考察操纵汇率问题时,美国财政部重点关注当时与美国有巨额贸易顺差和经常项目顺差的贸易对象国,运用的定量技术指标主要有以下几项。

(1) 本币币值存在严重的低估。建立模型计算"公平汇率水平",再以此判断当时的汇率是否公平合理。目前流行的汇率理论有购买力平价说和利率平价说。

(2) 对外汇市场进行长时间、大规模的单向干预。若此情况存在,则表明该国在运用行政权力阻止国际收支自动调整,以获取国际贸易竞争优势。

(3) 外汇储备增长迅速。它反映货币当局维持不当低汇率的作为,是长期、大规模单向干预的结果。

(4) 严格的资本项目管制和进口支付限制。资本管制包括对资本流入和流出的管制。控制资本流入是为防止本币升值,控制资本流出是为了防止本币贬值。资本项目管制将扭曲资金配置格局,降低资源配置的效率。对进口支付限制,包括对居民取汇、用汇和持汇的限制,达到减少进口的目的。

(5) 经常项目顺差快速增长。它包括全球经常项目盈余份额和对美国双边贸易顺差盈余两个层面,是该国或该地区获取不正当国际贸易竞争优势的显示。

特朗普认定中国为汇率操纵国的技术难度很大。第一,汇率操纵都是针对有升值压力的货币。历史上从未有一个国家或地区因本币在外汇市场面临贬值压力而操纵汇率。从2014年至今,人民币面临的是贬值的压力,导致中国央行不断进行市场操作,以稳定人民币汇率,而不是压低汇率。第二,即使按照美国标准中国也不具备汇率操纵国的资格。2007—2016年,人民币名义有效汇率升值30%以上,中国经常项目顺差占GDP比重从10.1%降至2016年前三季度的2.2%,中国外汇储备从2014年6月的3.96万亿美元下降到2016年末的3.01万亿美元。② 事实表明,中国并不符合美国汇率操纵国的标准。

---

① 徐蕾.中国不符合"汇率操纵国"标准,美国又开始考虑改标[EB/OL]. https://zhidao.baidu.com/special/view?id=b8815a24626975510400.2018-12-10.

② 认定中国"汇率操纵"技术难度大[EB/OL]. http://finance.sina.com.cn/roll/2017-01-20/doc-ifxzutkf2095901.shtml. 2017-01-20.

（三）美国提出"对等开放"的问题

近年来，尤其是金融危机以后，经济发展不平衡规律下，经济全球化受到挑战。美欧不满中国的开放程度和进度，提出了"对等开放"的概念。对于"对等"的解释和要求并不统一。从技术上分析，"对等"有4种含义：① 关税减让使得进口出口同时等量增加，减让总体平衡（balance of concession）；② GATT 1994 第18条规定的在关税减让达成后，一方撤回减让，另一方有权撤回相应减让（substantially equivalent concessions）；③ 相互给予最惠国待遇以及国民待遇，而不是片面最惠国待遇；④ 罗伯特·基欧汉（Robert Keohane）提出的发散对等（diffuse reciprocity），基于对整个制度维护的长远利益的对等。欧美媒体对"对等"的解释则是简单的你开什么我开什么，这显然不合理。

六、中美双边经贸关系未来发展趋势展望

（一）中美双边经贸关系的全球化

中美两国一个是世界上最大的、发展最迅速的发展中国家，一个是世界上最繁荣的、最先进的发达国家，两个国家的一举一动都牵动着世界的神经。中美两国关系的健康发展关系着世界经济政治局势的稳定和世界经济的健康发展。处理好中美经贸关系，采取有效措施推动两国经贸关系健康平稳向前发展，不仅是当事的两个国家自身经济和贸易发展的大事。而且，还会影响全球的经贸关系和经济发展，甚至影响经济全球化进程，影响世界各国各地区的福祉。

（二）中美经贸关系相互依赖的对等化

中美两国在经济上相互依赖，这基本上已是常识。但在过去，这种相互依赖并不对等，甚至不对称。由于中国更加需要美国的市场和资金，中国在中美经贸关系中的作用和影响力要小于美国，美国因此可以更为强势和主动地影响中美经贸关系。但是，随着中国经济实力的进一步提升，特别是在未来某一时刻中国 GDP 可能超过美国而成为全球第一，这种不对称的相互依赖格局将发生重大改变。中美之间的经济相互依赖总体而言会趋于对等化，中国会比当前更为有力地塑造中美经贸关系，进而可以更为有效地维护自身经济利益。

（三）中美经贸主体的地方化

当前的中美经贸关系更多的是由中央政府及各部委管理，但是未来中国的各省市和美国的各州会在中美经贸关系中发挥更大的主体作用。导致这种情况出现的原因不仅在于地方政府是中美经贸关系的重要受益者，他们因此有动力去维持稳定的中美经贸关系，而且由于如今中美地方政府层面的机制化经贸合作平台已经较为成熟，他们也有条件去共同管理和促进中美经贸关系。

(四) 中美贸易摩擦将持续加剧

中美贸易摩擦的内生动能日趋强劲,摩擦加剧几乎难以避免。新一轮贸易摩擦可能主要表现为局部行业的贸易制裁,贱金属、服装皮革、机电设备等美国制造业产能利率较低的细分领域将首当其冲。新一轮贸易摩擦将与中美货币政策形成共振,需要高度警惕次生风险。

第二节 中国与欧盟的双边经贸关系

1975年5月6日,中国与欧洲经济共同体建立外交关系。1983年10月,中国与欧洲煤钢共同体和欧洲原子能共同体分别建立外交关系。1983年11月1日,中国与欧洲共同体正式宣布全面建交。1978年4月,中国与欧共体签订了第一个贸易协定,有效期5年;1985年签订了涉及面更广的长期经贸合作协定。[①]

一、中欧双边贸易发展

(一) 双边贸易额不断增长

中欧双方之间贸易往来频繁,贸易规模持续扩大。自2006—2015年,中欧双边贸易额由2814.11亿美元增长至5645.82亿美元。其中,中国对欧盟出口额由1907.26亿美元增长至3558.14亿美元,自欧盟进口额由906.85亿美元增长至2087.68亿美元,详情见表11.6、表11.7。截至2015年,欧盟连续12年成为中国第一大贸易伙伴,中国连续13年成为欧盟第二大贸易伙伴。

表11.6 2006—2015年中国对欧盟出口贸易额

经济体	按年份出口贸易额(亿美元)									
	2006年	2007年	2008年	2009年	2010年	2011年	2012年	2013年	2014年	2015年
比利时	99.06	126.79	148.71	108.72	143.02	189.74	163.77	155.60	172.16	162.08
丹麦	36.46	45.90	55.68	42.25	51.85	64.47	65.40	57.11	65.48	61.51
英国	241.63	316.56	360.73	312.78	387.67	441.22	462.97	509.42	571.41	595.67
德国	403.15	487.14	592.09	499.16	680.47	764.00	692.10	673.43	727.03	691.55
法国	139.11	203.27	233.06	214.60	276.51	299.99	268.99	267.14	287.02	267.48
爱尔兰	39.18	44.38	43.24	19.79	19.92	21.66	20.98	24.77	28.02	28.23

[①] 驻奥地利共和国大使馆.中欧经贸关系[EB/OL].http://www.chinaembassy.at/chn/jssw/t102676.htm.2018-12-11.

续表

经济体	按年份出口贸易额（亿美元）									
	2006年	2007年	2008年	2009年	2010年	2011年	2012年	2013年	2014年	2015年
意大利	159.72	211.70	266.29	202.43	311.39	336.93	256.53	257.53	287.56	278.34
卢森堡	20.16	20.53	35.54	30.50	9.87	15.95	19.56	18.08	19.49	23.23
荷兰	308.61	414.18	459.19	366.84	497.04	594.99	588.97	603.15	649.29	594.53
希腊	21.79	32.53	40.75	34.58	39.59	39.49	35.93	32.19	41.86	36.65
葡萄牙	13.60	18.26	23.17	19.23	25.13	28.01	25.01	25.07	31.37	28.95
西班牙	114.89	165.28	207.99	140.63	181.76	197.21	182.37	189.29	214.97	218.52
奥地利	10.49	15.52	17.70	14.28	18.54	22.27	20.40	20.38	23.96	24.98
保加利亚	17.83	8.13	11.25	5.96	6.61	10.06	10.55	11.17	11.78	10.43
芬兰	49.58	65.64	73.50	45.26	54.99	66.40	74.41	58.32	50.99	35.41
匈牙利	32.87	50.15	60.97	53.43	65.18	68.06	57.38	56.92	57.64	51.97
马耳他	4.75	3.27	10.66	12.63	18.45	23.30	22.45	25.15	31.93	23.80
波兰	40.06	65.53	90.40	74.87	94.38	109.40	123.86	125.75	142.57	143.45
瑞典	32.78	45.49	51.16	41.57	57.09	65.67	64.15	67.99	71.68	70.99
爱沙尼亚	4.56	5.85	5.88	3.63	6.77	11.31	12.34	11.10	11.46	9.53
塞浦路斯	3.50	6.98	11.25	12.04	13.48	11.23	10.93	9.72	10.38	5.90
罗马尼亚	60.85	20.84	28.90	23.77	30.04	34.54	27.97	28.23	32.23	31.62
拉脱维亚	4.39	6.85	8.49	4.52	7.94	11.93	13.13	13.74	13.17	10.23
立陶宛	5.56	8.02	10.60	6.56	9.82	13.35	16.30	16.86	16.58	12.11
斯洛文尼亚	4.46	6.93	9.64	7.70	13.86	16.75	15.67	18.33	19.92	20.92
克罗地亚	8.78	15.15	17.42	11.19	13.44	15.41	13.00	13.90	10.27	9.86
捷克	23.66	41.35	54.97	50.24	71.22	76.69	63.23	68.38	79.93	82.26
斯洛伐克	5.77	14.71	19.66	13.99	19.58	25.13	24.23	30.84	28.29	27.94

资料来源：根据国家统计局网站对外经济贸易数据制作，http://data.stats.gov.cn/easyquery.htm?cn=C01，2017-05-01。

注：此处"中欧"特指中国与欧盟。

表 11.7　2006—2015 年中国自欧盟进口贸易额

经济体	按年份进口贸易额（亿美元）									
	2006年	2007年	2008年	2009年	2010年	2011年	2012年	2013年	2014年	2015年
比利时	43.04	49.73	53.37	58.47	78.40	101.31	99.64	98.48	100.59	70.06
丹麦	13.09	18.23	25.97	22.89	26.46	28.13	29.05	33.76	40.57	40.95
英国	65.06	77.76	95.42	78.77	113.05	145.57	168.05	190.79	237.27	189.34
德国	378.79	453.83	557.90	557.19	742.61	927.44	919.21	941.56	1050.13	876.23
法国	112.79	133.41	156.33	129.96	171.05	220.63	241.18	231.10	270.63	246.22
爱尔兰	15.45	19.25	27.46	32.38	34.13	36.99	37.97	41.93	37.34	42.86
意大利	86.00	102.11	116.39	110.17	140.07	175.77	160.68	175.74	192.82	168.20
卢森堡	1.69	2.52	2.94	2.05	2.58	3.09	2.63	2.57	3.04	3.09
荷兰	36.50	49.25	52.99	51.22	64.79	86.60	87.03	98.25	93.40	87.78
希腊	1.04	1.70	1.85	2.16	3.91	3.54	4.27	4.33	3.46	2.86
葡萄牙	3.54	3.85	3.87	4.81	7.54	11.62	15.15	13.99	16.63	14.62
西班牙	30.03	44.30	54.24	42.92	62.36	75.52	63.34	59.72	62.04	55.87
奥地利	20.57	24.52	31.21	34.04	42.30	47.61	47.24	50.30	58.52	49.68
保加利亚	0.82	1.58	2.17	1.41	3.23	4.59	8.39	9.57	9.85	7.48
芬兰	31.26	37.94	35.33	32.72	40.19	45.41	38.32	39.06	40.51	34.85
匈牙利	6.99	12.10	13.82	14.66	21.98	24.52	23.23	27.15	32.60	28.76
马耳他	3.51	3.76	4.50	4.00	5.69	8.52	8.85	7.25	5.91	4.41
波兰	6.67	11.12	13.94	15.06	16.97	20.48	19.97	22.32	29.35	27.42
罗马尼亚	2.31	2.81	3.60	4.33	7.56	9.46	9.80	12.08	15.21	12.95
瑞典	34.49	41.42	50.38	54.59	59.08	71.17	69.22	69.87	67.92	64.17
拉脱维亚	0.14	0.22	0.18	0.26	0.39	0.63	0.69	0.99	1.47	1.45
立陶宛	0.16	0.20	0.29	0.38	0.42	0.88	0.90	1.25	1.58	1.39
斯洛文尼亚	0.95	1.11	1.36	1.26	1.77	2.02	2.56	3.03	3.31	2.90
塞浦路斯	0.03	0.08	0.11	0.15	0.17	0.26	1.45	0.53	0.63	0.50
爱沙尼亚	2.85	0.90	0.89	0.79	1.82	2.05	1.36	2.00	2.26	2.35

续表

经济体	按年份进口贸易额（亿美元）									
	2006年	2007年	2008年	2009年	2010年	2011年	2012年	2013年	2014年	2015年
克罗地亚	0.55	0.68	0.68	0.75	0.51	0.80	0.75	1.04	1.01	1.12
捷克	5.17	8.31	10.03	11.32	17.28	23.18	24.07	26.15	29.87	27.80
斯洛伐克	3.36	7.35	9.84	8.97	17.91	34.57	36.55	34.58	33.76	22.37

资料来源：根据国家统计局网站对外经济贸易数据制作，http://data.stats.gov.cn/easyquery.htm?cn=C01, 2017-05-01。

（二）贸易结构互补性强，贸易依存度逐渐提升

在贸易总量创新高的同时，双边贸易结构的互补性也在持续增强。目前中国对欧盟的出口产品中，机电产品、纺织品及原料、家具玩具位居前三位，合计占对欧盟出口总额的2/3以上；欧盟对中国的出口产品中，机电产品、运输设备、化工产品为前三大类产品。

中国在纺织品和家具玩具等低附加值的劳动密集型产品方面具有比较优势，欧盟在机械、航天航空和核电等高附加值的资本和技术密集型产品方面具有比较优势，双方比较优势实现了较为密切的结合，保障了各自贸易目标多元化的实现。近年来，中国的产业结构呈现由低附加值的劳动密集型产业逐渐向高附加值的机电、通信设备等资本、技术产业升级的趋势，双方的贸易模式也逐渐从产业间贸易转向产业内和产业间贸易并行发展，而价值链贸易的兴起使得双方的产业布局进一步链接在一起，双方贸易依存情况越来越紧密。

（三）贸易伙伴集中度较高

中国与欧盟之间的贸易集中程度比较高。2015年，中国对欧盟出口额排名前五的国家分别是德国、英国、荷兰、意大利和法国，对这5个国家的出口占到了中国对欧盟出口总额的68%；中国从欧盟进口额排名前五的国家分别是德国、法国、英国、意大利和荷兰，中国从这5个国家的进口占中国从欧盟总进口的74%，其中仅从德国的进口就占到了中国从欧盟进口的41%，相对于中国的出口而言集中情况更为显著。① 相对而言，一些深陷欧债危机的国家，如希腊、西班牙，其与中国的贸易规模和比重有所收缩。

（四）中欧贸易失衡情况较为严重

整体而言，中国对欧盟存在较严重的贸易顺差，且近10年来一直居高不下，

---

① 根据国家统计局网站对外经济贸易数据计算，http://data.stats.gov.cn/easyquery.htm?cn=C01. 2017-05-01.

中国也是欧盟最大的贸易赤字来源地,如图 11.10 所示。除了对德国等少数国家,中国对多数欧盟国家的贸易都存在着显著顺差。严重的贸易失衡情况导致中欧贸易之间摩擦频繁,欧盟也越来越倾向于将自身经济发展困境归咎于中国。

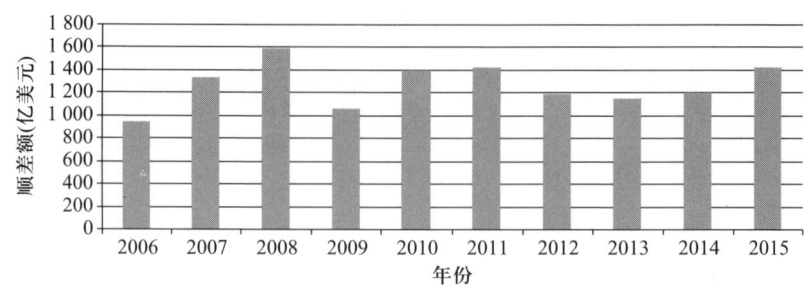

图 11.10　2006—2015 年中国对欧盟贸易顺差情况

资料来源:根据国家统计局网站对外经济贸易数据计算,http://data.stats.gov.cn/easyquery.htm?cn=C01,2017-05-01。

(五)欧盟成员增减直接影响中欧双方贸易

2016 年,英国脱欧事件直接对欧盟经济贸易发展造成了严重打击。对中国而言,这意味着中欧贸易将会出现严重的缩水。此外,冰岛、黑山、阿尔巴尼亚、塞尔维亚等国家均是潜在的欧盟成员国家,未来欧盟仍有可能迎来新的成员,也会给包括中国在内的其他 WTO 成员提供更多的贸易市场。

二、中欧双边投资发展

(一)中国对欧盟投资合作现状

近些年来,中国企业加大了"走出去"的步伐,对欧投资流量激增,整体而言呈现出以下趋势:

1. 中国对欧盟投资迅速增长,但从存量来看整体占比还很小,未来提升潜力巨大

中资企业在最近几年对外投资的规模快速扩张。中国从过去的外来资本接收国向投资输入输出并重方向转变,且中国对外投资的目标逐渐由资源型产业向技术和品牌附加值高的产业转移。与此同时,欧债危机爆发以来欧盟企业经营环境持续恶化,欧元币值下滑,欧洲资产的价格相应贬值。因而欧盟企业对中国资本的吸引力有了很大提升。2015 年年末,中国共在欧盟设立直接投资企业 2300 家,雇佣外方员工近 9 万人。从投资额来看,到 2014 年中国对欧盟直接投资的流量和存量分别达到了 97.87 亿美元和 542.1 亿美元。2015 年中国对欧盟的投资规模较 2014 年有较大幅度下滑,但仍保持较大的数额,其中投资流量金

额为 54.8 亿美元,同比下降 44%,占流量总额的 3.8%,较 2014 年下跌 4.1 个百分点。截至 2015 年年末,中国对欧盟的投资存量达到了 644.6 亿美元。

从投资目的国来看,中国在欧盟全部 28 个国家(包括英国)均有投资。投资存量上,荷兰、英国、卢森堡、德国和法国 5 个国家接受中国投资额位列最前,其中荷兰 200.67 亿美元,英国 166.32 亿美元,卢森堡 77.40 亿美元,德国 58.82 亿美元,法国 57.24 亿美元。详情见表 11.8。

表 11.8 2007—2015 年中国对欧盟直接投资存量情况表

经济体	按年份对外直接投资存量(万美元)								
	2007 年	2008 年	2009 年	2010 年	2011 年	2012 年	2013 年	2014 年	2015 年
拉脱维亚	57	57	54	54	54	54	54	54	94
爱沙尼亚	126	126	750	750	750	350	350	350	350
斯洛文尼亚	140	140	500	500	500	500	500	500	500
马耳他	187	481	503	20	337	337	349	542	1045
克罗地亚	784	784	810	813	818	863	831	1187	1182
立陶宛	393	393	393	393	393	697	1248	1248	1248
葡萄牙	171	171	502	2137	3313	4038	5532	6069	7142
丹麦	3675	3808	4079	4247	4913	5324	8437	20815	8217
芬兰	94	359	904	2725	3100	3403	4255	5899	9507
塞浦路斯	136	136	136	136	9090	9495	17126	10717	10915
希腊	38	168	168	423	463	598	11979	12085	11948
斯洛伐克	510	510	936	982	2578	8601	8277	12779	12779
捷克	1964	3243	4934	5233	6683	20245	20468	24269	22431
保加利亚	474	474	231	1860	7256	12674	14985	17027	23597
爱尔兰	2923	10777	10682	13991	15683	19377	32325	24972	24832
奥地利	404	404	155	201	2454	7946	7666	20170	32799
波兰	9893	10993	12030	14031	20126	20811	25704	32935	35211
罗马尼亚	7288	8566	9334	12495	12583	16109	14513	19137	36480
比利时	3398	3330	5691	10101	14050	23069	31501	49347	51953
匈牙利	7817	8875	9741	46570	47535	50741	53235	55635	57111
西班牙	14285	14501	20523	24776	38931	43725	31571	42453	60801

续表

经济体	按年份对外直接投资存量(万美元)								
	2007年	2008年	2009年	2010年	2011年	2012年	2013年	2014年	2015年
意大利	12713	13360	19168	22380	44909	57393	60775	71969	93197
瑞典	14693	15759	11189	147912	153122	240817	273771	301292	338196
法国	12681	16713	22103	24362	372389	395077	444794	844488	572355
德国	84541	84550	108224	150229	240144	310435	397938	578550	588176
卢森堡	6702	12283	248438	578675	708197	897789	1042376	1566677	773988
英国	95031	83766	102828	135835	253058	893427	1179792	1280465	1663246
荷兰	13876	23442	33587	48671	66468	110792	319309	419408	2006713
欧盟总计	294210	317385	627783	1250502	2029079	3153824	4009661	5421040	6446013

资料来源:中华人民共和国商务部,中华人民共和国国家统计局,国家外汇管理局.2015年度中国对外直接投资统计公报[M].中国统计出版社,2016:57.

投资流量的分布情况与存量类似。近几年中国对欧盟国家的投资流量主要流入了欧盟较大的经济体,如德国、法国、英国等。从2015年的数据看,除了对荷兰投资出现了较大的提升,达到134.63亿美元(主要是中国企业在卢森堡投资撤销并转至荷兰),中国对其他国家的投资流量分布与各国的经济发展整体水平相匹配。此外,对于一些经济体量相对较小的国家,如瑞典、奥地利、保加利亚、芬兰、罗马尼亚等,中国近几年的投资实现了较快的增长。详情见表11.9。

表11.9 2007—2015年中国对欧盟直接投资流量情况表

经济体	按年份对外直接投资流量(万美元)								
	2007年	2008年	2009年	2010年	2011年	2012年	2013年	2014年	2015年
爱尔兰	20	4233	-95	3288	1693	4888	11702	3711	1430
奥地利	8	—		46	2022	5343	15	4371	10432
保加利亚	—	—	-243	1629	5390	5417	2069	2042	5916
比利时	491	—	2362	4533	3590	9840	2578	15328	2346
波兰	1175	1070	1037	1674	4866	750	1834	4417	2510
丹麦	27	133	264	161	589	514	2739	5723	-2416
德国	23866	18341	17921	41235	51238	79933	91081	143892	40963
法国	962	3105	4519	2641	348232	15393	26044	40554	32788
芬兰	1	266	111	1804	156	136	852	1042	3868

续表

经济体	按年份对外直接投资流量（万美元）								
	2007年	2008年	2009年	2010年	2011年	2012年	2013年	2014年	2015年
荷兰	10675	9197	10145	6453	16786	44245	23842	102997	1346284
捷克	497	1279	1560	211	884	1802	1784	246	-1741
克罗地亚	120	—	26	3	5	5	—	355	—
拉脱维亚	-174	—	-3	—	—	—	—	—	45
立陶宛	—	—	—	—	—	100	551	—	—
卢森堡	419	4213	227049	320719	126500	113301	127521	457837	-1145317
罗马尼亚	680	1198	529	1084	30	2541	217	4225	6332
马耳他	-10	47	22	-237	27	—	12	193	503
葡萄牙	—	—	—	—	—	515	1494	387	1072
瑞典	6806	1066	810	136723	4901	28522	17082	13001	31719
塞浦路斯	30	—	—	—	—	8954	348	7634	176
斯洛伐克	—	—	26	46	594	219	33	4566	—
西班牙	609	116	5986	2926	13974	4624	-14575	9235	14967
希腊	3	12	—	—	43	88	190	—	-137
匈牙利	863	215	821	37010	1161	4140	2567	3402	2320
意大利	810	500	4605	1327	22483	11858	3126	11302	9101
英国	56654	1671	19217	33033	141970	277473	141958	149890	184816
欧盟总计	104412	46662	296643	596309	756083	611990	452350	978716	547978

资料来源：中华人民共和国商务部，中华人民共和国国家统计局，国家外汇管理局.2015年度中国对外直接投资统计公报[M].中国统计出版社，2016：56.

注：缺少爱沙尼亚和斯洛文尼亚的数据。

行业分布上，目前为止中国对欧盟投资主要集中在采矿业、金融业、制造业、租赁和商务服务业以及批发零售业等，产业集中度比较高，排名靠前的5个行业接收投资占到了中国对欧盟投资存量的八成以上。[①]

整体来看，虽然中国对欧盟的投资增长迅速，但相对于欧盟庞大的经济体量而言仍然显得规模较小，尤其是相对德国、英国、法国等经济规模全球排名靠前的国家，中国的投资规模与这些国家的经济规模并不匹配。可以预见的是中国

---

① 中华人民共和国商务部，中华人民共和国国家统计局，国家外汇管理局.2015年度中国对外直接投资统计公报[M].中国统计出版社，2016：28.

对欧盟国家的投资仍存在很大的潜在空间。

2. 中国企业投资欧盟以并购方式为主

中国企业对发达经济体投资的主要目的是为了获取成熟企业的技术优势、品牌优势和渠道优势,增强公司在国内和国际的竞争力。因而,中国企业在欧盟国家投资的实践方式以收购现有企业为主。近几年中国企业完成的具有代表性的对欧投资案例包括:吉利收购沃尔沃,东风入股法国标致汽车,三一重工集团全资收购行业巨头普茨迈斯特,美的公司收购库卡,以及中国化工集团收购农药企业先正达等。

3. 投资主体逐渐朝多元化发展

从投资主体看,中国资本的资金结构变化较大,2016年中国对欧盟国家投资额中私营企业占到了74%,较2015年度增加了44个百分点。① 相比于国有企业,私营企业能更好地贴近当地市场,在欧洲市场也获得了更高的认可度。从长期发展趋势来看,私营企业的活跃度依然会很高。

4. 在欧盟的中资企业一半左右处于亏损状态

虽然近几年来中国企业对欧盟的直接投资增长迅猛,但其盈利状况不乐观。比利时安特卫普管理学院2013年发布的《中欧投资报告2013/2014》显示,有47%的在欧中资企业处于亏损状态。究其原因是多方面的,其中最主要是跨文化经营管理存在障碍。中国企业"走出去"普遍起步晚,在欧盟超过80%的中资企业是在2000年之后成立的,更有超过20%的企业是2009年后成立的,对欧盟国家的经济、社会、法律、文化等熟悉程度不够。② 此外,虽然中国对欧投资逐步增多,但遭受的阻力也越来越大,许多欧盟国家的企业并不愿意把顶尖技术出售给中国。

(二)欧盟对中国投资合作现状

1. 欧盟对中国投资规模持续增加(详情见表11.10)

金融危机以来,欧盟在中国设立的企业数大幅减少,由2007年的2487家减少至2016年的1772家。与此同时,欧盟对中国实际投资金额由2007年的39.5亿美元增加到2016年的71.1亿美元。但从投资整体规模看,欧盟在中国投资项目与金额占比仍然很小,只占全部外资的5%~7%。③

---

① Hanemann, T., Huotari, M. Record Flows and Growing Imbalances: Chinese Investment in Europe in 2016 [EB/OL]. http://rhg.com/reports/record-flows-and-growing-imbalances-chinese-investment-in-europe-in-2016. 2018-12-09.

② 何曼青.中欧投资合作新趋势[J].中国经济报告,2016(7):43-45.

③ 何曼青.中欧投资合作新趋势[J].中国经济报告,2016(7):43-45.

表 11.10　2007—2016 年欧盟对中国的投资规模

经济体	按年份投资规模（万美元）								
	2007 年	2008 年	2009 年	2010 年	2011 年	2012 年	2013 年	2014 年	2015 年
比利时	9584	5586	5660	3838	12101	3821	3451	10823	7629
丹麦	12514	29376	31552	36537	18021	13048	36960	29054	10466
英国	83094	91401	67902	71032	58152	40960	39194	73534	49648
德国	73397	90049	121657	88840	112896	145095	207844	207056	155636
法国	45601	58775	65365	123820	76853	65242	75189	71207	122390
爱尔兰	6103	19829	10125	6638	13091	11192	4324	40400	45157
意大利	34792	49326	35168	39609	38779	24576	31685	37200	24519
卢森堡	8246	13283	16060	24550	51450	22702	43256	12829	63011
罗马尼亚	3044	3205	385	404	517	456	135	21	—
塞浦路斯	2317	2139	1015	1756	667	863	2128	673	195
荷兰	61666	86216	74128	91449	76137	114358	127477	63873	75179
希腊	235	1309	897	451	215	140	158	147	7
葡萄牙	823	829	1175	1058	1334	48	948	444	202
西班牙	21324	20890	30285	25449	27070	34717	31197	17638	19726
奥地利	8234	13255	8857	12531	10478	21626	15341	10625	7842
保加利亚	258	30	380	1837	1441	747	165	219	14
芬兰	5589	5410	5294	6452	5949	10891	8961	6722	5432
匈牙利	2109	1748	2026	2369	1309	615	311	45	317
波兰	920	1109	1084	1243	701	357	155	219	8277
罗马尼亚	3044	3205	385	404	517	456	135	21	—
瑞典	12636	13917	32712	16105	17502	20250	20852	36194	52721
爱沙尼亚	42	63	83	22	4	9	—	8	7
拉脱维亚	—	79	15	—	200	—	—	2	—
立陶宛	14	21	24	39	30	—	8	—	22
斯洛文尼亚	285	86	161	69	410	269	86	6	3
克罗地亚	20	9	—	50	15	289	21	2	10

续表

经济体	按年份投资规模(万美元)								
	2007年	2008年	2009年	2010年	2011年	2012年	2013年	2014年	2015年
捷克	1490	3579	161	748	732	2071	1099	3371	1627
马耳他	103	—	51	5	170	54	3	—	177
斯洛伐克	109	16	11	32	486	429	845	360	1071

资料来源:根据国家统计局网站对外经济贸易数据整理,http://data.stats.gov.cn/easyquery.htm?cn=C01,2017-04-30。

从外资国别来源来看,欧盟对中国投资的来源国主要集中在德国、法国、英国和荷兰,2015年这4国占欧盟对华实际投资总额的比重分别为21.9%、17.2%、15.2%和11.3%。从行业分布看,2008年金融危机以前,欧盟主要国家在中国投资约70%以上集中在制造业,但近年来制造业占比呈下降趋势;批发和零售业、租赁和商务、金融等服务业投资占比呈上升趋势,机械制造、汽车制造、绿色环保技术和医疗健康等高技术、高附加值行业也是欧盟未来投资重点。① 从企业类型看,独资企业占绝对主导地位。以德国、英国、法国3国为例,"十一五"以来在中国设立独资企业超过合资企业,目前独资企业占比约70%,合资约20%。从投资目的地分布看,德国、英国、法国在中国80%以上的实际投资集中在上海、江苏、广东、北京等东部沿海地区,②因为这些地区具有区位、先行开放、市场秩序、产业基础、基础设施、收入和消费水平等吸引外资的多方面优势。

2. 大部分欧盟企业经营重心是为中国市场提供商品和服务

《2015中国欧盟商会商业信心调查》结果显示,82%以上的欧洲企业认为其在中国经营的战略基础是为中国市场提供商品和服务。③

3. 欧洲投资者在中国研发投资水平仍然较低

《2016中国欧盟商会商业信心调查》结果显示,目前,仅有28%的受访中国欧盟商会成员企业在中国设立了研发中心,一些企业的研发活动着重于产品的本土化,而并非投入在纯粹的研究工作上。但受访企业普遍认为,在中国研发业务将越发重要,并对中国的创新潜力总体上持乐观态度。④

总结来说,中国与欧洲国家政治互信和合作意向不断增强,为双方加强经贸

---

① 何曼青.中欧投资合作新趋势[J].中国经济报告,2016(7):43-45.
② 何曼青.中欧投资合作新趋势[J].中国经济报告,2016(7):43-45.
③ 何曼青.中欧投资合作新趋势[J].中国经济报告,2016(7):43-45.
④ 何曼青.中欧投资合作新趋势[J].中国经济报告,2016(7):43-45.

合作创造了良好氛围。英国、法国、德国、意大利等欧盟主要国家加入了亚洲基础设施投资银行（Asian Infrastructure Investment Bank，AIIB），中国加入欧洲复兴开发银行（European Bank for Reconstruction and Development，EBRD），释放了双方在基础设施、金融等领域加强合作的积极信号。同时，欧洲地区特别是欧元区急需资本投入带动经济复苏，对交通运输、能源等基础设施建设领域有着较大需求，这些领域正是中国企业的优势所在；欧洲相对发达的商业技术、管理知识与品牌效应也有利于提升中国国内产业在全球价值链中的地位。

三、中欧其他方面的合作

（一）中欧双边投资协定谈判

2013年11月，中欧宣布启动中欧双边投资协定谈判，目标是在中国与欧盟成员国已签署的投资保护协定基础上，尽早达成一个更高水平、涵盖投资保护和市场准入的协定。这也是欧盟委员会在2009年《里斯本条约》生效后，代表成员国对外开展的第一个双边投资协定谈判。在2016年7月第十一届中欧工商峰会上，中国和欧盟一致同意加快双边投资协定谈判的进程。目前中欧贸易规模较大，但双向投资总量较小，与双方经济的体量不相匹配。中欧启动双边投资协定谈判意义重大，协定一旦谈成，将极大推动中欧之间的投资合作。欧盟是世界第一大投资输出地和投资输入地，也是中国重要投资来源地和目的地。随着近几年中国对欧盟投资规模的大幅增长，中欧双边投资协定谈判对各方企业的全球化布局以及对建立更全面的中欧战略关系都会带来非常重要的影响。

对中国而言，中欧双边投资协定谈判作为中美双边投资协定谈判之外的另一项重要的双边投资谈判，是中国企业和资本"走出去"过程中里程碑式的事件，是进一步推动中国投资自由化和深化对外开放的重大举措，对中国的对外投资具有深远的影响，能够有力推进全球投资市场的发展。在当前中国对外投资快速增长的背景下，中国急需从各个层面完善对外投资治理框架，为资本创造更为广阔的国际发展空间，同时也为外来资本提供更加公平的竞争环境。

截至2016年9月26日，中欧双边投资协定谈判已经进行了12个回合的讨论，双方意见距离达成统一还存在不小的差距。根据现有公开的资料分析，当前中欧双边投资协定谈判中的分歧集中在市场准入问题、投资争端解决机制、"公平竞争环境"与"国有企业竞争中立"原则、环境与劳工条款以及安全审查与反垄断条款等问题上。虽然从谈判的情况来看，中欧双边投资协定达成一致仍存在不小的困难，但无论是政府还是企业都希望尽快完成磋商。在美国保守主义渐起的背景下，欧美TTIP谈判已经陷入僵局，而美国也在中美双边投资协定谈判进一步对中国施压，给这一协定的达成增添了额外的难度。中欧双方均希望从其他方向寻找对外合作的突破口,而中欧双边投资协定无疑是这一诉求的最佳实践领域。企业层面上,中国欧盟商会在《欧盟企业在中国建议书2016/2017》中就公开建言中欧双方在2017年年末完成协定文本内容的商议。可以预见的是,中欧双边投资协定谈判会成为接下来中国和欧盟对外投资合作议程中的最重要的选项之一,双方也势必会投入更多的决心和力量,力求在此问题上有所突破。

(二)"一带一路"倡议与"容克计划"对接

2014年11月,新任欧盟委员会主席容克正式公布了总额达3150亿欧元的欧洲投资计划,也称作"容克计划"。[①] 这一计划旨在扭转欧盟在欧债危机后投资持续萎靡的局面,促进基础设施、新能源、信息技术等领域的投资,这与中国"一带一路"倡议互联互通、促进国际产能合作的目标不谋而合。中欧双方发展利益相契合,为双边规划和战略的对接提供了有利的现实基础。从双方优先诉求和优势领域来看,中欧可在交通、能源以及数字经济3大领域基础设施建设上实现紧密的合作。

第一,在交通基础设施建设方面。基础设施互联互通是"一带一路"倡议的优先发展领域,交通基础设施建设也是中国的产业和产能优势所在。而欧盟在2013年就"泛欧交通运输网"达成协议,计划把现有的相互分割的公路、铁路、机场与运河等交通运输基础设施互相连接,建成统一的交通运输体系。"一带一路"和"容克计划"均将基础设施建设作为优先支持领域,这是二者对接的重要领域之一。交通基础设施的联通,也将会极大地促进中欧之间的经贸合作往来和发展。可以预见的是,通过基础设施建设的合作,亚欧之间的商品流动将更频繁,同时中国与欧洲国家自由贸易区建设步伐也将加快。

第二,电力能源项目的对接。2015年欧盟公布能源联盟战略框架,其中的一项重要内容是计划在2020年之前实现10%的电网互联,以降低欧盟对石油、天然气能源的依赖。对于中国而言,加强能源基础设施互联互通合作,推进跨境电力与输电通道建设,积极开展区域电网升级改造合作是"一带一路"倡议的一项重要内容。"容克计划"和"一带一路"倡议在电力能源领域的对接将为双方的电网建设企业和输电设备制造企业带来新的市场机遇。

第三,数字基础设施领域的对接。数字经济在近几年实现了快速扩张,为全球各经济体经济发展注入了强劲动力。中国和欧盟都将数字经济作为重点发展领域,大力推动数字基础设施建设。中欧数字经济企业在国际市场上竞争力均

---

① 驻罗马尼亚经商参处.容克计划基本情况及与我"一带一路"战略[EB/OL]. http://ro.mofcom.gov.cn/article/jmdy/201610/20161001408928.shtml.2018-12-10.

非常突出,双方在这一领域存在广阔的合作空间。2015年3月,欧盟正式公布了5G公私合作愿景,计划在2020—2025年实现5G网络运营。中国和欧盟可共同推进跨境光缆网络建设,提高国际通信互联互通水平,企业之间通过加强交流合作,携手开发5G网络,尽快形成双边"数字单一市场",构筑新时期中欧电信互联互通大通道。

除了在基础设施领域,在制造业方面双方也具备很好的合作基础。随着几十年的产业结构的升级,中国工业实力不断增强,逐渐构建起完备的现代工业体系,但与此同时产能过剩的问题也相伴而生。在"容克计划"与"一带一路"倡议下,中国企业可以在铁路、核电、汽车、船舶、化工、冶金等优势行业开展国际产能合作,助推中国产业的升级,同时为欧洲经济注入新的活力。

四、中欧贸易摩擦

随着中欧贸易的快速发展,2007年欧盟超越美国成为中国第一大出口市场,中欧之间的贸易摩擦也逐渐增多。近年来,在经济低迷的环境下,欧盟有贸易保护主义抬头的趋势,限制中国产品进口的案件增加。除反倾销、反补贴、保障措施等传统保护手段之外,欧盟是使用绿色壁垒最严厉的国家集团,通过高于中国技术水平的环保标准,限制中国产品进入其市场。与此同时,制裁措施的全球影响明显增大。

在针对中国的反倾销和反补贴调查案件中,欧盟是主要的发起方之一。欧盟对中国贸易救济调查呈现出一些新的特点。

首先,欧盟对中国贸易救济涉及高科技产品案件数量呈增加态势。据欧委会《中国—欧盟经济与贸易关系》报告,中欧贸易摩擦最频繁的五大行业为化工业、轻工业、冶金工业、机械工业和电子工业,并且涉华贸易纠纷金额日益增大。以光伏"双反"(反倾销和反补贴)案为例,涉案金额高达210亿欧元。[①]

其次,欧盟近年来开始更多采用反补贴措施,欧盟涉华反补贴立案集中发生在2009年以后。由于不承认中国市场经济地位,欧盟可以更容易地针对中国出口企业利用反补贴措施。

再次,制裁措施的全球影响明显增大。2014年欧盟对中国冷轧不锈钢发起反倾销和反补贴调查,并于2015年3月宣布采取临时反倾销措施。印度尼西亚、马来西亚纷纷跟随发起类似反倾销调查。

---

① 陈剑.中国应对欧盟贸易保护能力的不断增强[EB/OL].http://www.xinhuanet.com/fortune/2015-08/04/c_1116139341.htm.2018-12-13.

（一）贸易救济措施

欧盟是世界上第一个对中国提起反倾销的 WTO 成员。早在 1979 年，欧盟就对华糖精钠和机械闹钟提起反倾销，从此揭开了对华反倾销的序幕，多年来中国一直是欧盟反倾销的主要对象。自 2001 年中国入世之后，欧盟对华发起的贸易救济争端累计 115 起，其中反倾销争端 90 起、反补贴争端 10 起、特别保障措施争端 10 起、保障措施争端 5 起。详情见表 11.11 和表 11.12。

表 11.11　中国入世后欧盟对中国实施贸易保护措施争端的基本情况

年份	反倾销	反补贴	特别保障措施	保障措施	总计
2002	4	0	0	1	5
2003	3	0	1	1	5
2004	9	0	0	1	10
2005	8	0	9	1	18
2006	12	0	0	0	12
2007	6	0	0	0	6
2008	6	0	0	0	6
2009	6	0	0	0	6
2010	8	2	0	1	11
2011	6	0	0	0	6
2012	4	3	0	0	7
2013	3	3	0	0	6
2014	4	1	0	0	5
2015	6	0	0	0	6
2016	5	1	0	0	6
总计	90	10	10	5	115

资料来源：根据中国贸易救济信息网数据资料整理，http://www.cacs.mofcom.gov.cn，2017-04-30。

表 11.12　中国入世后欧盟对中国实施贸易保护措施争端所属的行业状况

行业	反倾销	反补贴	特别保障措施	保障措施	总计
化学工业	16	0	0	0	16
冶金工业	19	3	0	1	23

续表

行业	反倾销	反补贴	特别保障措施	保障措施	总计
纺织工业	3	1	9	0	13
建筑材料工业	6	1	0	0	7
轻工业	9	1	0	0	10
机械工业	12	0	0	0	12
金属制品工业	1	0	0	0	1
造纸业	0	1	0	0	1
农产品	1	0	0	2	3
电子工业	6	3	0	1	10
有色金属工业	5	0	0	0	5
食品工业	7	0	1	1	9
其他	5	0	0	0	5
总计	90	10	10	5	115

资料来源：根据中国贸易救济信息网数据资料整理，http://www.cacs.mofcom.gov.cn，2017-04-30。

(二) 争端解决

WTO官网数据显示，截至2016年年底，作为申诉方，中国针对美国和欧盟这两大贸易伙伴，共提起了17起争端解决请求，其中针对欧盟提起的争端解决案件共5起，详情见表11.13；作为被诉方，中国参与的争端解决案件共计39起，其中有8起是由欧盟提起的，详情见表11.14。虽然欧盟同中国在争端解决中互动频繁，但相较美国而言，欧盟同中国之间出现的争端更容易通过磋商和谈判加以解决，双方在贸易合作方面的协调性更强。

表11.13 中国对欧盟提起的争端磋商请求

争端编号	争端标题	磋商时间
DS397	欧盟——对中国紧固件的反倾销措施	2009年7月31日
DS405	欧盟——对中国特定鞋类的反倾销措施	2010年2月4日
DS452	欧盟——影响可再生能源发电部门的若干措施	2012年11月5日
DS492	欧盟——影响某些禽肉制品关税减让的措施	2015年4月8日
DS516	欧盟——与价格比较方法相关的措施	2016年12月12日

资料来源：根据WTO网站资料整理，https://www.wto.org/english/tratop_e/dispu_e/dispu_by_country_e.htm，2017-04-30。

表 11.14　欧盟对中国提起的争端磋商请求

争端编号	争端标题	磋商时间
DS339	中国——影响汽车零部件进口的措施	2006 年 3 月 30 日
DS372	中国——影响金融信息服务和外国金融信息供应商的措施	2008 年 3 月 3 日
DS395	中国——与各种原材料出口有关的措施	2009 年 6 月 23 日
DS407	中国——欧盟某些钢铁紧固件的临时反倾销税	2010 年 5 月 7 日
DS425	中国——对来自欧盟的 X 射线安全检查设备最终反倾销税	2011 年 7 月 25 日
DS432	中国——稀土、钨、钼出口的相关措施	2012 年 3 月 13 日
DS460	中国——高性能不锈钢无缝焊管的反倾销措施	2013 年 6 月 13 日
DS509	中国某些原材料的出口关税及其他措施	2016 年 6 月 19 日

资料来源:根据 WTO 网站资料整,https://www.wto.org/english/tratop_e/dispu_e/dispu_by_country_e.htm,2017-04-30。

五、中欧经济贸易热点问题

(一) 英国脱欧以及欧洲右翼政治崛起给中欧合作带来不确定因素

英国脱欧公投和后续的发酵给欧洲地区的政治、经贸关系带来了不确定性,也让不少赴英投资的企业驻足观望。英国在 2017 年启动《里斯本条约》第 50 条,开启脱欧谈判程序。英国和欧盟在各领域"分家"将为欧洲经济运转带来不确定性,包括英国将无法继续拥有欧盟单一市场准入,以及英国可能丢掉其"欧盟金融市场护照"等问题。英国脱欧谈判进展情况将在未来几年影响中国企业对欧投资决策。

(二) 中国的市场经济地位问题

虽然目前为止大部分 WTO 成员已经承认了中国的市场经济地位,但欧盟、美国等经济体一直未对此问题做出肯定的答复,且美国、欧盟等经济体以中国的市场经济地位为筹码,迫使中国在双边经贸关系中做出更多的让步,也在一定程度上给中国对外经济政策的制定造成了额外的压力。

总的来看,美国、欧盟所提出的市场经济地位标准涉及领域广泛,而模糊的标准门槛及实际操作中的高度自主裁量权,使得各方当局在认定市场经济国家的过程中很容易牵涉政治和经济利益的考量。2016 年年底,欧盟提出以市场扭曲标准替代原有的市场经济地位标准,但通过分析提案文本以及欧盟官员的描述可知,市场扭曲标准实质上并不会降低欧盟的贸易救济水平,仅仅是绕开了 WTO 规则的义务,对中国而言并没有出现真正的改善。

从当前各方的表态来看,美国、欧盟等仍未给予中国市场经济地位的WTO成员目前还无意做出实质性的转变。欧盟"换汤不换药"的规则提案虽然表明欧盟对中国态度较为缓和,但目前仍无意做出实质的改变,仅仅是为了遵守WTO的规则而进行调整。从中国视角来看,一方面对华反倾销所采取的"替代国"做法确实损害到了中国的对外贸易利益,使中国企业遭受了不公平的对待;另一方面市场经济地位问题也逐渐成为美欧处理对华经济关系时重要的要价筹码。目前在这一问题上,中国也可以借欧盟为突破口,通过加强同欧盟之间的交流合作,在市场经济地位问题上获得欧盟的支持。

六、中欧双边经贸关系未来发展趋势展望

中欧双边经贸关系在过去15年获得快速发展,双边贸易投资往来日益频繁,而贸易逆差长期居高不下、欧洲右翼势力影响不断扩大的情况,也为未来中欧经贸关系的进一步发展提出了挑战:贸易方面,中欧之间的贸易目前还存在较高的互补程度,且随着双方产业内贸易模式的逐渐成熟,中欧贸易还存在很大的增长空间;双边投资方面,中国和欧盟同属全球重要的投资目的地和输出地,当前的双边投资规模与双方经济体量还并不相符,随着中国加快"走出去"步伐以及中欧双边投资协定谈判的进一步推进,未来中欧双边投资将成为双方经济往来的又一重要支柱。然而,近期欧盟政治局面波动严重,英国脱欧后的影响仍未知,这些情况给中欧关系的发展增加了不确定因素。

总体而言,中欧双方经济的互补之处要远大于竞争,且不存在直接的政治外交矛盾,合作基础良好,无论是从国内经济发展的需要,还是执行对外经贸政策,双方都乐于构建稳定、持久的中欧合作关系。未来中欧双方应审慎化解内部变化对双边来往的不利影响,充分挖掘合作发展空间,以谋求双方利益最大化、增加人民福利为出发点,营造良好的中欧经贸交往局面。

第三节 中国与印度的双边经贸关系

在经济全球化的大背景下,中国与印度作为两大新兴经济体,同时作为世界上人口最多的两个发展中国家,贸易合作关系得到了不断深化与发展。特别是在2001年中国加入WTO之后,中印双边贸易发展迅猛,贸易联系日益密切,深化中印贸易关系不仅有利于进一步提升两国经济发展水平,同时有利于世界经济的不断复苏。目前,中国是印度仅次于美国的第二大贸易伙伴,印度是中国的第九大贸易伙伴,但由于中国对外贸易不断扩张,中印双方工业制成品在国际市场上竞争激烈,贸易依赖度不对等,致使印度当局倾向于贸易保护特别是农产品

贸易保护,这造成两国贸易摩擦不断,严重影响了双边贸易持续健康发展。自1994年对中国发起了第一起贸易救济案件以来,印度对中国发起的贸易救济案件数量逐年上升,已经成为对华提起"双反"调查最多的成员,且其发起的对华保障措施与特殊保障措施调查数量也在不断上涨。尽管矛盾不断,但中印双方合作总体上利大于弊,为缓解双边贸易摩擦,解决贸易纠纷,中印双方出台了一系列政策方案和优惠政策,为中印经贸关系的可持续发展提供新的机遇。

一、中印双边贸易发展

(一) 中印贸易规模逐年扩大,两国贸易逆差增长明显

据联合国统计的商品贸易数据显示,2002年中印双边贸易额为49.45亿美元,其中中国对印度的出口额为26.71亿美元,进口额为22.74亿美元。到2016年双方贸易额已高达693.99亿美元,其中中国对印度的出口额为604.83亿美元,进口额仅为89.16亿美元,如图11.11所示。中印贸易总额总体上呈上升趋势,且增速很快,说明此时间段中印两国经济贸易合作逐渐深入,范围不断扩大,中国和印度贸易关系日益紧密。

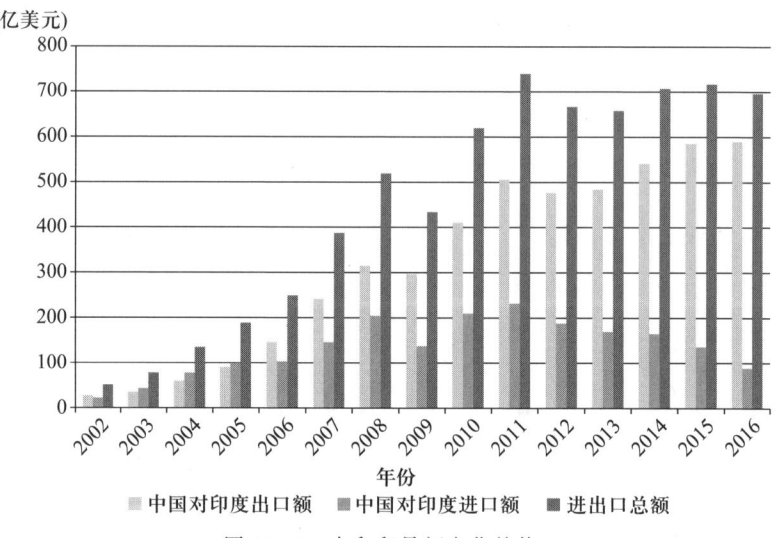

图11.11 中印贸易额变化趋势

资料来源:根据联合国商品贸易统计数据库数据制作,https://comtrade.un.org/data,2017-04-22。

但从占比角度和单方贸易量的发展趋势上看,两国贸易逆差增长明显。2002年中印两国贸易差额仅有22.74亿美元,中国对印度出口额占双方贸易总量的46%,然而2016年这项数据已达515.67亿美元,中国对印度出口额占比甚

至达到87%。① 2002年至2011年中印双边贸易额不断增长,但自2011年之后中国进口印度产品的贸易额不断缩减,而中国对印度的出口额却不断走高。这一方面是由于印度对中国出口的商品集中于资源密集型和劳动密集型产品,而中国向印度出口的产品集中于工业制成品,相对于资源密集型产品来说,工业制成品附加值较高,导致了双边贸易失衡现象,巨大的贸易赤字促使印度对中国发起反倾销等贸易保护措施;另一反面是由于印度长期以来的内向型经济政策,着重保护国内产业发展,且其改革开放时间较晚,FDI限制条款较多,利用外商投资情况相对中国较少,工业发展缓慢使其产品竞争力不足。

(二) 中印进出口行业结构比较

目前中印两国还处于发展中国家阶段,人口多,劳动力资源丰富,经济及科技发展水平有限等,使得两国的工业技术水平暂时还不能与世界发达国家和地区相媲美,两国贸易往来的商品类别大多集中在附加值较低的产品种类上。根据中国海关统计,印度进口中国的产品主要包括纺织品、机电产品、家具等制成品,而中国主要从印度进口棉花、铜制品、矿物燃料、有机化学品、矿砂、建筑材料等原料、初级产品及半成品,由此可见双方在出口产品附加值上的差异是形成中印贸易差额的一个重要原因。结合国际贸易分类标准,根据联合国商品贸易数据库的统计,入世以来中国对印度出口结构出现了明显的变化。

2015年中国对印度出口最多的商品是机械及运输设备,贸易额达248.22亿美元,占中国对印度出口总额的42.60%。之后依次是未另列明的化学品和有关产品,主要按原料分类的制成品,贸易额分别达到126.51亿美元、115.35亿美元,分别占中国对印度出口总额的21.71%、19.80%。上述这3类产品贸易总额达到490.08亿美元,占中国对印度出口总额的近85%,详见表11.15。数据表明,中国对印度出口以机械及运输设备、化学品和相关制成品以及半成品为主,中国相比于印度主要在制造业产品上具有比较优势,这也体现了中国"制造大国"的出口特点。而其他如食品类产品出口量少,这一方面是因为受到印度进口规定的限制,另一方面运输时间较长,产品不适合东道国市场需求等问题依然存在。

印度对中国出口的货物商品结构较中国对印度出口货物商品结构有所差异,印度以出口原材料商品为主,但机电产品、化工产品及其制品出口比重同样相对较高。

---

① 根据联合国商品贸易统计数据库数据整理计算,https://comtrade.un.org/data,2017-04-22。

表 11.15　2002—2015 年中国对印度出口商品结构

年份	按商品结构中国对印度出口贸易额（亿美元）										
	0	1	2	3	4	5	6	7	8	9	合计
2002	0.63	0	2.13	1.89	0	7.13	4.99	7.76	2.16	0	26.69
2003	0.47	0	1.98	2.36	0.01	8.74	7.88	9.58	2.41	0	33.43
2004	0.44	0.01	2.43	4.58	0.02	11.72	14.34	22.27	3.53	0.02	59.36
2005	0.47	0.01	2.81	5.09	0.02	17.35	23.41	37.45	5.33	0.1	92.04
2006	0.74	0.01	2.31	5.25	0.02	25.46	37.9	66.55	7.43	0.13	145.80
2007	1.03	0.02	3.82	3.05	0.02	43.66	59.52	117.91	11.28	0.19	240.50
2008	1.19	0.03	4.03	8.53	0.35	56.16	66.96	161.08	15.73	1.79	315.85
2009	2.34	0.07	3.26	2.56		47.44	53.39	168.73	17.73	1.12	296.66
2010	2.17	0.03	5.2	4.42	0.04	79.06	84.45	202.76	30.62	0.4	409.15
2011	2.33	0.05	6.73	6.66	0.03	104.91	102.69	243.09	38.32	0.56	505.37
2012	2.59	0.07	5.58	2.9	0.06	100.6	92.73	224.95	47.32	0	476.80
2013	2.79	0.09	5.29	6.09	0.03	98.72	93.77	216.01	61.53	0	484.32
2014	2.73	0.05	5.64	7.83	0.03	120.08	116.13	222.27	67.45	0	542.21
2015	2.59	0.07	4.87	7.89	0.03	126.51	115.35	248.22	77.09	0	582.62

资料来源：根据联合国商品贸易统计数据库数据制作，https://comtrade.un.org/data，2017-04-22。

注：国际上按照国际贸易分类标准（修订3）（SITC Rev.3）的分类，将商品贸易类别分为十大类，为简化起见，本书按照国际贸易商品分类规则只列举 SITC 的一位数指标，编号 0~9 所代表的商品类别依次是：食品和活动物，饮料及烟草，非食用原料（不包括燃料），矿物燃料、润滑油及有关原料，动植物油、脂和蜡，未另列明的化学品和有关产品，主要按原料分类的制成品，机械及运输设备，杂项制品，其他商品和交易。

2015 年印度对中国出口最多的商品是主要按原料分类的制成品，出口额是 64.91 亿美元，占印度对中国出口总额的 48.47%。其次是非食用原料（不包括燃料），出口额达 24.61 亿美元，占印度对中国出口总额的 18.38%。未另列明的化学品和有关产品、机械及运输设备出口额分别达到 18.78 亿美元和 10.83 亿美元，占印度对中国出口总额的 14.02% 和 8.09%，这 4 类产品是印度向中国出口的主要产品类型，详见表 11.16。此外，从时间维度上看，2008 年金融危机之后印度对中国出口的非食用原料（不包括燃料）类商品贸易额下滑严重，这一方面是源于印度国内制造业的不断兴起，另一方面源于印度倾向于抑制本国重点原材料商品的出口。

表 11.16 2002—2015 年印度对中国出口商品结构

年份	按商品结构印度对中国出口贸易额（亿美元）										
	0	1	2	3	4	5	6	7	8	9	合计
2002	0.56	0	8.24	0.28	0.04	5.47	6.53	1.18	0.41	0.03	22.74
2003	0.6	0	17.05	0.16	0.16	6.63	15.62	1.61	0.58	0.09	42.50
2004	1.02	0	49.58	0.33	0.38	8.65	13.16	2.71	0.71	0.23	76.77
2005	1.55	0	63.72	0.56	0.55	10.38	16.02	3.76	0.86	0.25	97.65
2006	2.91	0	66.49	0.6	0.63	12.5	13.76	4.38	1.21	0.29	102.77
2007	2.65	0	102.85	0.32	0.85	13.26	18.53	5.56	1.81	0.35	146.18
2008	4.04	0	160.67	2.18	1.3	12.08	14.77	5.34	1.97	0.24	202.59
2009	2.65	0	88.86	0.94	1.47	11.17	22.42	7.1	2.34	0.21	137.16
2010	4.03	0	141.88	3.39	2.61	14.03	30.9	8.56	2.94	0.12	208.46
2011	5.41	0	139.44	0.95	3.3	20.55	48.83	10.3	4.94	0	233.72
2012	4.47	0	81.7	4.37	4.24	22.32	55.6	9.63	5.65	0	187.97
2013	4.18	0.01	54.75	1.59	3.6	21.47	67.52	10.82	5.72	0.05	169.71
2014	2.65	0.02	43.22	2.24	2.74	19.76	75.38	12.33	5.23	0.01	163.58
2015	2.82	0.05	24.61	3.71	3.22	18.78	64.91	10.83	4.99	0.01	133.93

资料来源：根据联合国商品贸易统计数据库数据制作，https://comtrade.un.org/data，2017-04-22。

注：商品结构分类方法同表 11.15。

从双边贸易结构可看出，中国与印度的产业结构存在一定的重叠性，这导致双边贸易会产生竞争关系，中国大量同类商品进入印度市场，势必对当地产业造成冲击，从而引发印度对华反倾销等贸易保护措施的实施。

（三）中印贸易竞争依存关系

国际贸易中通常使用显示性比较优势指数[1]（RCA 指数）衡量描述一国某

---

[1] RCA 指数用于衡量一个经济体某种出口商品占其出口总值的比重与世界该类商品占世界出口总值的比重二者之间的比率。RCA>1，表示该经济体此种商品具有显性比较优势；RCA<1，则说明该经济体商品没有显性比较优势。公式中 X_i 表示经济体某商品出口值；X_t 表示经济体商品出口总值；W_i 表示世界某商品的出口值；W_t 表示世界商品出口总值。

一类产品或某一行业是否具有出口竞争力;使用贸易相互依存度①(TR 指数)衡量两国之间贸易的依赖程度,RCA 指数和 TR 指数的计算公式可表示如下:

$$RCA = \frac{X_i/X_t}{W_i/W_t}$$

$$TR = \frac{X + M}{GDP_c + GDP_i}$$

同样,本文按照 SITC 分类标准,使用上述公式对中印贸易之间涉及 0~8 类产品的贸易比较优势指数进行计算,得到的结果如表 11.17、表 11.18 所示。

表 11.17 2002—2015 年按 SITC 分类的中国对印度出口商品 RCA 指数

年份	不同商品类别的 RCA 指数								
	0	1	2	3	4	5	6	7	8
2002	0.53	0.03	6.04	2.73	0.26	5.65	1.14	0.82	0.23
2003	0.35	0.06	5.29	2.78	0.69	5.84	1.49	0.73	0.22
2004	0.23	0.07	4.24	3.17	1.09	4.44	1.42	0.90	0.20
2005	0.18	0.02	3.25	2.48	0.68	4.14	1.55	0.91	0.20
2006	0.19	0.06	1.97	1.99	0.40	3.80	1.44	1.04	0.18
2007	0.17	0.08	2.16	0.75	0.36	3.67	1.38	1.08	0.18
2008	0.17	0.08	1.64	1.22	2.64	3.21	1.17	1.12	0.20
2009	0.29	0.17	1.66	0.51	0.23	3.11	1.17	1.20	0.22
2010	0.20	0.07	1.77	0.64	0.35	3.49	1.30	1.03	0.30
2011	0.17		1.73	0.78	0.21	3.45	1.20	1.04	0.30
2012	0.21	0.11	1.73	0.40	0.42	3.82	1.19	1.02	0.37
2013	0.23	0.16	1.72	0.83	0.22	3.77	1.18	0.97	0.47
2014	0.19	0.06	1.49	0.92	0.20	3.59	1.16	0.85	0.43
2015	0.07	0.08	1.37	1.10	0.17	3.82	1.15	0.91	0.52
均值	0.23	0.08	2.58	2.45	0.57	3.99	1.28	0.97	0.29

资料来源:根据联合国商品贸易统计数据库数据计算整理,https://comtrade.un.org/data,2017-04-22。

注:商品结构分类方法同表 11.15。

---

① 贸易相互依存度是指两个经济体间的进出口贸易之和与二者的国内生产总值之和的比。式中 X 与 M 是两个经济体的进出口贸易,GDP_c 与 GDP_i 是两个经济体的国内生产总值。

印度在中国市场上比较优势较强的商品主要是非食用原料（不包括燃料），属于资源密集型产品，其商品RCA指数曾一度接近12，说明其竞争优势极强。动植物油、脂和蜡相关产品比较优势也较大，但变动幅度同样比较明显。其他类产品都处于比较优势较低的水平，未另列明的化学品和有关产品类商品在中国的比较优势居中。详情见表11.18。

表11.18 2002—2015年按SITC分类标准的印度对中国出口商品RCA指数

年份	不同商品类别的RCA指数								
	0	1	2	3	4	5	6	7	8
2002	0.21	0.00	8.20	0.27	0.52	2.17	0.76	0.61	0.10
2003	0.14	0.01	9.67	0.06	1.09	1.37	0.96	0.41	0.07
2004	0.15	0.01	10.52	0.05	1.10	0.97	0.49	0.36	0.05
2005	0.20	0.01	8.74	0.06	1.67	0.93	0.49	0.37	0.05
2006	0.37	0.00	9.31	0.04	2.21	1.04	0.44	0.39	0.07
2007	0.22	0.01	9.42	0.01	1.92	0.81	0.43	0.34	0.09
2008	0.23	0.00	11.83	0.06	1.84	0.53	0.27	0.19	0.08
2009	0.29	0.00	11.44	0.05	3.18	0.78	0.66	0.34	0.09
2010	0.27	0.00	9.70	0.09	3.51	0.63	0.52	0.28	0.11
2011	0.30	0.00	11.00	0.02	3.60	0.85	0.83	0.32	0.16
2012	0.26	0.00	6.63	0.12	6.29	1.00	1.28	0.37	0.20
2013	0.25	0.01	6.76	0.05	6.38	1.08	1.61	0.47	0.29
2014	0.20	0.03	8.07	0.09	6.49	1.27	2.34	0.61	0.29
2015	0.21	0.09	5.24	0.23	5.98	1.03	1.86	0.49	0.25
均值	0.24	0.01	9.04	0.09	3.27	1.03	0.92	0.40	0.14

资料来源：根据联合国商品贸易统计数据库数据计算整理，https://comtrade.un.org/data，2017-04-22。

注：商品结构分类方法同表11.15。

从中印贸易结构可看出，印度比较优势产品仍集中于资源密集型产品，在同类商品上，中国处于比较劣势地位；中国劳动密集型和技术密集型产品对印度来说具有比较优势，在国际市场上更有竞争力。

如图11.12所示，2008年之前中印贸易相互依存度持续上升，这说明这段时间内两国贸易总量增长迅速，贸易合作逐渐加深，两国的经济依存关系越来越紧密。受 2008 年金融危机的影响,中印两国贸易的相互依存度有所下降,但在 2009 年之后又再一次复苏。然而近年来,随着印度贸易保护主义势力崛起,中印贸易逆差的加大,中印两国贸易摩擦频发,两国的贸易依存度不断下降,贸易需求关系密切度相对减小。

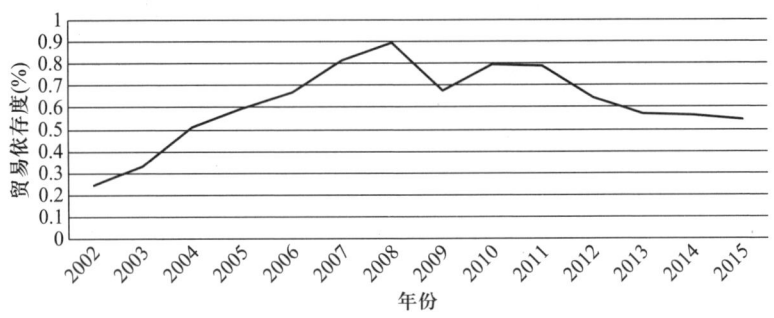

图 11.12 中印贸易相互依存度

资料来源:根据世界银行数据库(http://data.worldbank.org.cn)和联合国商品贸易统计数据库(https://comtrade.un.org/data)数据制作,2017-04-23。

二、中印双边投资发展

(一)中印双边投资概况

2014 年,中国对印度非金融类直接投资额增加至 2.43 亿美元,覆盖家电、软件、信息技术、化工和汽车等领域;印度对中国投资累计项目数 952 个,累计投资金额 5.64 亿美元,覆盖软件、制药、高等教育、钢铁、化工、清洁能源等领域。① 截至 2015 年年底,中国对印度工程承包累计合同金额 657.78 亿美元,累计完成营业额 440.11 亿美元,印度成为中国重要的海外工程承包市场。② 但从占比上看,中国对印度的直接投资还处于初始的探索阶段,中国对外直接投资的主要国家和地区为英属维尔京群岛、瑞典、澳大利亚、美国等发达经济体,在亚洲地区的投资也大多集中在中国香港、新加坡、韩国等发达地区。

根据印度商业和工业部旗下的工业政策和促进局(DIPP)发布的报告,从 2000 年到 2015 年,全球对印度投资总额累计为 2652 亿美元,其中中国对印度累计投资额为 12.4 亿美元,在投资者排行榜上位列第 17,占全球对印度投资总

---

① 驻孟买总领馆经商室.2014 年 1—12 月中印经贸数据[EB/OL]. http://bombay.mofcom.gov.cn/article/zxhz/201507/20150701039356.shtml.2017-04-25.

② 驻孟买总领馆经商室.2015 年 1—12 月中印经贸数据[EB/OL]. http://bombay.mofcom.gov.cn/article/zxhz/201604/20160401299667.shtml.2017-04-25.

额的约 0.47%。① 印度对中国的投资额仅占中国接受外商直接投资总额的很小一部分,2015 年中国利用外资总额为 1262.7 亿美元,其中来自印度的投资额仅为 8080 万美元。②

具体到产业结构与资源禀赋角度,中印两国具有很强的互补性,双边投资的空间依然很大。印度的发展并没有遵循传统国家从农业到工业再到服务业的一般发展规律,而是选择在第一产业的基础上优先发展第三产业,基础设施差,以制造业为主的第二产业发展严重滞后。而中国在之前人口红利的优势下在制造业等实业方面的发展优于印度,并且鉴于和印度的地缘优势,近些年,中国在印度大力发展了工程承包和以钢铁业为主的印度较为落后和缺少的行业领域。此外,中国企业投资印度的家电等轻工业的比例飙升,中国在通信行业对印度的投资比例也较大,中国大量知名电信通信行业已经在印度建立起自己的海外市场。

（二）中国对印度的投资前景分析

为适应经济全球化的发展趋势,提高印度本身的综合国力,印度政府采取了一系列措施吸引外商进入本国市场。印度相关法律规定,在印度新建的外国企业,10 年内免交公司利润 30% 的所得税;产品 100% 出口的企业,出口加工区和自由贸易区内开办的企业 5 年内免交所得税;在落后地区开办合资企业 10 年内减征所得税 25%;外资企业进口用于生产出口商品的机器设备零部件和原材料免征关税。介于地缘优势,这些政策无疑会吸引大量中国企业进军印度市场,从而促进双方的经济技术交流。印度当前没有系统的行业吸收外资鼓励政策,吸引对外直接投资的主要部门是金融与非金融服务业、制药业、电信业、冶金工业和电力行业。

未来,基建及房地产业、医药行业、传统制造业等行业在印度市场仍有相当程度的增长潜力。印度提出的智慧城市计划也在有条不紊地实施,对于市政工程(如水务、城市垃圾回收发电等)的投资有较大需求,且印度近年来对房地产领域进行了较大程度的宽松政策,其行业的特殊性也带动了更多上下游行业的发展,急需外资的进一步进入。但与此同时,中国企业也应意识到赴印投资虽然存在巨大的优势与机遇,但同时也受到较强的限制与约束。首先,印度十分重视本国重点产业与幼稚产业的保护,规定农业、房产业、法律业、博彩业等行业禁止

---

① 中国国际贸易促进委员会.中国对印投资 2016 年总结及 2017 年展望[EB/OL].http://www.ccpit.org/Contents/Channel_3387/2017/0125/752875/content_752875.htm.2017-04-25.

② 驻墨尔本总领馆经商室.2015 年中国实际使用外资金额 1262.7 亿美元[EB/OL].http://www.mofcom.gov.cn/article/i/jyjl/l/201602/20160201253876.shtml.2018-12-10;驻孟买总领馆经商室.2015 年 1—12 月中印经贸数据[EB/OL].http://bombay.mofcom.gov.cn/article/zxhz/201604/20160401299667.shtml.2017-04-25.

外商进入,电力、石化、国防、航空运输等行业限制外资所有权投资额;其次在公共事业基础设施领域,投资者面临较大风险。印度的发电厂和输电线路老化,电信网络欠发达,水污染现象普遍,地区供给不平衡,影响商业发展;再次,印度政府和司法系统普遍存在腐败现象,政府政策羸弱,法律执行率低,这极大地增加了投资者在该国的经营成本,影响合同纠纷的公平解决;最后印度与中国同属文明古国,在生活习惯、宗教文化等方面差距较大,不利于中国对外直接投资企业对当地工人的管理。

总的来说,中印经贸合作潜力巨大,同为金砖国家,中国和印度的战略合作伙伴关系取得长足发展。在世界经济普遍疲软的情况下,强劲的中国经济成为印度提升其经济活力的希望。但同时复杂的税收制度、欠缺的行政管理能力、落后的基础设施、较低的劳动力素质、差异化的文化背景等因素也制约着中印经贸关系的进一步发展。

三、中印其他方面的合作

(一) 孟中印缅经济走廊(BCIM)

孟中印缅地区经济合作最早在 20 世纪 90 年代末期由中国云南省学术界提出。四方于 1999 年在昆明举行了第一次经济合作大会,共同签署《昆明倡议》,规定每年召开一次会议,但 1999 年后孟中印缅地区经济合作一直发展缓慢。2013 年 5 月李克强访问印度期间,中国与印度共同倡议建设孟中印缅经济走廊,推动中印两个大市场更紧密连接,加强该地区互联互通。

孟中印缅地区合作论坛第十二次会议于 2015 年 2 月 10 日至 11 日在缅甸仰光召开,主题是"加强孟中印缅地区的合作"。会议结束时四国发表联合声明,表示孟中印缅地区合作论坛应继续作为一个多轨平台发挥作用,承认保护环境可持续性需要共同框架,强调促进贸易和交通便利化改革的需要;同意考虑开发和利用水道,鼓励成员国商务和工业部门主官开展更多交流,决定考虑孟中印缅旅游圈概念,同意考虑建立一个"新闻媒体联合报道计划",以提升该地区的全球知名度。①

但同时作为一项长期、复杂而艰巨的系统工程,孟中印缅经济走廊建设在推进实施中面临着诸多风险与挑战,孟中印缅经济走廊建设进度落后于预期。通道不畅、设施落后、政策不通、资金缺乏、贸易不畅、交流不足等因素致使孟中印缅经济走廊建设推进缓慢。根据世界银行公布的《2016 年营商环境报告》显示,在全球 189 个经济体的营商环境调查排名中,孟加拉国位居第 174 位,中国为第

---

① 杨文武,王彦,李城霖.中印缅孟经济走廊建设研究[J].南亚研究季刊,2016(4):93—100.

84 名,印度为第 130 名,缅甸为第 167 名。[①] 四国最突出的问题表现为企业开办困难,信贷获得较难,投资者保护差异较大和合同执行困难等方面。

（二）"一带一路"倡议

"一带一路"倡议为中国实施全面的对外开放政策提供了有利契机,将给中国和印度创造出更为有利的贸易合作条件。印度对中国出口的主要产品,大多属于初级产品和劳动密集型产品,隶属于能源资源、矿产资源和农业资源,而中国比印度推行经济改革的时间早,工业制造业具有明显优势。在这种背景之下,中国可以通过"一带一路"倡议加强与印度之间的经贸联系,从印度进口原料性商品或半成品,同时向印度输出生产技术与管理能力,实现资本的有效利用与劳动密集型产业的转移。在经济全球化过程中,生产力和生产效率的提高使产品差异化和规模经济成为必然,而"一带一路"倡议为中印两国发展产业内贸易提供了千载难逢的机会,使其能够充分发挥各自的比较优势,进一步在国际市场形成竞争力。特别是在基础设施领域,"一带一路"倡议既有利于改善中印两国经贸发展的基础设施,也有利于促进印度打造制造业强国和出口大国的愿望。丝路基金、亚洲基础设施投资银行的成立以及中国出台的"货币相通"的政策,也有助于解决中印经贸发展中的资金问题,中印两国在"一带一路"中的合作存在有利条件和必要性。

为了改善两国的贸易平衡,2014 年中国国家主席习近平在访问印度期间与印度签署了为期 5 年的贸易和经济合作协议。这一建立在平等互利原则上的"五年期贸易与经济发展计划"为推动中印双边经济和贸易关系的平衡和可持续发展做了中期规划。该合作协议寻求削减中印双边贸易的不平衡和加强投资合作,提出在未来 5 年内双边贸易额增至 1000 亿美元、中国向印度投资增至 200 亿美元的目标。除此之外,该合作协议还涉及营造稳定、透明和友好的投资环境,以及加强两国金融部门之间的合作。

（三）其他合作

2014 年习近平在访印期间,宣布在古吉拉特邦和马哈拉施特拉邦建立两个工业园区。目前两园区建设均取得了积极进展,其中古吉拉特邦建立输变电设备产业园区,主要生产电力传输和发电设备,部分厂家如特变电工已正式投产;马哈拉施特拉邦的普那园区主要生产汽车和汽车辅助设备,目前该产业园区还处于在建状态,计划在原有基础上扩大投资规模,调整园区设计方案。

2015 年 5 月,印度总理莫迪回访中国期间,两国签署 45 项文件,包括 24 项

---

① World Bank Group. Doing Business 2016: Measuring Regulatory Quality and Efficiency[M].The World Bank,2017:5.

政府间协议和21项商业协议,合作领域涉及航空航天、地震、海洋科考、智慧城市、网络、金融、教育以及智库交往等,中印经贸合作将迈入全新发展阶段。

四、中印贸易摩擦

中印经贸关系在取得较大进展的同时,双方之间的贸易摩擦也愈演愈烈。根据中国贸易救济网的相关数据,截至2016年年底,印度对中国发起的贸易救济案件累计252起,其中中国入世之后(2001年)起共计191起,其中反补贴148起、反倾销3起、特殊保障措施10起、保障措施30起,详情见表11.19。

表11.19　2002—2016年印度对中国实施贸易保护措施的基本情况

年份	案件数(起)				
	反倾销	反补贴	特别保障措施	保障措施	总计
2002	14	0	1	2	17
2003	6	0	1	1	8
2004	7	0	0	1	8
2005	10	0	0	0	10
2006	9	0	0	0	9
2007	11	0	0	0	11
2008	15	0	0	2	17
2009	10	1	5	9	25
2010	11	0	0	1	12
2011	5	0	1	1	7
2012	7	0	2	1	10
2013	7	0	0	3	10
2014	8	1	0	6	15
2015	10	0	0	2	12
2016	18	1	0	1	20
总计	148	3	10	30	191

资料来源:根据中国贸易救济信息网贸易救济案件数据库资料整理,http://www.cacs.mofcom.gov.cn,2017-04-25。

可见印度在以上4种贸易救济措施中对中国使用最多的就是反倾销调查,占贸易救济案件总数的77.49%。其原因一方面是由于反倾销调查的最终结果即便没有对调查企业征收高额的反倾销税,其震慑作用也会影响出口企业对涉案产品的出口额;另一方面源于印度贸易救济措施的便利性,特别是对中国市场经济地位的认定方面。一旦中国出口印度的商品因被认定为非市场经济国家产品,在计算产品的正常价值时会被印度运用相当经济发展水平的市场经济国家产品的价格来衡量,而不是中国产品出口时的原始数据,这样确定的倾销幅度往往非常大,会对企业造成严重影响和负担。此外,高额的反倾销税也会成为印度政府频繁使用此类手段的激励。

从行业角度来看,不论是哪一种贸易救济手段,化学工业产品涉案最多。详情见表11.20。这是因为中国对印度出口产品中,化学工业类产品在印度市场的竞争性较强,且对印度出口量较大。从总体分布情况可看出,印度对中国发起的贸易诉讼是有针对性的,化学工业领域成为双边贸易摩擦的重灾区或因其较强的竞争力影响了印度当地产业的发展,而引发印度频频有针对性地采取贸易救济手段。

表11.20　2002—2016年印度对中国实施贸易保护措施的行业基本情况

行业	案件数(起)				
	反倾销	反补贴	特别保障措施	保障措施	总计
化学工业	62	1	3	16	82
冶金工业	12	1	1	6	20
纺织工业	13	0	1	1	15
建筑材料工业	10	0	0	1	11
轻工业	7	0	0	1	8
机械工业	14	1	1	0	16
造纸工业	0	0	0	2	2
汽车工业	4	0	1	0	5
医药工业	11	0	1	0	12
电子工业	8	0	0	0	8
有色金融工业	2	0	1	2	5
食品工业	2	0	0	1	3
其他	3	0	1	0	4
合计	148	3	10	30	191

资料来源:根据中国贸易救济信息网贸易救济案件数据库资料整理,http://www.cacs.mofcom.gov.cn,2017-04-25。

五、中印经济贸易热点问题

(一)印度市场体制问题

印度保守的市场准入政策在客观上阻碍了中印贸易合作的进一步发展。2008年金融危机致使作为新兴经济体大国的中国与印度遭受了不同程度的重创,但是两国面对危机所采取的政策截然不同。近年来中国主要倡导出口导向型的贸易政策,即便是在应对金融危机促进内需增长为主要政策时,仍然大力支持对外贸易。而印度在金融危机到来后逐步由出口导向型贸易政策退化为进口替代型的封闭性政策,尤其是对中国、巴西等产业发展水平尚不高的发展中国家和地区的贸易政策转变尤为突出。进口限制主要表现在税收的不对等现象,尽管印度比中国先加入WTO,但印度降低关税的力度却远不及中国。根据WTO公布的数据,2015年中国的简单平均约束关税和最惠国关税税率分别为10.0%和9.9%,而同期印度的相关数据分别为48.5%和13.4%,详情见表11.21和表11.22。从两表对比也可以看出,无论是约束关税还是最惠国关税,印度都要远高于中国,特别是相关农产品的税率,印度对农产品和原材料的保护甚至要多于对加工制造品和半成品的保护。印度的约束关税和最惠国关税差距巨大也是其特征之一,在如此大的差距面前,中国要想打入印度市场就必须争取得到最惠国待遇。但是就目前而言,中国同印度并不存在正式的自由贸易协定,针对部分商品的减税免税覆盖范围也比较小。要想使中国的商品更加顺利地进入印度市场,扩大两国的双边贸易,就必须要想办法解决印度的关税壁垒问题。

表 11.21 2015 年中国的关税情况

税种	所有产品	农业产品	非农业产品
简单平均约束关税税率(%)	10	15.7	9.2
最惠国关税税率(%)	9.9	15.6	9.0

资料来源:根据 WTO 网站资料整理,https://www.wto.org/english/tratop_e/tariffs_e/tariff_data_e.htm,2017-04-27。

表 11.22 2015 年印度的关税情况

税种	所有产品	农业产品	非农业产品
简单平均约束关税税率(%)	48.5	113.5	34.5
最惠国关税税率(%)	13.4	32.7	10.1

资料来源:根据 WTO 网站资料整理,https://www.wto.org/english/tratop_e/tariffs_e/tariff_data_e.htm,2017-04-27。

此外，由于中印双方政治关系曾长期冷淡，导致两国间缺乏了解和互信，在双边经贸往来时就存在市场信息不对称、信息渠道不畅、市场营运风险较高等问题。同时中印两国之间的相关经贸仲裁机制尚不健全，双边贸易及经济合作合同签订后的监督和仲裁、索赔等机制都不明确，从而增大了中国企业进入印度市场的营运风险，进而阻碍了中印贸易合作的健康发展。

（二）政治干涉经济问题

有学者认为全球地缘政治的重心已经开始向东方转移，中国与印度作为最有发展潜力的两个大国，在未来的几十年内必将会成为极具全球影响力的国家，甚至出现了"龙象之争"的说法，因此一系列非经济因素也制约了中印贸易合作发展。中印作为新兴经济体大国，地缘相邻，历史上曾经发生过边界冲突，中印互信问题、长期以来悬而未决的中印边界争端问题、巴基斯坦问题、两国经济的较量等，都成为影响双边政治关系与交流合作的重要因素。例如中国与巴基斯坦的友好关系，使印度对中国怀有敌对心理；又如西藏地区电力供应不足，2014年中国的藏木水电站开始投产发电，印度便开始宣扬"中国水电威胁论"，声称藏木水电站会威胁到印度的国家利益。[①] 印度对中国的这种警惕性和竞争性心理延缓了中印双边贸易政策的推进与制定，在很大程度上制约着两国贸易合作发展。

随着中国国力的日渐强盛和国际地位的不断提高，印度国内始终存在着"中国威胁论"的支持者，将中国视为最大的威胁，在政治、军事、经济社会等各方面都采取防备措施，将主要精力投入与中国的对抗，从而影响中印双方正常经贸往来关系的建立。特别是伴随着中国与东盟、日韩等地区与国家经贸往来日益密切，中国在亚太地区推进区域经济一体化的进程不断深入，而中印两国自贸区却一直搁浅难以推进，这在很大程度上与印度当局以将中国作为主要竞争对象相关。因此印度应当摒弃"中国威胁论"，将重点放在通过对外开放加快本国经济发展，提高本国产品在国际市场的竞争力，注重发展中印双边经贸关系，从而进一步增强国际影响力，而不是想办法遏制和抗衡中国。

（三）合作层次和合作效率问题

中印两国贸易合作主要停留在劳动密集型制造产业上，中国对印度出口的商品主要是没有进行深层次加工、蕴含的技术较为简单的工业品，而印度主要向中国出口工业原材料与中间品，产品附加值相对较少，合作层次相对较低。中国和印度技术相对落后、劳动力充裕的国情相似，经济发展水平大致相同，居民收入水平也十分相近，这使得两国消费者需求相似。当地厂商为保证其国内利益

---

① 刘园园.中印贸易摩擦的影响因素研究[D].云南财经大学硕士学位论文，2016.

不受损失,倾向于采取贸易救济等手段限制外国厂商进入,这种行为不利于中印贸易的互联互通,相互协作。而在国际市场上,相似的消费者需求意味着中印两国具有比较优势的跨国公司大都集中在相似行业,在国际市场上竞争大于合作,同样不利于两国贸易合作的发展。

基础设施与教育水平的相对落后是阻挡在中印双边贸易间的另一座大山。中印货物贸易的主要通道是通过水路运输、山口通道和空运,物流交通发展缓慢。中印两国虽为近邻,且有数千公里边界相连,但二者陆上交通基础设施建设滞后,至今仍没有公路铁路直接相通,绝大多数贸易仍通过海运运输,货物往来于马六甲海峡,这造成货物运输时间长、成本高。中印之间交通运输的极度不便增加了双方贸易的运输成本,严重影响了中印货物贸易的扩大,阻碍两国竞争优势的发挥。为缩短中印两国间陆上交通运输路程,印度当局正在进行相关铁路的重建重修,相关道口的重新开放等工作,但目前仍然难以彻底改变中印边界路况较差、印方相关部门的过度干预等问题。①

合作效率和服务水平的落后一方面体现在中印两国技术水平与管理能力相对落后于西方,致使双方的贸易合作成本提高,效益降低。从教育水平角度来看,中印两国均存在高技术人才匮乏的现象,但由于中国工业发展早于印度,在受教育水平、科研能力、自主创新等方面强于印度,但较西方发达国家仍存在不小差距。另一方面体现在印度对本国关键产业的过度保护方面,印度的进口规则较为严格,几乎对所有进口品都采取进口许可证制度,印度进口商进口商品时必须由印度政府主管部门批准,批复程序极度复杂,因此在一定程度上阻碍了印度进口贸易的发展。此外印度通过货物检验、包装检查、反倾销调查等一系列贸易壁垒措施限制中国产品进入印度市场,利用第三国替代原则等手段进行贸易保护,这些举措大大压缩了中国对印度的出口空间和收益,使得中印双方贸易合作效率低下。

由于双方贸易和法律方面的不同,贸易中存在的问题是不可避免的,这是中印贸易发展中必须要面对的问题。现在双方在贸易合作方面还未有具体的法律规定,使两国的贸易摩擦无法通过法律手段解决。如果两国的贸易摩擦得不到及时解决,就会使双方原本和谐的贸易环境变得恶劣,这是两国不得不面对的严峻问题。②

---

① 王业坤.中印双边经贸合作发展比较研究[D].河北大学硕士学位论文,2016.
② 刘媛媛,钟敏."一带一路"背景下中印贸易发展现状及对策研究[J].物流科技,2017(4):128-132.

六、中印双边经贸关系未来发展趋势展望

中国入世15年来,中印巨大的贸易逆差、印度贸易保护主义抬头等现象依旧严重,短时间内依旧无法得到彻底解决。但与此同时,中印贸易额也确实实现了爆发式增长,双方贸易联系日益密切,贸易产品互补性不断增强,中印双边货物贸易合作仍具有可以进一步挖掘的潜力。不断出台的贸易政策也彰显了两国政府对双边贸易增长的认同与肯定,为进一步深化中印贸易合作,两国政府应充分发挥在推进中印贸易关系持续发展中的主导作用,增强两国政治互信,加快自由贸易区建设的步伐,正确处理中印贸易摩擦,简化双方贸易合作程序。充分释放中印贸易同质性市场力量的竞争性,挖掘差异性市场互补性,发挥企业在两国贸易中主体活力,拓展贸易领域,探讨新的经济合作形式,进一步加强中印贸易合作通道的多样化建设,并提升中印贸易合作服务水平。作为世界上人口最多、经济增长最快的两个发展中国家,我们有理由相信随着两国在贸易平衡、政治互信等方面问题的妥善解决,中印两国的经贸关系将会进一步朝着健康、稳定的方向发展。

主要参考文献:

[1] 陈继勇,刘卫平.美国经济政策转向对全球经济的影响[J].人民论坛·学术前沿,2017(6).

[2] 韩秀云.中欧贸易现状及问题分析[J].国际贸易,2013(2).

[3] 何曼青.中欧投资合作新趋势[J].中国经济报告,2016(7).

[4] 金瑞庭."一带一路"战略与"容克计划"对接思考[J].宏观经济管理,2015(11).

[5] 李罡.中国"一带一路"如何对接欧洲"容克计划"[J].中国经济周刊,2016(3).

[6] 刘园园.中印贸易摩擦的影响因素研究[D].云南财经大学硕士论文,2016.

[7] 刘媛媛,钟敏."一带一路"背景下中印贸易发展现状及对策研究[J].物流科技,2017(4).

[8] 宋国友.中美经贸关系发展的新常态[J].复旦学报(社会科学版),2015(3).

第十二章 中国不断融入全球经济贸易体系

第一节 《信息技术协定》扩围与中国

随着技术水平不断提高,越来越多的WTO成员意识到许多新的IT产品没有出现在现有《信息技术协定》减税产品范围内,WTO部分成员认为有必要扩大《信息技术协定》实行零关税产品的范围。因此,《信息技术协定》的成功扩围,是自1996年以来WTO第一个重大的市场准入扩围协议。

一、《信息技术协定》的背景介绍

《信息技术协定》是自1995年WTO成立后的第一个关税减让的诸边协议,旨在通过削减信息技术产品关税,在全球范围内实现信息技术产品贸易自由化,最大限度地扩大全球范围内信息技术产品市场并降低成本,从而促进信息技术产业不断发展的一个诸边协议。

1996年12月13日,美国、欧盟、日本、加拿大等29个WTO成员和正申请成为WTO成员的国家及独立关税区,在新加坡召开的WTO部长级会议上,签署了《关于信息技术产品贸易的部长级宣言》。该宣言及各参加方提交的信息技术产品关税减让表,共同构成了《信息技术协定》。① 1997年3月26日,占世界信息技术产品贸易总量92.5%的40个参加方在《信息技术协定》上签字,共同承诺在2000年1月1日前取消包括计算机、计算机软件、通信设备、半导体、半导体生产设备和科学仪器在内的约200种信息技术产品(不包括电视机、录像机等消费类电子产品)的关税。②

《信息技术协定》项下所担负的承诺均建立在最惠国待遇基础上,即所有WTO成员,无论是否参加《信息技术协定》,均可享受这一优惠待遇。这也意味

---

① 根据WTO网站资料整理,https://www.wto.org/english/tratop_e/inftec_e/inftec_e.htm,2017-03-07。
② 《信息技术协定》涉及的产品很广泛,约占HS分类中6位税号的近300个。由于很多产品是新产品,在该制度中没有相应的编码,因此《信息技术协定》将产品范围分为两类,一类是HS中有明确编码的产品清单,另一类是为无法按HS分类的产品清单,只对具体产品进行描述,各参加方根据产品描述确定这些产品各自的编码。信息技术产品主要集中在HS的第84、85和90章,个别产品在38、68和70章。根据WTO网站数据整理,https://www.wto.org/english/tratop_e/inftec_e/inftec_e.htm,2017-03-07。

着即使未加入《信息技术协定》的成员,也可以间接地从《信息技术协定》关税减让中获得贸易机会。通过参与到已形成的全球生产网络,规模经济所带来辐射效应帮助参与方以低价购买高质的产品,带动了新的信息技术产业和相关服务业的发展。截至2016年年底,82个《信息技术协定》的参与方间的贸易占据全球信息技术产品贸易额的97%。① 此外,全球价值链的扩展也为一些发展中经济体(如马来西亚、哥斯达黎加等)的信息技术行业发展创造了机会,带动了信息技术产品的出口贸易增长,刺激了外国投资的进入和就业机会的创造。《信息技术协定》刚刚生效时,发展中成员信息技术产品出口仅占全球出口额的30%左右。然而,这一比重在2010年已达65%,且远远超过了发达成员信息技术产品出口所占份额。②

2001年,中国在加入WTO时承诺:中国自加入WTO时起加入《信息技术协定》,并将取消中国减让表列出的所有信息技术产品的关税;取消《信息技术协定》产品所有其他税费,并为部分产品的减税争取了一个过渡期。2003年4月24日WTO在日内瓦总部召开了扩大信息技术产品贸易委员会会议,参会代表一致通过中国成为《信息技术协定》的第43个参与方。③ 2005年1月1日,中国256个信息技术产品关税税目已经全部实行了零关税,实现了中国加入WTO时的信息技术产品降税承诺。④

二、2015—2016年《信息技术协定》的新发展

近几年来,《信息技术协定》一直保持着相对稳健的发展态势。截至2016年12月,《信息技术协定》已经有53个参与方(见表12.1),⑤其中哈萨克斯坦于2015年7月27日加入了《信息技术协定》(G/IT/M/63)。⑥

---

① WTO.Information Technology Agreement—An Explanation [EB/OL]. https://www.wto.org/english/tratop_e/ inftec_e/itaintro_e.htm.2017-03-08.
② 根据WTO网站资料整理,https://www.wto.org/english/tratop_e/inftec_e/inftec_e.htm,2017-03-09.
③ 根据WTO网站资料整理,https://www.wto.org/english/tratop_e/inftec_e/itscheds_e.htm,2017-03-09.
④ 根据WTO网站资料整理,https://www.wto.org/english/tratop_e/inftec_e/itscheds_e.htm,2017-03-10.
⑤ 根据WTO网站资料整理,https://docs.wto.org/dol2fe/Pages/FE_Search/FE_S_S006.aspx? Query = (+%40Symbol%3d+g%2fit%2f *) &Language = ENGLISH&Context = FomerScriptedSearch&language UIChanged = true,2017-03-11.
⑥ 根据WTO网站资料整理,https://docs.wto.org/dol2fe/Pages/FE_Search/FE_S_S006.aspx? Query = (+% 40Symbol% 3d + g% 2fit% 2f) &Language = ENGLISH&Context = FomerScriptedSearch&language UIChanged = true,2017-03-11.

表 12.1 《信息技术协定》参与方以及已经提交关税减让表修订文件的参与方名单

序号	参与方	序号	参与方
1	阿富汗	28	马来西亚
2	阿尔巴尼亚	29	**毛里求斯**
3	**澳大利亚**	30	摩尔多瓦
4	巴林	31	**黑山**
5	**加拿大**	32	摩洛哥
6	**中国**	33	**新西兰**
7	哥伦比亚	34	尼加拉瓜
8	哥斯达黎加	35	**挪威**
9	多米尼加	36	阿曼
10	埃及	37	巴拿马
11	萨尔瓦多	38	秘鲁
12	欧盟（包含 28 个成员国）	39	**菲律宾**
13	格鲁吉亚	40	卡塔尔
14	危地马拉	41	俄罗斯
15	洪都拉斯	42	沙特阿拉伯
16	**中国香港**	43	塞舌尔
17	**冰岛**	44	**新加坡**
18	印度	45	**瑞士（瑞士和列支敦士登）**
19	印度尼西亚	46	**中国台北**
20	**以色列**	47	塔吉克斯坦
21	**日本**	48	**泰国**
22	约旦	49	土耳其
23	哈萨克斯坦	50	乌克兰
24	**韩国**	51	阿联酋
25	科威特	52	**美国**
26	吉尔吉斯斯坦	53	越南
27	中国澳门		

资料来源：根据 WTO 网站资料整理，https://docs.wto.org/dol2fe/Pages/FE_Search/FE_S_S006.aspx?Query=(+%40Symbol%3d+g%2fit%2f*)&Language=ENGLISH&Context=FomerScriptedSearch&languageUIChanged=true，2017-03-07。

注：表中标粗体的为已经提交关税减让表修订文件的参与方。瑞士和列支敦士登算作一个参与方。

政府间国际组织对观察员地位的要求是以每一个特定案件为基础的。目前,国际贸易中心(ITC)和OECD已被授予观察员地位,世界海关组织在HS分类和HS修正问题被列入议程的会议中也获得了观察员的地位。

2015年期间,《信息技术协定》扩围委员会于5月7日召开研讨会,分别于5月8日和10月14日召开正式会议,并于5月8日的会议上完成主席换届工作,确定由来自英国的安德鲁·斯坦斯(Andrew Staines)担任主席。2016年期间,信息技术产品扩围委员会分别于4月18日和11月1日召开正式会议,于9月26日及11月8日召开两次非正式会议,并于2016年5月13日确立委员会现任主席为来自匈牙利的佐菲亚·特瓦卢思科(Zsofia Tvarusko)。

(一)《信息技术协定》的执行情况

《信息技术协定》的参与方如果在参与《信息技术协定》时已经是WTO成员,必须遵循关税减让表的修订程序(关于关税减让表的修订办法可参见1980年3月26日的决定——BISD27S/25),依照附件部长宣言第2段内容执行。截至2016年3月,已收到37个参与方提交的文件(见表12.1),并按照上述程序进行推荐。2016年期间,萨尔瓦多表示将在完成国内法律程序要求后开始执行协定,但摩洛哥尚未提交正式文件。阿富汗、阿尔巴尼亚、中国、格鲁吉亚、约旦、哈萨克斯坦、吉尔吉斯斯坦、摩尔多瓦、阿曼、沙特阿拉伯、塞舌尔、塔吉克斯坦、乌克兰和越南将其承诺日程附在加入协议,因此没有必要按照程序对关税时间表进行整改和修改。

(二)2015年《信息技术协定》主要会议的内容

1. 2015年5月7日研讨会

2013年10月14日的会议上,《信息技术协定》扩围委员会同意瑞士的建议,组织一个针对影响信息技术产品贸易的非关税壁垒的产业导向研讨会。2014年,《信息技术协定》扩围委员会继续审议非关税措施(Non-Tariff Measures,NTMs)项目。在考虑如何推进和扩大其在非关税措施方面的工作时,委员会决定举行一个产业导向的研讨会,以进一步讨论IT行业的非关税措施问题。

2015年5月7日,《信息技术协定》委员会于WTO总部瑞士日内瓦的威廉·拉帕德中心正式召开这一研讨会。研讨会的目的主要是为私营部门提供机会:① 与贸易政策制定者分享其有关非关税措施影响信息技术产品贸易的经验;② 表达他们为促进信息技术产品的市场准入,对解决非关税措施可能方法的看法。本次研讨会共有15位来自各参与方的发言人,其中大部分发言人来自私营部门,一位来自WTO秘书处。这次研讨会共由4部分构成,第一部分概述了信息技术产品贸易的监管措施;第二部分侧重于标准及合格评定计划;第三部分与会者就如何减少非关税措施对信息技术产品贸易的负面影响的具体解决方案进行讨论;第四部分与会者从透明度、合格评定程序、电子标签及其他几个方面,针对前面几部分发现的问题,交流了信息技术产业的联合信息并提出具体建议。

2. 2015 年 5 月 8 日正式会议

此次会议主要审查了《关于信息技术产品贸易的部长宣言》的执行情况,其中萨尔瓦多国内法律程序所规定的要求尚待完成,另外虽然摩洛哥已于 2003 年 11 月 14 日成为《信息技术协定》的参与方,但尚未提交其《信息技术协定》最终承诺时间表。会议对信息技术产品的范围进行了审议,该审议项目自 2012 年 5 月 15 日起成为日常议程中的一项。会议的重点项目为对非关税措施的审议,同年 5 月 7 日已召开关于影响信息技术产品贸易的非关税壁垒的产业导向研讨会。对于 EMC/EMI(电磁兼容性/电磁干扰)项目,与会的 50 个参与方中已有 29 个提供了调查结果,尚有 21 个参与方并未提供当局对 EMC/EMI 项目所使用的评估程序的信息,因此,委员会希望那些尚未提交结果的成员尽快提交。这一结果与 2014 年会议讨论结果一致,因此决定在日后的议程中再进行讨论。会议还讨论了关于产品分类的分歧,并宣布在塞舌尔于 2015 年 4 月 26 日加入 WTO 后,其《信息技术协定》承诺也已实施。同时,随着塞舌尔完成了对《信息技术协定》的承诺,委员会仍有另外两份《信息技术协定》承诺草案有待审议和批准,即阿塞拜疆和哈萨克斯坦的时间表草案。

3. 2015 年 10 月 14 日正式会议

此次会议主要完成了《关于信息技术产品贸易的部长宣言》执行情况的审议。其中萨尔瓦多完成了国内法律程序所规定的要求,摩洛哥也已提交其《信息技术协定》最终承诺时间表。此次会议主要审议了产品的范围,并对关于产品分类分歧,从执行决定及秘书处说明两个方面展开讨论,同时对 EMC/EMI 项目进行了讨论。另外,会议宣布哈萨克斯坦于 2015 年 7 月 27 日正式加入《信息技术协定》。

(三) 2016 年《信息技术协定》主要会议的内容

1. 2016 年 4 月 18 日正式会议

此次会议主要审查了《关于信息技术产品贸易的部长宣言》的执行情况,相较 2015 年的执行情况,萨尔瓦多在关于完成国内法律程序要求的问题上尚未更新。俄罗斯已于 2013 年 9 月 13 日成为《信息技术协定》的参与者,但俄罗斯尚未提交整顿和修改的时间表。俄罗斯表示,其国内程序尚未完成,在完成其国内程序后便会提交承诺的时间表。此外,在本议程项目下,应欧盟、日本、韩国和美国的请求,增加了一个与 NO.11/2014 印度海关通知相关的子议程项目,即关于印度对某些电子设备的关税征收不一致问题的讨论。

另外,与会者对根据《信息技术协定》附件第 3 段进行产品覆盖的成员的情况进行讨论,听取成员的相关报告和最新情况。会议针对 2015 年 5 月 7 日召开的"针对影响信息通信技术产品贸易的非关税壁垒的产业导向研讨会"的相关问题展开讨论,研讨会的主要问题有:透明度、测试结果识别标准、电子标签及能源效率。依据 2015 年 10 月 14 日会议的主要内容,与会者对非关税壁垒研讨会的后续行动展开了磋商。

对于 EMC/EMI 项目,WTO 秘书处根据参加者提交的相关调查回复和收到的通知,编写了一份关于"《信息技术协定》参与者使用的 EMC/EMI 合规性评估程序类型清单草案"的说明(G/IT/W/17)。截至此次会议,53 个《信息技术协定》参与方中,有 28 个提供了此方面的相关信息。因此,不包括最近新加入的成员,仍然有 22 个参与方既没有提交调查回复,也没有关于其当局对 EMC/EMI 使用的评估程序类型的通知。①

同时,会议对于产品分类的分歧进行了讨论。就附件 B 增列的 15 个项目的分类的相关问题展开讨论,并鼓励各代表团继续努力处理其余 17 个未决项目,以便委员会可在下次会议上对这些项目进行讨论。②

2. 2016 年 11 月 1 日正式会议

此次会议主要审查了《关于信息技术产品贸易的部长宣言》的执行情况,审议了产品的范围,对关于产品分类分歧,从执行决定及秘书处说明两个方面展开了讨论,并对 EMC/EMI 项目进行了讨论。同时,本次会议就各代表团对于附件 B 的项目的分类提交的意见及请求进行了讨论。秘书处将来自 13 个代表团的对其余 22 个项目的意见及评论汇编于文件(G/IT/W/40)中。③ 根据 2016 年的两次正式会议及两次非正式会议的主要内容,主席与对"针对影响信息通信技术产品贸易的非关税壁垒的产业导向研讨会"感兴趣的代表团,就各产业部门提出的建议及措施开展了非正式磋商,并承诺在 2017 年将继续开展此类磋商会议。

---

① 根据 WTO 网站资料整理,https://docs.wto.org/dol2fe/Pages/FE_Search/FE_S_S006.aspx?Query=(+%40Symbol%3d+g%2fit%2f*)&Language=ENGLISH&Context=FomerScriptedSearch&languageUIChanged=true,2017-03-13.

② 根据 WTO 网站资料整理,https://docs.wto.org/dol2fe/Pages/FE_Search/FE_S_S006.aspx?Query=(+%40Symbol%3d+g%2fit%2f*)&Language=ENGLISH&Context=FomerScriptedSearch&languageUIChanged=true,2017-03-13.

③ 根据 WTO 网站资料整理,https://docs.wto.org/dol2fe/Pages/FE_Search/FE_S_S006.aspx?Query=(+%40Symbol%3d+g%2fit%2f*)&Language=ENGLISH&Context=FomerScriptedSearch&languageUIChanged=true,2017-03-13.

(四)《信息技术协定》的主要争议

近年来,委员会参与方的争议主要集中于关于信息技术产品分类分歧的意见上。关于信息技术产品分类分歧的议程项目,主要分为两个子项目:① 执行决定(G/IT/27);② WTO 秘书处关于这一问题的说明(G/IT/W/40)。

关于决定的执行情况,对于委员会的决定(G/IT/27)涉及的 18 个 I(A)类项目(G/IT/W/34),根据决定的要求,参与方需在 2014 年 4 月 30 日之前根据决定的规定提交有关修改的相关文件。WTO 秘书处将根据请求向发展中参与方提供技术援助。WTO 秘书处接受了危地马拉、菲律宾、日本、萨尔瓦多及中国澳门 5 个《信息技术协定》参与方的技术援助请求。[①] 2015 年上半年,WTO 秘书处根据中国澳门代表团的要求编制了一份整顿和修改文件。同年下半年,WTO 秘书处帮助菲律宾编制了关于批准的 18 个项目中的 6 个项目(G/MA/TAR/RS/421)的整顿和修改文件。另外,WTO 秘书处对剩余的发展中参与方进行了初步分析,以备日后援助工作使用。

对于 WTO 秘书处关于分类分歧的说明,委员会于 2014 年 10 月 17 日的会议中就附件 B 或作为附件 A 的第 2 条所列的附件 B 中剩余的 37 个项目,讨论了瑞士的建议(JOB/IT/12),并采纳了其提案中涉及的三个步骤解决的方案。[②] WTO 秘书处根据参会者提交的 G/IT/W/40 第 8 栏中列出的与 HS2007 不同的分类以及与 HS2007 相关的子标题,要求参与者评估可采取的下一步措施,以减少分类中的任何剩余分歧。截至 2015 年 10 月 7 日共收到 9 位参与者的分类请求,印度于会议当日向秘书处转递关于分类的请求。[③] 2016 年的会议中对附件 B 增列的 15 个项目的分类相关问题展开讨论。若所有代表团达成一致,则能够批准附件 B 的 55 个项目中的 33 个项目,这对于委员会来说将是一项重大的成就。[④]

---

① 根据 WTO 网站资料整理,https://docs.wto.org/dol2fe/Pages/FE_Search/FE_S_S006.aspx?Query=(+%40Symbol%3d+g%2fit%2f*)&Language=ENGLISH&Context=FomerScriptedSearch&languageUIChanged=true,2017-03-14。

② 根据 WTO 网站资料整理,https://docs.wto.org/dol2fe/Pages/FE_Search/FE_S_S006.aspx?Query=(+%40Symbol%3d+g%2fit%2f*)&Language=ENGLISH&Context=FomerScriptedSearch&languageUIChanged=true,2017-03-14。

③ 根据 WTO 网站资料整理,https://docs.wto.org/dol2fe/Pages/FE_Search/FE_S_S006.aspx?Query=(+%40Symbol%3d+g%2fit%2f*)&Language=ENGLISH&Context=FomerScriptedSearch&languageUIChanged=true,2017-03-14。

④ 根据 WTO 网站资料整理,https://docs.wto.org/dol2fe/Pages/FE_Search/FE_S_S006.aspx?Query=(+%40Symbol%3d+g%2fit%2f*)&Language=ENGLISH&Context=FomerScriptedSearch&languageUIChanged=true,2017-03-14。

(五)《信息技术协定》的重点项目

近年来,委员会的重点项目主要是 EMC/EMI 项目。2015 年,秘书处根据与会者提交的关于 EMC/EMI 项目的调查回复和通知,编写了一份关于"《信息技术协定》参与方使用的 EMC/EMI 合规性评估程序类型清单草案"的说明(G/IT/W/17)。截至 2015 年 12 月,包括新加入的一些参与方,在 53 个《信息技术协定》参与方中,有 28 个提供了此类调查的回复及通知。然而,尚有 25 个参与方(若不包括新加入的成员,仍有 22 个参与方)既没有提交调查回复,也没有关于其当局使用何种 EMC/EMI 的评估程序类型的通知。① 委员会认为这些调查回复及通知提高了《信息技术协定》参与方所使用的合格评定程序的类型的透明度,并促进了这一重要部门的国际贸易。截至 2016 年 12 月,在 53 个参与方中,提供此类调查回复及通知的参与方数量增长至 33 个。② 因此,委员会鼓励尚未提交调查回复及相关通知的参与方尽快向秘书处提供有关资料,以使委员会能够完成其工作。同时,委员会也敦促秘书处加强与新加入成员之间的交流,向其提供必要的技术援助,及整理调查回复。

三、《信息技术协定》扩围的新进展

(一)《信息技术协定》扩围的内容

《信息技术协定》自签订以来,有关成员一直在研究其产品范围进一步扩大的问题。具体来说包含两个方面:《信息技术协定》产品扩围的范围和《信息技术协定》产品扩围的形式。

在《信息技术协定》扩围的产品范围方面。消费类电子产品是目前最主要的扩围对象。目前,美国、欧盟、日本、韩国等许多参与方均已提出《信息技术协定》扩围产品清单,主要有:电视机、数码摄像机、音响产品、游戏机、LED 显示屏、电池、部分元器件、电真空器件、特殊医疗设备、能源输出和测量设备、光纤制造机器、部分仪器、设备及其配套元器件、原材料等电子产品。其中多芯片集成电路协议和多元件集成电路是此次《信息技术协定》扩围谈判涉及的最主要产品。此外,欧盟最近提出的《信息技术协定》产品扩围清单中,信息技术原材料所占的比例较高,一些非信息通信技术产品也被列入其中,因此未来《信息技

---

① 根据 WTO 网站资料整理,https://docs.wto.org/dol2fe/Pages/FE_Search/FE_S_S006.aspx?Query=(+%40Symbol%3d+g%2fit%2f*)&Language=ENGLISH&Context=FomerScriptedSearch&languageUIChanged=true,2017-03-15.

② 根据 WTO 网站资料整理,https://docs.wto.org/dol2fe/Pages/FE_Search/FE_S_S006.aspx?Query=(+%40Symbol%3d+g%2fit%2f*)&Language=ENGLISH&Context=FomerScriptedSearch&languageUIChanged=true,2017-03-15.

协定》产品的扩围方向仍然需要通过协商进一步确定。

（二）《信息技术协定》扩围的现状

随着技术水平的不断提高，越来越多的 WTO 成员意识到许多新的信息通信技术产品并没有出现在现有的《信息技术协定》减税产品范围之内，如一系列被称为多元件集成电路（Multi-Component Semiconductors, MCOs）的半导体芯片、GPS 系统、平板显示器等。2012 年 5 月，在第十五次《信息技术协定》年度大会上，一些 WTO 成员提出应当扩大《信息技术协定》覆盖的产品范围。① 2012 年 6 月，美国、欧盟、日本、韩国、中国台北和哥斯达黎加 6 个《信息技术协定》参与方一起提出了一份非正式的《信息技术协定》扩围协议，这也进一步促成了在 WTO 的《信息技术协定》正式框架之外的技术性工作组的非正式会晤在日内瓦召开。2012 年 8—9 月，APEC 领导人非正式会议进一步提出了扩大《信息技术协定》覆盖产品范围和吸纳新成员的倡议。2013 年 11 月，工作组的第 15 轮谈判试图在一系列新的商品的减税问题上达成一致，但是由于参与各方的分歧较大导致这个协定被搁置。截至 2014 年，已有 27 个参与方加入《信息技术协定》扩围的技术性工作组中，分别是阿尔巴尼亚、澳大利亚、加拿大、中国、哥伦比亚、哥斯达黎加、多米尼加、萨尔瓦多、欧盟、危地马拉、中国香港、冰岛、以色列、日本、韩国、马来西亚、毛里求斯、黑山、新西兰、挪威、菲律宾、中国台北、新加坡、瑞士、泰国、土耳其、美国。这些成员的贸易总额占谈判涉及商品贸易总额的近 90%，共包含近 250 种新产品。②

2015 年 5 月召开的《信息技术协定》扩围委员会会议上，许多与会者敦促《信息技术协定》委员会在本次会议中完成关于扩大《信息技术协定》产品范围的谈判。同时许多与会者表示，扩大《信息技术协定》覆盖范围的谈判已于 2014 年 12 月左右接近尾声，希望能尽快完成谈判。WTO 总干事罗伯托·阿泽维多表示各参与方应积极参与推动《信息技术协定》谈判的进程，扩大《信息技术协定》产品范围谈判的成功也将有助于推动多哈回合的谈判。2015 年 5 月 19 日，罗伯托·阿泽维多在马来西亚吉隆坡市举行的信息交流会议上表示，马来西亚等成员正在与其他 24 个 WTO 成员就《信息技术协定》扩围进行谈判，其全球贸

---

① 事实上，《信息技术协定》的扩围经历过几个阶段，此次的扩围谈判并不是参与方第一次提出《信息技术协定》覆盖范围的调整。早在《信息技术协定》正式达成时，WTO 部长级会议就提出了参与方应定期对《信息技术协定》减税产品的名录进行修订和更新，这也就是通常所说的 ITA II。第一次的减税产品覆盖范围的修订可以追溯到 1997 年，WTO 邀请各成员方提交额外的减税产品名单。1998 年，成员方仍然在对扩围清单，以及之前达成的附件的修订等问题进行持续性的讨论。然而，经过一系列的谈判之后，并没有取得实质性的进展，没有任何新的产品被扩充进最初的《信息技术协定》减税产品名单之中。

② WTO.Information Technology Agreement—An Explanation［EB/OL］. https://www.wto.org/english/tratop_e/inftec_e/itaintro_e.htm.2017-03-15.

易额约为 1 万亿美元,约占当前全球贸易总额的 7%,将削除全球贸易近 10%的关税。① 他希望各参与方能在接下来的 APEC 部长级会议上推动这些谈判的进行。2015 年 12 月 16 日,在内罗毕举行的 WTO 第十届部长级会议上,来自 53 个 WTO 成员的代表达成了《信息技术协定》扩围协议。该扩围协议共涉及 201 个科技信息产品,包括半导体、GPS 导航、医疗设备、影像设备、卫星、通信产品、平板电脑等。② 从 2016 年 7 月 1 日起,这些产品的关税将逐步降至零。这些成员的这些产品贸易量占世界相关产品贸易量的约 90%,协议扩围的 201 种产品年贸易额达 1.3 万亿美元,占全球贸易额的 10%左右。③ 除了关税减让带来的收益,《信息技术协定》扩围也将提高各参与方市场进入的可预期性和确定性。因为目前尚有很多信息技术产品并没有完全放开或仍然被征收很高的关税,因此《信息技术协定》扩围协议的达成使得各成员有义务对扩围产品实施相应的关税减免措施。

在 2016 年 4 月 18 日和 2016 年 11 月 1 日的两次正式会议上,委员会记录了一些参与方间展开的多边谈判以及参与方间产品扩围协议的结果,以及这些结果的实施情况[WT/L/956、WT/MIN(15)/25]。委员会同意在今后的会议上对这一事项展开讨论。从 2016 年 7 月 1 日起,《信息技术协定》扩围协议中包含的产品的关税将逐步降至零。第二批关税削减应不迟于 2017 年 7 月 1 日,连续削减应不迟于 2018 年 7 月 1 日,并且有效削除应于 2019 年 7 月 1 日之前完成。据估计,到 2019 年,95.4%的参与方对相关产品的进口关税将被完全削除,对少量产品的关税将在 2021 年或 2023 年之前完全削除。④《信息技术协定》扩围协议的参与方中有 18 个已经提交了修改的关税表,其余参与方也正在开展该项工作。总而言之,协议的实施进展顺利,与会者将在不久的将来确保该协议的全面生效。⑤

---

① Azevêdo Urges Malaysia's Continued Leadership in Advancing WTO Agenda [EB/OL]. https://www.wto.org/english/news_e/spra_e/spra57_e.htm.2017-03-15.

② WTO Members Conclude Landmark $ 1.3 Trillion IT Trade Deal [EB/OL]. https://www.wto.org/english/news_e/news15_e/ita_16dec15_e.htm.2017-03-16.

③ WTO Members Conclude Landmark $ 1.3 Trillion IT Trade Deal [EB/OL]. https://www.wto.org/english/news_e/news15_e/ita_16dec15_e.htm.2017-03-16.

④ 根据 WTO 网站资料整理,https://docs.wto.org/dol2fe/Pages/FE_Search/FE_S_S006.aspx? Query=(+%40Symbol% 3d+g% 2fit% 2f *)&Language=ENGLISH&Context=FomerScriptedSearch&languageUIChanged=true,2017-03-14.

⑤ 根据 WTO 网站文件(G/IT/W/44)整理,https://docs.wto.org/dol2fe/Pages/FE_Search/FE_S_S006.aspx? Query=(+% 40Symbol% 3d+g% 2fit% 2f *)&Language=ENGLISH&Context=FomerScriptedSearch&languageUIChanged=true,2017-03-14.

(三)《信息技术协定》扩围的争议及各成员态度

此次《信息技术协定》扩围谈判最主要的争议点在于扩围产品的范围,也涉及包括信息技术产品服务和非关税壁垒问题的讨论。由于每个参与方经济发展水平不同,信息技术产业的发展现状不同,各成员在权衡各自利害得失时存在不同的侧重点,因此《信息技术协定》扩围谈判在实际的协商过程中必然存在较大的争议。

1. 美国

美国是《信息技术协定》扩围谈判的核心倡导者和推动者。从作为核心成员参与 2012 年 6 月《信息技术协定》提出的非正式《信息技术协定》扩围协议,到参与 2015 年 7 月《信息技术协定》扩围谈判,美国始终在《信息技术协定》扩围谈判中扮演着核心倡导者的角色,这也与扩围清单中涵盖的产品是美国的优势产业产品密切相关。就《信息技术协定》产品扩容的范围来看,美国等参与方主张《信息技术协定》扩围产品清单应当包括几乎所有电子产品,并主张实现消费类电子产品零关税。此外,关于非关税壁垒问题,美国认为《信息技术协定》委员会讨论的市场准入问题与全球信息技术行业的利益息息相关,并且私营部门在对影响信息技术产品贸易的非关税壁垒产业导向研讨会上对此协议表现出了浓厚的兴趣,因此,美国认为信息技术产品的非关税壁垒工作计划应具有明确的商业利益。另外,美国提倡电子标签的使用,并敦促尚未采用电子标签或其他灵活的标签方法的成员尽快采取相应方法,以减轻遵守合格标识给信息技术产品公司造成的负担。同时美国敦促各参与方应尽快明了谈判及工作开展的方向问题。

2. 欧盟

与美国一样,欧盟也是《信息技术协定》扩围谈判的重要推动者。欧盟认为进一步削除产品的关税能够降低产业部门进口某些信息技术产品的所需成本,并为欧盟年轻人提供更加高质量的工作机会。同时,通过使用 IT 硬件提高行业效率,可以使欧盟成员更好地参与全球价值链。但是在涉及扩围的具体内容时,会更多地平衡欧盟内部各国的利益,对扩围持较为谨慎的态度,尤其是关于扩围的产品范围的问题。对于是否将与信息技术产业相关的服务业纳入《信息技术协定》扩围的问题,欧盟并不同意美国提出的将所有数字产品和服务纳入《信息技术协定》清单中的提议,认为将计算机及相关领域的服务和电信服务纳入《信息技术协定》范围内即可。此外,欧盟还提出服务贸易的优惠范围仍应当坚持最惠国待遇,将利益扩大到 WTO 其他成员,而不是美国所倡导的有条件的最惠国待遇。

对非关税壁垒问题,欧盟承诺参与拟定一项关于非关税壁垒的升级工作方案。欧盟认为在监管分歧、透明度等领域,尽管有类似《技术性贸易壁垒协议》的协议进行规范,但是这些工作领域仍有待改进,信息技术或成为这些方面改进的先驱。另外,欧盟不断加强与产业部门在增加透明度规则、一致的合格评定及开展电子标签工作等方面的联系。

3. 日本

作为美国在《信息技术协定》谈判中的积极拥护者,日本的核心主张几乎跟美国的态度保持一致。日本也提出应该将全部的消费类电子产品纳入《信息技术协定》产品清单中,实现消费类电子产品零关税,并呼吁各参与方于亚太经济合作组织(Asia-Pacific Economic Cooperation, APEC)部长级会议上,就取消部分产品的关税推进谈判。在关于非关税壁垒的问题上,日本表现出了极大的兴趣,并表示同意欧盟的观点,认为参与方应注重《信息技术协定》的现实性,同时应注意全球产业部门对此的态度。

4. 印度

印度作为WTO的老成员,对此次《信息技术协定》扩围并不十分积极,且未明显表示应推进《信息技术协定》扩围谈判,也未表示出对《信息技术协定》谈判议程早日结束的希冀,认为《信息技术协定》的扩围并不会对印度信息技术产业和未来经济发展带来太多促进作用。印度目前主要采取了支持一些发展中成员提出的加强《信息技术协定》透明度、扩大《信息技术协定》涵盖范围以及向发展中成员授予灵活性的要求的措施。印度认为,美国、日本和欧盟极力倡导的《信息技术协定》扩围,不过是新一轮以美国为核心的部分成员发展自身信息技术产业的战略。

在关于非关税壁垒的问题上,印度保留了其关于非关税壁垒工作方案可能前进方向的立场,特别是考虑到对影响信息技术产品贸易的非关税壁垒的产业导向研讨会。印度并不是通过立法制定关于非关税壁垒的进一步规则的"要求者"。然而,如果工作是由《信息技术协定》的任务启动授权,印度则愿意建设性地参与。另外,印度认为《信息技术协定》非关税壁垒的任何可能的工作应该是一个支持者驱动的过程,其应该以支持者的提议为基础,并且各参与方应该铭记发展中成员在制定及遵守繁重的规则方面的行政限制。印度强调,应当有符合这些国家所面临的限制的有效的特殊与差别待遇的规定。

另外,印度对于《信息技术协定》所覆盖产品关税的征收受到了多个成员的质疑。欧盟、日本、韩国和美国要求印度澄清其对4类电信产品重新征收10%的关税的决定。根据《信息技术协定》相关规定,印度应向这些产品征收零关税。自2016年4月18日第一次提出该问题以来(G/IT/W/42),美国、欧盟、日本、韩国表示并没有收到印度对该问题的相关答复。① 另外,加拿大、澳大利亚、新加坡等成员也对这一问题表示关切。关于这一问题,印度认为有关产品并不在《信息技术协定》产品覆盖范围之内。印度表示,自《信息技术协定》签订以来,产品及技术不断发生变化,印度并不是扩围的《信息技术协定》缔约方,也不打算对原始协定签订时未考虑到的产品做出承诺。但美国指出,这有可能引起成员对印度《信息技术协定》承诺的额外关注。

5. 中国

中国作为最大的发展中国家,在参与《信息技术协定》扩围谈判时更多的是作为一位积极的参加者。中国积极支持尽快结束《信息技术协定》扩围谈判,同时谨慎地对待涉及本国信息技术产业长远发展切身利益的问题。从《信息技术协定》扩围的第四轮谈判开始,中国就正式加入并积极参与谈判。为促进谈判达成,中国表现出很大的诚意,在几轮谈判中逐渐降低自己的要价,在2013年11月的第15轮谈判中将敏感型产品的清单一再缩减,最终仅保留了134项,其中还包括部分延长实施期的产品。②

2015年12月16日,中美两国就《信息技术协定》扩围谈判发表联合声明,表示对于《信息技术协定》扩围谈判的诸多问题达成共识,已就各自减让表中的降税期达成一致,并表示希望以此为在WTO第十届部长级会议期间完成《信息技术协定》扩围谈判注入重要动力。中国认为《信息技术协定》扩围谈判的结果将促进全球信息技术产品贸易,并将促进全球经济增长。2016年10月26日,中国向WTO总干事罗伯托·阿泽维多提交了《信息技术协定》扩围承诺。该承诺于2016年9月3日由全国人民代表大会常务委员会批准,于2016年9月15日开始实施首次关税削减。这一举动对《信息技术协定》扩围协议的实施产生了巨大的推动作用。

第二节　中国加入WTO《政府采购协定》谈判

《政府采购协定》是WTO框架下的一项多边协定。该协定由WTO成员自愿签署,只约束签订该协定的成员,而未签订该协定的WTO成员则不受其约束。《政府采购协定》的基本目标是通过建立一个有效的关于政府采购法律、规

---

① 根据 WTO 网站资料整理,https://docs.wto.org/dol2fe/Pages/FE_Search/FE_S_S006.aspx?Query=(+%40Symbol%3d+g%2fit%2f*)&Language=ENGLISH&Context=FomerScriptedSearch&languageUIChanged=true,2017-03-16.

② 根据 WTO 网站资料整理,https://www.wto.org/english/tratop_e/inftec_e/inftec_e.htm,2017-03-16.

则、程序和措施方面的权利与义务的多边框架,实现世界贸易的扩大和更大程度的自由化,改善并协调现行世界贸易的环境;通过政府采购中的竞争机制,增强透明度和客观性,促进政府采购的经济性和高效率;同时保证发展中成员在国际贸易中的额外利益,在可行和适当的时候,实施差别措施,即向发展中成员提供特殊的、更优惠的待遇。简单地说,WTO《政府采购协定》的目的就是要求其参与方对其他参与方的供应商开放其政府采购市场。在2011年12月15日WTO第八届部长级会议期间召开的政府采购委员会会议上,《关于〈政府采购协定〉第24条第7款谈判成果的决定》得以正式通过。这意味着WTO政府采购新一轮谈判宣告结束。这一谈判是依据1994年WTO《政府采购协定》第24条第7款的要求发起的。自2001年起,经过10年的谈判,42个WTO《政府采购协定》参与方在部长级会议之前的最后一刻就协议新文本和各参与方扩大的覆盖范围达成一致,完成了修改WTO《政府采购协定》的谈判。[①]

一、加入WTO《政府采购协定》谈判是中国履行国际义务的需要

作为WTO管辖下的诸边协议,WTO《政府采购协定》向全体WTO成员开放,但不强制要求WTO成员加入。但在入世谈判中,出于为整体谈判成功的考虑,中国承诺自加入时起成为WTO《政府采购协定》观察员,并将尽快通过提交附件1出价,开始加入该协议的谈判。2003年1月1日,《中华人民共和国政府采购法》正式生效,中国初步建立了一套较为完整的政府采购管理制度。2015年中国政府采购规模达21070.5亿元,[②]比2001年时的653.2亿元增长了31倍多。[③] 中央和地方的政府机关、事业单位和团体利用财政性资金进行的货物、服务和工程采购基本纳入了统一的管理框架。中国快速增长的政府采购市场及其巨大的潜力,使得美国、欧盟等贸易伙伴对这一问题日益关注,不断敦促中国启动谈判,并尽快加入WTO《政府采购协定》。尽管中国建立政府采购制度时间很短,政府采购制度和实践都存在诸多问题和困难,从客观上来说,还未做好加入WTO《政府采购协定》的充分准备,但作为一个负责任的大国和认真履行WTO承诺的成员,中国于2007年年底提交了申请,并提出了第一份出价清单。

二、中国加入WTO《政府采购协定》的国内外形势分析

加入WTO《政府采购协定》谈判,是中国继加入WTO后,在对外经贸领域开

---

① 屠新泉.新GPA:政府采购市场国际化的新指针[J].中国政府采购,2012(2):13.
② 2015年我国政府采购规模首次突破2万亿元,达到21 070.5亿元[J].中国政府采购,2016(8):26.
③ 财政部国库司.2001年全国政府采购规模653亿元[J].中国政府采购,2002(6):6.

展的又一项重大谈判,对中国经济社会发展产生了广泛和深远的影响。

与加入 WTO 相比,中国加入 WTO《政府采购协定》的国内外形势更为复杂,可以说中国加入 WTO《政府采购协定》谈判是在"外有国际压力,内有改革动力"的大形势下进行的。

在国际上,美国、欧盟对中国加入 WTO《政府采购协定》的态度较为"矛盾",一方面,迫切希望通过中国加入,以保证中国政府采购政策和市场的稳定性和可预见性,维护其在华利益。同时,中国产品物美价廉具有很强竞争力,在财政赤字的巨大压力下,美国、欧盟也希望通过中国的加入,解除中国产品进入其市场的法律障碍,购买中国产品,节省行政资金。另一方面,在巨大的政治压力面前,美国、欧盟又不得不常常出台保护性政策,将政府采购市场的大门对中国"越关越严"。根据《1933 年购买美国货法》《1979 年贸易协定法》等法案,中国产品无法进入美国政府采购市场。美国通过的《2014 财年综合拨款法案》又明确规定基于安全原因,美国商务部、宇航局等 4 个联邦政府部门不得采购产自中国的信息技术产品。无独有偶,欧盟也拟出台法案,为报复中国等未在法律上承认向欧盟开放本国政府采购市场的贸易伙伴,拟禁止中国等贸易伙伴的产品和企业进入欧盟公共采购市场。由于中国尚不是 WTO《政府采购协定》参与方,美国、欧盟的歧视性做法并不违反 WTO 规则,中国产品进入美国、欧盟政府采购市场遭遇"寒冬",举步维艰。

在国内,党中央、国务院高度重视 WTO《政府采购协定》谈判工作,成立了 WTO《政府采购协定》谈判领导小组,国务院时任副总理张高丽任组长,财政部、国家发展和改革委员会、商务部等 30 余个部门参与。党的十八届三中全会通过的《中共中央关于全面深化改革若干重大问题的决定》(简称《决定》)明确提出,加快政府采购谈判工作。《决定》提出的医疗体制改革、国有企业改革、事业单位改革、政府采购服务等均与 WTO《政府采购协定》谈判工作密切相关,这直接决定着谈判工作的走向。

三、加入 WTO《政府采购协定》谈判的核心内容

WTO 和 WTO《政府采购协定》规则均未对政府采购做出精确的定义,而各成员的政府采购制度又有相当差异,因此各个 WTO《政府采购协定》参与方都是通过列举的方式来界定其纳入其管辖的政府采购范围。列举的内容包括政府采购的实体(即哪些机构的采购属于政府采购)和对象(即对哪些货物、服务和工程的采购属于政府采购),这些内容都包含在各参与方的出价清单中。目前中国的加入谈判仍然依据 1994 年的 WTO《政府采购协定》,其清单由 5 个附件组成,附件 1 是中央政府实体,附件 2 是地方政府实体,附件 3 是其他实体,附件 4

是服务,附件5是工程。简单地说,就是列入附件1、2、3的采购实体在采购货物、列入附件4中的服务和附件5中的工程时才受到WTO《政府采购协定》规则的约束。需要说明的是,WTO《政府采购协定》没有单独的货物清单,即在一般情况下,采购实体采购所有货物都受到《政府采购协定》的管辖,军事采购及其他少数例外。2012年的WTO《政府采购协定》增加了货物清单,但通常只列举少数例外。此外,不同的政府采购实体采购不同项目时还有不同的门槛金额,即只有在门槛金额以上的政府采购合同才受到WTO《政府采购协定》约束。因此,总体来看,WTO《政府采购协定》并不管辖全部的政府采购,而只是其中的一小部分,具体的管辖范围则取决于各个参加方的出价清单,而出价清单的决定则取决于谈判结果。因此,加入WTO《政府采购协定》谈判的核心内容就是确定出价清单。

WTO《政府采购协定》的主要条款包括国民待遇原则、非歧视原则、透明度原则等基本原则和招标文件、技术规格、质疑程序等技术性规则。其中最核心的原则是国民待遇原则,即在政府采购中不得对本成员产品和进口品、对本成员供应商和外国(外资)供应商实行差别待遇。另一个重要原则是各参与方在政府采购中一般应采用公开招标,只有在符合特定条件的情况下才能实施邀请招标或限制性招标。WTO《政府采购协定》中的这些条款适用于各参与方在出价清单中所界定的政府采购。中国加入WTO《政府采购协定》意味着接受其规则,并且需要根据这些规则来修改和调整中国的政府采购制度和政府采购程序,尤其是优先购买国货制度。

四、中国加入WTO《政府采购协定》谈判进展

按照入世承诺,中国于2002年正式成为WTO《政府采购协定》的观察员,并于2007年12月28日向WTO秘书处提交了加入WTO《政府采购协定》申请和第一次出价。这标志着中国加入WTO《政府采购协定》谈判正式启动。2008年9月,中国向WTO秘书处提交了有关国内政府采购体制的"国情报告"。2010年7月,中国提交了第二次出价,开放范围有所扩大。2011年11月,中国提交了第三次出价,首次列出了包括北京、天津、上海、江苏和浙江5个省市的地方政府实体。2012年6月,中国提交了第四份出价清单(新增3个省市)。2014年1月,中国提交了第五份出价清单(新增6个省市),进一步扩大了开放范围。最新一份出价是在2014年12月22日提交的第六次出价,这次出价首次纳入了大学、医院和国有企业,工程项目全部被列入出价范围,门槛金额也降至参加方水平。同时,此次出价扩大了中央政府实体涵盖范围,增加了5个省市(出价省市达到19个),还增列了服务项目,调整了例外情形。出价水平已有很大改进,已

与参加方一般出价水平大体相当。

第六次出价将谈判空间不大的内容"一步到位"。一是将门槛金额调整至与参加方出价大致相当的水平,且过渡期减少至两年;二是纳入CPC513土木工程,实现CPC51章全部项目的开放;三是减少例外情形,对协议文本已经提及的或者通过不开放采购实体即可排除的例外情形,不在总备注中重复。

将附件1实体的京外下属行政机构纳入出价(主要涉及海关、国税、人行等部门)。在附件2中再纳入4个省份(安徽、黑龙江、江西、山西),从而做到东、中部18个省份全部出价。考虑到在开放规模上与美国、欧盟保持平衡,在国有企业出价最终确定前,中国将慎重考虑是否将西部地区纳入出价。在附件3中纳入5所在京的"985"高校:北京大学、清华大学、北京师范大学、中国人民大学和中国农业大学,纳入3至5所国家卫生和计划生育委员会(现国家卫生健康委员会)直管(人、财、物全部纳入管理)的部属医院,纳入农业发展银行、中国邮政集团等个别政策性强、与其他国有企业牵扯不大的政策性国有企业。

目前,中国已收到美国、欧盟、日本、韩国、加拿大、瑞士、挪威、新加坡等WTO《政府采购协定》主要参与方的第一轮要价、部分参与方的第二轮要价以及第三轮要价清单。各参与方在要价的核心要求是,要求中国出价水平与WTO《政府采购协定》参与方出价的水平基本一致,大幅度降低门槛金额,要求中央政府实体扩大到所有中央政府部门,地方政府实体扩大到各省、自治区、直辖市,甚至部分参与方还提出了增加省会城市和部分发达省级以下地市的要求,其他实体扩大所有国有企业和国家投资企业。全部纳入工程服务项目,增加服务项目,减少例外条款。

同时,对于法律法规与WTO《政府采购协定》的一致性,WTO《政府采购协定》参与方主要提出以下问题:《中华人民共和国政府采购法》与《中华人民共和国招标投标法》两法并存,应当合并;涉及政府采购扶持自主创新的政策涉嫌歧视,应当撤销;中国政府采购的救济机制缺乏独立性;中国地方政府采购政策不够透明;政府采购法律对于国有企业采购的适用问题等。

五、中国加入WTO《政府采购协定》谈判难点

(一)地方政府实体

中国在第三次出价中就地方政府实体做出了首次承诺,北京、上海、天津、浙江和江苏被列入清单。中国虽然是单一制国家,但财政和预算管理体制较为分散,中央对各地方政府采购没有行使直接管理权,不能硬性要求地方政府加入WTO《政府采购协定》。而WTO《政府采购协定》参与方对中国地方政府要价极高,不仅要求包括全部省级政府,还要求包括23个重点城市,欧盟更是要求把地级市纳入出价清单。事实上,现有WTO《政府采购协定》参与方在地方政府实体

出价上参差不齐,有的承诺较为全面,基本涵盖各个层次的地方政府,如日本、韩国、欧盟等;有的较为有限,如美国只承诺37个州的州级政府,加拿大未列入地方政府等。而具体承诺开放到什么程度,一方面取决于参与方的中央和地方关系,另一方面取决于谈判中的互惠,即采购规模的对等。

(二)国有企业问题

WTO《政府采购协定》涵盖的第三种实体为其他实体,并未指明包括哪些类型的实体。从其他参与方的经验来看,部分实施公共服务职能的国有或公共企业会被纳入这一类别。中国现在仍有大量的中央和地方国有企业,这些企业与政府的关系十分密切,其采购行为特别是重大工程领域的采购受到《中华人民共和国招标投标法》的约束。因此,WTO《政府采购协定》参与方认为,中国多数国有企业采购属于公共采购范畴,应纳入出价清单。特别是欧盟在这一问题上对中国提出很高的要价,要求中国在附件3中包括电、气、水、交通、电信、石油、邮政等领域的实体,以及其他受政府控制或影响的、在公共事业领域的任何实体,可以说几乎中国所有大型国有企业都要列入出价清单。

事实上,美国、欧盟在目前的谈判中对待国有企业的态度和当初中国入世时是相矛盾的。在《中国加入工作组报告书》第44段中,各成员要求,国有或公有企业进行的采购不应被视为政府采购,因而与之相关的法律、法规和惯例应遵循GATT1994第3条国民待遇原则相关要求。对此,中国政府在第47段中做出承诺,国有和国家投资企业将不被视为政府采购。也就是说,国有企业的采购问题在入世时已经得到解决,他们的采购不属于政府采购,因而不能适用国民待遇原则的例外,即政府不得要求企业给予国内产品以优惠待遇,企业采购应遵循商业和市场条件。《中华人民共和国政府采购法》也未将国有企业采购纳入政府采购范畴来加以管理,因此该法第10条"应当采购本国货物、服务和工程"的要求也不适用于国有企业。虽然国有企业在重大工程招标中需要遵守《中华人民共和国招标投标法》,但该法并未设置对国外产品的歧视性条款。因此,无论国有企业和政府的关系有多紧密,其采购都不存在国民待遇原则例外的问题,无须再受到WTO《政府采购协定》的约束。

事实上,美国对这一问题也提供了两种解决方案。一是将大量的国有企业根据其性质纳入WTO《政府采购协定》出价;二是制定明确的法规,要求国有企业采购遵循商业条件,而完全不受政府的影响。但中国国有企业的类型和性质非常复杂,很难用一种标准来要求。因此,加入WTO《政府采购协定》关于国有企业问题的谈判实际上也是梳理中国国有企业改革路径和方向的时机。参照中国事业单位的分类改革,国有企业未来也可能需要设定相应的标准进行分类管理。而只有在这种改革方向明确之后,中国才能就国有企业在WTO《政府采购协定》中的出价做出决定。

六、如何看待加入WTO《政府采购协定》的利与弊

中国加入WTO《政府采购协定》的影响主要体现在两个方面。有利的影响一是获得进入其他参与方政府采购市场的机会,二是促进中国政府采购体制的改革和完善。而不利的方面一是可能对中国相关产业造成冲击,二是对中国现行政府采购管理体制构成挑战。

就经济方面而言,加入WTO《政府采购协定》无论是有利还是不利影响都是有限的。从获得其他参与方的市场机会来看,实际开放竞争的政府采购市场并不是很大。例如,2008年,美国联邦政府采购规模为6662亿美元,其中有4946亿美元的联邦政府采购是真正向外部竞争开放的。美国加入WTO《政府采购协定》的州的估计采购规模为7501亿美元,附件3实体的采购规模为70亿美元。如此累计的话,列入WTO《政府采购协定》覆盖范围的美国政府实体的采购总规模为14233亿美元,约占当年GDP(143691亿美元)的10%。但并非所有这些实体的采购都受WTO《政府采购协定》约束,如联邦政府采购中实际开放竞争的采购约占74%,而地方政府采购由于适用更高的门槛价,受到WTO《政府采购协定》约束的采购比例会更低。① 2006年,欧盟25国的总采购额为24087亿欧元,其中中央政府4208亿欧元,地方政府6997亿欧元,社会保险基金3739亿欧元,公用事业采购4571亿欧元。其中在门槛金额以上的采购为2276亿欧元,即开放竞争的政府采购只占其总规模的不到10%。② 更关键的问题是,即使是开放竞争的政府采购,外国产品和供应商也很难获得实际的市场准入。对中国企业来说,加入WTO《政府采购协定》后要充分进入其他参加方的政府采购市场,最好是通过扩大对外投资、在对方建立生产或销售基地的方式。然而,这一点对大多数中国企业来说还有较大的困难,实际上中国的出口主要是由外资企业实现的。

加入WTO《政府采购协定》在经济上的不利影响也是有限的,因为事实上中国目前的政府采购市场已经在很大程度是开放的。虽然《中华人民共和国政府采购法》规定应当采购国货,但并无具体实施细则,也无国货标准。因此在实际的政府采购中进口产品特别是外资企业的产品并未受到明显的歧视,而相应地国产产品也未受到明显的优待。从这个意义上说,加入WTO《政府采购协定》之后国产产品和进口产品在中国政府采购中的市场竞争环境没有明显变化,所以

---

① 屠新泉.我国加入GPA谈判的焦点问题分析[J].中国政府采购,2011(9):60-61.
② 屠新泉.我国加入GPA谈判的焦点问题分析[J].中国政府采购,2011(9):61.

也就谈不上很大的冲击。

相对而言,加入WTO《政府采购协定》所带来的体制上的正面和负面冲击都是比较大的,这主要是由于中国的政府采购体制仍然还不完善,法律之间的协调、监管的有效性等都存在比较严重的问题。从这个角度来说,WTO《政府采购协定》所带来的透明度、公平、公开、程序合理、第三方监督等规则,对于完善中国的政府采购管理体制是有很大帮助和促进作用的。特别是WTO《政府采购协定》作为一种国际义务和外来压力,能够引起各级政府的高度重视,以更快地推动中国政府采购体制的完善。而不利的方面同样在此。同WTO主要约束政府的政策不同,WTO《政府采购协定》直接管辖政府的采购行为,而不仅仅是政府所制定的政府采购法律、规章。所有列入出价清单的政府采购实体,都将成为其他参加方监督的对象。考虑到中国政府在经济中的突出作用,以及中国政府采购体制的种种问题,一旦加入WTO《政府采购协定》,有可能出现各级政府机关、事业单位、国有企业等频繁受到其他参加方质疑甚至诉讼的情况。这无疑是一个巨大的压力和挑战。

七、应对加入WTO《政府采购协定》谈判的策略

政府采购市场国际化已是大势所趋,而中国如何在互惠原则的基础上,既积极参与这一进程,又保障政府采购多重政策目标的实现,将是未来加入WTO《政府采购协定》谈判和政府采购制度建设的重点和难点。

(一) 加入WTO《政府采购协定》谈判应坚持互惠原则

加入WTO《政府采购协定》谈判首先是一个贸易谈判,即开放政府采购市场的谈判。从其他WTO《政府采购协定》参与方的谈判经验来看,和主要谈判对手之间的互惠开放是WTO《政府采购协定》谈判的基本原则。这种互惠表现在两个方面:一是实体,包括实体的数量、层级;二是规模,即纳入WTO《政府采购协定》管辖的采购规模。此外还要考虑自身的经济规模和发展水平,以及政府采购规模的增长潜力。因此,美国、欧盟等提出的所谓通用定义式出价是不可接受的,关于国有企业的广泛要价也是不可接受的。例如,欧盟估算中国的政府采购规模达70000亿元,而它的要价是将几乎全部的政府采购都纳入WTO《政府采购协定》的范畴,而实际上欧盟纳入WTO《政府采购协定》约束的采购额仅2000多亿欧元,且欧盟的GDP是中国的3倍。① 毫无疑问,这样的要价是缺乏理性根据的。因此,中国在加入WTO《政府采购协定》谈判中还是要坚持互惠原则,承担与中国经济发展水平相适应的开放水平。这不意味着中国对未加入WTO

---

① 屠新泉.我国加入GPA谈判的焦点问题分析[J].中国政府采购,2011(9):61.

《政府采购协定》的那部分政府采购实行封闭,但审慎地承担国际义务有利于获得更大的政策空间。

(二) 利用谈判契机,加快推进中国政府采购制度的完善

正如前面所分析的,中国加入 WTO《政府采购协定》更大的利益在于借助外力,促进国内政府采购体制的完善。改革的动力来自方方面面,但有时国际压力往往能够起到更有效的激励。因此,利用加入 WTO《政府采购协定》谈判之机,全面审视和评估我国政府采购制度,加快法律调整,建立更加有效、透明的监管机制,是国家应该予以高度重视的问题。这种体制调整应尽可能在加入谈判期间开展和完成。一方面这是履行 WTO《政府采购协定》义务的要求;另一方面如果在加入之后才开始调整,则可能面临众多的国际贸易争端,有损中国政府形象,不利于与其他成员的对外经贸关系。

1. 切实贯彻透明度原则是建立公开、竞争的政府采购市场制度的关键

透明度原则是 WTO《政府采购协定》最重要的原则之一,也是先进国家政府采购制度的最基本共性。除非涉及国家机密和商业机密,则应向全社会公开全部招标过程,并保留全部相关文件和记录。虽然中国的政府采购法律中也有相关的原则,但缺乏强制实施的具体要求和规定。事实上,在互联网技术高度普及的今天,实施透明度原则的成本和难度都不大,而采购单位之所以意愿不强,往往是出于为自己保留更大自由裁量权的需要。而这种自由裁量权正是导致贪污、腐败、竞争性不足等问题的根源。

2. 应由全国人民代表大会或国务院牵头制定统一的政府采购法律体系

目前有一个普遍共识认为,中国政府采购制度中的最大问题是《中华人民共和国政府采购法》和《中华人民共和国招标投标法》的不协调问题,而解决的方法是从更高的层面来加以协调,在法律的修改和实施细则的制定中解决不协调的问题。但是当前,国家发展和改革委员会、财政部分别制定了各自的实施细则,而国务院法制办公室(现司法部)则没有足够的权力来协调两大部门,结果只会使得各自制定的实施细则进一步放大了之前已经存在的矛盾和冲突,并给今后政府采购制度的实施造成更大的混乱。而且,目前的法律调整可能不仅无助于中国加入 WTO《政府采购协定》谈判,反而给谈判制造了新的问题。更重要的是,这种基于部门管理便利出发的制度调整不利于建立统一的、可以有效监管的政府采购体系。因此,在两法实施细则尚未正式出台的情况下,应调整立法思路,由国务院或全国人民代表大会牵头促进两法的协调甚至合一,以建立统一的政府采购制度。

3. 要扩大和调整政府采购制度的覆盖范围

目前《中华人民共和国政府采购法》仅适用于国家机关、事业单位、团体组

织利用财政性资金进行的采购目录以内或限额以上的采购,这一覆盖范围显然过小,应该予以扩大。而目前的《中华人民共和国招标投标法》则约束所有的招投标行为,甚至包括私营企业的招投标,这又超出了政府或公共采购的性质,应予以调整。

4. 应建立统一、有力的政府采购监管部门

按照《中华人民共和国政府采购法》的规定,财政部是政府采购的监管部门。但事实上,国有企业的招投标不属于财政部门管理,事业单位的招投标也由其直属管理部门管理。财政部的政府采购管理机构也偏小,仅由国库司下属的两个处来管理相关事务。可考虑在财政部下成立一个专门的司甚至成立一个国务院直属的委员会来监管政府采购,监管范围应涵盖全部政府采购,主要职责是制定相关法律、受理争议、收集数据等。

第三节 中国自由贸易区发展与未来模式展望

20世纪90年代以来,世界范围内掀起了一股签订自由贸易协定并建立自由贸易区的热潮。自由贸易区是两个或两个以上成员在WTO规则下,为实现相互之间的贸易自由化而建立的。区域内各成员取消商品、货物的关税和数量限制,商品实现完全自由流动。中国参与自由贸易协定起步较晚,2003年,在内地与香港、澳门分别签订了"关于建立更紧密经贸关系的安排"投资协议之后,中国加快了自由贸易区建设步伐。目前中国自由贸易区安排仍然存在着一些问题,通过研究中国自由贸易区发展现状,或将对中国自由贸易区建设有一定启示。

一、中国自由贸易区发展现状

(一) 中国自由贸易区相关政策梳理

如何更全面、更深入地推进自由贸易区建设一直以来是党和国家关注的重点,为此,中国结合本国实际,颁布了很多鼓励和引导自由贸易区发展的政策。主要包括以下内容。

第一,商务部印发《对外贸易发展"十三五"规划》。该规划指出,加快实施自由贸易区战略,研究推动商建新的自由贸易区。该规划提出,不断扩大中国自由贸易区网络覆盖范围,逐步形成立足周边、辐射"一带一路"、面向全球的高标准自由贸易区网络;加快有关自由贸易区谈判,推进与"一带一路"相关国家和地区的自由贸易区建设,推动亚太自由贸易区进程;研究推动商建新的自由贸易区,推进与相关国家自由贸易区升级;落实好现有自由贸易协定;积极推动货物、服务、投资等领域双向开放,加快推进知识产权保护、环境保护、电子商务、竞争

政策、政府采购等新议题谈判,提高中国自由贸易区建设的标准和质量。

第二,党的十七大报告首次提出了实施自由贸易区战略,自由贸易区的建设因此被提到了战略高度,受到了党和国家重视。在十八大报告中,党中央仍然坚持加快自由贸易区建设的战略,表明自由贸易区战略对于中国发展的重要性。十八届三中全会明确提出"加快自由贸易区建设。坚持世界贸易体制规则,坚持双边、多边、区域、次区域开放合作,扩大同各国各地区利益汇合点,以周边为基础加快实施自由贸易区战略。改革市场准入、海关监管、检验检疫等管理体制,加快环境保护、投资保护、政府采购、电子商务等新议题谈判,形成面向全球的高标准自由贸易区网络"。①

第三,2017 年政府工作报告强调,中国将推进国际贸易和投资自由化便利化。中国愿与有关国家一道,推动中国—东盟自由贸易区升级协定书全面生效实施,推进亚太自由贸易区建设;继续与有关国家和地区商谈投资贸易协定。

(二)现阶段自由贸易区发展情况和取得成就

在国家政策的支持下,中国逐渐弥补了起步较晚的劣势,与多个经济体签订了自由贸易协定,与此同时,还有部分自由贸易协定正在积极推进中。截至 2016 年年底,中国共签订了 14 个自由贸易协定,还处于谈判阶段的自由贸易区有 7 个,正在研究阶段的自由贸易区有 5 个。②

近几年与中国签订协议的国家和地区大部分属于发达经济体,例如澳大利亚等,这表明中国的自由贸易协定质量正在上升,稳扎稳打的策略收到了一定成效。中国在自由贸易区建设上的积极态度,在维护自由贸易问题上的坚定立场,逐渐获得了包括发达经济体在内的外部世界认可;从签订协议的时间分析,中国自由贸易区建设以分别与中国香港、澳门签订"关于建立更紧密经贸关系的安排"投资协议为起点,推进速度逐渐加快,2010 年之后达到自由贸易协定签订的高峰期,并且保持着良好的发展势头。这与国家的政策支持以及自由贸易区建设符合世界各国各地区利益密不可分。从签订协定方在中国进出口中的占比看,既有韩国、东盟、中国香港等(以贸易总额占比超过 3% 为例)与中国经贸往来频繁的国家和地区,也有如巴基斯坦(贸易总额占比 0.52%)和智利(贸易总额占比0.85%)等目前与中国相互贸易潜力巨大的国家和地区,详情见表 12.2。但是,不可否认,中国与包括美国、欧盟在内的世界主要发达经济体之间尚未建立自由贸易伙伴关系。总体上,中国已经基本建立了初具雏形的自由贸易区网络。

---

① 三中全会《决定》:加快自贸区建设扩大同各国各地区利益汇合点[EB/OL]. http://politics.people.com.cn/n/2013/1115/c1001-23559172.html. 2018-12-11.

② 根据中国自由贸易区服务网数据整理,http://fta.mofcom.gov.cn,2016-12-03。

表 12.2　中国现阶段已签订自由贸易协定/协议（截至 2016 年年底）

协定/协议名称	阶段	出口占比（%）	进口占比（%）	贸易总额占比（%）
《中国—澳大利亚自由贸易协定》	2015 年 6 月 17 号签署	1.77	4.46	2.93
《中国—瑞士自由贸易协定》	2013 年 7 月 6 号签署，并在 2014 年 7 月 1 日生效。	0.15	2.52	1.17
《中国—哥斯达黎加自由贸易协定》	2011 年 8 月 1 日起正式生效	0.07	0.04	0.06
《中国—新加坡自由贸易协定》	2008 年 10 月 23 日签署	2.12	1.63	1.91
《中国—智利自由贸易协定》	2008 年 4 月 13 日签署，2010 年 8 月 1 日实施	0.61	1.17	0.85
《中国—韩国自由贸易协定》	2015 年 6 月 1 日签署	4.47	10.01	6.86
《中国—冰岛自由贸易协定》	2013 年 4 月 5 日签署，2014 年 7 月 1 日生效	0.00	0.00	0.00
《中国—秘鲁自由贸易协定》	2010 年 3 月 1 日生效	0.29	0.60	0.42
《中国—新西兰自由贸易协定》	2008 年 10 月 1 日生效	0.23	0.45	0.32
《中国—巴基斯坦自由贸易协定》	2007 年 7 月 1 日生效；2009 年 10 月双边服务贸易协定生效	0.82	0.12	0.52
《内地与香港关于建立更紧密经贸关系的安排》	2004 年 1 月 1 日生效	13.69	1.05	8.25
《内地与澳门关于建立更紧密经贸关系的安排》	2004 年 1 月 1 日生效	0.15	0.00	0.09

续表

协定/协议名称	阶段	与协定/协议方贸易情况		
		出口占比(%)	进口占比(%)	贸易总额占比(%)
《中国—东盟全面经济合作框架协议》	2004年1月,签署《早期收获计划》;2005年7月签署了《货物贸易协议》;2007年7月签署了《服务贸易协议》;2009年8月签署了《投资协议》	12.18	12.36	12.26
《中国—东盟自由贸易区升级协定》	2016年11月22日签署	12.18	12.36	12.26
小计(删除重复部分)		36.55	34.41	35.64

资料来源:根据联合国商品贸易统计数据库整理,https://comtrade.un.org/data,2017-03-28。

(三)其他新进展

中国在已经签订协定的自由贸易区基础上,继续与其他国家和地区开展自由贸易区谈判。正在进展中的自由贸易协定,既有日本、印度等与中国存在很大贸易量的经济体,也有一些与中国贸易量不大,但是近几年快速增长的经济体,例如尼泊尔、格鲁吉亚等,详情见表12.3。中国在自由贸易区建设上一直坚持立足周边、循序渐进的策略。从经济体看,中国不但继续参与同日本以及印度等邻近经济体的自由贸易区建设谈判,也开始重视在区域经济组织内的自由贸易协定(比如RCEP等);从自由贸易协定伙伴贸易额占比看,2016年,中国与RCEP成员贸易额占中国贸易总额的31.73%,中日韩之间的贸易额也占到中国贸易总额的14.32%,这表明中国正在进一步扩大未来自由贸易区范围,积极推动世界贸易自由化的良好愿望。① RCEP等谈判形式的出现,也为今后中国自由贸易区谈判提供了新思路。但是,目前中国仍然存在重量级的自由贸易伙伴较少的问题,即无法与美国、欧盟等重要的贸易伙伴进行自由贸易协定谈判。

---

① 王力主编.中国自贸区发展报告(2016)[M].社会科学文献出版社,2016:82-83.

表 12.3　中国现阶段磋商中的自由贸易区汇总

状态	自由贸易区	时间节点	与对应地区贸易情况		
			出口占比（%）	进口占比（%）	贸易总额占比（%）
在谈判阶段	中日韩	2012 年 11 月启动，2017 年 1 月 11 日开展第 11 轮谈判	10.63	19.18	14.32
	RCEP	2012 年 11 月 21 日启动，2016 年 12 月 16 日展开第 16 轮谈判	27.59	37.19	31.73
	中国—海湾阿拉伯国家合作委员会（海合会）	2005 年 5 月 11 日开展第一轮谈判，2016 年 12 月 22 日结束第 9 轮谈判	2.76	3.54	3.10
	中国—斯里兰卡	2014 年 9 月 28 日启动，2017 年 1 月 20 日结束第五轮谈判	0.20	0.02	0.12
	中国—马尔代夫	2015 年 12 月 23 日启动，2016 年 9 月 30 日举行第四轮谈判	0.00	0.00	0.00
	中国—格鲁吉亚	2015 年 12 月 11 日启动，2016 年 10 月 8 日结束实质性自由贸易协定谈判	0.04	0.00	0.02
	中国—挪威	2008 年 9 月 19 日启动，2010 年 9 月 17 日结束第 8 轮谈判	0.12	0.20	0.16
小计（删除重复）			30.71	40.95	35.13
在研究阶段	中国—摩尔多瓦	2015 年 1 月开展自由贸易区联合可行性研究	0.00	0.00	0.00
	中国—哥伦比亚	2012 年 5 月开展自由贸易区联合可行性研究	0.32	0.16	0.25

续表

状态	自由贸易区	时间节点	与对应地区贸易情况		
			出口占比（%）	进口占比（%）	贸易总额占比（%）
在研究阶段	中国—尼泊尔	2016年3月启动自由贸易协定联合可行性研究并签署谅解备忘录	0.04	0.00	0.02
	中国—斐济	2016年11月中斐自由贸易协定联合可研工作组第二次会议在京举行	0.02	0.00	0.01
	中国—印度	2008年9月19日中国—印度区域贸易安排联合研究完成	2.78	0.74	1.90
	小计（删除重复）		3.16	0.90	2.18

资料来源：根据联合国商品贸易统计数据库整理，https：//comtrade.un.org/data，2017-03-28。

二、自由贸易区的实施带来的经济效益评析

在以WTO为代表的多边贸易谈判因利益难以调和而举步维艰背景下，各成员纷纷选择签订自由贸易协定。自由贸易区建设从20世纪90年代开始进入了快速发展期。与此同时，自由贸易区能够带来的经济效益成了各经济体关注重点。本书使用扩展的引力模型来研究自由贸易区的贸易效应。主要控制变量为某成员的GDP增长率、中国与各经济体之间的距离以及目标经济体经济状况的控制变量如私人部门信贷水平占GDP百分比、目标经济体的政治因素如反映目标经济体政治程度的政府效率水平、法治水平和社会经济条件指数等控制变量。据此，本书的计量模型如下：

$$LnExport_{it} = \alpha_0 + \alpha_1 ifFTA_{it} + \alpha_2 GDPZZL_{it} + \alpha_3 LnDIS_i + \alpha_4 SYXD_{it} + \alpha_5 ZFXL_{it} + \alpha_6 FZSP_{it} + \alpha_7 SHJJTJ_{it} + \beta_i + \gamma_t + \varepsilon_{it} \tag{1}$$

$LnExport_{it}$表示中国对i经济体在t年的出口总额的对数，该数值为被解释变量，数据来源于联合国贸易统计数据，为中国与世界各经济体2004—2015年出口贸易总额。$ifFTA_{it}$表示i经济体在t年时与中国签订自由贸易区协定是否启动。该数据来自中国商务部网站自由贸易区专题的统计。$GDPZZL_{it}$表示i经济体在t年时的GDP增长率，数据为2004—2015年世界银行数据库中公布的统计结果。$LnDIS_i$表示中国与i经济体之间的距离，两经济体之间的距离指标来源

于法国国际经济研究所的 CEPII 数据库。$SYXD_{it}$ 表示 i 经济体在 t 年时内部私人部门信贷水平,数据为 2004—2015 年世界银行数据库中公布的统计结果。$ZFXL_{it}$ 表示 i 经济体在 t 年时的政府效率水平,$FZSP_{it}$ 表示 i 经济体在 t 年时的法治水平,来自世界银行全球治理指标(WGI)。$SHJJTJ_{it}$ 表示 i 经济体在 t 年时的社会经济条件指数,该指标来自国家风险国际指南(ICRG)数据库。模型中的 α_0 为常数项,β_i 和 γ_t 分别为个体和时间效应,ε_{it} 为残差项。

基于上述模型(1),我们将具体的实证检验结果通过表 12.4 进行报告。本书首先使用混合 OLS 回归模型来研究自由贸易区的贸易效应。混合 OLS 回归估计的结果中,主要解释变量 $ifFTA_{it}$ 对中国的出口贸易回归系数显著,对出口增长存在正的效应;目标经济体 GDP 增长率回归系数不显著;两经济体之间的距离的回归系数为负值,表明与出口存在负相关的关系,地理距离是影响两经济体间贸易的重要因素,对距离中国地理位置越远的经济体的出口量也越小。此外,由私营信贷占 GDP 比值因素所引起的对进出口贸易的影响显著,表明东道主经济体社会金融发展水平越高,越有利于中国对该经济体的出口;东道主经济体的社会政治和社会经济状况也都会不同程度地影响中国对该经济体的出口情况,从这些政治因素控制变量回归的系数中,我们可以得出东道主经济体的政府效率越高,中国会倾向于增加对该经济体的出口。由于混合 OLS 回归模型没有考虑到个体和时间因素的效应,因此本书分别进行了固定效应和随机效应模型的估计,详情见表 12.4。表 12.4 中方程(2)是考虑时间和个体双重固定效应的回归结果,可以看出混合 OLS 回归估计会夸大自由贸易区对出口贸易量的正向影响,固定和随机效应模型中,GDP 增长率存在显著的正向效应,东道主经济体 GDP 增长率的提高会促进中国对该经济体的出口,私营信贷水平、法治水平也均呈现显著正向效应,表明东道主经济体经济水平和政治水平的提升均会对中国出口存在正向效应。固定效应模型的主要缺点是无法估计不随时间而变的变量系数,而在引力回归模型中,距离变量是一个不随时间变化的完全外生变量,因此,在使用面板固定效应模型的过程中,控制变量距离会因为数据相同而被删除。想要估计出这些不随时间而变的外生变量的系数,就要考虑"豪斯曼-泰勒"估计量。表 12.4 中方程(4)为"豪斯曼-泰勒"估计量的估计结果,该结果进一步证实了对中国所签订的自由贸易协定对中国、对东道主经济体出口贸易存在促进效应,地理距离和出口存在反向效应。以上实证检验充分说明了签订自由贸易协定能提升签订双方的出口,进而促进双方经济发展。由此可知,推进国际贸易和投资自由化便利化,符合世界各经济体的根本利益。

表 12.4　FTA 的经济效应分析

解释变量	方程(1) OLS 估计	方程(2) FE 估计	方程(3) RE 估计	方程(4) Htaylor 估计
自由贸易区建立情况($ifFTA_{it}$)	0.866***	0.116**	0.118**	0.116**
	(0.178)	(0.049)	(0.049)	(0.049)
GDP 增长率($GDPZZL_{it}$)	−0.002	0.008***	0.008***	0.008***
	(0.009)	(0.002)	(0.002)	(0.002)
地理距离($LnDIS_i$)	−0.858***		−1.190***	−0.806***
	(0.084)		(0.241)	(0.045)
私营信贷水平($SYXD_{it}$)	0.013***	0.002**	0.002**	0.002**
	(0.001)	(0.001)	(0.001)	(0.001)
政府效率($ZFXL_{it}$)	0.919***	0.368***	0.399***	0.368***
	(0.163)	(0.070)	(0.067)	(0.070)
法治水平($FZSP_{it}$)	−0.954***	0.167**	0.156**	0.167**
	(0.150)	(0.074)	(0.070)	(0.074)
社会经济条件指数($SHJJTJ_{it}$)	0.006***	0.000	0.000*	0.000
	(0.001)	(0.000)	(0.000)	(0.000)
_cons	18.072***	10.590***	21.296***	19.045***
	(0.802)	(0.047)	(2.177)	(0.395)
N	1450	1450	1450	1450
R^2	0.397	0.823	0.394	

注：* 表示显著性水平为 10%，** 表示显著性水平为 5%，*** 表示显著性水平为 1%；括号内为对应解释变量的标准差。

三、中国自由贸易区发展展望以及可能模式探讨

（一）自由贸易区建设经验总结

经过多年发展，中国在自由贸易区的建设上，克服了起步较发达经济体晚的劣势，在近年来取得了令人瞩目的成就。在建立自由贸易区时，中国坚持立足周边、循序渐进的原则。首先是内地与香港、澳门签署更紧密经贸关系安排，并不断向周边国家和地区扩展。起初选择的自由贸易伙伴大部分经济体量较小，但

这可以为中国进一步与世界大型经济体开展自由贸易协定谈判积累经验,同时也可以为世界上其他经济体评估与中国自由贸易将会产生的影响提供一些案例。正是由于中国正确的推进战略,推动了后来中国与澳大利亚、韩国自由贸易协定的签署,因此初步形成了全球自由贸易区网络。

在初步形成的立足周边的全球自由贸易区网络框架下,中国与包括东盟在内的很多经济体就进一步升级自由贸易协定内容展开了谈判,并取得了很大的进展。同时在协定实施上,协定中的关税也按照时间表逐渐下降,逐步形成自由贸易。在关税降低的同时,关税优惠规模也进一步扩大,截至2013年,自由贸易协定关税优惠额达到了221亿元人民币(除香港、澳门、台湾地区)。①

中国的自由贸易区建设取得了一定的成就,但不可否认的是,在建设过程中,还是存在一系列问题:① 自由贸易伙伴数量不足。与欧美发达经济体自由贸易伙伴数量相比,中国还有很大的提高空间。② 自由贸易伙伴经济体量较小。截至2013年,欧盟、美国的自由贸易伙伴中有4个位列世界GDP前20,韩国的自由贸易伙伴有6个排名世界GDP前10,有13个位列世界GDP排名前20。中国自由贸易伙伴中,只有韩国、澳大利亚和印度尼西亚位列世界GDP前20位。2013年,韩国与自由贸易伙伴GDP总量占世界比重为58.7%,美国和欧盟与自由贸易伙伴GDP总量占世界比重也分别达到33%和34.2%。③ 签订的自由贸易协定深度不够。中国签订的自由贸易协定中,在投资以及服务贸易的开放上仍然存在很大的进步空间。例如中国在金融业上仍然不能做到完全对外开放,对外资金融机构的限制仍然很多。④ 与自由贸易伙伴之间的伙伴关系不紧密。中国与自由贸易伙伴之间的进出口总额在2014年时为1.19万亿美元,不足对外贸易总额的30%,而美国在2013年与自由贸易伙伴的出口额达到35.3%,进口额达到46.4%。②

(二)进一步推进中国自由贸易区建设的建议

基于上述问题,未来中国在自由贸易区建设上仍然还有很远的路要走。因此,如何进一步推进中国自由贸易区建设值得重视。

1. 提升数量与质量

面对中国自由贸易伙伴数量少、质量有待提升的问题,中国应该仍然坚持立足周边、循序渐进的原则,并结合"一带一路"倡议加快自由贸易区建设。在中共中央关于加快自由贸易区建设的集体学习上,习近平提出:"逐步构筑起立足周边、辐射'一带一路'、面向全球的自由贸易区网络,积极同'一带一路'沿线国

---

① 王力主编.中国自贸区发展报告(2016)[M].社会科学文献出版社,2016:10-11.
② 王力主编.中国自贸区发展报告(2016)[M].社会科学文献出版社,2016:20-22.

家和地区商建自由贸易区,使我国与沿线国家合作更加紧密、往来更加便利、利益更加融合。"①通过推动与"一带一路"沿线国家建立自由贸易伙伴关系,有利于中国建立更全面的自由贸易区网络。

2. 发挥国内自由贸易试验区建设的协同效应

针对国内自由贸易区建设开放的广度与深度不够的问题,中国可以利用上海自由贸易试验区等国家改革试验区来研究和尝试如何建立与国际贸易新规则配套的制度措施,为今后的进一步更高水平的对外开放打下基础。在自由贸易试验区中,中国可以实现与世界经济的初步接轨,创造出对外商投资更加有利的环境,探索出与中国国情相适应的经济运行、管理制度,并抓住时机,将自由贸易试验区的管理经验在全国推广。

3. 深化改革

改革与开放相辅相成,只有通过相应的改革,才能更好地促进开放。首先,在国企改革方面,中国仍然大有作为。中国的国有企业存在一定的垄断性质,在这些企业进行对外贸易、投资时,因为垄断性质的存在,必然会导致诸多限制。因此通过引入社会资本,鼓励发展混合所有制企业,推动产业结构多元化,将有利于国企参与贸易竞争。其次,中国服务业开放进展一直比较缓慢。目前中国处于经济转型时期,服务业逐渐成为新的吸纳就业、促进经济增长的引擎。因此,中国放开服务业市场准入必然可以更好地促进服务业发展,也有利于与贸易伙伴更好地开展自由贸易。最后,注重整合国际市场、国内市场这两种资源,通过推动中国产业在全球价值链中地位的提升,利用创新与产业转出等方式,逐步优化中国在价值链中的分工,调整中国的产业结构。

第四节 "一带一路"倡议与中国外贸结构转型升级

全球价值链正逐步塑造国际分工与贸易的新体系。与此同时,世界经济形势也发生着深刻的变革。从世界范围看,国际金融危机发生后,全球增长和贸易、投资格局正在酝酿深刻调整。从国内情况看,目前中国经济正处于经济结构转型升级的关键时期,"中等收入陷阱""三期叠加""人口红利衰减"等不利因素进一步凸显,迫使中国经济进入一个新阶段。正是基于这样的世界经济发展和中国改革开放的趋势,习近平提出了"一带一路"的战略构想和合作倡议,为研究现有外贸结构存在的问题和风险以及中国贸易增长方式转型升级创造了可

---

① 习近平.加快实施自由贸易区战略加快构建开放型经济新体制[EB/OL].http://www.xinhuanet.com//politics/2014-12/06/c_1113546075.htm.2018-12-11.

能路径和机遇。

一、中国贸易结构的基本特点

在改革开放政策的引导下,中国凭借劳动力资源禀赋相对充裕的优势以及相对完善的基础设施和工业体系,在全球价值链的新型国际生产与贸易体系中逐渐成为贸易的第一大国和"世界工厂"。然而,与出口贸易获得巨大繁荣不相称的是,由于缺乏核心技术、产业大而不强等,导致中国正面临着严峻的价值链"低端锁定"问题。

(一) 产品附加值有限

出口贸易品的技术结构发生了很大改变,垂直专业化比率不断提高,但仍处于价值链分工体系的较低端环节,创造的附加值有限。以家电、机械和电子等重工业(耐用品)为主的出口产品为例,这些产品很大一部分的中间投入品是从日本和美国等发达经济体进口的高技术含量产品,经过中国的加工组装再出口到国外市场,如果将这部分投入品的价值剔除,中国实际创造的附加值十分有限。

本书运用已有研究方法,通过世界投入产出数据库(World Input-Output Database,WIOD)2001—2011年的数据测算了出口中的最终产品国外附加值占比(FVA_FIN)和出口中的中间产品国外附加值比例(FVA_INT)。一方面,FVA_FIN可能意味着出口方主要从事利用进口零部件进行最终产品组装的生产活动,只是参与全球价值链中低端的跨境生产分工。另一方面,FVA_INT的上升,特别是当越来越多的这些中间贸易品被出口到第三方并用于最终产品生产,可能意味着该经济体正在进行产业升级,使得经济体内企业更多地从事于由进口获得的中间品经改造更新后出口,而不是最终品产品的简单组装与加工,因而该经济体企业正逐渐从全球价值链的低端向高端(即上游研发和下游营销)爬升,其获得的贸易利得更高。从时间维度来看,中国中间产品出口的国外成分逐年提高,虽然在金融危机之后这一比例有所缩减,但是总体来看,1995年到2010年期间这一比例有所提高,最终产品的国外附加值占比也有所提高。从表12.5的行业分析来看,煤炭、炼油和核燃料加工业的中间产品国外附加值比例最高,达到了21.1%(0.221),但其最终产品的国外附加值比重并不是所有行业中最高的,为16.9%(0.169),这在一定程度上说明煤炭、炼油和核燃料加工业在全球价值链中的地位相对较高,可以从中获得相对较高的贸易利得。同时,运输设备制造业的最终产品国外附加值相对较高,达21.2%(0.212),但其中间产品的国外附加值则较低仅为8.4%(0.084),因此可以认为该行业在全球价值链中的地位相对较低,尚处于最终产品组装的阶段。

表 12.5 中国分行业出口国外附加值分解

WIOD 行业分类码	名称	中间产品国外附加值	最终产品国外附加值
c3	食品、饮料和烟草制品业	0.031	0.172
c4	纺织原料及其制品业	0.045	0.204
c5	皮革、毛皮及鞋类制造业	0.028	0.182
c6	木材及其制品业	0.168	0.024
c7	纸浆、纸制品和印刷出版业	0.132	0.055
c8	煤炭、炼油和核燃料加工业	0.211	0.169
c9	化学原料及其制品业	0.133	0.094
c10	橡胶和塑料制品业	0.154	0.062
c11	非金属矿物制品业	0.169	0.027
c12	基础金属和合金制品业	0.159	0.032
c13	机械制造业	0.079	0.188
c14	电子和光学仪器制造业	0.109	0.162
c15	运输设备制造业	0.084	0.212
c16	其他制造业及回收加工业	0.057	0.191

注:原始数据来源于 WIOD,具体指标由作者整理测算。其中主要的行业分类码以及中文名称均按照 WIOD 行业分类对照而来。

(二) 抗风险能力较弱

中国出口贸易的增长主要依赖于集约边际的扩张,抵御外部风险能力较弱。阿米提和弗罗因德(Amiti and Freund)从产品种类的角度对中国出口二元边际进行考察,发现中国出口贸易的增长主要沿着集约边际的扩张来实现。① 钱学锋和熊平发现 1995—2005 年中国多边层面和双边层面的出口增长中集约边际占 94.06%。② 盛斌等指出中国出口贸易增长的最主要驱动因素是数量的扩展,而不是产品的多元化与质量的升级,这种模式在短期中能带来巨大的收益,但在中长期是不可持续的,甚至孕育着潜在的外部风险。③

---

① Amiti, M., Freund, C.An Anatomy of China's Export Growth [M]//Feenstra, R. C., Wei, S. J., eds. China's Growing Role in World Trade. The University of Chicago Press, 2010:35-56.
② 钱学锋,熊平.中国出口增长的二元边际及其因素决定[J].经济研究,2010(1):69.
③ 盛斌等.入世十年转型:中国对外贸易发展的回顾与前瞻[J].国际经济评论,2011(5):4,84-101.

为考察不同贸易增长模式对外部风险的承受能力,本书选取 2008—2010 年间的贸易数据,采用伯纳德等(Bernard, et al.)的贸易二元边际分解方法,考察了中国出口贸易在金融危机期间的波动情况(见表 12.6)。① 总体看,一方面,中国出口贸易的集约边际对外部冲击的敏感度更高。2008—2009 年平均出口额减少近 18%,超过了总体贸易的缩减水平,同时 2009—2010 年中国出口贸易的集约边际又表现出了大幅度增长,高达 26.60%。另一方面,广延边际在面对危机冲击时具有比集约边际更高的稳定性,与 2009 年相比,2008 年广延边际仍有 2%左右的上涨幅度。② 此外,按照世界银行的世界发展指数(WDI)界定的主要高收入发达经济体③和摩根士丹利资本国际公司(MSCI)划分的新兴经济体④进行了分类测算。从分经济体类型的测算上看,高收入发达经济体和新兴经济体的二元边际波动与总体贸易缩减一样,主要表现为集约边际的大幅缩减。这与发达经济体和新兴经济体是本次危机的直接受害者有直接关系,其本身经济基本面受到危机的冲击超过了其他发展中经济体间接影响的程度。由于这些经济体也是中国主要的出口目标市场,因此在危机后中国对这些经济体出口贸易的集约边际出现了大幅缩减的现象。

表 12.6　2008—2010 年中国出口贸易二元边际横截面维度的测算

对全世界出口	2007—2010 年绝对数				2007—2010 年波动(%)		
	2007	2008	2009	2010	07—08	08—09	09—10
经济体	211	210	211	211	-0.47	0.48	0
产品	4492	4453	4449	4452	-0.87	-0.09	0.07
经济体—产品	307781	318427	324678	336873	3.46	1.96	3.76

---

① Bernard, A.B., Jenson, J.B., Redding S.J., et al. The Margins of US Trade[J]. The Peterson Institute for International Economics Working Paper, No.WP10-4, 2010.

② 盛斌,吕越.对中国出口二元边际的再测算:基于 2001—2010 年中国微观贸易数据[J].国际贸易问题,2014(11):25-36.

③ WDI 划分的高收入发达经济体包括:澳大利亚、奥地利、比利时、加拿大、捷克、丹麦、爱沙尼亚、芬兰、法国、德国、希腊、匈牙利、冰岛、爱尔兰、以色列、意大利、日本、韩国、卢森堡、荷兰、新西兰、挪威、波兰、葡萄牙、斯洛伐克、斯洛文尼亚、西班牙、瑞典、瑞士、英国、美国。

④ 目前对新兴经济体的界定没有统一的标准,主要是一些投资信息资源如《全球新兴市场商业资讯》《经济学人》或者市场指数庄家(如 MSCI)在进行精确划分。我们比对了 MSCI 和道琼斯股市指数等机构划分的新兴市场名单,发现 MSCI 的分类标准认可度较高,因此我们选取了其所划定的 21 个经济体作为新兴经济体,剔除其中的中国和中国台湾地区,最终确定的新兴经济体数目为 19 个,包括:巴西、智利、哥伦比亚、捷克、埃及、匈牙利、印度、印度尼西亚、马来西亚、墨西哥、摩洛哥、秘鲁、菲律宾、波兰、俄罗斯、南非、韩国、泰国、土耳其。

续表

对全世界出口	2007—2010年绝对数				2007—2010年波动(%)		
	2007	2008	2009	2010	07—08	08—09	09—10
出口密度	0.32	0.34	0.35	0.36	4.86	1.57	3.69
平均出口额(万美元)	396.405	449.300	369.602	467.915	13.34	-17.74	26.60
总出口(亿美元)	12200.6	14306.9	12000.2	15762.8	17.26	-16.12	31.35
对发达经济体出口	2007—2010年绝对数				2007—2010年波动(%)		
	2007	2008	2009	2010	07—08	08—09	09—10
经济体	31	31	31	31	0	0	0
产品	4348	4307	4290	4291	-0.94	-0.39	0.02
经济体—产品	79150	79195	78438	79404	0.06	-0.96	1.23
出口密度	0.59	0.59	0.59	0.60	1.01	-0.56	1.21
平均出口额(万美元)	860.258	991.900	830.140	1055.974	15.30	-16.31	27.20
总出口(亿美元)	6808.9	7855.3	6511.5	8384.9	15.37	-17.11	28.77
对新兴经济体出口	2007—2010年绝对数				2007—2010年波动(%)		
	2007	2008	2009	2010	07—08	08—09	09—10
经济体	19	19	19	19	0	0	0
产品	4277	4231	4218	4222	-1.08	-0.31	0.09
经济体—产品	55277	55635	55571	56875	0.65	-0.12	2.35
出口密度	0.68	0.69	0.69	0.71	1.74	0.19	2.25
平均出口(万美元)	417.539	529.729	420.460	577.275	26.87	-20.63	37.30
总出口(亿美元)	2308.0	2947.2	2336.5	3283.3	27.69	-20.72	40.52

资料来源:作者自行计算得出。

(三)出口产品集中度较高

中国出口贸易产品的集中程度较高,依靠低价格和规模经济的出口模式会导致贸易条件在长期中呈现出明显的恶化趋势。刘卫江采用指数形式的方法对1981—1999年中国出口不稳定性进行了衡量和成因的实证分析,得到了出口商品集中度对中国外贸出口稳定性有负面影响的结论。出口集中度过高和过度依赖于集约边际增长的出口模式暗含了中国出口增长可能存在一种"薄利多销"

的特点。① 阿米提和弗罗因德将中国对美国出口产品价格指数与其他国家出口价格指数作比较后,发现中国出口存在依靠数量优势的低价格销售现象。本书借鉴阿米提和弗罗因德设定的链式加权汤氏指数(chain-weighted Tornqvist index)来测算中国平均出口产品的价格。②

$$Tindex_t = \prod_i \left(\frac{p_{it}}{p_{it-1}}\right)^{w_{it}}$$

其中,$w_{it} = 0.5 \times (share_{it} + share_{it-1})$,$share_{it}$代表第 t 年出口产品 i 占全部产品出口额的比重;p_{it}代表单位价值通过第 t 年出口产品 i 的出口金额和出口数量相除得到。本书采用 HS92 版 6 位产品贸易数据,测算 1992—2010 年中国对美国出口贸易的价格指数。为剔除可能的汇率因素和通胀因素对价格指数的影响,还使用 IMF 提高的 1992—2010 年实际有效汇率(以 2005 年为基期)和 WDI 提供的中国 CPI 数据(以 2005 年为基期)分别剔除汇率和通胀因素的影响,以观测 2008 年危机前后出口价格的波动。如图 12.1 所示,中国出口价格指数在 2003 年之后出现不同程度的下滑趋势,剔除汇率和通胀因素的价格指数下滑尤为明显。虽然未经剔除汇率和价格因素的价格指数在危机后的 2009 年继续保持了下滑的走势,但是剔除价格和汇率因素后的价格指数在 2009 年出现了上升的现象。

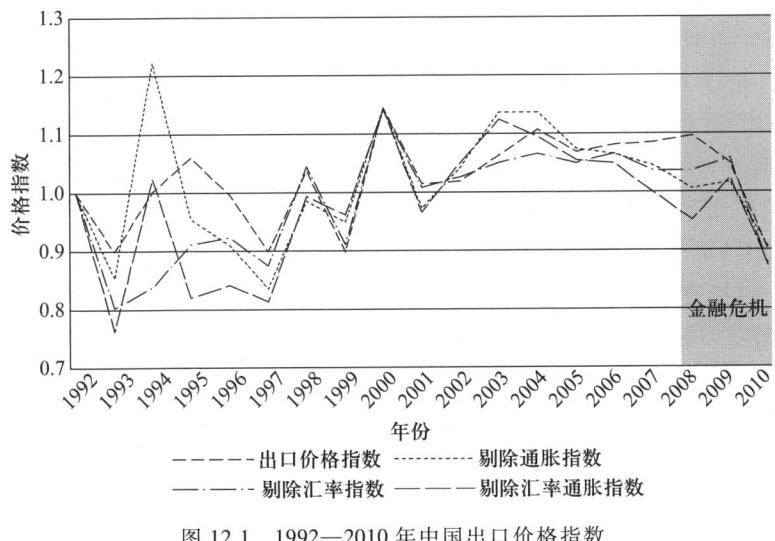

图 12.1　1992—2010 年中国出口价格指数

---

① 刘卫江.中国出口收入不稳定性成因的实证分析[J].世界经济文汇,2002(2):36,37-41.
② Amiti, M., Freund, C.An Anatomy of China's Export Growth [M]//Feenstra, R. C., Wei, S. J., eds. China's Growing Role in World Trade. The University of Chicago Press, 2010:35-56.

二、新型国际分工体系中的"一带一路"倡议

(一) 国内外新形势

2008年金融危机后,全球已由危机前的快速发展期进入深度结构调整期,经济复苏步伐低于预期,产出缺口依然保持高位,贸易增长则更为迟缓。另外,经济全球化和信息通信技术发展催生了国际生产分割、全球采购、外包、公司内贸易等新型的生产和贸易模式,促使全球价值链在各经济体之间不断延展细化,并逐步塑造了国际分工与贸易的新体系。在国际经济持续低迷和深度调整的关键时刻,十八届三中全会明确提出,中国要适应经济全球化新趋势,加快培育参与和引领国际合作竞争新优势,形成包括全球投资、全球生产、全球出口、全球分销、全球服务在内的,面向全球高标准的自由贸易区网络。十八大以后,中国采取了一系列新措施,包括加强政府自身建设、深入推进国资国企改革、探索负面清单管理模式、成立上海自由贸易试验区、积极推动WTO《信息技术协定》谈判,申请加入《服务贸易协定》,并努力促成WTO《政府采购协定》取得实质性进展。

(二) "一带一路"倡议的提出

正是基于这样的世界发展大势和中国改革开放新趋势,2013年9月习近平访问哈萨克斯坦时提出共同建设"丝绸之路经济带"的倡议,10月在访问东盟国家时,他又提出共同建设"21世纪海上丝绸之路"的战略构想。由此,倡导"和平合作、开放包容、互学互鉴、互利共赢"的中国新时期对外大战略浮出水面。通过共商、共建、共享原则建设"一带一路",促进经济要素有序自由流动、资源高效配置和市场深度融合,推动沿线各国实现经济政策协调,开展更大范围、更高水平、更深层次的区域合作,共同打造开放、包容、均衡、普惠的区域经济合作架构。2016年8月,习近平在人民大会堂出席推进"一带一路"建设工作座谈会时指出,已经有100余个国家和国际组织参与其中,中国同30余个沿线国家签署了共建"一带一路"合作协议,同20余个国家开展国际产能合作,①联合国等国际组织也态度积极,以亚洲基础设施投资银行、丝路基金为代表的金融合作不断深入,一批有影响力的标志性项目逐步落地。"一带一路"建设从无到有、由点及面,进度和成果超出预期。

(三) "一带一路"倡议新进展

在"一带一路"倡议的政策沟通方面,中国不断推动开展双边合作,截至2017年5月14日,中国已经同56个国家和区域合作组织发表了对接"一带一

---

① 习近平在推进"一带一路"建设工作座谈会上发表重要讲话 张高丽主持[EB/OL]. http://www.gov.cn/xinwen/2016-08/17/content_5100177.htm.2018-05-17.

路"倡议的联合声明,①并且签订了相关谅解备忘录或协议;深化多边合作,通过上海合作组织(SCO)、中国—中东欧"16+1"等多边合作机制带动了更多国家和地区参与"一带一路"建设;推进高层互访,与沿线国家加强政治互信,夯实传统友谊,拓展合作领域。基础设施互联互通方面,在基础设施技术标准体系对接、基础设施网络联通、能源基础设施联通和畅通信息丝绸之路等领域合作不断加强,共同建设连接亚洲各次区域以及亚欧非之间的基础设施网络。贸易畅通方面,共同致力于推动贸易与投资便利化,加强双边投资保护协定和避免双重征税协定磋商,逐步消除各项贸易和投资壁垒,为区域内各国构建良好的营商环境。资金融通方面,推动与沿线国家及国际金融机构展开跨境金融合作,拓展人民币贸易结算、货币互换和投资信贷等业务,推进人民币的区域化与国际化;加强与沿线各国的金融监管合作,逐步在区域内建立高效监管协调机制。民心相通方面,积极传承和弘扬丝绸之路友好合作精神,同沿线国家和地区广泛开展文教合作、旅游合作、卫生医疗合作、科技合作、青年合作、党政合作和民间合作,为"一带一路"建设奠定了坚实的民意基础。从2013年到现在,"一带一路"的建设逐渐完善,已成为国际经济合作和发展的新平台,为沿线国家和地区经济增长注入了新的动力,开辟了广阔的发展空间。

据世界银行数据计算,1990—2013年期间,全球贸易、跨境直接投资年均增长速度为7.8%和9.7%,而"一带一路"相关65个国家同期的年均增速分别达到13.1%和16.5%。② 值得注意的是,亚洲区域内的贸易合作伙伴关系在过去10年中获得了前所未有的发展,区内贸易比重大幅上升,并形成了以中国为中心的亚洲价值链和"新雁阵模式"。2000年以来,中国同"一带一路"沿线国家和地区的贸易额从700余亿美元增至约1万亿美元,已超过中国与欧盟、美国贸易额之和。此外,到目前为止,中国已在"一带一路"沿线20个国家建设56个经贸合作区,累计投资超过185亿美元。③

中国已成为众多沿线国家的最大贸易伙伴、最大出口市场和重要投资来源地。因此,在全球价值链新型国际分工体中的"一带一路"倡议,不仅有助于中国在全球价值链中实现贸易结构转型和制造业升级,更能优化全球资源配置,形成互利共赢的全球区域经济布局和合作网络。

---

① 汪晓东,杨迅,于洋.把一带一路铺进沿线民众心中——写在一带一路国际合作高峰论坛开幕之际[N].人民日报,2017-05-14(01).
② 匡贤明."一带一路"在我国经济新格局中的战略地位[J].金融经济,2015(1):9.
③ 汪晓东,杨迅,于洋.把一带一路铺进沿线民众心中——写在一带一路国际合作高峰论坛开幕之际[N].人民日报,2017-05-14(01).

三、"一带一路"倡议与贸易增长方式转型

"一带一路"倡议将为中国带来重大政策红利。初期大规模基础设施建设，紧接着资源能源开发利用，随后全方位贸易服务往来，带来多产业链、多行业的投资机会。国家发展和改革委员会、外交部、商务部2015年3月28日联合发布的"推动共建丝绸之路经济带和21世纪海上丝绸之路的愿景与行动"，明确强调了"一带一路"倡议在全球价值链分工体系中促进中国产业升级的关键作用。具体来看，"一带一路"倡议会从以下几个层面促进中国贸易增长方式转型和产业结构调整。

（一）通过互联互通带动海外投资发展

通过互联互通，实现技术、装备等出口，加快中国出口产品质量升级和价值链地位跃升，带动海外投资发展。"一带一路"的互联互通项目将推动沿线各国发展战略的对接，发掘区域内市场的潜力，促进投资和消费，创造需求和就业。除新加坡外，东盟国家和中亚地区工业化程度均不高，基础设施落后，对管线、铁路、港口、机场、电信、核电等基础设备和能源设备需求量巨大。眼下一方面是中国的过剩产能和过剩外汇资产，另一方面是新兴经济体和最不发达经济体的基础设施建设仍然欠缺，发达经济体由于自身陷入主权债务的泥潭无法拉动全球增长。于是，中国利用积累的外汇储备作为拉动全球增长的资本金，同时通过资本输出带动消化过剩产能，在输出技术和装备制造的同时，改善了出口产品的附加值构成，这有利于提升中国制造业在全球价值链中的地位。

（二）通过基础设施建设形成以中国为中心的亚洲价值链和"新雁阵模式"

与美国的"马歇尔计划"不同，中国"一带一路"倡议将对区域经济发展和自身产业转移的贡献更加显著。美国"马歇尔计划"的主要资金都用于购买最终产品进行消费。中国的"一带一路"倡议采取基建输出的方式。基建投资作为中上游产品，其产生的引致投资、引致消费完全留给了"一带一路"沿线国家。同时，通过前期的交通基础设施、能源基础设施和跨境光缆等通信干线网络等基础设施的建设，将对"一带一路"沿线国家的经济增长产生积极的外部效应，从而为转移由于劳动力成本提高而日渐丧失核心竞争力的中下游低附加值劳动密集型产业创造了重要的基础条件，并促进了以中国为中心的亚洲价值链和"新雁阵模式"的形成。

（三）通过海外援助提高广延边际在中国贸易结构中的比重

海外援助将增加对中国下游产品的需求，通过开拓新的目标市场的方式，提高广延边际在中国贸易结构中的占比。2008年国际金融危机后，发达经济体为主要目标市场的出口模式受到前所未有的冲击，寻求更多元化的贸易方式和国

际市场,扩大贸易的广延边际是应对负面外部冲击的主要途径。因此,我们应当借鉴美国"马歇尔计划"的经验,在海外投资和援建中应增加对中国下游产品的需求,建立健全服务贸易促进体系,巩固和扩大传统贸易,大力发展现代服务贸易,扩大海外投资和援助对中国贸易广延边际拓宽的拉动效应。同时,挖掘贸易新增长点,促进贸易平衡,例如通过发展跨境电子商务等新的商业业态创新贸易方式等。

(四) 推进亚太自由贸易区建设,实现区域间的深度整合与发展

"一带一路"倡议的实施将深入推进亚太自由贸易区建设,通过消除贸易壁垒,实现贸易便利化,推动区域间的深度整合与发展。投资贸易合作是"一带一路"建设的重点内容。在此方面,中国宜着力研究解决投资贸易便利化问题,消除投资和贸易壁垒,构建区域内良好的营商环境,积极同沿线国家共同商建自由贸易区,激发释放合作潜力,做大做好合作蛋糕。通过与沿线国家间的信息互换、监管互认、执法互助的海关合作,以及检验检疫、认证认可、标准计量、统计信息等方面的双多边合作,推动WTO《贸易便利化协议》的生效和实施。改善边境口岸通关设施条件,加快边境口岸"单一窗口"建设,降低通关成本,提升通关能力。加强供应链安全与便利化合作,推进跨境监管程序协调,推动检验检疫证书国际互联网核查,开展"经认证的经营者"(AEO)互认。降低非关税壁垒,共同提高技术性贸易措施透明度,提高贸易自由化便利化水平,构建全方位、多层次、复合型的互联互通网络,实现沿线各国多元、自主、平衡、可持续的发展。

(五) 带动中国产业升级和技术创新

中国与西方发达经济体的经济差距、经济转型升级的瓶颈、在国际分工格局中的中低端位置,均与技术落后密切相关。随着中国国民人均收入的增长、消费结构和产业结构的升级、生产模式的转变,中国对全球特别是发达市场的资本设备和商业服务的需求将会继续大幅增长。根据全球贸易分析模型(GTAP)模拟测算的结果显示,如果美国放宽对华出口限制,维持在中国同类产品进口总额18.3%的市场份额,对华高科技产品出口就可达到600余亿美元,这不仅有利于中国产业升级和技术创新,也有利于美国等发达经济体的全球技术扩散和技术投资。特别是随着中国将首次成为净资本输出国,"一带一路"倡议会刺激更大规模的资本走出去,重塑中国参与全球产业链、供应链、价值链重构的核心竞争力。

主要参考文献:

[1] 笪志刚.中国自贸区战略面临新风险、新挑战与有效路径选择[J].对外经贸,2013(1).

［2］刘李峰,武拉平.中国FTA实践中的利益选择及实现［J］.现代经济探讨,2006(6).

［3］孟夏,刘洋.中国FTA的战略效应——经济视角的分析［J］.南开学报(哲学社会科学版),2016(2).

［4］钱学锋,熊平.中国出口增长的二元边际及其因素决定［J］.经济研究,2010(1).

［5］盛斌等.入世十年转型:中国对外贸易发展的回顾与前瞻［J］.国际经济评论,2011(5).

［6］王琳.全球自贸区发展新态势下中国自贸区的推进战略［J］.上海对外经贸大学学报,2015(1).

［7］魏浩,毛日昇,张二震.中国制成品出口比较优势及贸易结构分析［J］.世界经济,2005(2).

［8］姚洋,张晔.中国出口品国内技术含量升级的动态研究——来自全国及江苏省、广东省的证据［J］.中国社会科学,2008(2).

［9］张国军."一带一路"视阈下的中国自贸区建设研究［J］.中国经贸导刊,2016(29).

［10］王力主编.中国自贸区发展报告(2016)［M］.社会科学文献出版社,2016.

［11］中国世界贸易组织研究会编.WTO 20年与中国［M］.中国商务出版社,2016.

索 引

（词条后页码系该词条在书中首次出现的页码）

《北美自由贸易协定》 23
本地含量要求 90
对等开放 254
二十国集团（G20） 4
反倾销谈判之友（FANs） 85
非违反之诉 31
《服务贸易协定》(TISA) 17
负面清单 155
灰色区域措施 92
汇率操纵国 254
教席计划 37
金砖国家 201
紧急保障措施之友 100
竞争中立 249
跨大西洋贸易和投资伙伴关系（TTIP） 14
《跨太平洋伙伴关系协定》(TPP) 5
《贸易便利化协议》(TFA) 27
贸易关注 54

美国优先 18
孟中印缅经济走廊（BCIM） 282
内罗毕一揽子成果 27
欧亚经济联盟（EAEU） 151
区域全面经济伙伴关系（RCEP） 14
人民币汇率 253
日落复审 194
容克计划 268
三方自由贸易协定（TFTA） 167
市场经济地位 176
丝路基金 283
替代国 149
脱欧 4
新常态 154
亚太自由贸易区（FTAAP） 265
亚洲基础设施投资银行（AIIB） 267
《中华人民共和国加入议定书》 84
综合支持量 48
最惠国待遇 17

后　　记

　　《世界贸易组织发展报告2016》是以WTO为主题的专业性年度发展报告。作为教育部哲学社会科学研究发展报告项目成果，本报告由对外经济贸易大学中国世界贸易组织研究院组织编写。在全书付梓之际，谨对本报告的顾问和咨询专家们表示感谢，他们对本书的框架拟定、内容审核等做出了重要的贡献。我们还要感谢高等教育部出版社人文社科学术出版事业部领导的支持，以及本书责任编辑的大力帮助。本书在撰写过程中得到了对外经济贸易大学领导的关心和支持，学校有关院系也给予了大力支持和配合。没有各方面的共同努力，这项繁重的任务是难以完成的。另外，在撰写过程中我们参考了国内外专家和学者的有关研究成果，特在此对他们表示感谢。限于水平和时间，本书不当之处在所难免，欢迎批评指正。

《世界贸易组织发展报告2016》课题组

郑重声明

高等教育出版社依法对本书享有专有出版权。任何未经许可的复制、销售行为均违反《中华人民共和国著作权法》，其行为人将承担相应的民事责任和行政责任；构成犯罪的，将被依法追究刑事责任。为了维护市场秩序，保护读者的合法权益，避免读者误用盗版书造成不良后果，我社将配合行政执法部门和司法机关对违法犯罪的单位和个人进行严厉打击。社会各界人士如发现上述侵权行为，希望及时举报，本社将奖励举报有功人员。

反盗版举报电话　　（010）58581999　58582371　58582488
反盗版举报传真　　（010）82086060
反盗版举报邮箱　　dd@hep.com.cn
通信地址　　北京市西城区德外大街4号
　　　　　　高等教育出版社法律事务与版权管理部
邮政编码　　100120